【斯洛文尼亚】斯拉沃热·齐泽克 著

Self-selected Collection | 齐泽克自选集

季广茂 译

实在界的鬼脸

中央编译出版社

CCTP Central Compilation & Translation Press

图书在版编目（CIP）数据

实在界的鬼脸 ：齐泽克自选集 /（斯洛文）斯拉沃热·齐泽克著 ；季广茂译. -- 北京 ：中央编译出版社，2025. 2. -- ISBN 978-7-5117-4825-6

Ⅰ. B555.4-53

中国国家版本馆CIP数据核字第20248UP997号

著作权合同登记号：图字01-2023-6192号

实在界的鬼脸：齐泽克自选集

责任编辑	李媛媛	
责任印制	李　颖	
出版发行	中央编译出版社	
网　址	www. cctpcm. com	
地　址	北京市海淀区北四环西路 69 号（100080）	
电　话	（010）55627391（总编室）　（010）55627319（编辑室）	
	（010）55627320（发行部）　（010）55627377（新技术部）	
经　销	全国新华书店	
印　刷	北京印刷集团有限责任公司	
开　本	880 毫米×1230 毫米　1/32	
字　数	331 千字	
印　张	17. 25	
版　次	2025 年 2 月第 1 版	
印　次	2025 年 2 月第 1 次印刷	
定　价	108. 00 元	

新浪微博：@中央编译出版社　**微　信：**中央编译出版社(ID: cctphome)
淘宝店铺：中央编译出版社直销店(http://shop108367160. taobao. com)
　　　　　（010）55627331

本社常年法律顾问：北京市吴栾赵阎律师事务所律师　闫军　梁勤
凡有印装质量问题，本社负责调换。电话：（010）55627320

齐泽克：从天而降的第欧根尼[*]

一

和所有在 20 世纪 90 年代从苏联阵营的阴影中崛起的既小巧玲珑又怪模怪样的欧洲小国一样，斯洛文尼亚需要尽心竭力才能在国际舞台上确立自己的地位。这是颇具挑战性的，因为这个国家人口稀少（区区 200 万而已），地域狭小。斯洛文尼亚第一个从前南斯拉夫共和国中独立出来，它的面积比（美国）新泽西州还要略小一些，却山脉纵横——一直延至奥地利边界的阿尔卑斯山脉占据了它三分之一的国土，而且它海滩面积更小。它的海岸线只有 29 英里，夹在意大利和克罗地亚之间，跟它们在边境线问题上还存有争议。寻求斯洛文尼亚的独特性，这个方案肯定没有什么裨益可言，因为在独立了一年之后，斯洛文尼亚制

---

　　[*] 本文为《纽约客》（ *The New Yorker* ）特约撰稿人丽贝卡·米德（Rebecca Mead）对齐泽克的专访，发表于 2003 年 5 月。第欧根尼（约前412—前324），古希腊哲学家、犬儒学派代表人物。本书页下注均为译者所加。

订了立国宣言，此举令漫不经心的世界形势观察家大惑不解。要知道，他们那时还无法把拉脱维亚与立陶宛完全区分开来呢。

但是，一谈到观念世界，与其狭小的地域相比，斯洛文尼亚享有的声誉却大得不成比例。这要归功于斯拉沃热·齐泽克。齐泽克今年 54 岁，来自斯洛文尼亚的首都卢布尔雅那，是一位拉康派马克思主义哲学家（Lacanian-Marxist philosopher）。他的大作已被译成 20 多种文字，涉猎的主题十分广泛，包括希区柯克、列宁、歌剧和"911"恐怖袭击事件，等等。他以英文著书立说也有 15 年之久了。在这 15 年中，齐泽克已经确立了自己的思想家的地位。他的观点值得关注——我们未必总要过分严肃地看待他的观点，因为这样做会导致范畴谬误①。

齐泽克把所有的社会现象和自然现象都理论化了。他还是反直觉观察（counterintuitive observation）的大师。例如，他曾经批评那些宣称美国已经步入后工业社会的政治理论家，因为他指出，美国的工人阶级依然存在。他还注意到，电梯的"关门"钮无法加快关门的速度，它只是给按动按钮者提供一种错觉，让他们觉得自己行为富有成效。

---

① 范畴谬误（category mistake），一个哲学术语，由英国哲学家吉尔伯特·赖尔（Gilbert Ryle）提出。范畴谬误指这样一种错误：把既有的属性归属到不可能拥有该属性的对象上。例如，"红杏枝头春意闹"就是如此。"红杏枝头"是一个范畴，属于自然现象；"春意闹"是另一个范畴，属于社会现象，因为只在社会活动中，才会有"热闹、喧闹"的特性。把这样的特性放到"红杏枝头"那里，犯了范畴谬误。

和齐泽克的许多观察一样，这种洞见会永久改变人的体验（在这种情形下就是乘坐电梯的体验），尽管我们未必一味唯齐泽克马首是瞻。比如，我们未必同意齐泽克的下列做法：把上当受骗的按动按钮者与西方自由民主社会中倒霉的公民相提并论，这些公民觉得自己通过投票参与了政治进程，但是因为两个政党已经在基本问题上达成了共识，这些公民实际上没有任何选择。齐泽克著书立说，目的在于把下列两者融为一体：其一是以马克思主义批判资本主义，其二是在精神分析的层面上揭露资本主义左右公众想象的方式。他最喜爱的论证形式是悖论，他最喜爱的表述方式是杂耍演员般的大话连篇，但这些都是以坚定的信念的外表①维系着的。

构成齐泽克思想的两大理论基石令人费解。他的一大理论基石是一位法国精神分析理论家，全世界有能力谈论其著作的人的数量不会多于精通斯洛文尼亚语的人的数量；他的另一个理论基石是一位政治理论家，他激发了长达一个世纪的政治实验，如今除了少数几个国家，几乎全都认为这些实验已经失败。对于像齐泽克这样的思想家，世界上乐意接待的地方真的不多。能让拉康派马克思主义者感到如鱼得水、宾至如归的，是美国许多大学的英文系。在

---

① 坚定的信念的外表：言下之意，齐泽克的"坚定信念"只是一种表面现象，不能信以为真，因为他立场游移不定，且有表演的成分。

一个激进的社会主义和激进的果食主义①同样可能生根发芽的国家，美国大学的英文系就是左翼信念的孤独前哨站。在那里，齐泽克声名大噪，养尊处优，且能率性而为，毫无矫揉造作之感。他曾在杜克大学、普林斯顿大学以及纽约市的卡多佐法学院（Cardozo Law School）担任访问学者，并在美国多个地方发表演讲。在加州大学伯克利分校任教的朱迪斯·巴特勒（Judith Butler）表示："人们一直很担心，太多的社会理论和文学理论是太过诘屈聱牙，太过凌空高蹈，他们只能袖手旁观。但齐泽克热衷于以流行文化来支撑他的观点，对很多人来说，他能同时谈论阿尔都塞和电影《角斗士》，这是一种极大的解脱。"詹姆斯·米勒（James Miller）是新学院大学（New School University）通识教育部主任，齐泽克六年前曾在那里做过客座教授，他对齐泽克的评价是："他就像空降到美国学术界的犬儒派哲学家第欧根尼。"

齐泽克是一位虎背熊腰的美髯公。他的衣橱里只能存放无产阶级的衬衣和牛仔裤，偶尔也能看到一件灯芯绒衣服。他既不穿西装，也不打领带。他能说六种语言。会话中出现的口误会令他忐忑不安，于是他大量使用生动的独白，以避免口误的发生。他讲英语的速度很快，他的口音

---

① 果食主义（fruitarianism），素食主义或纯素主义的一种。果食主义者只吃水果、坚果以及自然脱落的蔬菜果实。他们不仅拒绝食用一切动物性食物，而且拒绝食用根、茎、叶、花等，因为在他们看来，植物同样是生命，收割、剥离、拔起谷物和蔬菜也是在摧残生命。

令人想起电视连续剧《出租车》中的拉卡（Latka）的口音。拉卡来自中欧某个地方，由安迪·考夫曼（Andy Kaufman）扮演。如果说，在知识风尚（intellectual fashions）的嬗变中，雅克·德里达的魅力源于他那令人陶醉的费解，米歇尔·福柯的魅力源于他性感的严谨，那么齐泽克的魅力则源于他平易近人的荒诞。不过，与以前的学术巨星不同，齐泽克一个门徒都没有：没有齐泽克学派，没有哪个研究生以齐泽克的方式解放亨利·詹姆斯的小说或《星际迷航》（Star Trek），并以此撰写毕业论文①。

这样做是根本不可能的，因为齐泽克著作的特色之一就是，他甚至把自己的批判方法应用于自己批判性探究的结果。也就是说，他始终与自己针锋相对。在芝加哥大学任教的埃里克·桑特纳（Eric Santner）是齐泽克的至交。他说："他摆出的基本姿态之一是，先提出一个问题，或展示一个文本，之后做出早在你预料之中的解读，然后他会说，'我很想说，结论与此恰恰相反。'"面对齐泽克对通俗文化的细枝末节的考察，看着电视系列剧《宋飞正传》（Seinfeld）长大的那一代学生是再熟悉不过的，因而对齐泽克的讽刺性的自毁姿态也不会感到诧异。例如，他说过，当他看到一管牙膏广告上写着"30% 免费"时，他想把免

---

① 在 2002 年之前，情形的确如此。如今形势已经大变：齐泽克是"卢布尔雅那学派"的"首领"，"私淑弟子"无数，出版的学术著作接近百部，在各类媒体平台发布的视频成千上万，《齐泽克读本》和《齐泽克词典》早已面世，以他的思想为题撰写的各类学位论文不计其数，采访他的各路记者多如过江之鲫。真可谓今非昔比，鸟枪换炮了。

费的三分之一剪掉，放进自己的口袋。齐泽克可能会说，他看上去像个不苟言笑、一本正经的左翼知识分子。其实，他不就是个喜剧演员吗？

二

最近，齐泽克来到了芝加哥。他在伊利诺伊大学人文学院的地下室里发表演讲。那是一个冰天雪地、寒风刺骨的下午，一位名叫尼古拉斯·布朗（Nicholas Brown）的年轻副教授带他穿过这个颇具现代特征的大学校园。在那里，高高的塔楼由柱子支撑着。布朗解释说，这些建筑在 20 世纪 60 年代中期首次建成时，是由高架人行道连接在一起的。如此一来，正如校园传说所言，学生们就不会再有在露天广场集会的机会，无法像当时的学生那样，想抗议什么就抗议什么了。对极权主义往昔的回忆，令齐泽克感到欣喜。对他的成长有重大意义的一个事件发生在 1968 年春天的布拉格，那时苏联的坦克正隆隆驶入。他说："我在中央广场找到了一家咖啡馆，在整个非常时期，它都一直都奇迹般地开门营业。我记得他们有极好的草莓蛋糕。我坐在那里，边吃草莓蛋糕，边看坦克追逐示威者。真是棒极了。"齐泽克不久患上了糖尿病，这使那段记忆更加酸楚。

齐泽克那天演讲的题目是"基督教的变态之核"（The Perverse Core of Christianity）。最近，他开始以基督教为题撰写大量文章。他对基督教的热情与对无神论的担当不分轩

轻。他最近发表了很多文章，他最引以为自豪的，是应邀
给德国一家杂志撰稿，而这家杂志是专为牧师布道提供材
料的。他说："这就像，你想找个正人君子来教育子女，结
果找了个变态狂。"

围绕着他目前对宗教的看法，他领着迷惑不解的听众
绕了足足一个小时，其中包括他对圣保罗的赞许。他认为，
圣保罗是第一个列宁主义者（"他说，干活吧，建党吧。"）。
他对某些文化研究学者不以为然，因为这些人谈起他人的
宗教传统时毕恭毕敬，但面对真正的宗教信仰时又不知所
措（"说点狂话吧，当塔利班轰炸巴米扬佛像时，我几乎站
在塔利班那边——人人怒不可遏，义愤填膺，却又说：
'哦，不过我们并不真的相信会发生那样的事情'。"）。他还
重复了孩子急于从巧克力蛋里面找到玩具的桥段，以展示
拉康所谓的"小客体"① （"这是雅克·拉康在《研讨班》

---

① 小客体（*objet a*），小他者客体（*l'objet petit autre*）的缩写，一般
指难以企及的欲望客体或欲望的成因。与之相对的"大他者"（*grand Autre, or big Other*），指纯粹的他者性（otherness）。拉康坚决反对把"小客
体"翻译成任何其他形式，要求永远使用"*objet a*"这一种形式，因为它
只是一个数学符号。"小客体"一词最早源于弗洛伊德的《性征三论》，
那里提到了"局部客体"（part-object）和"过渡客体"（transitional object），可谓"小客体"的前身。明确提出"小客体"一词的是拉康。他
先是认为小客体是主体从大他者那里寻找的欲望客体，稍后认为小客体是
欲望的残余——欲望渴望符号化，但无法彻底符号化，于是在实在界中留
下了残余，这残余就是小客体。再后，拉康受结构主义语言学影响，认为
在"主人话语"（discourse of Master）中有一个"主人能指"，它总想取代
所有其他的能指，可惜心有余而力不足，结果总是产生剩余，这剩余便是
小客体。最后，拉康提出这个概念，与马克思的《资本论》不无关系：马
克思的"商品"与拉康的"小客体"、马克思的"剩余价值"和拉康的
"剩余享受"具有结构上的同源性。

第 11 卷中提出的那个格言的完美范证：我爱你，但莫名其妙的是，我爱你身体之内的某个东西，而不是你本人，所以我要毁灭你，找到那个东西。"）。他以实例解释，他所谓的基督教的变态之核究竟是什么意思：基督被钉死在十字架上，这为基督徒沉溺于自己的隐秘欲望（secret desires）而不必为此付出任何代价打开了方便之门。他列举的实例是他所谓的西方文明的伟大成就之一——电影《音乐之声》。他说："由于无法处理对冯特拉普上校（Captain von Trapp）的爱慕之情，玛利亚返回修道院后，向院长嬷嬷求教，希望得到一些明智的建议。院长嬷嬷非但没有批评她，反而以不可思议的一曲《攀越群山》（Climb Every Mountain）向她传达了某种信息。我觉得这是这部电影中最为淫荡的时刻。我们期待出现一个鼓吹禁欲的人，结果出现的是忠于自己内心渴望的代言人。意味深长的是，《音乐之声》在南斯拉夫公映时，这部电影唯一受到审查的，就是这三分钟的唱曲。"

这是一场妙趣横生的表演，尽管它让听众如坠五里雾中，不知道齐泽克的葫芦里究竟卖的是什么药。坐在后排的一位听众指责齐泽克"意志薄弱、心智不全"，因为他在为基督教做了如此激动人心的辩护之后，又牢牢地抓住无神论不放。齐泽克回答说："当我与肤浅的天主教教徒讨论基督教时，他们通常为自己辩护说，'你们这些个无神论者，无法真正理解，宗教体验是怎样的。'但他们又怎能理解无神论者的体验？我几乎禁不住要说，我们这些无神论者的信仰更自然一些。我的上帝啊，做一个无神论者，是一件非难困难的事情。"

一位长者举手问道："依你看，什么才是良好的社会秩序？"齐泽克回答说："共产主义！"他的回答激起一片诧异，因为人们或许期待他提供别的什么答案，而不是这一个。"我绝对赞成带有恐怖意味的平等主义。"年轻一代中发出了笑声，而那位长者惊骇莫名，他结结巴巴地说："我见过其他国家的独裁统治，我相信民主比你们的独裁要好。"

齐泽克说："我同意，不过我的问题是，如今的民主政治是怎样的？我不是说东欧社会主义更好——天啊，我就生活在那里。但以这个国家（美国）为例。在这里，大选时你是怎样做出决定的？我只是说，20 或 25 年前发生了一些事情，随后社会主义崩溃了，与此同时，西方实行社会民主制度的工人国家也随之丧失了政治想象的能力。那时消失的是这样一种信仰：作为一个整体，人类能够积极干预甚至引导社会发展。30 年后，我们再次接受了'历史即宿命'的观念。30 年前，我们还在争论，未来的社会会以什么面目呈现——共产主义、社会主义、法西斯主义、自由资本主义、极权官僚资本主义？当时的想法是，生活终究还要继续下去，只是存在着不同的可能性而已。现在我们始终都在谈论世界的末日。但对我们而言，想象世界的终结比想象政治制度的些微变革更容易一些。地球上的生命或许终将结束，但奇怪的是，资本主义将万古长青。"

三

尽管齐泽克有三分之二的时间在西方大学的校园里穿梭，他的正式雇主却是卢布尔雅那大学哲学系。由于资助艺术家和知识分子的绵延不绝的社会主义做法（其资助的力度是市场经济国家闻所未闻的），齐泽克在这所大学没有教学责任，而且经常可以自由地离开他的职位，以便完成赫赫有名的海外使命。美国的学术机构垂青于他，邀他来美国定居，但他抵制了这一诱惑。他说："在美国，你要去坐班，还要带学生，那简直是疯了。人们常常问我，你为什么不在美国找份工作？我对此基本上没什么兴趣。为什么？如果你拥有一份工作，却不必做任何事情，你会辞掉它，找一个事必亲躬的苦差吗？"

尽管没有明确的职责，齐泽克却一直都在坚持不懈地工作。他脑子转得有多快，出版著作就有多快，有时甚至更快。他新近在美国出版的著作是《欢迎来到实在界这个大荒漠》。该书由五篇论文组成，是对 2001 年 9 月 11 日恐怖主义袭击的评论。因为无法确定别人如何看待他对"911事件"的看法，在做了一番修订后，他把这部著作分别寄给几家外国出版机构。关于"911 事件"，流行的看法是，这次袭击给美国人敲响了警钟，它提醒美国人，在他们的海岸线之外，还有另外一个世界。齐泽克的观点与此截然不同，他认为，"911 事件"其实是一副镇静剂，是一个机会，美国人会藉此重新怀念往昔的优越和独特。这种优越和独特，自越战以来就已经搁浅。但现在，一种受害者享受的满足感（satisfying sense of victimhood）重新将其点燃。这种颇具新闻性的写作令齐泽克稍感尴尬，他说过，他更乐意于出版纯粹的哲学著作，但事实证明，通俗听众的诱惑力难以抗拒。

他抱怨说，对他而言，兜售理论是残酷的强迫症，俨然咒语。他说："我过得太糟糕了，所有的乐趣都给毁了。昨天晚上，我想放松一下，于是听了瓦格纳的《齐格弗里德》①，多么动听的音乐啊！但只听了半小时，我就开始动笔写下我的想法。我老是这个样子。有人说，'真嫉妒你呀，你干的，对我们来说是娱乐，对你说来却是工作。'但他们不知道，反之亦然。"他至少同时读三本书，这样一来，读一本读累了，就可以抄起另一本，权作休息。他没有陶醉于他的同胞钟爱的滑雪之类的休闲活动。"我有一整套合理的理论反对滑雪。滑雪意味着什么？意味着先上去，再下来。既然如此，哪如干脆静静地待在下边，读本好书？"尽管他爱好歌剧，但和参与所有所谓的娱乐活动一样，观赏演出会令他感到极度的焦虑和紧张。最近公演的

---

① 《齐格弗里德》（*Siegfried*），瓦格纳的系列乐剧《尼伯龙根的指环》（*Der Ring des Nibelungen*）的第三部，完成于 1856 年，首演于 1876 年。它讲述的故事是，齐格琳德生下她与齐格蒙德的儿子齐格弗里德；齐格弗里德战胜了邪恶巨人（大蟒），夺到指环，上山救出因救走齐格琳德而受到责罚的女武神布伦希德，并与她相爱。

歌剧《女武神》① 让他遭受了沉重的打击："有两个替补演员，第三幕开演前，他们宣布，扮演沃坦（Wotan）的替补演员喉咙轻微发炎，但他还是要英勇地继续表演。我对这部歌剧了如指掌，每当长长的唱腔即将开始之时，他都让我惊恐莫名。"齐泽克既不饮酒也不吸烟，尽管他说过，如果喜欢那个味道，他也会喜欢饮酒和吸烟。② 对他而言，即使性行为也并非遁入无意识之域。"你疯了？那正是人当自控之处。性行为是责任——我的天——性与快乐无关。"

　　齐泽克独自住在卢布尔雅那一间整洁的单间公寓里，公寓里有一张双人床、一台电视机、一台录像机、一台DVD播放机、一张桌子和一台笔记本电脑。墙壁的四周是书架，里面摆满了书籍和录像带。"对我而言，录像带和DVD毁了电影。我不再看电影，而是买电影，然后是收藏。既然已经收藏，为什么还要看它？"齐泽克结过两次婚，也离过两次婚，每次婚姻都留下了一个儿子，现在一个儿子30岁，一个儿子3岁。他没有正式的女友，但有非正式的女友。谈及他的家，他说："如果有什么不同的话，那就是

---

　　① 《女武神》（*Die Walküre*），瓦格纳的《尼伯龙根的指环》的第二部，完成于1856年，首演于1870年。它讲述的故事是，众神之主沃坦的一对孪生儿女，齐格蒙德和齐格琳德，在不知情的情况下相爱，后来齐格蒙德受到沃旦的责罚死去；齐格琳德在沃旦的另一个女儿布伦希德的帮助下逃走；布伦希德因此受到沃坦的责罚，被锁在山上。

　　② 齐泽克在此套用了他在《意识形态的崇高客体》中讲过的一个笑话："我很高兴我不喜欢吃芦笋，"一个小女孩对一个颇富同情心的朋友说道，"因为如果我喜欢吃的话，我那就不得不去吃它了——对它我真是难以忍受！"

我拥有太多的空间，每两个月，我都会进行一次细致的斯大林式大清洗。我看着每一本书，说：'我真的还会看这本书吗？'这就像斯大林说，这家伙对社会主义已经毫无用处，送他去古拉格吧。"

他的书架上塞满了理论著作，还有些通俗作品。齐泽克特别喜欢侦探小说，他认为帕特里西娅·海史密斯（Patricia Highsmith）是"20 世纪最好的作家——甚至比雷蒙德·钱德勒（Raymond Chandler）还好。"他还补充说："那些说'别剧透'的人全都错了。我先读前 10 页，然后读结尾，这是在做检测：我是否还想读下去？"他收藏的电影中，有纳粹宣传片《死不绝的犹太人》（The Eternal Jew）——这部电影在德国是被禁止销售的（"我所有的德国左翼朋友都有它的录像带"），还有苏联时期的农工爱情片。他还收藏了一些流行的影片，包括《大话王》（Liar Liar）和《最后的诱惑》（The Last Seduction）。齐泽克最想与之共进晚餐的人是女演员琳达·费奥伦蒂诺（Linda Fiorentino），还有女演员丽芙·泰勒（Liv Tyler）。"承认这一点，真是罪莫大焉，所以我现在闭口不谈，但我过去一度迷恋梅格·瑞恩（Meg Ryan）。每个人都说，你怎么能这样？但刚开始时，她演了一部惊悚片，是原来一部黑色片（film noir）的重拍。现在，因为有了汤姆·汉克斯（Tom Hanks）这档子事，一切都结束了。"他住的公寓中有一个小厨房，里面有足够的空间供他把一罐汤倒进平底锅，加热，喝掉，清洗碟子，而不需挪动半步。他的卫生间里放着一些小瓶装的洗发香波，它们来自许多国家的酒店。他说，"我的袜子全都来自德国汉莎航空公司。"

四

卢布尔雅那是个相当迷人的城市，它坐落在萨瓦河边，有鹅卵石铺成的街道，有巴洛克教堂，有漂亮的新艺术商店。它最著名的地标是一座建在山顶上的城堡，但齐泽克从未去过那里。在卢布尔雅那闲逛时，他更热衷于指出观光手册中没有提及的景观。穿过主干道时，齐泽克说，"这是卢布尔雅那的主要街道，先前曾以一种典型的后社会主义方式被命名为铁托大街，现在叫斯洛文尼亚大街。"在经过一幢建于 20 世纪 50 年代的办公大楼时（该楼与建于 19 世纪的大楼毗邻而居），他说，"新大楼是国会大厦，旧大楼是党中央委员会的办公处。他们居然没有装装样子，把两者分开。"在非常别致地横跨于萨瓦河的拐弯处的三座桥（Three Bridges），他说，"20 世纪 30 年代由一位法西斯主义建筑师设计了这几座桥，这位建筑师现在又被说成是后现代主义者了。"看到街边小贩在兜售《青年》（*Mladina*）杂志（《青年》是一份周刊，在 20 世纪 80 年代是异议者的重要喉舌），齐泽克介绍说："当时的报摊不允许出售《青年》，只好像现在这样沿街叫卖。当然，现在的报摊是可以出售的，但人们喜欢继续以这种方式兜售，为的是让人觉得很纯正。"看到旧城中一家名为"乡愁"的咖啡馆关门歇业，他感到失望。"他们做三明治的面包不太好，上面抹的也只是一层黄油和果酱，就像我们在社会主义时代吃到的三明治。我喜欢那个地方。"

卢布尔雅那只有区区 25.4 万人口，因而更像一所大学。在那里，人们彼此都认识，或者睡在一起，或者斗成一团，或者既睡在一起又斗成一团。齐泽克是最有可能成功的人，尽管他天生有些神经质，且有些笨拙，体育经常考不及格。和在大多数东欧国家一样，知识分子——甚至诗人——在公共生活中扮演的角色比那些有着无忧无虑的历史的国家还要重要。与某些东欧国家和世界上任何其他地方的知识分子不同，斯洛文尼亚的知识分子相当熟悉雅克·拉康的理论。这在很大程度上归功于齐泽克，他在 20 世纪 70 年代就帮助介绍拉康的著作。

斯洛文尼亚的杂志编辑、艺术家、电视谈话节目主持人都能随口抛出几个诸如"漂浮的能指"① "大他者"② 之

---

① "漂浮的能指"（floating signifier），精神分析理论和符号学中的一个重要概念，又称"空洞能指"（empty signifiers），即没有"所指"（指称物）的"能指"。它不仅"抵抗任何单一意义的构成"（resist the constitution of any unitary meaning），而且只能吸收意义而不释放意义。弗雷德里克·詹姆逊（Fredric Jameson）认为，系列电影《大白鲨》中的鲨鱼就是一个"漂浮的能指"，因为它可以受到多种甚至相互矛盾的解释。这表明，它本身没有特定的意义，它只是一个载体，承载观众想要强加于它的任何意义。

② "大他者"（the big other, the Other），是精神分析理论中的一个重要概念，指一个假想出来的、精神正常的观察者，他观察着我们的一言一行，我们听从他的指挥，服从他的命令。它已经嵌入"符号秩序"，嵌入我们的语言和规范。"大他者"不同于"小他者"（little other, other），"小他者"不是我们理解的他人，而是从外部构想出来的自我，是对统一自我的幻想。在拉康那里，小他者经常与"镜象"联系在一起，也就是说，小他者是镜子中的自我形象。

类的拉康术语，令人颇为不解。有一半的政府官员似乎都
曾在大学里研究过拉康，包括执政党的前总书记格雷戈·
格洛比奇（Gregor Golobič）。格洛比奇在卢布尔雅那大学撰
写的毕业论文，就是对柏拉图的《克拉底鲁篇》（"Craty-
lus"）做拉康式的批判。齐泽克说："他是我最要好的朋友！
我喜欢他！他是斯洛文尼亚未来的斯大林。他可是铁腕人
物。我在他的办公室里跟他聊天时，一个部长打来电话，
他对那个部长说：'滚蛋！我没时间跟你废话！'"哲学家理
查德·罗蒂（Richard Rorty）在弗吉尼亚大学任教时，曾经
邀请齐泽克与朱迪斯·巴特勒去那里讨论有关拉康的话题。
他说，"齐泽克告诉我，在斯洛文尼亚政界，一场大战是在
拉康派与海德格尔派之间展开的，拉康派控制行政机关，
海德格尔派掌管军队。"

　　齐泽克的父母都是职业人士，他是他们的独生子。十
几岁时就疯狂地喜欢电影，嗜书如命，有空就去由政府资
助的电影资料馆（cinémathèque）观赏好莱坞经典影片。在
卢布尔雅那大学读大学时，他不经意间看到了刚刚出版的
法国结构主义者撰写的著作。这些人的著作自然无法出现
在马克思主义课程表上。他的硕士论文的研究对象是雅
克·拉康、雅克·德里达、朱莉娅·克里斯蒂娃，以及其
他欧陆哲学家的著作，这些人后来都成了权威性人物。尽
管这篇论文才华横溢，齐泽克还是无法获得硕士学位，直
至他同意增加一个附录，添加他对马克思的看法，他才如
愿以偿。如此一来，即使齐泽克有朝一日变成了危险的异

议分子，他的导师也能宣称，他曾经竭尽全力，使这位年轻人踏上正确的政治轨道。

尽管修订了论文，齐泽克仍被认为不适宜于任教。最终，他只好前往法国，在那里断断续续地度过了四年时光，师从拉康的女婿和知识继承人雅克–阿兰·米勒。在经历了一场创伤性的恋爱风波之后（这个女人是他前同事的妻子，为了证明他有多么爱她，他竟在当时出版的一部著作中嵌入一首浪漫的离合藏头诗），他接受了米勒的精神分析。齐泽克认为，他的治疗尚未完成。他说："精神分析治疗的确对我有益，但我也没有米勒想的那么严重，我当时只是想，我要不要自杀呢？我在胡说什么呢？明天五点，我还要见我的精神分析师呢。既然如此，我怎么能自杀呢？"

对齐泽克来说，20 世纪 70 年代一片黯淡，不过到了 80 年代，事情便有了转变。当时南斯拉夫的政府正渐渐失去权力。尽管齐泽克和许多渴望过上美好生活的南斯拉夫人一样，也是一位共产党员，但他开始积极参与反抗运动。他擅长协调公共关系。"他喜欢引用列宁说过的话，比如说，你需要每天都做点什么"，和齐泽克一样，《青年》杂志的记者阿里·泽尔丁（Ali Žerdin）当时也是一个名为"保护人权委员会"的对抗团体的成员。"他总是要预测对方的反应。有一回，有人说，咱们应该组织一次绝食抗议，他说，'那可不行，塞尔维亚电视台只会说，那些肠肥脑满的斯洛文尼亚人在节食。'"

齐泽克认为，一些前社会主义国家的公民从来没有像在社会主义的最后几年那样生活得有滋有味，因为除了拥有国家补贴的食物、住房、工资和文化，他们还享受着抱怨政府的乐趣。"有三年时间，是绝对的自由自在。当时没有现在这样的规定，如对露骨色情文化的规定。当时到处都是报亭，它们都贴着露骨色情的海报。有一次，我带着当时还小的儿子经过一个报亭，那里贴着一张很大的海报，上面画了个一丝不挂的女人，她双腿撇开，跨在哈雷戴维森摩托车（Harley-Davidson）上。我儿子说，'快看，多棒啊！'但他没有注意到那个女人，他说的是摩托车！那段时光就像一个再也回不去的天堂。"

在那些年里，齐泽克在建立自由民主党的意识形态原则方面发挥了重要作用。自由民主党是一个温和的中间偏左的政党，它从学生运动中发展而来，在过去十年的大部分时间里一直统治着斯洛文尼亚。前文化部长约瑟夫·什科尔奇（Jožef Školč）解释说："他帮助我们，因为我们都是些20多的年轻人，渴望改变现状。他身为教授，又聪明绝顶，但他没有成为党的中坚力量，因为他总是不断地改变立场。"齐泽克辩解道，面对斯洛文尼亚的独立，他爱恨交加：从理论上讲他反对独立，但又觉得，对于政治，独立不失为权宜之计。他花了很长时间消除自己的不安，然后才开始竞选斯洛文尼亚四人总统委员会（four-person Presidential committee）中的一个席位。那是1990年，这个国家第一次举行民主选举。他最后得到的，是光荣的第五名——对他而言，迄今为止，这是最好的结果；或许对斯洛文尼亚来说，这也是最好的结果，因为，如果他真的当选了，他的第一个行动或许就是辞职。他说："我当时觉得，占据那个位置意味着，你每周开一次会，然后有一定的影响力和权力。但根本不是那么回事，那是一份每天24小时连轴转的工作，此外还要承担无穷无尽的愚蠢的社会义务。"

20世纪90年代中期，有人要齐泽克考虑出任一名政府部长的职务，但他拒绝了。"总理说，'你想要科技部还是文化部？'我告诉他，'你是不是疯了？谁要那种破烂玩意？我只对两个职位感兴趣——内务部部长或秘密警察主管。'"不过，最终他还是当上了斯洛文尼亚的文化大使一类的官员，理所当然地拿到了外交护照。没过多久，他又主动交回了外交护照。"我原以为拿那玩意儿外出旅行便利一些，没想到适得其反。我拿着外交护照出入海关，移民局官员会看着我，心想，这伙计算是哪门子外交官？结果花费时间比原来长一倍。"

五

在斯洛文尼亚成为独立国家的前一周，齐泽克为《青年》杂志写了一篇文章，题为《自由尼亚万岁》①。他引用

---

① 自由尼亚万岁（"Hail Freedonia"），一个来自电影《鸭羹》（*Duck Soup*，1933）的典故。在电影中，马克思兄弟建立了一个国家，名为"自由尼亚"（Freedonia）。他们还国这个国家创作了国歌，题为《自由尼亚万岁》（*Hail, Hail, Freedonia*）。

了马克思兄弟会①的一则老笑话："你想雇个律师吗？雇个律师吧。你会有更多的麻烦，但至少你雇了个律师。"他改编了这则笑话，用来讽刺斯洛文尼亚的民族主义："你想独立吗？那就独立吧。你会有更多的问题，但至少你独立了。"格劳乔·马克思（Groucho Marx）的作品和卡尔·马克思的著作一样，都是理解齐泽克的有用参考，因为不仅要把齐泽克的言行理解为政策建议，还要理解为表演作品。新学院大学的詹姆斯·米勒在谈到齐泽克的演讲时说，"你会耐着性子听完他滔滔不绝的长篇大论，后结构主义和相对主义的气氛在你周围弥漫开来，然后他会为民主社会主义做些辩解。第一次同他谈话时，我说，'但是斯拉沃热呀，这是前后矛盾的。'他听了我的批评，置若罔闻。一有发言的机会，他就会开始享受那恣意狂奔的美好时光了。"

随着卡尔·马克思的著作成为学院派知识分子的标准阅读材料，齐泽克开始为重返列宁提出更加离谱的要求。他最近编辑了一部列宁选集，书名为《一触即发的革命》（*Revolution at the Gates*）。他还撰写了过于踌躇满志的前言和意气风发的后记。"我知道列宁可能冷酷无情，等等，等等。我现在要说的是，那是一场前所未闻的自由大爆发，也是下列疯狂信念的大爆发：我们真的开始续写新的篇

---

① 马克思兄弟会（Marx Brothers）是由一群美国滑稽演员组成的松散群体，由兄弟五人组成，包括格劳乔（Groucho）、哈坡（Harpo）、奇科（Chico）、古摩（Gummo）、策普（Zeppo）。他们常在舞台剧、电视、电影中演出。作为一个整体，被美国电影界最权威的机构——美国电影学会（AFI）——评为"百年最伟大男演员"之一。

章。"另一方面，对齐泽克而言，斯大林只一个过时的噱头。他的朋友埃里克·桑特纳认为，"这并不意味着他在美化斯大林。在某种程度上，他的意思是，进入权力斗争，情形必然错综复杂，这是无可避免的；左派不能一味占据批判的高地，而且这是有风险的。我想这就是斯大林作为一个能指对齐泽克的意义。"齐泽克的著作《有人说过极权主义吗?》(*Did Somebody Say Totalitarianism?*) 反对把斯大林主义与纳粹主义混为一谈；不过他坦率承认，他对墨索里尼颇有好感："你知道，民主党人在 1925 年指责墨索里尼说，'你想统治意大利，但没有任何纲领。'你知道他是怎么回答的? 他的回答是，我们当然有纲领，我们的纲领就是，不惜一切代价，统治意大利。我爱墨索里尼，那人不了起，可惜后来受了希特勒的蛊惑。"

齐泽克乐意承认，他在政治上是极不正确的。他愿意称自己是个男子沙文主义者，还在同性恋权利问题上浮华地追随潮流。"我对同性恋的最高辩护是，你证明，同性恋有违人的天性，的确如此，因为正是因为有违人的天性，同性恋才是纯粹精神性的。任何一个白痴都能顺乎天性，既然如此，难道这么说不是很了不起吗：我非常爱你，以至于为了你，我可以打破一切自然定律?"不幸的是，他的同侪并不相信他真的天性邪恶。哥伦比亚大学的英语和比较文学教授加亚特里·斯皮瓦克（Gayatri Spivak）说过："我曾经告诉他，'斯拉沃热，你有一颗政治正确的灵魂，但你却对此深表疑虑。'如果他真的公然说过什么政治上不正确的东西，他会告诉你，他在政治上是不正确的。我觉得，终有一天，他甚至容易受到女权主义的影响。"齐泽克在演讲中提到斯大林、列宁或共产主义时，会听到心照不宣的咯咯笑声，因为没有谁还会那么天真，对他的话信以为真。除了对极权主义欧洲有切身体验的古怪老先生，一个人也没有。这种类型的人日益稀少。

六

几周前，齐泽克飞临纽约，在那里小住数日。除了在时报广场玩具反斗城（Toys R Us）给他小儿子购买魔比产品（playmobil products）（他说，"我看上去真是东欧极了，提着一大堆购物袋"），此行的主要目的是在苏豪区（SoHo）一家名为戴奇工程（Deitch Projects）的画廊里发表演讲。演讲在一个严寒的冬夜进行。喷成白色的飞机库一般的画廊里没有暖气，但这并没有将人群阻住（大约有 600 人），他们挤在一起，蜷缩在长长的新潮黑色冬衣里，头戴稀奇古怪的帽子，有秘鲁式的，也有俄罗斯式的。其实，本来还有更多的听众，但因为超出了这个画廊的保安人员的控制能力，几十人被拒之门外。他们并没有走开，而是聚集在画廊的窗下，不断拍打窗户，请求放他们进去。这给这个事件增添的期待气氛不太适合于学术演讲，更适合于一位籍籍无名但却不可或缺的比利时电子 DJ（Belgian techno DJ）①

---

① 通俗音乐术语，指自 1990 年代初以来发展起来的各种节奏极快和充满活力的电子舞曲风格。

的罕见亮相。

因为只给齐泽克准备了一把椅子和一张桌子，而不是讲台，所以他只好躲在绝大多数听众的视线之外。听众不见其人，只闻其声，而且声音是经过放大的，充满了犹豫、停顿和开始，好像一直都在期待着有人打断他，就像鸡尾酒会上紧张不安的来客。他先是播放了希区柯克影片的一些片断，但这些片断的次序被打乱了。"抱歉，我以前从来没有遇到过这种情况。"他以窘迫的腔调说道，仿佛已令自己的恋人大失所望。这些片断用斯洛文尼亚语配了字幕，齐泽克称其为"淫荡"。他是如此陶醉于对希区柯克做拉康式的阐释，如此频繁地求助于他所谓的"困惑的凝视"（the perplexed gaze），以至于他似乎没有注意到，外面大街上开来一辆警车，警车闪烁的蓝色光芒照在窗外一张张垂头丧气的脸上，一个手持传声筒的警察命令那里的人群离开。

齐泽克讲的大多还是在芝加哥大学深受欢迎的那些话——有关巧克力蛋的桥段，有关基督徒名为放弃、实为放纵的笑话（"成为禁欲的天主教神父吧，这样你想要多少小男孩儿，就有多少小男孩儿了"①），还有巴米扬大佛。但到最后，他还要面对更加棘手的问题。"可能大家看过电影《少数派报告》。在电影中，人还没有犯罪就已经被捕了。为什么听起来这么耳熟？因为这是国际关系的新模式。美

————

① 这里暗指某些天主教神父猥亵幼童的丑闻。

国政府声称它会提前知道谁将攻击它。"齐泽克说，这正是反恐战争的后果。"恐怖袭击被认为是理所当然的，只是被无限期地推迟了。真正的灾难在于，我们永远生活在灾难的永恒威胁之下。"

齐泽克说，他反对伊拉克战争，但他与学界同事反对开战的理由并不相同。齐泽克反对开战，并非美国的理由不充分。他暗示，美国已经罗列了太多的理由。他说："如果这场战争的真正目的是让全球进入紧急状态呢？让我担心的是，我发现，现在到处都是我所谓的无声革命（silent revolution）的迹象。与巨大的爆炸事件相比，这更令我不安。"事实上，酷刑已经成了合法的话题，这证明，社会正在悄悄发生变化。他说，把这种变化简单地理解成推翻萨达姆·侯赛因这个可欲目的（desired end）的必不可少的手段，是错误的。"不能说，只要目的正当，就可以不择手段；目的就是手段。"他似乎要表示歉意，因为他无法找到赞同这场战争的理由。他很失望，因为他要被迫与头脑简单的反战运动为伍。即使对齐泽克来说，指出悖论既是必要的回应，也是不恰当的回应。"伊拉克是个坏国家，为什么不向它发起攻击？但是进攻意味着什么？我因为这样的意味而反对它。"听上去，他和任何一个不太了解政治局势的观察者一样困惑和无助。

演讲结束后，一些听众匆匆离场，齐泽克则开始邀请听众提出问题。画廊另一端的平台上准备了茶点的消息传播开来。齐泽克还在不停地讲着，前排座椅则空得越来多。一个小时过去了，齐泽克已经离开了伊拉克，开始讲些来自社会主义时代的老笑话：三个人走进了西伯利亚的战俘营，云云，云云。平台传来嗡嗡声，夹杂着葡萄酒和奶酪的双重诱人气味。嗡嗡声越来越大，直至成功进入画廊的人们发出一片抱怨之声。这声音和此前滞留在寒风中的他们拍打窗子发出的声音一样响亮。

中文版前言：灾难重重的年代

正如埃里克·霍布斯鲍姆①所言，20 世纪实际上是"极端的年代"：伟大的解放计划伴随着连绵不断的灾难——从实际的灾难到对灾难的恐惧，从核战争到生态毁灭。这种景观是如何迫使我们改变我们生活的伦理坐标（ethical coordinates of our life）的？

20 年前，德国总理赫尔穆特·科尔②为了指出那些因为出生稍晚而没有卷入大屠杀的德国人的尴尬处境，使用了"晚生的恩典"③一词。许多评论者拒绝这种说法，把它视为道德暧昧和机会主义的标志。他们认为，这表明，如今德国人可以把大屠杀视为他们的责任范围之外的事情，而

---

① 埃里克·霍布斯鲍姆（Eric Hobsbawm, 1917—2012），专门研究工业资本主义、社会主义和民族主义兴起的英国历史学家。最著名的著作是他的"年代四部曲"：《革命的年代：欧洲 1789—1848》《资本的年代：1848—1875》《帝国的年代：1875—1914》和《极端的年代》。

② 赫尔穆特·科尔（Helmut Kohl, 1930— ），德国政治家。1982 年出任德国联邦总理，多次连任，并在德国统一后出任总理，获得了"统一总理"的美名。

③ "晚生的恩典"（Die Gnade der späten Geburt），意谓 1930 年后出生的德国人非常幸运，享受了神的恩典，因为他们可以避免踏上纳粹之路，成为纳粹的追随者和犹太人的迫害者。

把它置之度外。不过，科尔的说法的确触及了道德的悖论性神经（paradoxical nerve of morality）。这种悖论性神经，伯纳德·威廉斯①称之为"道德运气"（moral luck）。[注1]威廉姆斯以某位画家为例，他语含讥讽地称之"高更"②。这位"高更"抛妻弃子，前往太平洋塔希提岛（Tahiti），要在那里充分地施展自己的艺术才华。这样做在道德上是否正当？威廉斯认为，我们只能回溯性地回答这个问题，只能在我们获悉这个冒险决定导致的最终结果之后回答这个问题：他是否真的成了一个绘画天才？正如让-皮埃尔·迪皮伊③指出的那样，[注2]我们如今面临着形形色色的生态灾难的威胁，当务之急是采取行动，这使我们陷入了同样的两难之境：要么我们严肃地看待这一威胁，毅然采取行动，但是，如果灾难没有发生，我们就会显得荒唐可笑；要么我们袖手旁观，那样的话，一旦灾难发生，我们必定失去

① 伯纳德·威廉斯（Bernard Williams，1929—2003），英国道德哲学家，被《泰晤士报》誉为"他那个时代中最杰出、最重要的英国道德哲学家"。著作包括《自我问题》《道德运气》《伦理学和哲学的边界》《真理与真诚》等。

② 高更（Paul Gauguin，1848—1903），法国印象派画家。威廉姆斯要说的，保罗·高更为为了证明自己是绘画的天才，抛妻弃子，远走他乡，这事是否道德，要看他的"道德运气"：如果运气不好，不成功，那就不道德；如果运气好，成功了，那就是道德的。

③ 让-皮埃尔·迪皮伊（Jean-Pierre Dupuy，1941— ），法国工程师和哲学家。主要代表性著作有：《政治生态学批判导论》（*Introduction à la critique de l'écologie politique*，1980）、《牺牲和嫉妒》（*Le Sacrifice et l'Envie*，1992）、《伦理与行动哲学》（*Éthique et philosophie de l'action*，1999）、《神圣的印记》（*La Marque du sacré*，2008）和《嫉妒：欲望的几何学》（*La jalousie : Une géométrie du désir*，2016）。

一切。最糟糕的是选择中间立场，即采取有限的措施。在这种情形下，无论结局如何，我们都将一败涂地。（也就是说，关键在于，在生态灾难的问题上，绝不存在中间立场：它要么发生，要么不发生。）

如此困境会把激进的康德派吓得魂不附体，因为它彰显了依赖彻头彻尾的"病态"条件之行为的道德价值，即依赖全然的偶然结果之行为的价值道德。简言之，我在做出事关伦理僵局（ethical deadlock）的艰难抉择时，只能说："如果我走运，我现在的行为会在未来合乎伦理之道。"不过，对于我们伦理立场的如此"病态"的支撑，不就是先验的必然性（a priori necessity）吗？这可不仅是在下列常识的意义上说的：如果我们（至少是我们中的多数人）在伦理上保持镇静，我们就会好运临门，不必暴露在考验带来的巨大压力之下。（在遭受严刑拷打时，我们中的多数人都会犯下叛变投敌的滔天罪行。）在日常生活中，我们保持自己的伦理上的自豪和尊严。这时，我们是在如此虚构（fiction）的保护之下行事的：即使环境严酷，我们也会依然坚守这样的伦理立场。关键并不在于，我们不应相信自己，我们要怀疑自己的伦理立场；相反，关键在于，我们应该采取莫扎特《女人皆如此》① 中的老光棍哲学家阿方索

---

① 《女人皆如此》（Cosi fan tutte），又译《女人心》，两幕喜歌剧，1790 年首演于维也纳。故事发生于 18 世纪的那不勒斯，老光棍哲学家阿方索跟两个年轻人打赌："你们正在热恋的情人对你们的感情是否如你们自己所说的那样真诚，我深表怀疑。要不我们来验证一下？"结果不出所料。于是才有"女人皆如此"的喟然长叹。

（Don Alfonso）的态度，他建议两位受骗的恋人："相信女人，但不要让她们面对太多的诱惑！"

我们的尊严来自对"病态"事实的否认，认识到这一点，易如反掌。对于这样的"病态"事实，我们心知肚明，但我们还是把这些事实的符号性功效（symbolic efficiency）悬置起来。试想，有个高贵的领袖，如果他的"不高贵"（痛哭、呕吐）被人用相机拍摄下来，他的事业就会前功尽弃，尽管"不高贵"是我们所有人的日常生活的一部分。在一个稍微有些不同的层面上，回想一下那些手腕娴熟的政客们的高超艺术吧：在做出丢人现眼的决策时，他们知道如何销声匿迹。这样一来，他们就会维持自己追随者的无意识信仰（unconscious belief），让他们继续相信，这些政客无所不能，维持这样的幻觉：如果不是意外受阻，无法抵达现场，这些政客必能扭转乾坤。或者，在更加私人化的层面上，设想这样一对年轻情侣，他们首次约会，男孩想令女孩刮目相看，但这时来了个强人，他以强凌弱，骚扰女孩，羞辱男孩，而男孩害怕与他正面对抗。这一事件会毁掉他们的关系：男孩会避免再次见到女孩，因为她会令他想起自己蒙受的奇耻大辱。

在面对灾难时，我们同样要鼓足勇气。在《道德和宗教的两个来源》（"The Two Sources of Morality and Religion"）中，亨利·柏格森讲述了他在 1914 年 8 月 4 日（法国和德国在那一天正式宣战）产生的奇异感觉："尽管我感到惊恐万分，尽管是一场战争，甚至是一场可以打胜的战争，对我来说似乎是一场灾难，但是我的确体验到威廉·詹姆斯所表达的那种羡慕之情——对从抽象到具体的过渡的羡慕之情：谁能想到如此可怕的事件，竟然波澜不惊地变成现实？"[注3] 在此，至关重要的是，前后之间的断裂是以何种形态呈现出来的。在柏格森眼中，战争爆发前"既是可能的，又是不可能的：一个复杂而矛盾的概念，直至最后一刻都是如此。"[注4] 爆发之后，战争刹那间成为现实的（real）和可能的（possible），悖论在于或然性这个回溯性表象（retroactive appearance of probability）：

> 我从来都没有假称，我们可以把现在插入过去，因而逆时间而动。不过，毫无疑问，我们可以把可能（the possible）插入过去，或者说，我们随时都能把可能插入过去。只要不可预见的、新的现实创造了自身，它的形象就会反射在不确定的过去上：这个新的现实会发现，原来它一直都是可能的；但只是到了它真正形成的那一时刻，它才开始成为它过去一直可能成为的样子。所以我才说，一旦这一现实形成，它的可能性（它的可能性并不先于它的现实性）将会先于它而存在。①[注5]

———————

① 现实与历史、现在与过去、可能与现实、或然与必然的关系，乃这段文字的关键：原来人们认为不可能的事情，忽然变成了现实，只有到了这个时候，人们才会过头来，回溯性地审视历史，发现原来认为不可能的事情，其实是完全可能的；只有到了这个时候，才会把它现实的形象反射到过去，探寻其"可能性"的痕迹。原来以为可能在先，现实在后；现在看来，现实在先，可能在后。

所以，我们总是错过"作为不可能的实在界"①：要么，我们觉得它是不可能的，但与实在界无关［无论我们多么清楚，即将来临的灾难是很有可能的（probable），但我们还是不相信它真的会发生，因而又觉得那是不可能的（impossible），对之不屑一顾］；要么，我们认为它是真实的，但不可能发生（一旦灾难降临，它会被"再常态化"，被视为事物的常态运作的一部分，视为早已经可能发生的事情）。让-皮埃尔·迪皮伊说得很清楚，使得这些悖论成为可能的，是知（knowledge）与信（belief）的分裂：我们知道灾难是可能的，甚至是很可能的，但我们还是不相信它真的会发生。[注6]

这些感受表明，寻常的"历史性"的时间观自有其局限：在时间中的每一顷刻，总是有多种可能性，在等待着变成现实；只要其中一种可能性得以实现，其他可能性就会烟消云散。历史时间是个能动者（agent），其最佳范例便是莱布尼茨笔下的上帝。在莱布尼茨那里，上帝创造了最可能的世界：在创造世界之前，他心中装着无数可能的世界，他要做出决定，从那些选项中选出最佳的一个。在这

---

① "作为不可能的实在界"（the real as impossible），齐泽克有时又写作"the real qua impossible"，本书一律译为"作为不可能的实在界"。其中的"real"是真实，但不是我们理解的一般的"真实"，即与"虚假"相对的真实。根据齐泽克的看法，与"虚假"相对的"真实"本身也是虚假不实的，因为其中充斥着虚构性的符号。真正的"真实"与"想象""符号"相对，而且无法"想象"它的存在（使之成为某种形象），无法使它变成"符号"。勉强想象之，极力使之符号化，就会产生残余，产生残渣，形成拉康所谓的"小客体"（l'objet petit a）。

里，可能性先于选择，因为要在多种可能性间做出抉择。在线性历史进化的范围内，设想这样的选择/行动是不可思议的，这样的选择/行动要回过头来，回溯性地寻找自身的可能性，即这样的想法：彻底之新（a radically New）回溯性地改变自己的过去。当然不是改变已成现实的过去（我们又没有生活在科幻小说中），而是回溯性地改变过去之可能性（past possibility）。或者说得更正式些，回溯性地改变有关过去的模态命题的价值（value of the modal propositions about the past）。这正是在柏格森描述的那种情形中发生的事情。

迪皮伊的看法是，要想真正面对（宇宙或环境）灾难的威胁，就要突破这种"历史性"时间观，引进新的时间观。迪皮伊把这种时间称为"投影时间"（time of project），即过去与未来的封闭循环：从因果关系看，未来是由我们过去的行为造成的，我们现在的行为方式受制于我们对未来的预期，受制于我们对这一预期的反应。当然，这个循环会派生大量著名悖论，即自我应验的预言（self-realizing prophecy）的悖论：如果我们期待着某事发生，并据此行事，某事就会真的发生。更加有趣的是它的消极版本（negative versions）：如果我们预料/预测某事（灾难）即将发生，于是采取行动，奋力抵抗，到最后，不管灾难是否真的发生，结果全都一样。如果真的发生了，我们会认为自己采取的预防行动毫无裨益（"你无法抗拒命运"）；如果没有发生，结果也是如此①。也就是说，因为灾难（虽然我们知道，灾难即将降临，但还是不相信它真的会降临）在我们看来是不可能发生的，所以我们采取的预防行动会再次因为无益而被不屑一顾（回想一下千年虫②的余波吧）。

那么，第二个选项是唯一合理的选项吗？可以把它当成理性的策略（rational strategy）吗？有人预测，灾难即将发生，于是采取行动，极力抵抗，满怀着希望，觉得我们的预防行动的每一次成功，都会彰显这样的前景：它刺激我们采取荒谬可笑、毫无裨益的行动。比如，我们应该勇敢地认定，过度制造恐慌的人也在发挥积极作用，因为他们制造恐慌，目的在于拯救人类。……不过，循环并不全是封闭的：伯纳德·布罗迪③在 20 世纪 70 年代就指出了打

---

① "如果没有发生，结果也是如此"，这句话的意思，我们预料某事即将发生，于是采取行动，抵制它的发生，但它最终没有发生，这时，我们会觉得自己采取的预防行动毫无价值，用大白话说，是"白忙活了"。

② 千年虫（millenium bug），又称千禧虫。在计算机词典中，凡软件、硬件设计上的错误、瑕疵统称为"虫"（bug）。千年虫指由于硬件的技术限制或程序设计的考虑不足而导致的年月计算错误。计算机一般以两位数表示年月，如 1999 年 1 月 1 日记为 1/1/99，2000 年 1 月 1 日记为 1/1/00，这与 1900 年是没有区别的，因此会导致许多难以预料的后果，甚至是灾难性后果。经过科学家的共同努力，千年虫没有导致不良结果，于是有人抱怨说，当初的兴师动众，其实是草木皆兵的蠢举。

③ 伯纳德·布罗迪（Bernard Brodie, 1910—1978），美国军事战略家，他的博士学位论文《机器时代的海上力量：重大海军发明及其对国际政治的影响》（Sea Power in the Machine Age: Major Naval Inventions and Their Consequences on International Politics）引发了海军战略的转变，他的《绝对武器：原子能与世界秩序》（The Absolute Weapon: Atomic Power and World Order）提出了威慑理论，奠定了核威慑战略的基础。

破封闭循环这一僵局的出路，那便是冷战中的 MAD① 战略：

> 这是我们这个时代的奇特悖论，使得［核］劝阻
> 有效发挥作用（而且发挥得如此淋漓尽致）的关键性
> 因素，竟是潜在的担忧：一旦遇到极其严峻的危机，
> 劝阻会失效。在这种情况下，人不会拿着自己的生命
> 开玩笑。如果我们绝对肯定，核劝阻的作用百分之百
> 地有效，能保护我们免受核攻击，那么，它在反对常
> 规战争方面的劝阻价值（dissuasive value）就会急剧降
> 低，几近于无。[注7]

这里的悖论是非常精密的悖论：MAD 战略发挥作用，
不是因为它完美无瑕，而是因为它不够完美。也就是说，
完美的战略（如果一方对另一方发起核攻击，另一方会自
动反击，双方最后同归于尽）存在着致命的缺陷：如果攻
击的一方怀揣着这样的希望——他先发制人，发起攻击，
对方却继续像理性的能动者（rational agent）那样行事，结
果会怎样？现在，被攻击的一方面临的选择是：自己的国
家几尽毁灭，他既可以反击，进而引发巨大灾难，导致人
类终结，也可以不反击，使人类幸免于难，至少还有这样

---

① MAD，"Mutual Assured Destruction" 的缩略语，意为"确保相互
毁灭"或"确保同归于尽"。它指的是，对立的两方中，如果有一方全面
使用核武器，另一方面必须全力以击，即使毁灭世界，也在所不惜。显
然，它是一种威慑或阻吓，故又称"恐怖平衡"战略，目的在于尽力避免
最糟的结果——人类灭绝。

的可能——自己的国家稍后得以复兴。理性的能动者会选第二个选项……使得这一战略行之有效的，恰恰是这样的事实，我们永远无法确定，它会完美地运行：一旦情形完全失控，怎么办？要知道，有各种可以轻易想象出来的理由导致失控（从一方对另一方的"非理性"攻击，到简单的技术故障、通讯失误等）。正是因为存在着永久的威胁，双方才都不想过于接近 MAD，才能够避免常规战争。如果 MAD 战略完美无缺，它就会认可这样的态度："打一场全面的常规战争吧，因为我们都知道，任何一方都不会冒险发起核攻击！"

所以说，MAD 的实际构想并不是"如果我们实施 MAD 战略，核灾难就不会发生"，而是"如果我们实施 MAD 战略，核灾难就不会发生，除非发生无法预见的事件（imprevisible accident）"。生态灾难也是如此：如果我们什么都不做，生态灾难必定发生；如果我们倾尽全力，它就不会发生，除非发生无法预见的事件。这个"无法预见的因素"（imprevisible factor）正是实在界残余（remainder of the Real），它打破了"投影时间"（time of the project）的完美的自我封闭（self-closure）。如果把"投影时间"画成一个圆圈，那么实在界的残余就是一个切口，阻止了这个圆的完全封闭（拉康也正是在这个意义上使用"小客体"一词的）。"无法预见的因素"的身份是悖论性的。能够证明这一点的是，在它那里，可能性和不可能性，positive 和 negative①，乃

---

① positive 和 negative，含义丰富，可以译为：肯定与否定、积极与消极、正面与负面、阳面与阴面、证实与证伪、认可与拒绝，等等。

一物之两面：防范策略之所以行之有效，正是因为它阻止了它的全然有效性。

因此，至关重要的是，不要再用陈旧的线性的历史因果律（linear historical causality）理解这种"灾难主义战略"（catastrophist strategy）。线性的历史因果律行不通了，因为面对未来，我们面临着多种可能性，我们从中选择一种，据之采取行动，阻止灾难的发生。但是，灾难永远是另一种可能性（another possibility），我们无法"驯服"它，所以唯一的选择，就是把它设置为实在界（to posit it as real）："必须以更加激进的方式，把灾难刻入未来。必须承认，它是不可避免的。"〔注8〕

在这里，我们应该引入最低限度的"疏离"（aliena-tion）概念。对于符号界来说，对于社会域（social field）来说，"疏离"是构成性的：尽管我很清楚，从因果律的角度看，我在未来的命运，我置身其间的社会在未来的命运，依赖于像我这样的成千上万的人在此时此刻采取的行动，但我还是相信命运，也就是说，我相信，未来是由一种不为人知的力量控制的，这种力量不受任何人的意志和行动的支配。"疏离"之为"疏离"，在于最低限度的"客体化"（objectivization）。正是由于有了"客体化"，我把自己与自己发挥的实际作用剥离开来，把历史过程视为一个"客观"的过程，它自行其是，不为我们的计划所左右。①

---

① 这就是《荀子·天论》中所谓的"天行有常，不为尧存，不为桀亡"。

[在另一个层面上，这道理同样适用于市场上的单个能动者（individual agent）：虽然他很清楚，在市场上，商品的价格取决于他的行动，取决于他的销售与购买，但他还是相信，商品自有其固定的价值，有其既定的数值（given quantity），然后据之响应。]当然，关键在于，这两个层面是交叉的：目前我并不盲目行动，我要先看一看，未来会是怎样的，然后再据之响应。

因此要推翻那个存在主义的老生常谈。根据这个老生常谈，一旦介入当下的历史进程，我们就会认为，它充满了可能性，我们则是能动者，可以自由地选择那些可能性。另一方面，一旦回溯既往，就会发现历史的进程早已被决定，早已不可避免，没有选择的余地。其实呢，只有积极行动的能动者，才会认为自己已经身陷命运的魔掌，并据此响应，同时回过头来，从事后观察（later observation）的角度，发现在过去存在的选项，发现事情以另一种方式发生的可能性。（宿命论的悖论——宿命论神学使资本主义的疯狂行动合法化了——不是最终证实了这个悖论了吗？）

这与迪皮伊不谋而合，因为迪皮伊也主张这样直面灾难：我们应该先把灾难视为我们的宿命，视为无可避免之物，然后把我们投射到宿命之上，选择宿命的立场，把反事实的可能性（counterfactual possibilities）——"如果当初有所作为，我们现在身陷其中的灾难本不会发生"——回溯性地插入过去（未来之过去），然后我们据此再采取行动。把积极命运（positive destiny）逆转为消极命运（negative destiny)，这方面的最佳范例，不就是从经典的历史唯物主义向阿多诺和霍克海默"启蒙之辩证"（dialectic of Enlightenment）这一态度的转移吗？传统的马克思主义吩咐我们积极行动起来，以现实（共产主义的）必然性，但阿多诺和霍克海默却把自己投射到最终的灾难性结果上〔这个结果被视为无法改变之物，即以全面操纵（total manipulation）和主体性终结（end of subjectivity）为内容的"管制社会"的到来〕，请求我们行动起来，应对眼下出现的这一结果。

正是怀着这些相当忧郁的想法，我将此书献给此时手握此书的中国读者。整个世界都在注视着中国，都在思索：那里正在发生的巨变，将会导致怎样的结果？我跟他们一样满怀希望。

斯拉沃热·齐泽克

于卢布尔雅那

2002 年 9 月 22 日

注释：

〔注 1〕See Bernard Williams, *Moral Luck*, Cambridge：Cambridge University Press 1981.

〔注 2〕 See Jean-Pierre Dupuy, *Pour un catastrophisme éclairé*, Paris：Éditions du Seuil 2002, pp. 124 – 126.

〔注 3〕 Henri Bergson, *Oeuvres*, Paris：PUF 1991, pp. 1110 – 1111.

〔注 4〕 Bergson, ibid.

〔注 5〕 Bergson, op. cit. , p. 1340.

〔注 6〕 Dupuy, op. cit, pp. 142 – 143.

〔注 7〕 Bernard Brodie, *War and Politics*, New York：Macmillan 1973, pp. 430 – 431, quoted from Dupuy, op. cit. , pp. 208 – 209.

〔注 8〕 Dupuy, op. cit. , p. 164.

目　录
CONTENTS

1. 康德同（或反）萨德 ·· 1

2. 论根本恶及相关问题 ······································· 38

3. 黑格尔的"本质逻辑"作为一种意识形态理论 ·············· 136

4. "我用眼睛听到了你的声音"，或，看不见的主人 ··········· 226

5. 后现代性这个淫荡客体 ····································· 297

6. 享受这个林下灌木丛 ······································· 324

7. 为什么现实总是多重的？ ··································· 372

8. 在赛博空间中穿越幻象，可能吗？ ························· 453

译者感言 ·· 495

1

康德同（或反）萨德*

　　"康德即萨德"是现代伦理学的"无限判断"，因为它在两个截然相反的事物之间划了一个等号。它宣称，一边是纯洁高尚、纯正无私的伦理态度，一边是放荡不羁地沉溺于令人陶醉的暴力，两者竟然莫名其妙地完全重合或重叠起来。在这里，很多事情（也许是所有事情）都利害攸关：从康德的形式主义伦理学到冷酷无情的奥斯威辛杀人机器，是否一脉相承？集中营和大屠杀作为一桩事中的事务，是否就是启蒙运动所坚守的理性自治（autonomy of reason）的内在产物？正如帕索里尼①的电影《120天》中暗

---

　　*　马奎斯·德·萨德（Marquis de Sade，1740—1814），法国作家，《大不列颠百科全书》说他是法国色情文学家。
　　①　皮埃尔·保罗·帕索里尼（Pier Paolo Pasolini，1922—1975），意大利著名导演。《120天》的全称是《索多玛120天》，取材于萨德同名小说，帕索里尼将原作品时空转换到二战末期的意大利，所表现的背景是墨索里尼体制的一段史实。

示的那样（这部影片把背景转移到了墨索里尼统治下的萨洛共和国这一黑暗时期），从萨德到法西斯酷刑，至少存在着正宗的血缘吧？

　　萨德与康德的这一纽带最早是由阿多诺和霍克海默（以下简称阿/霍）发现的。他们将这个发现记录在《启蒙之辩证》① 中（理应）大名鼎鼎的《附论二》（"Excursion II"）中。《附论二》的标题是《朱莉埃特，或道德与启蒙》（"Juliette or Enlightenment and Morals"）。阿/霍的基本观点是，"萨德的作品展示了'不由其他动能（agency）引导的理性'，即从尚未成熟的状态中解放出来的资产阶级。"[注1]大约 15 年后，当时对阿/霍的观点一无所知的拉康也提出了同样的看法：萨德乃康德之真相②。拉康先是在以"精神分析之伦理"为题的研讨班（1958—1959）中[注2]，随后在《著作选集》（Écrits）中的《康德同萨德》（"Kant with Sade", 1963）一文中，提出这一见解的。[注3]

—

　　阿/霍与拉康的"康德同萨德"首个引人注目的差异在

---

　　① 《启蒙之辩证》的原文（德文）是"Dialektik der Aufklarung"，译成英文，一般是 Dialectic of Enlightenment，汉语通常译为《启蒙辩证法》。该书实为"对启蒙的辩证"或"从辩证的角度看启蒙"，是对启蒙运动的消极面的批判，故译为《启蒙之辩证》。

　　② 萨德乃康德之真相（Sade is the truth of Kant），意谓萨德暴露了代表启蒙运动最高成就的康德的形式主义伦理学的本来面目，特别是残酷和狰狞的那一面。

于，在阿/霍看来，康德的实践哲学是感伤性/说教性的折中，代表着从康德批判的激进结果中退缩；而在拉康看来，"康德与萨德"暴露了康德伦理哲学自身的真相，暴露了他的"实践理性批判"的真相。简言之，阿/霍在此追随的是标准的青年黑格尔派的看法，这看法是由海因里希·海涅（Heinrich Heine）极其尖刻地表述出来的，即，康德的《实践理性批判》完成了从《纯粹理性批判》的撤退，丧失了《纯粹理性批判》独特的反形而上学的、摧枯拉朽的冲击力。阿/霍认为，在康德的道德哲学中，他与对普通人［诸如他的忠诚仆人马丁·兰珀（Martin Lampe），总是在下雨时为主人恭顺地打伞］的同情相妥协，为这些普通人提供必不可少的幻觉（道德"公设"），以使他们过上称心如意的日常生活。[注4] 在阿/霍看来，在资产阶级社会中，这种分裂是固有的。在那里，"冷静"、客观的市场关系，工具操纵这一功利主义逻辑（utilitarian logic of instrumental manipulation），是由哀婉动人的道德和多愁善感的博爱来补充的。因此，就其日常和"标准"的功能而论，资产阶级意识形态已经从其自身导致的结果中撤退。而且，在阿/霍看来，资产阶级的"该死的诗人"① 或萨德、尼采之类的思想家的一大功绩就在于，他们已经甩开了道德的糖衣，完全接受了资本主义工具态度（capi-

---

① 该死的诗人（poètes maudits），阿尔弗雷德·德维尼（Alfred de Vigny）在 1832 年首次使用这个短语，以表明下列事实：诗人是现代社会的弃儿，被统治者鄙视和诅咒。波德莱尔和魏尔伦等人也自嘲性地使用这个短语，指 19 世纪中叶的法国诗人。

talist instrumental attitude）造成的结果。所以，一言以蔽之，在阿/霍看来，萨德所采取的立场乃现代主体性所具有的真正伦理内涵，或者说得更彻底些，是整个启蒙运动过程真正的伦理内涵——这可以从启蒙运动最初的神话起源算起。萨德不过是在事后将其做了概括，并抛弃了全部的感情用事的糖衣而已。

因此，康德只是浅尝辄止。他以主体自治的名义，废除了对理性①的依赖［包括对伦理理性（ethical reason）的依赖］，废除了对任何"他治"内容［如传统的、前现代的伦理学，这种伦理学依赖于某个至为积极的"至善"（Supreme Good）概念］的依赖，又想保存"伦理义务"（ethical duty）这一概念。他默认，虽然善良优于邪恶，慈悲优于残暴，等等，但他无法把"善良优于邪恶，慈悲优于残暴"置于理性（reason）自身固有的形式结构之内，于是他被迫宣布，要求我们尽己之责的"良知的召唤"（call of conscience）只是简单的"理性之事实"（fact of reason），是可在我们自身之内找到的某物，是未经加工的非理性事实（irrational fact）。虐待狂式的性变态者把自己的性伴侣化约为纯然的客体，化约为满足自己无限快乐的工具，这暴露了康德式的伦理指令（对他人要心怀敬意，允许他人拥有最低限度的尊严）的隐秘真相。

---

① 在德国观念论哲学中，头字母大写的"理性"（Reason）指客观理性（objective reason），不同于英美经验主义哲学中的主观理性（subjective reason），即人的理性。

对既定秩序予以放荡性/狂欢性的逆转，已然构成悠久的传统。阿/霍把萨德置于这一传统之内，置于这样的时刻：等级森严的规则终被悬置，人人皆可"随心所欲"。被神圣的放荡（sacred orgies）重新捕获的本初的享受①，当然是人类异化状态的回溯性投射（retroactive projection）：享受从来都是先丧失，再存在。当然，问题的关键在于，萨德宣布了下列时刻的到来：随着资产阶级启蒙运动的出现，快感（pleasure）丧失了其神圣/逾越（sacred/transgressive）的品性，被化约成了工具性的活动。也就是说，在阿/霍看来，萨德的伟大之处在于，他借助于对尘世快感（earthly pleasures）的完全肯定，不仅否决了任何形而上学的道德主义（metaphysical moralism），而且完全认可了我们必须为此付出的代价，即为了产生快感，对（性）活动进行彻底的知性化（intellectualization）/工具化（instrumentalization）/组织化（regimentation）。

我们在此遇到了后来由马尔库塞正式命名的"压抑性反升华"② 所表达的内容：在清除了所有阻止升华的障碍

---

① 享受（jouissance），是拉康精神分析理论中的重要概念。译法甚杂：快感、享受、极乐、原乐、享受、欢愉、喜悦、欢爽、执爽、爽快、陶醉、狂喜、畅力。它不同于"pleasure"（快感），这不仅因为它是包含痛苦的快乐，而且还因为，对人类而言，它是自身存在的存有论依据。在英文世界里，"jouissance"一般译为"enjoyment"，即享受。这里一律译为"享受"。

② 压抑性反升华（repressive desublimation），又译"压抑性去崇高化"。请留意"升华"（sublimation）与"崇高"（sublime）的关系：升华是把本不崇高（甚至丑恶）的东西变得崇高起来。反升华，顾名思义，自然是反其道而行之，即恢复崇高之物的本来面目。

后，在清除了所有阻止对性行为进行文化转型的壁垒后，我们得到的并非异常生猛、兽性十足、激情澎湃、心满意足的动物之性（animal sex），而是足以与计划完备的体育比赛相媲美的愚蠢、僵硬、知性的活动。萨德笔下的主人公并非残暴的野兽，而是苍白无力和不动声色的知识分子。他不只是迂腐和拘谨的情侣，是饱受"魔鬼般的知性之爱"（amor intellectualis diaboli）奴役的理性人，而且难享真正的肉体快感。赋予他（或她）快感的不是性，而是以理性文明（rational civilization）自身的方式，通过彻底思考（和实施）由理性文明自身的逻辑导致的后果，超越理性文明①这一行为。因此，萨德笔下的主人公绝非充分完整的、充满朴素激情的实存物（entity）。相反，他基本上冷漠无情，把性化约为一套机械麻木、有条不紊的程序，抹去了自发的快感或情感的痕迹。萨德勇于思考的问题是，纯粹的肉欲快感与纯然的精神之恋并非势同水火，而是辩证地交织在一起：在真正充满激情的肉欲中，深藏着"灵性的"、幽灵般的、崇高的事物，反之亦然（神秘的体验已经告诉我们这一点）。所以说，对性做的彻底"反升华"，同样也是对它所做的知性化（intellectualizes），是把情感强烈的肉体体验转换成冷酷和麻木的机械操练。

也是在这里，正如阿/霍所见，萨德颇为荒谬地与康德重逢：康德不是同样蔑视由情感上的怜悯或任何其他病态

---

① 超越理性文明（outstripping rational civilization）中的"超越"（outstripping），指"追赶并超过"，有"走过头"之意。

的满足感所支撑的伪道德吗?① 康德不是同样鼓吹，麻木冷酷的态度，为了尽义务而尽义务的态度，才是唯一恰当的伦理态度吗？萨德的作品从形式化的工具理性（formalized instrumental reason）推导出全部的伦理后果，即强调形式化的工具理性的伦理中立性和冷漠感，同时又指出，如果只是坚持理性（reason），我们甚至无法确立最起码的"禁止杀人"的律令。因此，在阿/霍看来，还不能把萨德的作品视为我们文明的疾病的表现而弃之不顾。相反，在萨德这类作家的作品中，"疾病本身成了治疗的征兆"〔注5〕。也就是说，它大胆地披露了怜悯以及其他博爱价值（philanthropic values）的虚假性，因而以消极的方式为建立下列社会开辟了空间：不再需要诸如此类的意识形态面具，来掩饰自己残酷无情的本来面目。

二

萨德暴露了康德伦理学的真相。这是阿/霍版本的"康德与萨德"。就此而言，拉康如何处之？拉康也认为，萨德最终展示了康德哲学革命的内在潜能，尽管拉康对此又做了些扭曲。在他看来，萨德借助于恐吓/折磨受难者的刽子手，诚实地把良知的呼唤（voice of conscience）外在化了。

---

① 康德所谓的"病态"，指人类一切正常的情绪、情感、需求和欲望。康德之所以称之为"病态"，是因为情绪、情感、需求和欲望通常是不理智、无道理、非理性和难以控制的。

在康德那里，良知的呼唤证明，主体拥有充分的伦理自治（ethical autonomy），也就是说，良知的呼唤是由主体自我设定/强加的……[注6] 当然，跃入脑海的第一个念头是，这有什么值得大惊小怪的？今天，在我们这个后观念论的弗洛伊德时代（post-idealist freudian era），谁不知道"同"（with）字的含义：康德的伦理严酷主义（ethical rigorism）的真相，就是律令之萨德主义（sadism of the law）。也就是说，康德的律令（Kantian Law）就是超我动能（superego agency），它虐待狂般地陶醉于主体陷入的僵局，陶醉于主体的无能为力（主体无力满足其无情的要求）。它俨然人们常常谈及的老师，这位老师根本用无法完成的任务折磨学生，并偷偷品味学生的失败。

然而，拉康的看法与上述第一个念头截然相反。第一个念头所关心的，不是作为深藏不露的萨德式施虐狂（sadist）的康德，而是作为秘而不宣的康德派（Kantian）的萨德。应该牢记的是，拉康关注的焦点永远是康德，而不是萨德：他感兴趣的是康德伦理革命的最终结局和它极力否认的前提（disavowed premisses）。换言之，拉康没想提出那个寻常的"化约主义"观点。根据这一观点，每个伦理行为，无论表面看来多么纯洁和无私，都有其"病态"动机，诸如能动者（agent）长远的功利目的，同侪的羡慕，甚至由伦理行为通常需要的受苦受难和遭受勒索所提供的"消极"满足。拉康的兴趣点在于悖论性的逆转（paradoxical reversal），通过此一逆转，欲望自身（即彻底的随心所欲，而不做任何妥协）不再基于任何"病态的"兴趣或动机，因而达到了康德为伦理行为设置的标准。于是，"满足自己的欲望"与"尽自己的义务"重叠在一起。在这方面，只要回忆一下康德在《实践理性批判》中所举的著名范例就可以了：

> 假如某人说，当他淫欲的对象和机遇就在眼前时，他的淫欲是难以抵御的。那么不妨问他，如果在他得此机会的那所房子面前竖起一座绞架，在他满足了淫欲之后被立即绞死，那他能否控制自己的淫欲。我们不必费时就能猜出他会怎么回答。①〔注7〕

拉康对此予以反驳：我们确实需要花费些时间，猜猜他会如何作答。假如我们邂逅某个主体（如同我们在精神分析中常常碰到的那样），而这个主体只有在某个"绞架"危及其身家性命时，也就是说，只有在违反某个禁令时，才能尽享一夜激情呢？由马里奥·莫尼西利②执导，维尔

---

① 参见中文版："假定有一个人，他伪称自己有淫欲的癖好，如果有可爱的对象和行淫的机会出现在他面前，这种淫欲就是他完全不能克制的：如果在他遇到这种机会的那所房屋的门前竖起一座绞架，以做在他宣泄了淫欲之后将他吊在上面之用，这样他是否还不能抑制他的禀好？人们无须费时猜测他将如何作答。"康德：《实践理性批判》，韩水法译，北京：商务印书馆1999年版，第30—31页。

② 马里奥·莫尼西利（Mario Monicelli，1915—2010），意大利著名导演、编剧，意大利喜剧风格的代表人物，六获奥斯卡奖提名，1990年获得威尼斯影展金狮奖终身成就奖。

娜·利西（Virna Lisi）和马尔切洛·马斯特洛伊安尼（Marcello Mastroianni）主演的影片《卡萨诺瓦①》（Casanova' 70）就是围绕着这一点展开的。影片的主人公在享受鱼水之欢时，只有涉及某些危险，才能维持其性能力。影片结束时，他就要与自己的心上人喜结连理了，但他极其渴望违反禁止婚前性行为的禁令，在婚礼前夜与新娘同枕共眠。不过，新娘无意之中剥夺了这份起码的乐趣，她安排牧师举办仪式，准许两人婚前睡在一起，此举夺去了越界的刺痛（transgressive sting）。到了这个地步，他又能做些什么？在影片的最后一幕，我们见他爬过大楼外面的狭窄通道，完成一项艰巨的使命——以最危险的方式进入那个女孩儿的卧室，拼命把性欲的满足与生命的危险连接在一起。……所以，拉康的看法是，如果性欲的满足涉及对最基本的"自我"利益的悬置，如果性欲的满足明显"超越了快乐原则"，那么，尽管与我们看到的表面现象完全相反，我们面对的也是一个伦理行为（an ethical act），而且他的"激情"严格说来也是伦理性的……[注8]

　　拉康进一步认为，"伦理激情（性激情）"的这一隐秘的萨德之维，并不是通过我们的古怪阐释，从康德著作中解读出来的，而是康德理论大厦所固有的。[注9]康德曾给婚姻下过一个臭名昭著的定义：婚姻即两个成年异性签署的

---

　　①　卡萨诺瓦（Casanova de Seingalt Giovanni Giacomo，1725—1798）是极富传奇色彩的意大利冒险家、作家，善寻花问柳，人称举世无双的"情圣"，与拜伦笔下的唐璜相提并论。

相互使用对方性器官的一纸契约。这个定义把他人即主体的性伴侣化约成局部的客体，化约成提供快感的肉体器官，从而无视他或她的人格整体（whole of a human person），因而不正是彻头彻尾的萨德式的吗？

即便抛开这些对它不利的"旁证"不论，也能找到一条重要线索，使我们识别"康德中的萨德"的轮廓，那便是康德对情感与道德律令（moral law）的相互关系进行理论概括的方式。尽管康德相信，病态的情感与纯粹的道德律令水火不容，但先验的情感（a priori sentiment）还是存在的。一旦面对道德律令发出的禁令，主体必然体验到这种情感。这种情感即被羞辱的痛苦（pain of humiliation）。之所以有被羞辱的痛苦，是由于人的自尊受到了伤害；之所以人的自尊受到了伤害，是因为人性有其"根本恶"（radical evil）。

在拉康看来，康德对痛苦刮目相看，把它视为唯一的先验情感。这种痛苦观与萨德的痛苦观密切相关。萨德把痛苦（折磨和羞辱他人，被他人折磨和羞辱）视为获得性享受（sexual jouissance）的最佳方式。当然，萨德的看法是，痛苦优于快感，因为痛苦能够持续更长的时间——快乐转瞬即逝，痛苦绵绵无期。痛苦与性快感的联系，可以由拉康所谓的萨德式基本幻象（sadean fundamental fantasy）进一步证实。这一基本幻象便是受难者的另一具轻飘飘的躯体。它可以被无限期地折磨下去，却依然神奇地保持着自己的端庄美丽。

不妨看看标准的萨德式形象：青春少艾遭受了粗鲁施刑者的无穷无尽的羞辱和宰割，却能神奇地死里逃生，且毫发无伤，这与猫和老鼠①等卡通形象无异，它们虽然历经荒唐的考验，却能完好无损地获得劫后余生。这一幻象岂不是为康德有关灵魂不朽（灵魂之所以不朽，是因为它在孜孜不倦地追求伦理上的完善）的公设提供了力比多根基（libidinal foundation）？也就是说，灵魂不朽的幻象性"真相"，不正是它的对立物，即肉体的不朽，肉体忍受无穷无尽的痛苦和羞辱的能力吗？[注10]

朱迪斯·巴特勒曾经指出，福柯所谓的作为抗争场域（site of resistance）的"肉体"（body），正是弗洛伊所谓的"精神"（psyche）。颇具讽刺意味的是，福柯以"肉体"代指精神机器（psychic apparatus），因为它抗拒灵魂的统治。福柯曾给灵魂下过一个著名的定义——灵魂即"肉体的监狱"，此举颠覆了柏拉图—基督教有关肉体的定义——肉体是"灵魂的监狱"。福柯这样做时，他所谓的"肉体"不再只是生物性的肉体，事实上它已成为某种前主体性的精神机器（pre-subjective psychic apparatus）。[注11]结果，难道我们没在康德那里看到有关肉体与灵魂关系的神秘的同源性颠

---

① 猫和老鼠是好莱坞拍摄的系列卡通片《汤姆和杰瑞》（*Tom and Jerry*）中的两个可爱小动物。齐泽克常常提及它们，认为它们属于"崇高客体"（sublime object）的范畴，因为无论是猫还是老鼠，无论它们遭受过怎样的残酷折磨，最终都是不可毁灭和不可战胜的，都能毫发无伤地死里逃生。即便老猫在上一集中被老鼠炸了个粉身碎骨，在下集里照样一如既往地追击自己的阶级敌人——老鼠。

倒（homologous inversion）？当然，颠倒是沿着完全相反的方向进行的：康德所谓的"灵魂不朽"不正是另一具轻飘飘的"不死"之躯？

三

痛苦在主体的伦理体验中发挥着核心的作用。正是通过这一核心作用，拉康引入了"阐述主体"（subject of the enunciation）和"被阐述主体"（subject of the enunciated）的差异。前者是发出陈述的主体（the subject who utters a statement），后者指主体在自己的陈述之内或通过自己的陈述采纳的符号身份（symbolic identity）。谁是道德律令的"阐述主体"？即，谁是阐述绝对伦理指令的能动者？康德没有提及此一问题。在他的视野内，这个问题毫无意义，因为道德律令是"出处不明"的非人格命令（impersonal command）。

也就是说，它是主体最终自我设定的，是主体自主采纳的。通过提及萨德，拉康把康德没有提及这一问题解读为这样一种行为：藏匿、"抑制"道德律令的阐述者（moral law's enunciator）。以"萨德式"行刑者—施刑者（executioner-torturer）的形象使这一阐述者重见天日的，正是萨德。这位行刑者就是道德律令的阐述者，就是把自己的快乐建立在我们（这些道德主体）的痛苦和羞辱上的能动者。一个反论（counter-argument）在此无须证明地浮现出来：这不是十足的废话吗？之所以说它是废话，是因为在萨德那里，占据了无条件指令（unconditional injunction）之地位的那个因素，即主体必须绝对遵守的箴言，不再是康德所谓的普遍伦理命令——"尽你的义务"，而是与之截然相反的对立物，即这样的指令：最大限度地服从能给你带来快乐的、彻底病态的、极其偶然的古怪念头，把自己的同类无情地化约为供你享受的工具。

不过，一者是这一特色①，一者是"萨德式"施刑者—行刑者，即普遍的伦理陈述—命令（ethical statement-command）的实际的"阐述主体"，看到这两者的一致性是至关重要的。从康德所谓的尊敬（Kantian Respect）到亵渎（Blasphemy），即从尊敬他人（同类），尊敬其自由和自治，永远把他当作目的本身（end-in-itself），到把他人精准地化约为可以无情利用的、纯粹可有可无的手段，萨德此举与下列事实密切相关：道德指令（Moral Injunction）的"阐述主体"，即在康德那里隐而不显的"阐述主体"，具备了萨德笔下的行刑者的具体特征。

因此，萨德完成了一个非常精确的操作，即把康德看来意义相同和完全重叠的两者分割开来：[注12]一者是断定存在着无条件的伦理指令（unconditional ethical injunction），一者是断定这一指令具有道德上的普遍性（moral universality）。萨德保留了无条件指令的结构，把极度的病态奇异性

---

① 这一特色（this feature），指康德有关道德律令的观点。

（pathological singularity）设定为无条件指令的内容。但是，至关重要之处依旧在于，把上述两者分割开来，并非源自萨德的怪癖。作为一种可能性，两者的分裂早已蛰伏在一个基本张力之中，而这个张力构成了笛卡尔所谓的主体性（Cartesian subjectivity）。[注13] 也就是说，主体的介入逐渐破坏了下列两者间的标准的、前现代的对立：一者是普遍秩序（universal order），一者是狂妄的特定势力（hubris of a particular force）。狂妄的特定势力的过度自私打破了普遍秩序的均衡。

"主体"是这一"狂妄"之别名，是这一过度姿势（excessive gesture）之别名，也正是主体的这一"过度"，奠定了普遍秩序（universal order）的根基。"主体"是病态卑下（pathological abject）之别名，是偏斜①之别名，意味着与普遍秩序背离，而与普遍秩序背离又支撑着普遍秩序，使之巍然屹立。超验主体是"存有论丑闻"（ontological scandal），它既非现象性的，也非本体性的，而是从"存在巨链"（great chain of being）中延伸出来的过度（excess），是现实秩序（order of reality）中的一个洞穴、一个缝隙，同时又是这样的能动者，它的"自发"活动促成了（现象性）现实的秩序。如果说，在传统存有论（traditional ontol-

---

① 偏斜（clinamen），特定哲学术语，出自卢克莱修，原指原子的"偏斜"。卢克莱修认为，原子的偏斜运动无法预料，所以人可以成为有自由意志的人，不再受命运或者神的摆布；自然也因此充满生机，再也不是一成不变、单调乏味的世界。

ogy）那里，问题在于如何从真正现实的永恒秩序（eternal order of the true reality）中演绎出杂乱无章的现象现实（phenomenal reality），即如何说明永恒秩序逐渐"退化"的原因，那么，主体的问题就是失衡的过度（excess）、狂妄（hubris）、背离（deviation）的问题，正是失衡的过度、狂妄、背景，支持着秩序（the Order）。

康德所谓的超验构成（transcendental constitution）的核心悖论在于，主体并非绝对（absolute），并非永恒的、奠基性的现实原则（principle of reality），而是有限的、暂时的实存物（entity）。唯其如此，主体才提供了现实的终极视域（ultimate horizon）。鉴于此，我们理应拒绝对康德所谓的超验构成所做的标准解读。据此解读，主体乃普遍性之代理（agent of universality），他把理性的普遍形式（universal form of Reason）加诸混沌众多的感官印象之上。在这种情形下，主体被直接等同于普遍化之力（force of universalization），而未察觉到下列事实：主体同时还是偏斜（clinamen），是脱节的过度（out-of-joint excess），是悖论点（paradoxical point）。在这个悖论点上，极端的过度（extreme excess）本身，即某个延伸出来的因素，奠定了普遍性之根基。

"病态"、偶然的因素获得提升，具备了绝对要求（unconditional demand）的身份，这方面的范例当然是这样的艺术家了：把自己绝对等同于自己的艺术使命，毫不内疚地、自由自在地追随自己的使命，把自己的使命视作内在的强制，离开它就活不下去。杰奎琳·杜普雷[①]的悲惨命运，使我们看到了下列两者间的分裂的女性版：一边是绝对的指令，一边是它的对应面，即无关紧要的经验客体的系列普遍性（serial universality of indifferent empirical objects）。在某人完成自己的使命时，这些客体必须被牺牲掉。[注14]不把杜普雷的一生视为"真实故事"，而是将其视为神话叙事，是极其有趣和极具启示意义的。令人大感惊奇的是，它与预先确定的神话叙事（mythical narrative）的梗概不谋而合，一如卡斯帕尔·豪泽尔的故事。[②] 在豪泽尔的故事中，互无关联的意外事件不可思议地重现了古代神话的常见特征。[注15]杜普雷的绝对指令（unconditional injunction），她的驱力（drive），她的绝对激情，就是她的艺术（她四岁看到别人演奏大提琴，于是宣告，这正是她梦寐以求的……）。提高她的艺术的地位，使之成为绝对性的，此举自然降低

---

① 杰奎琳·杜普雷（Jacqueline du Pré，1945—1987），英籍大提琴家。5 岁即展现过人禀赋，16 岁开始职业生涯，据说是英国 20 世纪最伟大的音乐神童。1973 年，被确诊罹患多发性硬化症，1987 年 10 月 19 日病逝于伦敦，享年 42 岁。

② 我们一般是通过影片《卡斯帕尔·豪泽尔之谜》（*The Enigma of Kaspar Hauser*）了解这位人物的，该影片是由德国导演沃纳·赫尔佐格（Werner Herzog）于 1974 年执导的。卡斯帕尔·豪泽尔在历史上是身世不明、智力低下的神秘人物。他生于 1812 年 4 月 30 日，出生后即被遗弃；先是被穷苦的雇工收养，16 岁时再次被遗弃。随后被一位名叫乔治·道默的中学教师收养；次年 10 月，豪泽尔为图赫男爵监护，1831 年 11 月改由洛德·施坦霍伯继承监护关系；1833 年 12 月 14 日，豪泽尔被杀伤，三日后死去。豪泽尔的命运曾经引起社会学家、人类学家、历史学家、文学家和艺术家的广泛关注。关于他的身世，众说纷纭，莫衷一是，充满了神秘意味和神话色彩。

了她的爱情生活的地位，使她的爱情生活成为与男人的一连串的萍水相逢。这些男人最终都成了可替代之物，尽管他们一个比一个优秀。她成了传说中的系列"男人杀手"。于是她获得了通常为男性艺术家预留的地位——难怪她久治不愈的悲惨疾病（因患多发性硬化症，她在 1973—1987 年间一直痛苦地徘徊在死亡边缘）被她妈妈理解为"实在界的应答"（an Answer of the Real），理解为上天的惩罚——不仅惩罚她滥交的性生活，而且惩罚她为艺术的"过度"献身……

四

如作更缜密的分析，我们就不得不把尊敬与阉割这两个概念连在一起：说来说去，尊敬是对（他人的）阉割的尊敬。我们尊敬另一位主体，倒不是因为这个主体多么出色，而是因为他有某种根本性匮乏（fundamental lack），正是这一匮乏使他成了他。"尊敬"意味着我们彼此之间保持适当的距离，我们不能离他人太近。也就是说，如果离他人太近，就会融化掩饰/遮挡那一匮乏的伪装，使那一匮乏原形毕露。比如，某人尊敬父亲，是因为父亲声称自己就是权威，他也接受了这一断言。他没有过多地刺激父亲，让他有效地证明，他真的就是权威。之所以如此，是因为他很清楚，如果真的这样做，会使父亲的欺世盗名公之于众，让世人知道，他父亲的权威只是根本性无能（fundamental impotence）的遮羞布。这也是为什么这样说的原因：对于受人尊敬的人而言，要想瓦解其尊严，一个基本姿势就是暴露其匮乏，比如，展示瘸子的畸形残缺的下肢。出于这个原因，那些坚决要求女性戴上面纱以把她们遮盖起来的文化坚称，他们这样做，是出于对女性的尊重；在某个伊斯兰"原教旨主义者"看来，不尊重女性的，恰恰是西方的自由主义文化。它对女性粗鲁无礼，把她们视为获取性快感的客体，不知羞耻地把她们暴露在光天化日之下……〔注16〕

我们应该在这样的背景上着手处理拉康的尊敬（achtung）观。尊敬是对他人（other person）的尊敬。我们永远不应把他人仅仅当成手段。这话表面听来，似乎理所当然，但仔细想来，令人不安。且以某个残酷和蓄意杀害他人的某个罪犯为例。我们如何向他表示适当的敬意？只能是判其死刑并执行死刑的方式，向他表态适当的尊敬，因为只有这样做，我们才把他视为自由、理性之人。说什么他的犯罪乃社会环境所致，诸如此类言论都是对他的"大不敬"，都没有把他视为自由、负责的能动者，反而把他视为社会机制（social mechanism）的玩物。

与康德—黑格尔的罪有应得的惩罚观（notion of deserved punishment）相比，如今的"受害论"① 和"理解论"

————

① 受害（victimization），指有关罪犯之所以犯罪，乃社会原因所致，他也是社会的受害者之类的言论。

（understanding）都降低了对人类尊严的敬奉。黑格尔以此为其合乎逻辑的结论，因为他声称，就其作为理性、自由的存在而言，杀人凶手是完全有能力控制其行为的；就此而论，他渴望获得惩罚。我们惩罚他，只是实现了他真正的理性意志（rational will）而已，尽管他对自己的理性意志懵然无知……因此，尊严这一概念与被尊敬者中存在的分裂有关：分裂的一方是他的符号性的理想存在（symbolic ideal existence）这一层面，在这个层面上，他是遵守普遍法则（universal laws）的自由存在（free being）；另一方是他实际存在（factual existence）这一现实，就这一现实而论，他是穷凶极恶的杀手凶手。表明自己尊敬他人的唯一方式就是站在符号性的理想一方，彻底粉碎这一实际存在的现实。

　　在稍微有些不同的层面上，我们在下列情形中遇到了完全相同的两难之境：某人身体虚弱、痛苦不堪、思维混乱、呕吐连连、胡言乱语，总之气息奄奄，行将就木。亲人们做出的选择是，以安乐死终结这个令人痛苦的景观。这时，他们不仅会缩短这个将死之人的麻木痛苦，还能维护他的尊严，以确保他在亲朋的记忆中以高贵长者的面貌，而不是以浑身恶臭、语无伦次的白痴形象呈现出来……在此我们遇到了自我—理想（ego-ideal）与作为实在界的大他者（other qua real）之间的分裂。但我们是否真的有权牺牲掉实在界的大他者，以维持他的自我理想（ego-ideal），维护他在子孙心目中的形象?① 我们怎能断定，那位将死之人没在自己"不体面"的、由药物引发的致命幻觉中获得了强烈的享受?

在日本文化中，直视他人的眼睛被视为相当粗鲁和失礼之举，避开他人的眼神，不直视他人的眼睛，不被视为躲躲闪闪的标记，而被视为尊敬的标志②。[注17] 日本文化没有像伊斯兰那样，刻意遮盖我们注视的对象。但在这里，面纱仿佛已经"内在化"，移植到了眼睛上……何谓尊敬?日本文化的这一特点为回答此一问题提供了线索：如同我们看到的那样，要尊敬他人，就不要离他或她太近。在康德那里，这又是如何表述的? 依康德之见，人值得尊敬的，是他或她的崇高之维（sublime dimension），即他或她的本体自由（noumenal freedom），他或她是伦理性的存在（ethical being）这一事实。

---

① 这里的"自我—理想"（Ego-Ideal）指自我确定的理想形象，是展示给大他者观赏的形象；这里的"作为实在界的大他者"有时写成"Other qua real"，有时写成"real Other"，指没有理想光环的形象。"乡里乡亲无圣人"，是因为生活距离太近，"自我—理想"被抹杀，形形色色的"实在界"不可避免地呈现出来。拉康和齐泽克所谓的"real"与我们这些饱受经验主义或唯物主义洗礼的人理解的"真实"不同：我的"真实"是眼见为实的经验上的真实，拉康和齐泽克理解的"real"，是剔除了现实中所有的各种幻象、符号性虚构的赤裸裸的真实，是令人恶心、恐惧和不安的真实，用他们的话说，是具有"崇高"之维的真实。为了把两者区别开来，有时不得不把"real"译为"实在界"，但遗憾的是，译为"实在界"又使其丧失了形容词的特性。寻找两全其美之策，殊为困难。

② 这不禁令人想到一个隐喻：眼睛是胳膊，看就是抚摸（Eyes are limbs, seeing is touching）。

为何尊敬他人？初次回答这个问题，我们不禁要说，因为康德所谓的崇高（sublime）代表着想象力因为无法顺利地对自由的本体之维（noumenal dimension of Freedom）进行"图式化"（schematize）而遭受的失败，所以使得某人值得尊敬的，是把他的"真人"与他的自由——他的自由是他的符号特征（symbolic feature）——割裂开来的阉割之缝（gap of castration）。真人永远都不会愚蠢地履行其本体义务（noumenal duty）。但这种解读是唯一可能的解读吗？难道不能做如下解读？——一旦我们离他人太近，我们发现的并非下列事实：表面上的伦理行为，实际上却出于病态的原因（pathological reasons）；而是下列事实：他或她的超验自由（transcendental Freedom）恰是真正的恶毒之物（monstrous）。尊严所遮盖的，并非人的自由（freedom）与人的病态现实（pathological reality）的分裂，而是超验自由（transcendental Freedom）自身具有的离奇和恶毒的一面。

五

与康德大不相同，萨德的亵渎之举公开展示了阉割（不是对施刑者的阉割，而是对他人的阉割），同时以他或她彻底、丢脸的无力（utter, shameful impotence）把他人凸显出来。尽管如此，他们还是在服从绝对指令的主体的根本性冷酷（fundamental coldness）这一点上，走到了一起。爱德华·萨义德（Edward Said）使我们注意到莫扎特于

1790 年 9 月 30 日写给妻子康丝坦兹（Constanze）的一封家书。那时，莫扎特正在创作《女人皆如此》。一想到即将再次与妻子重逢，他充满了喜悦之情。在表达了这份喜悦之情后，他写道："假如有谁能看到我的内心深处，我就会不得不几乎感到无地自容……"正如爱德华·萨义德（Edward Said）敏锐地看到的那样，我们在此期待他披露些污秽不堪的床笫之私（他们最终相聚时，他会对妻子做些什么，诸如此类的性幻想）。不过，莫扎特转而写道："对我而言，一切都是那么冷酷，冷得像冰。"〔注18〕莫扎特在这里进入了"康德同萨德"（Kant avec Sade）这个离奇之域。在这个区域内，性征①丧失了激情澎湃、紧张强烈的品性，并走向自己的反面，成为快感中的"机械"操练。如此操练是通过保持冷酷的距离（cold distance）完成的，一如康德的伦理主体（ethical subject）。

康德的伦理主体履行自己的义务，而不做任何病态的承诺（pathological commitment）。这不正是《女人皆如此》的潜在视境（underlying vision）吗？在那个世界里，主体并不受制于自己的激情介入（passionate engagements），而受制于操控其激情的盲目机制（blind mechanism）。迫使我们把《女人皆如此》与"康德同萨德"这一区域并置一处的，正

---

① 性征（sexuality），指性之为性的特性或特征。此词译法甚多，也非常混乱，包括：性、性事、性感、性征、性欲性、性本能、性存在、性意识、性经验、性之性、性欲取向、广义之性、性之性质、性欲特质。与它意义最为接近是"性性"或"性之性"，但读起来拗口，写起来别扭，故译为"性征"。

是它的坚称——它坚称存在着普遍的维度（universal dimension）。坚称存在着普遍的维度，这已由它的剧名挑明："她们个个如此"，都受制于一模一样的盲目机制……简言之，《女人皆如此》中那位组织、控制身份变化游戏的哲学家阿方索（Don Alfonso），实乃萨德笔下的老学究形象的变体（这位老学究向他的年轻弟子传授沉湎于酒色的技艺）。以为这种冷酷就是"工具理性"的冷酷，显然过于简单，远远不够。

绝对指令（尽你的义务！或尽情享受！）迫使主体牺牲自己对所有偶然的、"病态"的客体的依恋。康德与萨德不仅共同强调绝对指令的这种冷酷性，而且注意到下面一点甚是有趣：他们还做出了相同的征兆性姿势（symptomatic gesture），借此姿势，他们规避他们的理论大厦（theoretical edifice）导致的终极结果。在他们那里，使得这一运作得以进行的术语是自然（nature）。"在萨德那里，以及在康德那里，自然是这两个专注于普遍性的思想家未及思量之物的征兆。"〔注19〕也就是说，在萨德和康德那里，我们面对的是这一术语的含混性，而这种含混性又具有某种结构上的必要性。康德先把自然界定为现象之整体（Whole of phenomena），界定为现象性现实（phenomenal reality）之整体，因为它是由普遍定律（universal laws）维系着的，也是屈从于普遍定律的。

不过，后来，康德又谈及另一种自然，即本体性自然（noumenal Nature），把本体性自然视为达到伦理目标的王国，视为全部理性的伦理存在（rational ethical beings）组成的共同体。因此，自由（Freedom）对自然（即自然因果链）的逾越，再次被自然化。……另一方面，萨德先把自然视为凡事漠不关心的质料体系（system of matter），它永远都在变化，都在自行其是，难以阻挡，不屈从于任何外在的神圣的主宰（divine master）。不过，他又主张，我们在通过折磨、毁灭同胞，直至通过打破天然的繁殖循环（natural cycle of reproduction）寻欢作乐时，颇具成效地满足了我们自然内心深处的渴求。以这种主张，萨德偷偷引入了另一种形式的自然。这种自然不再是对万物的运演漠不关心、"超越善恶"的自然，而是不知何故而被主体化的自然，是逾越性/恶魔般（transgressive/diabolic）的实存物，它命令我们为非作歹，命令我们通过破坏和牺牲各种形式的道德和同情寻欢作乐。这第二种自然，即拉康所谓的"恶的至高无上的存在"（Supreme Being of Evilness），不就是萨德对康德的自然观——自然即超感性理性存在的共同体（community of suprasensible rational beings）——的对应（或逆转），不就是萨德对力求实现伦理目标的王国（kingdom of ethical Goals）的对应（或逆转）吗？

这种含混性还能以下列方式表述：究竟是什么给萨德笔下的主人公带来了快乐？是单纯的"重返自然的纯真"（return to the innocence of nature）？即无拘无束地依自然定律（laws of nature）而行，而这样的自然定律又命令我们肆意毁坏？或者，这种快乐依旧与它践踏的道德律令有着内在联系？如此一来，我们之所以快乐，是因为我们知道，我们正在犯下亵渎之罪？一边是纯真无邪，一边是亵渎堕落（blasphemous corruption），我们对它们的爱恨交加之情无法调和。相同的爱恨交加之情的另一方面，表现为萨德在下列两者间的摇摆不定：一边是快乐之唯我主义（solipsism of pleasure），一边是亵渎他人时必须遵守的主体间性逻辑（intersubjective logic of blasphemy）。

问题仅仅在于，我必须无视他人的尊严，把他化约为手段，以满足我一时的兴致，如此一来，他人未被主体间化（subjectivized），只是被化约成了非人的工具，化约成了自淫的资源（masturbatory resource），以供我独立享受？或者，关键在于，我之所以快乐，是因为我很清楚，我正在羞辱他人，给他带来了不堪忍受的痛苦？[注20] 在两种情形下，在康德以及萨德那里，"基本上"属于中性的自然观，即把自然视为一味自行其是的冷漠机制（indifferent mechanism）的观念，是由另一种自然观，即"伦理"的自然观，来补充和支撑的。"伦理"的自然观中的自然乃实现伦理目标的超感性王国（suprasensible kingdom），或指示我们踏上邪恶的破坏之路的恶魔命令（diabolical commandment）。在这两种情形下，第二种自然观掩盖了如下姿势：退缩，避免面对我们所持立场存在的终极悖论，即避开离奇的自由深渊（uncanny abyss of freedom），如此深渊在存在的秩序（Order of Being）中并无存有论的保证（ontological guarantee）。

六

阿/霍与拉康的根本区别在于，在阿/霍看来，萨德乃康德之真相。之所以这么说，是因为康德所谓的伦理形式主义（ethical formalism）意味着全部偶然（"病态"）内容的彻底工具化——每个他人，每个"邻居"，都被化约成了潜在的被人操控的客体，以造福于主体的生存①。但在拉康看来，正是萨德式变态狂（sadist pervert）本人占据了那个被人操控的客体的位置。也就是说，他占据了为他人带来享受的纯粹的客体—工具原本占据的位置，同时把构成了主体性的分裂（division constitutive of subjectivity）转移到了他人那里，转移到了他的受害者那里。在这方面，萨德式变态（sadist perversion）非常接近强迫性神经症（obsessional neurosis），唯一（但也是至关重要）的区别在于，萨德式变态狂是主动的，目的在于为他人带来享受。强迫性神经症虽然也是主动的，但主动的理由却截然相反。他主动，目的在于阻止他人获得快感（正如他们用法语说的那样，"pour que ça ne bouge pas dans l'autre"）。

但这还不是事情的全部。决定性的问题是，康德所谓的道德律令是否可以转换成弗洛伊德的超我观？如果答案是肯定的，那么"康德同萨德"实际上意味着，萨德乃康

———————

① 主体的存在（subject's survival），是相对他人的存在而言的。

德伦理学的真相。不过，如果不能把康德所谓的道德律令与超我作等量齐观（因为，正如拉康在讨论之十四的最后所言，道德律令等于欲望，而超我恰恰是靠主体损害自己的欲望为生的；也就是说，由超我支撑的内疚证明，主体在某处违背或损害了自己欲望[注21]），那么萨德就不是康德伦理学的全部真相，而是它的一种变态实现（perverted realization）。简言之，萨德远不"比康德激进"，他清楚地表明，主体一旦背叛了康德伦理学的金科玉律，会导致怎样的结果。只要把康德的伦理命令（ethical imperative）阐释为用以确定我们的义务的一套客体化装置（如此一来，我们就可以把它当成借口："我能做什么？范畴命令①告诉我说，这是我的义务！"），萨德就是康德的真相。不过，只要无法把义务当成尽义务的理由，萨德（萨德式变态）就不再是康德伦理学的真相。在政治后果方面，这种差异至关重要：只要"极权主义"政体的力比多结构是变态的（极权主义臣民占据了为他人带来享受的纯粹的客体—工具原本占据的位置），"萨德即康德的真相"就意味着，康德伦理学实际上隐匿着极权主义的潜能；[注22]不过，只要我们把康德的伦理学视为禁令——严格禁止极权主义臣民占据为他人带来享受的纯粹的客体—工具原本占据的位置，即让他自己规定自己的义务，并为此承担全部责任，那么，康德就是出类拔萃的反极权主义者。

---

① 范畴命令（categorical imperative），即最高命令或绝对命令。

这道理同样适用于弗洛伊德。有关伊尔玛注射（Irma's injection）的那个梦——弗洛伊德曾经把它视为范例，以之说明他是如何分析梦的——也是有关责任的梦（弗洛伊德因为没有治愈艾玛的疾病而承担责任）。[①] 这个事实足以表明，"责任"在弗洛伊德那里是个至关重要的概念。不过，我们应该如何看待这个概念？我们是如何避免跌入要为自己的生存方案负责的萨特式主体的自欺[②]这一寻常陷阱？也就是说，如何避免跌入与有限的人类生存有关的存有论内疚（ontological guilt）这一存在主义母题（existentialist motif）的寻常陷阱？还有，如何避免与此相反的"把责任完全归咎于他人"的陷阱？"因为无意识是他人的话语（Unconscious is the discourse of the Other），所以我不必为这事承担责任，大他者借我说话，我只是它的工具而已？"

拉康把康德的哲学称为精神分析伦理学的重要先驱（在精神分析伦理学中，义务"与善无关"），因此指明了打破上述僵局的出路。根据标准的伪黑格尔式的批判，康德有关范畴命令的普遍主义伦理学根本没有顾及主体置身其

① 关于这个案例，参见弗洛伊德著，车文博主编：《弗洛伊德文集》（第2卷），长春：长春出版社2004年版，第2章。

② 自欺（mauvaise foi），是萨特提出的一个哲学概念。萨特认为，人类的意识具有超越性（transcendence of consciousness），它使我们意识到无限的可能性。但我们有时候因为遭受社会压力，限制自己的意识的超越性，拒绝承认自己拥有的自由，无法"是其所想是"或"成其所想成"（to be who he wants to be），于是形成自欺。萨特所谓的"自欺"不是阿Q的精神胜利法，不是自我陶醉和自我麻痹，而是逃避自由。萨特认为，逃避自由是一种生存境遇，不幸的是，人类的意识对此情有独钟。

间的、为善提供确定内容的具体历史情境。躲避康德的形式主义的，是历史上特定、具体的伦理生活实体（substance of ethical life）。不过，可以借助下列主张驳斥上述指责：康德伦理学的独特力量，在于它的形式的不确定性（formal indeterminacy）：道德律令并没有告诉我，我的义务究竟是什么，它只是告诉我，我应该履行自己的义务。也就是说，从道德律令推导出生活在具体情境中的我必须遵守何种具体的规范，是不可能的。这意味着，主体必须主动承担责任，把道德律令发出的特定指令"翻译"成一系列具体的职责。

正是从这个意义上说，我们不禁要冒险，画一条与康德的《判断力批判》平行的线：确定的伦理义务（determinate ethical obligation）的具体形态具有审美判断（aesthetic judgement）的结构，借助于这种结构，不是把普遍范畴（universal category）简单应用于具体的客体（particular object），或者把这个客体纳入既定的普遍确定（universal determination），而是为这个客体发明普遍—必然—义务之维（universal-necessary-obligatory dimension），并因此提升这个具体的、偶然的客体（行为），使之具有伦理元质①的高贵性。所以，宣布存在着这样一种判断，它可以用来界定我

---

① 伦理元质（ethical Thing）中的"元质"（Thing），来自康德所谓"物自体"（thing-in-itself）中的物（thing）。齐泽克常将"thing"的首字母大写，使之变成"Thing"。译者认为，把"Thing"译为"物"，无法表达"Thing"难以企及的"崇高之维"（"物"在一般人的心目中指普通的"事物""事件"或"物品"），而这恰恰是康德和拉康等哲学家所极力强调的。

们义务（defines our duty），此举总是含有崇高之义。通过这个举动，我"提升了客体，使之具有了元质的高贵性"（拉康给崇高化①所下的定义）。

完全接受这一悖论，同样也会迫使我们拒绝提及作为理由的"义务"："我知道这很沉重，会令人痛苦，但我又有什么办法？这可是我的义务呀……"有关伦理的刻板（ethical rigour）的标准格言是："没有理由不履行自己的义务！"尽管康德的格言——"你能够，因为你必须！"——似乎为这个格言提供了新版本，但他还是暗中以更加离奇的颠倒将其补足："没有理由履行自己的义务。"②〔注23〕把义务视为履行义务的理由，此举是虚伪的，应该拒绝之。只要再次回顾那个严厉的虐待狂教师的例子，就足以说明问题。当然，他给自己（和别人）列出的理由是："我也觉得对这些可怜的孩子施加这么大的压力不太好，但我又有什么办法？这是我应尽的义务！"（更加切题的例子是斯大林式的政治家，他爱人如己，但依然进行骇人的清洗，大开杀戒。这样做令他肝肠寸断，但他无能为力，因为这是他的义务，目的在于推动人类的进步……）

---

① 这里的"崇高化"（sublimation），一般译为升华，其实译为崇高化，即使本不崇高的东西变起崇高起来，在这里更为贴切。从词形看，崇高化（sublimation）与崇高（sublime）的关系也更为直观。

② 没有理由履行自己的义务，原文为"There is no excuse for accomplishing one's duty"，此句为直译，目的在于与"你没有理由不履行自己的义务"（There is no excuse for not accomplishing one's duty）相呼应。其真正含义为："履行自己的义务不需要理由！"

　　我们在此遇到的正是如假包换的变态态度，因为他占据了实现大他者意志（the big other's Will）的纯粹工具原本占据的位置：我不对此负责，真正这么干的人并不是我，我只是更高的历史必然性（historical necessity）操纵的工具而已……如此情形蕴含的淫荡享受（obscene *jouissance*）是由下列事实带来的：我虽然作恶多端，但我觉得自己纯真无辜。能给他人带来痛苦，同时又清楚地告诉自己，我不为此承担罪责，我只是在实现大他者的意志，这不是很好玩的事情吗？但这也正是康德伦理学所禁止的。这个萨德式变态狂所采取的立场为下列问题提供了答案：如果主体仅仅是在实现外部强加于他的"客观"必然性，他怎会感到内疚？他不会感到内疚，是因为他主观地假定，存在着这种"客观必然性"，也就是说，是因为他在强加于他的事物中获得了满足。[注24]

　　所以，在最激进的层面上，康德的伦理学并非"萨德式的"。恰恰相反，它恰恰禁止采取萨德式施刑者（sadean executioner）的立场。那么，关于冷漠（coldness）在康德与萨德那里拥有的各自的身份，这又告诉了我们些什么？要得出的结论并非是：萨德热衷于残忍的冷漠（cruel coldness），康德则不知怎么的，考虑到了人的同情心。恰恰相反，要得出的结论是：真正极端冷酷无情（无动于衷）的，只有康德式的主体，萨德式的虐待狂还不够冷酷无情，他的"无动于衷"是伪装、是诱惑，遮盖了全部的过于热情的介入，而这有利于大他者的享受（Other's *jouissance*）。

因此，拉康以最终的扭曲（final twist）瓦解了"萨德乃康德之真相"（Sade as the truth of Kant）这一命题。在举办某个研讨班时，拉康不仅首次揭示了康德与萨德的内在联系，同时又对《安提戈涅》做了详细的解读。这绝非偶然。在详细解读《安提戈涅》时，拉康勾画了伦理行为（ethical act）的概貌，成功地避开了把萨德式变态视为伦理行为的真相这一陷阱。安提戈涅提出了绝对要求（unconditional demand）并毫不妥协，要以适当的方式埋葬自己的兄长。在这样做时，她没有服从那个故意污辱她的命令，而这个命令实际上是由萨德式施刑者发出的……所以，拉康举办题为"精神分析之伦理"（Ethics of Psychoanalysis）的研讨班的主要效果，恰恰是打破了"康德同萨德"的恶性循环。这是如何可能的？与康德截然不同，只有一口咬定，欲望之机能（faculty of desiring）本身并非"病态性的"，这才是可能的。

简言之，拉康明确肯定了"纯粹欲望批判"（critique of pure desire）的必要性。康德认为，我们的欲望能力（capacity to desire）是彻头彻尾的"病态性的"。之所以如此，是因为，正如他反复强调的那样，在经验客体（empirical object）与这一客体给主体带来的快感之间，并无先验的联系（a priori link）。与此形成鲜明对比的是，拉康声称，存在着"纯粹的欲望机能"（pure faculty of desire）。之所以如此，是因为欲望的确拥有非病态性的、先验的客体—成因（a priori object-cause）。当然，这个客体就是拉康所谓的小客体。

注释：

〔注 1〕 Max Horkheimer und Theodor W. Adorno, *Dialektik der Aufklärung* (*Frankfurt*, *Fischer Verlag*, 1971), p. 79.

〔注 2〕 See especially chapter 6 of Jacques Lacan, *Le Séminaire*, *livre VII*: *l'Éthique de la psychanalyse* (Paris, Éditions du Seuil, 1986)。

〔注 3〕 See Jacques Lacan, 'Kant avec Sade', in *Écrits* (Paris, Éditions du Seuil, 1966), pp. 765 – 790.

〔注 4〕 德里达又何尝不是如此？可以说，他的《马克思的幽灵》(*Spectres of Marx*, Paris：Galilée, 1993) 在他全部著作中哲学水平最低。在那里，他为了证明，尽管解构 (deconstruction) 具有残酷的激进性，他本人依然心地善良、体贴他人，于是列举了当今世界存在的十大问题，包括我们城市中无家可归者陷入的悲惨困境，以及贩毒集团的横行，等等。青年黑格尔派曾经批判过康德。以与这一批判极其类似的方式，拉克劳 (Laclau) 对德里达做了批判性的分析。(See Ernesto Laclau, "The Time is Out of Joint", in *Emancipation* (*s*), London, Verso, 1996, pp. 66 – 93)。拉克劳的批判着重强调，对"欣然接受幽灵般的他者"采取的列维那斯式的伦理态度，即对"幽灵般的他者"的出现这个独特事件采取的列维那斯式的伦理态度，是无法从解构的基本前提 (构成性的置换，即可能性之条件与不可能性之条件的并存) 严格推导出来的。我们从同样前提出发，还能得出截然相反的结论，即对更加强大的统治力量的需要，而强大的统治力量至少暂时包含着对撒播 (dissemination) 的威胁。

〔注 5〕 Horkheimer and Adorno, *Dialektik der Aufklärung*, p. 102.

〔注 6〕 用临床术语讲，萨德将康德式的强迫症机体 (obsessional

economy）推向了极致，使之成为彻底的变态立场（perverse position）。

〔注 7〕 Immanuel Kant, *Critique of Practical Reason*（New York, Macmillan, 1993）, p. 30.

〔注 8〕"……如果像康德所说的那样，只有道德律令才能诱使我们撇开全部病态旨趣（pathological interests），坦然接受死亡，那么下列个案就是道德律令的个案：某人要与某来反驳康德的否认吗?"欲知详情，可见下列著作第二章：Slavoj Žižek, *The Indivisible Remainder: An Essay on Schelling and Related Matters*（London：Verso, 1996）。

〔注 9〕康德同萨德的这种联系是内在的，关于这一点，最明显的证据当然是（被康德否认的）"恶魔之恶"观。恶魔之恶的形成没有任何"病态"原因，只是出于原则，是"为了恶而恶"。康德提到已被提升到普遍格言层面的"恶魔之恶"观（它因此成了伦理原则），目的只有一个，就是立即否认它的存在。他认为，人类无法达到头顶长疮、脚底流脓的恶劣程度。不过，萨德的整个大厦恰恰立足于把恶提升到无条件的（"范畴的"）命令之上。指出这一点，我们不应该反对这种康德式的否认吗? 对这一点的详细探讨，见 Žižek, Indivisible Remainder，第 2 章。

〔注 10〕关于这一点，请见 Alenka Zupančič, 'Subject of the Law'.

〔注 11〕See Judith Butler, *The Psychic Life of Power*（Stanford, Calif., Stanford University Press, 1997）, pp. 28‐9.

〔注 12〕See Monique David-Ménard, *Les Constructions de l'universel*（Paris, PUE, 1997）。

〔注 13〕黑格尔已经意识到，康德式的普遍（Kantian universal）已被逆转成极其特异的偶然性：他批判康德的伦理命令，其要义不就在于，因为这样的命令是空洞的，康德不得不为其填充某些经验性的内容，把偶然和具体的内容填进普遍必然性（universal necessity）的形式？

〔注14〕See Hilary and Piers du Pré, *A Genius in the Family*: *An Intimate Memoir of Jacqueline du Pré* (London, Chatto and Windus, 1997)。

〔注15〕反过来说，把神话当做"真事"来读，有时也会启人深思。如此一来，如果有谁以彻底的"现实主义"的纯真（naïveté）态度阅读神话，故事的要义会清晰呈现出来。

〔注16〕当然，这里的陷阱在于，女性能否获得自尊，这要由她在父权制的、规范性的交易系统（patriarchal normative system of exchanges）中扮演的角色决定的。

〔注17〕小津安二郎（Yasujirō Ozu）的影片的颠覆性效果就在于此。在西方，这一点通常不为人注意。他的影片通常表现一对情人，是以标准的中近景拍摄的，他们相互凝视，直视对方的眼睛。与欧洲或美国相比，在日本，这个举动的情感冲击力要强烈得多。

〔注18〕See Edward W. Said, 'Cosi fan tutte', *Lettre international* 39 (Winter 1997), pp. 69 – 70。

〔注19〕Monique David-Ménard, *Les Constructions de l'universel* (Paris, PUE, 1997), p. 64.

〔注20〕正如克洛德·勒福尔（Claude Lefort）所言，可以在萨德式说教的前后不一中发现相同的张力：尽管萨德的目标是培育反社会的个人，这样的个人利用他人，把他人仅仅当做获得快感的手段，但在已被宗教"腐化"的当今社会，制造反社会的个人的唯一方式就是通过新的说教。新说教要表现出腐化天真的年轻女孩的意志，而表现这种意志的方式则是拉拢她们，让她们学习获得无拘无束的快乐的技艺。因此，萨德笔下的主人公依然倾向于组成新的"本色"的社群，即由当初追寻快乐的人组成的精英封闭圈。See Claude Lefort,

Écrire. À l'épreuve du politique（Paris：Calman Lévy，1992），pp. 108 – 110。

〔注 21〕See Alenka Zupančič,, 'Subject of the Law', as well as Bernard Baas, *Le Desir Pur. Parcours Philosophiques Dans Les Parages de J. Lacan*（Louvain，Peeters，1992）。

〔注 22〕或许指向这个方向的一个特写，就是康德那个著名论点：离开了直观，理性是空洞的；离开了理性，直观是盲目的。罗伯斯庇尔（Maximilien Robespierre）有个名言：没有恐怖的美德百无一用，没有美德的恐怖草菅人命。罗伯斯庇尔的格言不正是康德的论点在政治上的对应物吗？

〔注 23〕欲知对康德伦理学的这一关键特征的更为详细的解释，见下列著作第二章：Slavoj Žižek, *The Indivisible Remainder：An Essay on Schelling and Related Matters*（London：Verso，1996）。

〔注 24〕See Alenka Zupančič,, *Die Ethik des Realen：Kant*, *Lacan*（Wien Turia und Kant 1995）。

论根本恶及相关问题*

康德同边沁①

康德有关纯粹理性的二律背反如今已经成为哲学上的

---

* 根本恶，是康德在《单在理性范围内的宗教》（*Religion Within the Limits of Reason Alone*）中提出来的，它浓缩了康德的人性论：从存有论的角度来看，他主张人的本性（价值的人性）纯然是善的，不善乃后天习染所得；从现象学的角度来看，他主张人的本性（自然的人性）无所谓善恶，或者有善有恶。前者属于价值人性论的范畴［用康德的话说，属于"道德的形而上学"（metaphysics of moral）范畴］，后者属于自然人性论的领域［用康德的话说，属于"实践人类学"（practical anthropology）领域］。在自然人性论中，康德把人性中的善性称为"原初的向善倾向"（original predisposition to good），它包括三个方面的内容：其一是"动物性"（animality），其二是"人性"（humanity），其三是"人格性"（personality）。"动物性"又包括三个方面的内容：其一是自我保存的倾向，其二是繁衍子孙的倾向，其三是社交合群的倾向。康德认为，人类的诸多邪恶都与这些"倾向"有关，但它们并非"恶"之源。只有"根本恶"才是恶的真正来源。

① 边沁（Jeremy Bentham，1748—1832），英国功利主义哲学家、经济学家、法学家。边沁反对自然法学，认为自然状态、自然权利、自然法、社会契约都是虚构、猜测、逻辑幻想；虚构的时代已经过去，应该以功利主义新原则取而代之。

老生常谈。这些二律背反早在很久之前就不再被视为对整个哲学大厦的威胁。此时，"通过它们的化成"①（克尔凯郭尔会用这样说）想象它们的存在，恢复其原初的丑闻性冲击力（scandalous impact），需要付出巨大的努力。要实现这一目标，方式之一就是全神贯注，回答下列问题：这些二律背反与宏大宇宙的二元对立——如阴/阳、男/女、光明/黑暗、排斥/吸引等——所遵循的逻辑究竟有何种差异？把宇宙视为一个有机整体，认定它的生命力依赖于两极原则之间的张力，这样的宇宙观没有任何颠覆性可言。不过，康德心里想的，与此大相径庭，且极度令人不安：我们绝对无法以毫不矛盾的方式，把宇宙想象成整体；也就是说，一旦把这样做了，我们会得到两个版本的宇宙整体，而它们是彼此矛盾和相互排斥的。而且，正如我将要证明的那样，正是在这里，即在这种二律背反中，运作着性的差异（sexual difference）：决定了性征之为性征的，是某种对抗性张力（antagonistic tension）；对抗性张力并非两种宇宙力量（阴/阳等）的极端对立，而是某个裂缝（crack），它阻止我们以毫不矛盾的方式把宇宙设想为一个整体。性征指明了宇宙的不存在（nonexistence of the universe）这个至高无上的存有论丑闻（ontological scandal）。

---

① 通过它们的化成，原文是"in their becoming"，套用的是克尔凯郭尔常说的"in one's becoming"。克尔凯郭尔认为，人的外部行动（如帮助穷人）并非由其意图（如捞取社会资本）引发，而有其内在维度（inner dimension）。内在维度才是肥沃的土壤，每个人都要小心呵护，精心化成（in one's becoming）。

为了对康德的二律背反的丑闻性冲击力有清晰的了解，且让我们回忆一下菲利普·迪克①的科幻小说《阴差阳错》（*Time Out of Joint*）。故事似乎发生在20世纪50年代末某个众所周知的美国小镇上（其实小说也写于那个时候）。一系列的奇特经历（例如，主人公出人意料地回到了自家的后院，他发现，一分钟以前还在的东西——花园长椅——忽然销声匿迹了，取而代之的是写着"长椅"两字的一张纸，如同出现在马格里特②的著名画作中），使主人公渐渐明白了眼前发生的一切：其实他生活在20世纪70年代，某个神秘的政府机构对他进行了洗脑，将其重新放进人工搭建而成的50年代的小镇，以验证一项科学假说。（有关克格勃的神话之一便是，他们居然在乌克兰平原上的某个地方，精确地复制了一个典型的美国小镇，以便使未来的特工能够适应美国的日常生活。）关于弥补现实缝隙、代替失踪物的这张纸，精神分析理论有个精确的术语——概念—再现（Vorstellungs-Repraesentanz），即对已经丧失的再现的符指性代指（the signifying representative of the missing representation）。[注1]

康德有关超验构成（transcendental constitution）的理论

---

① 菲利普·迪克（Philip K. Dick，1928—1982），美国著名科幻小说家。根据其小说改编的影片《银翼杀手》和《少数派报告》为中国观众所熟知。

② 勒内·马格里特（René Magritte，1898—1967），比利时超现实主义画家，代表作有《风云将变》和《形象的叛逆》等。后现代主义理论家常以之阐明自己的理论。

与此颇为相似。也就是说，我们的"现实感"（sense of reality）的根本特质为何？我们通常所谓的"常识唯实论"（common-sense realism）的根本特质为何？我们总是自然而然地假定，在我们的视域与超出我们视域之外的地带，存在着连续性。看到一座房子的前壁，我会不由自主地假定，这座房子还有后壁，在这所房子后面还有另一座房子，或者一道风景，等等，尽管此时此刻我没有看到它们。简言之，下列论断是我们"常识唯实论"固有的一部分：世界是独立存在的（有限或无限的）整体，我们人类是这个整体的一部分。

与此不同，康德的基本前提是，作为万有之和（totality of beings）的"宇宙"——我们也是它的一部分——并不存在。他的下列命题的终极意义也在这里：范畴（范畴是先验的思想形式，它构成了被我们体验为"现实"的东西）的任何运用，只要超出了我们可能的现象经验（phenomenal experience），就是不合法的（illegitimate），因为一旦我们想把"宇宙"设想为自在之物（things-in-themselves）的总和，我们的理性就会陷入势不两立的二律背反。在此我们尤其要牢记，康德的理论不同于传统的怀疑论。关于自在之物，也就是说，关于下列事实，康德并不只是一味地怀疑：因为我们的经验局限于现象，我们从来都无法肯定，自在之物和现象是否属于完全相同的序列。

康德的二律背反的要义在于，我们肯定能够证明，自在之物与现象的性质并不相同：现象是由超验范畴（transcendental categories）造构而成的，现象的肌质（texture）是由超验范畴结构出来的；一旦我们把这些范畴应用于自在之物，应用于永远无法成为可能经验之对象（object of possible experience）的事物，就会出现二律背反。不过至关重要的一点在于，我们还无法与我们对宇宙抱有的这个幻觉"唯实地"地一刀两断。如果我们的经验要维持其一致性（consistency），那么我们对宇宙抱有的这个幻觉就是不可或缺、无法避免的。如果我不对自己把世界上的物体描述为自在地存在着的实存物，如果我不把我所感知到的东西设想为某个自在之现实（reality-in-itself）的局部方面，也就是说，如果我不假定我现在所看到的那座房子还有与前壁相对应的后壁，那么我的知觉领域（perceptual field）就会土崩瓦解，陷入相互矛盾、毫无意义的混乱。[注2] 如果没有填补其缝隙的那张纸（就像在迪克的《阴差阳错》中那样），现实就会四分五裂。康德给这张纸提供的名称是"超验理念"（transcendental Idea）。

所以说，经由康德的超验转向（transcendental turn），现实被虚拟化了，成了人工制品，成了严格意义（这个意义是在如今的计算机科学中获得的）上的"虚拟现实"。拉康所谓的实在界所指的，恰恰是不向这种"虚拟化"屈服的硬核（hard kernel）。这硬核不是超验的人工制品（transcendental artifact）。如果我们"以边沁"解读康德，也就是说，如果以边沁的虚构理论（theory of fictions）为背景来解读康德，那么，对现实的如此虚拟化所具有的丑闻性质

(scandalous nature）就变得清晰了。

正如收入《拉康选集》的一篇论文的标题——"康德同萨德"——所暗示的那样，拉康打算把萨德视为康德伦理学的真相：为了把握康德伦理学革命的内核（康德本人无法看到这一内核），我们必须"以萨德"解读康德。在康德的必不可少的超验假相（transcendental Schein）与边沁的虚构理论（theory of fictions）之间，存在同源关系，这也是拉康反复使用的基准点（points of reference）之一。[注3] 猛一看，把康德与边沁相提并论，其荒谬程度不亚于把康德与萨德等齐划一：一者强调"庸俗"的功利主义，一者提倡为了尽义务而尽义务的崇高伦理。不过，或许应把康德 = 边沁（连同康德 = 萨德这一等式）理解为黑格尔的"无限判断"的范例。无限判断认定最崇高与最鄙俗是一致的（"精神是块骨头"）。① 借助于休谟（Hume）在理论理性（theoretical reason）领域中完成的"净化"（purification），边沁在伦理学的领域内，即在"实用理性"的领域内，为康德的革命奠定了根基。

也就是说，何者构成了边沁功利主义的基本命题？当然是对善所下的工具性定义：说什么东西是"善"的，意

---

① 黑格尔的原话是："至于自我意识的个体性的另一方面，即它的特定存在的那方面，则是独立着的存在和主体，换句话说，是某种事物，更确切地说，就是一块骨骼。人的现实和特定存在就是人的头盖骨。"黑格尔：《精神现象学》上卷，贺麟、王玖兴译，北京：商务印书馆 1979 年版，第 220—221 页。"精神是一块骨骼"可译为"精神是块骨头"，"头盖骨"也可译为"骷髅"，以强调两者的极度不协调。

味着肯定它有用，可以用来达到某种目的。在边沁看来，"自在之善"（Good-in-itself）既无意义，又自相矛盾。通过把全部实体性内容（substantial content）逐出善的领域，边沁切断了建立在实体性的、实证性的至善（Supreme Good）观念——至善即目的自身（end-in-itself）——上的每一种伦理学的根源。这为康德的革命大开方便之门，因为康德的革命的出发点恰恰在于：在可能经验的领域内确定自在之善的存在，是根本不可能的。因此，唯一可能的，是在形式的层面上审视善，把善视为我们意志的普遍形式（universal form of our will）。

从理论上讲，透过边沁的虚构理论来解读康德，更具成效。边沁是通过分析法律话语（legal discourse）获得虚构这一概念的。要想正常的运作，法律话语就必须预先假设，存在着一个完整系列的实存物。这些实存物显然是虚构的，如法人概念（它使我们把一个组织视为一个活人，把实际上只有有血有肉的个人才有的属性赋予了法人：国家要为战争负责，政府部门答应为我们提供财政援助……），如最初的"社会契约"概念（它使我们这样看待遵守法律的个人，仿佛他们为契约所缚，尽管他们从未签过这样的契约），直至下列基本前提，据此前提，不知法并不能赦免我们的罪责（一旦我触犯法律，我不能以"我不知道什么能做，什么不能做"为借口，我们必须假定，主体对全部法律都一清二楚——没有这一虚构，整个法律大厦将分崩离析）。

面对法律话语的这些怪癖，边沁做出的第一反应，当然是启蒙后的经验主义者（enlightened empiricist）做出的反应：这些虚构都是律师们编造的，目的在于混淆事物的实际状态，进而把自己扮演的无可替代的调解人角色强加于人（这类似于启蒙运动初期"庸俗"的宗教理论，据此理论，宗教是由牧师杜撰的，目的在于维护自己的权势，维护他们所服侍的人的权势）。[注4]就这样，边沁把一项使命赋予自己：还原虚构，揭示其真正的构成要素，即证明虚构来自我们真实经验的诸元素的错误组合。他说："每个虚构的实存物，多少都与某个实际存在的实存物有某种关系。只有觉察到这一关系，就是说，只有设想出这一关系，才能理解虚构的实存物。"[注5]

边沁进一步把"第一类需要去除"的虚构的实存物与"第二类需要去除"的虚构的实存物区分开来。简言之，他是率先描绘下列运作的概貌的第一批人中的一个，该运作的最激进的版本要在分析哲学早年的英勇时期（"维也纳学派"）中寻找：有些命题是以合法的方式从某个基本形式（elementary form）推导出来的，而这样的基本形式又保证与实际经验相联系；只有这样的命题才有意义可言，才是可以接受的（报告"感觉数据"的"协议命题"①，等等）。

不过马上出现了并发症。这些并发症最有趣的地方在于，事情是如何一团糟的。当边沁被迫把两种虚构区分开

---

① 这里的"感觉数据"（sense data）和"协议命题"（protocollary propositions），均为维也纳学派早期哲学家所用术语，由齐泽克从德语翻译而来。它们意在强调实际经验与严密逻辑之间的密切关系。

来时，关键的时刻到来了。两种虚构，一种是虚构实存物，一种是想象的（令人难以置信的）非实存物。显而易见，"契约"和"金山"并非同一序列的实存物。尽管前者是虚构的（"实际存在"之物只是由这种虚构指定和包含的行为），但这里面并没有任何想象性可言。它并非由我的头脑"捏造"的想象性再现（imaginary representation），此外它还能以虚构具有的能力，充当导致一系列"真实"效应的工具（"契约"迫使我们完成由虚构性术语"义务"包含的真实行为，否则另一种效应——由虚构性术语"伤害"包含的真实效应——就会降临到我的头上）。"金山"则更接近于感性实存物，描述它的起源，一点也不困难（它把两个真实的表象组合起来，一个是山的表象，一个是黄金的表象）。但在某种意义上，与"契约"相比，它"更不真实"，因为它清晰描述的事物并不存在，这样的事物只是我们想象的产物。

为了不把这两种虚构混为一谈，边沁把虚构性实存物（契约、义务、法人）与想象性非实存物（麒麟、金山）区分开来。如此一来，早在"符号界"和"想象界"这两个称谓出现之前（avant la lettre），他就对符号界和想象界做了拉康式的区分：虚构性实存物占领了符号界的领域，而"麒麟"等则是想象性的捏造。[注6]尽管边沁坚守自己的计划，要化约虚构，揭示其真实的构成要素，但他不得不承认，就严格意义上的虚构而论，就把虚构置于想象性非实存物的对立面而论，这样的化约是无法进行的。我们必须独辟蹊径，以"描述真实行为"的方式，重新表述由比方说"契约"指定的整个情形。

这些以及其他类似的困境使拉康得出的结论是，虚构是语言（"话语"）所固有的。不使用虚构性实存物，是无法说话的："虚构性实存物把自身的存在——它们令人棘手却又不可或缺的存在——归诸语言，而且只归诸语言。"[注7]说这话时，边沁心中所想的不仅是诸如"契约"之类的法律—规范性概念（legal-normative notions），而且首先是语言先天倾向（innate propensity），也就是要实体化某物（substantiate something）的倾向。就其原初的、真实的状态而论，被实体化的事物只是该物具有的属性，或与该事物相关的过程具有的属性："水在流动"（water is flowing）变成了"水的流动"（the flow of water），尽管"流动"（flow）并不具有任何实体性现实（substantial reality）；"这张桌子很重"变成了"桌子的重量"，等等。简言之，虚构就是"那些种类的东西，为了达到交流的目的，它们都必须被看成是存在着的东西。"[注8]

边沁已经足够机灵，他敏捷地避开了下列幻觉：我们能够免除这种恋物癖式的分裂（fetishistic split）。边沁敏捷地绕开了这样的错觉——我们可以逃避这种恋物癖式的分裂。（"我知道那些虚构是子虚乌有的，但我依旧谈及它们，仿佛它们都是真实的物体。"）我们想以连贯一致和切合实际的方式谈论现实，那我们就不得不求助于虚构。"因此，那些在我们心中占有一席之地或在我们心中稍纵即逝的东西，倘若不以虚构的方式，我们是既无法言说，也是无法思考的。"〔注9〕换言之，拉康的下列行为是完全合理的：他坚定地认为，意识到真理具有虚构之结构（truth has the structure of a fiction）的，边沁是第一人。之所以说真理具有虚构之结构，是因为真理的维度（dimension of truth）是由话语秩序（order of discourse）揭开的。倘若没有虚构来支撑（support of fiction），话语秩序就会丧失其一致性。

边沁被迫采取一整套的前进、撤退和妥协等步骤，这为德里达式的分析提供了理想的材料：为了拯救他的理论大厦的连贯性（coherency），他不得不引入新的辅助性区分（如虚构性实存物与想象性非实存物的区分，等等）。虚构这一概念也打上了无法化约的含混性（irreducible ambiguity）的印记。它时而具有中性内涵，时而具有贬义内涵，在这两者之间摇摆不定。它时而被视为万恶之源，被视为要被抑制的混乱，时而又被视为不可或缺的工具。〔注10〕在这些烦恼下面，掩藏着边沁和康德共同陷入的窘境。他们认为，把现实与虚构分辨开来是可能的。在边沁那里，把真实实存物之名称与虚构之名称分辨开来，是可能的。在康德那里，一者是超验范畴（transcendental categories）在现实构成（constitution of reality）中的合法使用，一者是导致了"超验幻觉"① 的非法

① 超验幻觉（transcendental illusion）又译"先验幻象"。康德在《纯粹理性批判》中论及"先验辩证论"时，首先谈到的是"先验幻象"。可参考。顺便说一句，我国学界一般把"a priori"和"transcendental"全部笼而统之地译为"先验"，似有不妥。本书译者将这两者严格区分开来，前者译为"先验"，意谓在经验之前，但未必不合乎经验；后者译为"超验"，意谓超越经验，但未必出现经验之前。

使用，把这两者分辨开来，是可能的。然而，一旦剔除了虚构和幻觉，就会丧失现实自身。从现实中剔除虚构之日，就是现实丧失其话语性—逻辑性的一致性（discursive-logical consistency）之时。

当然，康德把这些虚构称为"超验理念"（transcendental Ideas）。超验理念只是规制性的（regulative）而非构成性的（constitutive）：理念并非单纯地把自己添加到现实之中，它只是完善现实而已；只有以理念为基准，我们有关客观现实的知识才有一致性，才有意义。简言之，我们的理性要想进行有效的运作，理念是不可或缺的。理念是"天然的和照例必有的幻觉"（《纯粹理性批判》A298）。幻觉"与人类的理性是无法分离的"。如此一来，"即使揭穿了它的欺骗性"，它照旧一如既往（如同马克思的著名警告：即使在理论上揭穿了"商品恋物癖"① 的逻辑，在现实生活中，它照样继续存在）。[注11]

幻象与现实

拉康在谈及现实的"飘忽不定"时，心里想的正是这

————————

① 商品拜物教（commodity-fetishism），原译"商品拜物教"。"fetishism"，大陆传统上译为"拜物教"，港台多译为"恋物癖"。大陆的翻译着眼于政治经济学，港台的翻译注目于精神分析理论，特别是拉康的精神分析理论。拉康认为，人的主体性建立于镜像阶段之前，这个阶段任何不健全的发展，都可能使婴儿摆脱自我，而依恋某一物品，因而形成恋物癖。克里斯蒂娃（Kristeva）在《诗语中的革命》（*Revolution in Poetic Language*）第62—67页中，对此有一番精辟的解释，可参见之。鉴于这个概念在本书中更多地被置于拉康的精神分析这一语境之下，故译为"商品恋物癖"。

个作为现实的幻象框架（fantasy-frame）的"超验幻觉"。在这里，拉康对弗洛伊德的解读是非常微妙的，所以我们必须小心翼翼，以免错失其中的要义。诚然，"现实"是通过现实检测（reality-testing）形成的。借助于现实检测，主体把虚无缥缈的欲望客体（hallucinatory object of desire）与感知到的实际客体（perceived actual object）区分开来。但是，主体从来都不能站在中性的立场上，把虚无缥缈的幻象性现实（fantasmatic reality）彻底排除在外。换言之，尽管"现实"要通过"现实检测"来确定，但现实的框架（reality's frame）却是由虚无缥缈的幻象的残余物（left-over of hallucinatory fantasy）结构起来的。我们的"现实感"的终极保证要面对的问题是：被我们体检为"现实"的东西是如何屈从于幻象框架（fantasy-frame）的？现实之为现实的终极证据，是对"现实的丧失"（loss of reality）的体验。某些事物因其创伤性的特征（traumatic character）而无法融入我们的符号性世界（symbolic universe）。一旦我们遇到这类事物，"我们的世界就会分崩离析"[注12]

从这个意义上说，现实是飘忽不定的：现实不现实，取决于能否在现实检测与幻象框架之间达致微妙的平衡。康德的批判是通过驳斥斯韦登堡①的通灵幻象说（phantasmagoria）有关看见鬼魂、与死人交流、与超感性的精灵世

---

① 伊曼纽尔·斯韦登堡（Emanuel Swedenborg，1688—1772），瑞典科学家，神秘主义者哲学家、神学家。他的通灵幻象说及著作使他的信徒们在他死后建立了新耶路撒冷教会。

界建立直接（即直观）联系之类的见解，才形成的。康德发现，如此狂热的"见鬼"与莱布尼茨的理性主义形而上学（rationalist metaphysics）有着惊人的相似。康德的这一"原创洞见"（original insight）不仅仅事关康德哲学的偶然的历史起源。正如通达的阐释者指出的那样，狂热的见鬼者（ghost-seer）提供的幻觉始终是康德建立理性之理念（Ideas of Reason）所依赖的模型。起先，我们不禁要说，康德的批判立足于悖论性的中间立场（paradoxical intermediate position）：我们知道，也可以证明，现象世界（phenomenal universe）并非现实的全部（reality in itself），存在着"彼岸之物"（something beyond）；不过，理性（形而上学）和直观（见鬼）都不能提供进入这一彼岸（this Beyond）的通道。我们力所能及的，就是描绘其空洞的位置（empty place），圈定现象领域，绝不把我们的知识扩展到本体领域。

不过，这里潜伏着一个至关重要的误解：如果我们认为康德获得了"正确的尺度"（proper measure），认为康德既避开了对现象的本体性现实（noumenal reality of the phenomena）表示认可的朴素实在论（naive realism），又避开了认定可以与超感性的精灵建立直接联系的"看见鬼魂"论，那我们就完全没有抓住问题的关键。问题在于，即使我们对现实的最为寻常的体验，也需要最小限度地分享规制性的理念（regulative Ideas），分享超越可能经验（possible experience）的原理，否则我们的体检会丧失其一致性。

换言之，真正的选择不是在朴素的实在论和神智失常的"看见鬼魂"论之间做出选择，因为到了某个时候，它们就是一丘之貉。或者，正如拉康所言，没有幻象的支撑（fantasmatic support），就没有现实。康德在《遗著全编》（*Opus Postumum*）中相当明确地说道，理念是幻象性框架，我们以之进入现实。在这里，理念是在"神智失常的创造"（delirious creations）、幻觉构成之残余物（remainders of hallucinatory formations）这一意义上使用的：

> 理念（Ideas）是由理性（reason）创造出来的初级意象（直观）。作为纯粹主观性的思想事物，它先于我们有关事物的知识而存在，先于事物的构成因素而存在：它是原型，依据这一原型，斯宾诺莎认为，万事万物都必定呈现在上帝那里……理念，自我创造的先验的思想之物（entia rationis）……包括了物体思想的系统地统一的原理（principles of the systematic unity of the thought of objects）。我们（依斯宾诺莎之见）在上帝那里看到了所有物体：我们不妨说，提到它们的现实（their reality），它们必须在世界中被遇到。[注13]

在这里，最后一句至关重要：理念"自我创造"出来的幻象性框架，是对客体之现实（reality of objects）的终极保证。就这样，理念的暧昧不明的身份——既是本体性的元质（noumenal things）又是主观性的规制原理（regulative principles）——重放异彩。关键并不在于，把这种暧昧不明视为康德的矛盾或不一致而置之不理（这种做派通常被错误地归到黑格尔的名下）。关键在于，同时解读这两种确定①，把它们解读为寻求理念的外隐（L'extimité）——隐秘外在（intimately external）——身份的索引。"理念"指本体性元质（noumenal Thing）与假相（Schein）的悖论性的直接重合点，指本体性元质与幻觉——幻觉在已经构成的现象性现实（phenomenal reality）中无立锥之地——的悖论性的直接重合点。我们怎会想不起来，弗洛伊德的"元质"（das Ding）概念从一开始就具有类似的暧昧性：元质是"伤人之物"，是外在的、创伤性的未知数，它打破了快乐自我（Lust-Ich）围绕着虚无缥缈的客体形成的封闭圈，迫使快乐自我放弃快乐原则，"直面现实"。不过，元质同时也是主体的存在（being）的最隐秘的内核，是主体为了获得进入"外在现实"的通道而必须牺牲掉的东西。既然如此，还有必要画蛇添足，说什么"同样的极端暧昧性也使得拉康所谓的实在界成了实在界"吗？

以酒解酒，以毒攻毒

符号性虚构的基本悖论在于，它只用了一招，就既导致了"现实的丧失"，又为进入现实提供了唯一可能的通

---

① 两种确定（two determinations），即"两种认定"。指理念既是"本体性的元质"又是"主观性的规制原理"这两种"确定"或"认定"。

路。诚然，虚构是遮蔽现实的伪装，但是，如果摒弃了虚构，现实就会烟消云散。这一悖论揭示了符号性秩序（symbolic order）的基本辩证结构，揭示了下列事实：如同拉康在《著作选集》中所言，"言语有能力偿还它欠下的债务"[注14]。我们必须在这个论题中看到黑格尔式的蕴含。由符号性秩序导致的债务、"伤口"都是哲学上的老生常谈，至少从黑格尔开始，就已经是老生常谈：一旦进入符号性秩序，我们就再也无法埋头于实在界的直接性（immersion in the immediacy of the real）；我们被迫承担无法弥补的损失；词语意味着对事物进行（符号性的）谋杀，等等。简言之，我们在这里处理的，是与黑格尔所谓的知性（Verstand）——对有机整体的分解性羞辱—肢解（analytical mortification-dismembering）——有关的否定—抽象力量（negative-abstractive power）。[注15]

不过，关于语言这个伤口，我们应该小心，不要遗漏它的至关重要的维度。弗洛伊德讲过一个著名的游戏：一个孩子伴随着 Fort-Da（"去了—来了"）的声音，玩起了线轴。这个游戏展示了符号化的过程，告诉我们主体如何在语言的基本的、零度的层面上进入语言世界。拉康在阐释这个实例时，说过的话与我们猛一看到的东西大相径庭。那么猛地一看，我们究竟看到了什么东西？妈妈不可预知的离去，使孩子孤苦无助，给他留下了心理创伤。作为对创伤的补偿，他玩起了游戏，一次次地把线轴抛到自己看不到的地方，再把它拉回来，用 Fort-Da（"去了—来了"）

这个符指性二联体（signifying dyad）伴随自己的动作。借助于符号化，焦虑销声匿迹，孩子掌控了局面，但为此付出的代价却是"以词代物"，即用符指性的代指（signifying representative）——线轴——代替妈妈。更确切地说，这是用线轴的消失在视野之中和重返视野之内，代替妈妈的离去和归来。因此，进入符号性世界的代价是失去乱伦客体（incestuous object），失去作为元质的母亲（mother qua Thing）。

不过，拉康所言与此大相径庭，也激进得多：消失和重现的线轴所充当的，不是母亲的替身，而是主体自身被牺牲掉的一部分；为进入符号性世界付出的代价，是主体放弃自己的"一磅肉"①。换言之，真正的牺牲没有发生在"那里"，没有发生在符号与客体（代替了母亲的线轴）的关系中，而是发生在"这里"，发生在我身上；用以补偿失去母亲—元质的那个客体，正是我自己的一部分；它真正代表的，是我自身的存在的实体丰满性（my own substantial fullness of being）的丧失，因为符号化不仅意味着母亲不再是我的直接客体，而且意味着，出于同样的原因，我自己也不再是母亲的客体。一旦玩起 Fort-Da 的游戏，一道无法觉察的鸿沟出现了，使我这个人的实体内容（substantial content）与"自我意识"（self-consciousness）这个空白点永远分割开来。也就是说，我不再直接等于"真正的自己"

---

① 一磅肉（pound of flesh），出自莎士比亚的《威尼斯商人》，意为"合法而不合理的要求"。这里只是指自己丰满之躯的一部分。

(what I am)，不再直接等于我自己的丰富特性：我的自我身份（self-identity）的轴心已经从 S（丰满的、实体性的、"病态的"主体），转到了 $（"被划了斜线的"、空洞的主体）。[注16]

那么，确切地说，我们如何领悟下列论点：逻各斯有能力偿还它欠下的构成性债务（constitutive debt）？或者说得更明确些，只有言语这个拆解工具（tool of disintegration）才能治愈它给实在界留下的创伤——正如瓦格纳在《帕西法尔》（*Parsifal*）中所言，"只有刺伤你的那只矛／才能治愈你的伤"？在这里，从马克思到弗洛伊德，再到今天的生态危机，无穷无尽地援引典范性的答案易如反掌，因为这种逻辑可以说包含着后康德思想（post-Kantian thought）的精髓：马克思告诉我们，资本主义创造了埋葬自身的力量（即无产阶级，它要建立无阶级的社会，进而治愈资本主义的创伤）；弗洛伊德告诉我们，移情原是阻止人们成功地回忆起创伤性过去的主要障碍，现在却成了精神分析治疗取得进展的杠杆；至于今天的生态危机，如果还有一件事情没有异议，那便是，重返任何类型的自然平衡，都已经永远不再可能，只有技术和科学才能使我们摆脱由技术和科学带来的困境。[注17] 不过，让我们继续停留在概念的层面上吧。根据后现代的庸见（doxa），以为符号性秩序有能力全额偿还自己欠下的债务，这种想法浓缩了黑格尔的"扬弃"（否定—保存—上升）这个错觉。因为以"词"代"物"，所以我们失去了直接的现实（immediate reality），但语言以意义（sense）补偿我们，而意义则凸显了事物的精华（essence of things），也就是说，现实被保存在有关现实的概念之中。不过，后现代的庸见还告诉我们，问题在于，符号性债务是构成性的，因而是无法赎回的：符号性秩序的出现打开了一道缺口，它永远无法由意义填满。鉴于此，意义从来都不是"完整"的；它总是被截头去尾，被打上了无意义（nonsense）的污渍。

不过，与普遍认可的看法相反，拉康并没有沿着这条道路前行；要想追寻拉康的走向，最恰当的方式是回想一下反官僚的民粹主义常说的那些陈词滥调：庞大政府中的官僚们人为地制造问题，以便把自己装扮成救世主的样子。因此，走出这一困境的方式就是要弄明白，表面上看起来像是解决方案的东西，其实只是问题的一部分。例如，在新自由主义的反福利国家的视境中，声称要"解决"失业、社会保障、犯罪等问题的国家官僚机构，其实正是引发这些问题的罪魁祸首，因为它的税收与支出的态度（tax-and-spend attitude）扰乱了市场机制的"正常"运作。因此，唯一的真正解决方案是：拿走你们的"解决方案"，离我们远点，那样一来，问题自然销声匿迹！应该说，这种看法包含着某种基本的辩证因素（elementary dialectics），因为解决方案回溯性制造了它致力于解决的问题。为了使问题源源不断，它会再三提供日新月异的解决方案。对于这样的强迫症心态（obsessive attitude），我们怎能视而不见？

尽管如此，拉康（以及黑格尔）心中所想的，还是与此截然相反：抽象地说，表面上是"问题"的东西，其实正是我们为之力争的"毫无问题的""正常"的事物状态的必要组成部分。根本没有先于"问题"而存在的"毫无问题的"、纯洁无瑕的事物状态；消除了"问题"，就会丧失我们想要拯救的东西，丧失我们觉得受到"问题"威胁的东西。让我们再次回到新自由主义那里。新自由主义往往忽略的问题是，在今天复杂的经济体系中，在很大程度上，只有通过国家对社会保障、生态环境、法律实施等进行积极干预，市场的"正常"运作才能得到保证。一味听之任之，市场机制注定会自我毁灭。因此，辩证性的悖论（dialectical paradox）不仅表现为，提出的解决方案恰恰是它要解决的问题的一部分，同时再次制造了问题的真正原因。辩证性的悖论还表现在与此相反的一面：从我们抽象、有限的视角看，表面上属于问题的东西，其实正是解决问题的方案。这方面的例证俯拾即是，从初级到高级，直至黑格尔的"绝对例证"（absolute example）——基督。

基督的"问题"，基督陷入的困境，基督遭遇的失败，即死在十字架上，其实正是他的功成名就，因为他称心如意地达到了自己的目的——使人类与上帝和解。也就是说，依黑格尔之见，我们应该怎样理解基督之死？基督在自己身上已经实现了人类与上帝的和解，但他是以其"直接性"（immediacy）的形式实现的，使之成为处于独特时空（unique spatio-temporal）中的历史事件。早在 2000 年前，"上帝变成了人"，所以基督之死不能不表现为再次的分裂（renewed split），令信徒们悲伤不已，哀叹连连。正是在这里，我们不得不完成典范性的辩证转移（paradigmatic dialectical shift）：从表面上看，我们在力争实现某个目标，但我们要在"我们在力争实现某个目标"的过程中，即在纯粹的宗教仪式中，清楚地认出已获实现的目标。信徒们对基督之死表示哀伤，正是在这哀伤中，上帝以神灵（Spirit）的身份出现了。和解是以"间接"（mediated）的、真正的形式实现的。[注18]

正是在这一背景上，我们才不得不设想"空洞言语"（*parole vide*）与"实体言语"（*parole pleine*）的关系。在这里，我们立即遇到了对拉康理论的一大标准误解。一般说来，空洞言语被视为空洞之物，被视为言不由衷的闲聊。在做这样的闲聊时，说话者主体阐述立场（subjective position of enunciation）没有披露出来。但在实体言语中，主体理应表达自己纯真的、事关生存的阐述立场（existential position of enunciation）。因此，一般认为，空洞言语与实体言语的关系类似于"被阐述主体"（subject of the enunciated）与"阐述主体"（subject of the enunciation）的关系。这样的解读即使没有绝对贬低空洞言语的价值，也把它视为精神分析过程中的"自由联想"，视为被掏空了想象性认同（imaginary identification）的言语，因而完全没有抓住拉康理论的要义。一旦我们顾及下列事实，拉康理论的要义就会显现出来：在拉康看来，空洞言语的范例是口令（mot-de-passage）。口令是如何发挥作用的？是作为纯粹的认可姿势，作为允许进入某个符号空间的认可姿势发挥作用的。口令的被阐述内容（enunciated content）绝对无关紧要。比方说，如果我给我的黑帮同伙设置了一个口令，凭着这个口令我可以进入他的巢穴，该口令是"姨妈烤好了苹果馅饼"。把它改成"斯大林同志万岁！"或者别的什么，可谓轻而易举。空洞言语的"空洞性"就表现在这里，表现在被阐述内容的终极无效（ultimate nullity）上。拉康的看法是，就其最激进、最基本的维度而论，人类言语的作用与口令无异：在成为交流工具之前，在传输所指内容（signified content）之前，言语是说话者彼此相互认可的媒介。[注19]换言之，正是作为空洞言语的口令，把主体化约成了"阐述主体"的守时性（punctuality）：在使用口令时，他是作为掏空了全部被阐述内容的纯粹的符号点（symbolic point）出现的。

鉴于此，永远不能把实体言语设想成对空白的直截了当的填充（空白是空洞言语的特征），不能把空洞言语与实体言词的关系理解为"发自肺腑"和"言不由衷"的截然对立。正相反，我们必须说，正是空洞言语，也只有空洞言语，通过空洞言语的空洞性，即通过它对被阐述内容拉开的敬而远之（置于空洞言语中的被阐述内容绝对无关紧要），为"充实言语"开辟了空间，为主体能够藉之表明自己的阐述立场（position of enunciation）的言语开辟了空间。"只有刺伤你的那只矛"就是这样"治愈你的伤"的：只有完全接受"空洞言语"的空白，你才能够希望以"实体言语"展示你的真相。或者用黑格尔的话说，主体只有彻底疏离直接的实体性财富（immediate substantial wealth），才能为展示自己的主体性内容（subjective content）开辟空间。要把实体性内容设置成"我自己"的内容，我就必须首先把自己确立为纯粹的、空洞的、没有任何实证内容（positive content）的主体性形式（form of subjectivity）。

根本恶

只要符号性创伤（symbolic wound）是恶的终极范例，这道理就会同样适用于善与恶的关系：根本恶为善开辟了空间，其方式与空洞言语为实体言语开辟空间的方式毫无二致。当然，我们在此遇到了"根本恶"的问题。这个问题是由康德率先在《单纯理性限度内的宗教》（*Religion within the Limits of Reason Alone*）中阐明的。[注20]在康德看来，人身上存在着对其向善倾向（tendency toward good）的积极反作用。这么说的终极证据是，主体把压在他身上的道德律令体验为无法忍受的创伤性压力（traumatic pressure），创伤性压力侮损了他的自尊和自爱。所以，自我本性中的某物必定会抵制道德律令。也就是说，自我本性中的某物对自私自利的、"病态"的倾向的偏爱，远甚于选择服从道德律令的倾向。

康德特别强调这种向恶倾向（propensity toward Evil）的先验特征（后来这为谢林所发展）：只要我是自由的存在

（free being），我就要为我的抵制善这一行为负责（比如，我不能说，它是我天性中的我不能为之负责的那一部分）。我觉得自己要在道德上为自己的恶负责，这个事实证明，就永恒的超验行为（transcendental act）而论，我肯定早已自由地选择了我永久的特征（eternal character），因为我偏爱恶而不是善。康德就是这样看待"根本恶"的，即把"根本恶"视为人性向恶（human nature toward evil）的先验倾向，而非经验性—偶然性的倾向。不过，通过排斥"恶魔恶"（diabolical evil）这一假说，康德避开了根本恶面临的终极悖论，避开了由那些行为①构成的离奇领域。尽管就其内容而论，那些行为是"恶"的，但又完全符合伦理行为的形式标准。这样的行为不以任何病态的考量为动机，也就是说，它们唯一的动机基础（motivating ground）是作为原则的恶（Evil as a principle）。它们之所以能够卷入对人的病态旨趣（pathological interests）的彻底废除，甚至牺牲人的性命，原因就在这里。

且让我们回顾一下莫扎特的《唐璜》。到了最后，在面对大统领的雕像时，唐璜拒不悔过，拒绝与罪恶的过去一刀两断。②

---

① 那些行为，指上述"永恒的超验行为"。

② 《唐璜》是莫扎特的两幕歌剧。剧中的主人公唐璜是中世纪西班牙专爱寻花问柳的登徒子，他胆大妄为、厚颜无耻，却又勇敢、机智、不信鬼神，最终被鬼魂拉进了地狱。剧情围绕唐璜和为了保护自己的女儿而被唐璜杀死的司令官展开。在最后一幕中，依然荒淫无度的唐璜无意间闯入墓地，遇见伫立墓旁的司令官的雕像。半醉半醒的唐璜出言不逊，还命令仆人邀请雕像来自己的住处共进晚餐，没想到雕像居然点头应允。

这时，他的所作所为，只有被正确地称为激进的伦理立场（ethical stance）。仿佛他的固执嘲弄性地推翻了康德在《实践理性批判》中列举过的一个例证：放荡不羁的花花公子一旦意识到，他要为满足自己的淫欲付出上绞刑架的代价，就会立即准备放弃。[注21]唐璜很清楚，等待他的只有绞刑架，而不是淫欲的满足，但他依旧不改初衷，绝不放弃放荡不羁的态度。也就是说，从病态旨趣（pathological interests）的角度看，要做的事情是在形式上完成悔罪的姿势。唐璜知道，死亡即将来临，为自己的行为赎罪，他只会有所得，不会有所失（拯救自己，免遭死后的磨难），但他"坚持原则"，执意刻守自己的挑衅性的浪子立场。唐璜对雕像，对这个活死人（living dead）勇于说"不"。我们怎能不把唐璜的这一行为体验为永不妥协的伦理态度的典型，尽管它包含着"恶"的内容？[注22]

如果我们接受了这样的"恶"的伦理行为存在的可能性，那么，这样看待根本恶是不够的：和向善的倾向（disposition toward good）一样，它也属于主观性观念（notion of subjectivity）之域。我们被迫百尺竿头，更进一步，把根本恶视为这样的事物：通过为善开辟空间，从存有论上讲，它先于善而存在。那么，恶究竟是什么？恶是"死亡驱力"的别称，是着迷于某种元质（如此元质打破了我们惯常的生命循环）这一行为的别称。经由恶，人与动物的本能节律（animal instinctual rhythm）展开殊死斗争。也就是说，恶引入了对"自然"关系的根本逆转。[注23]因此，在这里，康德与谢林的标准公式表明，他们的公式是不充分的。根据这个公式，恶的可能性（possibility of evil）根植于人的自由选择。由于人能自由选择，他会使自己的超感性的天性（suprasensible nature）服从他的自私自利的倾向，进而颠倒普遍的理性原则（universal principles of reason）和他的病态天性（pathological nature）之间的"正常"关系。

在《宗教哲学讲演录》（Lectures on the Philosophy of Religion）中，黑格尔把变成人（becoming-human），即动物变成人，视为堕落罪坑（Fall into sin）。他这样说，可谓犀利：善的可能的空间，是由最初对根本恶的选择开辟出来的，而根本恶瓦解了有机的实体性整体（organic substantial whole）运行的模式。[注24]因此，从某种意义上说，对善与恶的选择并非真正的、原初的选择。真正的首次选择发生在下列两者之间：其一是（后来被视为）对自己的病态倾向的屈服，其二是对根本恶的选择。对根本恶的选择是自杀性的利己主义（suicidal egoism）的行为，它通过中止生命循环这个纯粹的否定性姿势，为善"腾出地方"，也就是说，推翻病态自然冲动（pathological natural impulses）的统治地位。或者用克尔凯郭尔的话说，恶是"处于变化模式中"（in the mode ofbecoming）的善：它变成了对生命循环的彻底破坏；善与恶的差异，事关纯粹形式上的转变，即从"变"（becoming）的模式向"是"（being）的模式的转变。[注25]"只有刺伤你的那只矛"就是这样"治愈你的伤"的：以"善"的内容填充恶的空位，伤口就会治愈。作为

"元质（即根本恶）的面具"（拉康语）的善，是旨在重建已经丧失的平衡的努力。从存有论上讲，这种努力是第二性、辅助性的。在社会领域，它的终极范例是社团主义（corporatist）旨在把社会（重新）建设为和谐、有机、非对抗大厦的努力。

只要回忆一下天主教圣徒托马斯·莫尔①就够了。他顶住了来自亨利八世的巨大压力，坚决反对他离婚另娶。今天，我们可以轻而易举地美化他，说他是"四季之人"②，钦佩他威武不能屈的正直感，以及他对信念的矢志不移，尽管他为此付出了生命的代价。更加难以想象的是，他顽强的毅力必定感动了他的许多同代人。从"社群主义"（communitarian）的视角看，他的正直是"非理性"的自我毁灭的姿势。它撕裂了社会躯体的肌质，危及了皇室的稳定，并因此危及了整个社会秩序的稳定。从个意义上说，它是"恶"的。所以说，尽管托马斯·莫尔的动机无疑是

---

① 托马斯·莫尔（Thomas More，1478—1535），文艺复兴时期英国空想社会主义者、《乌托邦》（1516）的作者，在亨利八世时担任要职。1532 年，因反对国王离婚及其宗教政策，不得不辞职，不久被关进监狱。1535 年，他以"叛国罪"被送上断头台时，留下了一句名言："虽是国王的臣子，但我首先是神的仆人。"

② 四季之人，源于影片《四季之人》（*A Man For All Seasons*）。这部影片于 1967 年获得第 38 届奥斯卡最佳故事片奖。该片又译"永远走红的人""公正之人""日月精忠""良相佐国"等，意为永远为人敬仰而永垂不朽。影片讲述的是，1528 年，英王亨利八世为了和凯瑟琳离婚，与安娜·博林结婚，要求莫尔在一项法令上签字。莫尔由于笃信天主教，宁肯辞去大法官之职，也不签字，于是两人展开了一场尖锐的意志冲突，最后莫尔被害。

"善"的，他的行为的形式结构却属于"根本恶"：他的这一行为是无视社会福祉（good of community）的严重挑衅行为。这岂不与基督的行为如出一辙？在传统的希伯来公众的眼中，基督的行为破坏了他们生活的根基。难道他没有"只求分裂，不想团结"，没有使父子反目，兄弟阋墙吗？

我们现在可以理解，"实体变成主体"（substance becomes subject）中的实体是如何通过变成其谓词（predicates）而变成主体的。且以资本主义为例：从前资本主义的企业协会（corporate society）的视角看，资本主义是恶的，是破坏性的，它打破了封闭的前资本主义经济的微妙平衡。为什么要以它为例？因为它为"谓词"提供了一个实例。"谓词"即社会整体的第二性、从属性的时刻（货币）。它以某种狂傲，"横冲直撞"，并把自己提升为目的本身（End-in-itself）。不过，一旦资本主义在自我生产的循环（self-reproductive circuit）方面达成新的平衡，并成为它自身的调停性整体（mediating totality），也就是说，一旦它把自己确立为一个"设置自身的预设"（posits its own presuppositions）的系统，"恶"的场所就会被彻底消除①：现在被算作"恶"的那个东西，恰恰是先前的"善"——前资本主义的反抗岛屿（islands of resistance of precapitalism）——的残余，是新形式的善。

"辩证过程"的标准形象是这样的：先是实体、内在本

---

① "恶"的场所就会被彻底消除，意谓"恶"的恶名就会一去不返。

质（inner essence）异化—外在化（alienates-externalizes）
自己，然后经由自我调停（self-mediation），把"他者性"
（otherness）内在化。这一标准形象具有极强的误导性：最
终再次"整合"脱轨过程（derailed process）的实体，与最
初的出轨所瓦解的实体（substance disintegrated by the initial
derailment），不可同日而语。一旦原本属于有机整体的次要
时刻（subordinated moment of the organic totality）的东西把
自身确立为新的普遍性之媒介（medium of universality），确
立为调停性整体（mediating totality），新的平衡就达成了。
开始时只是属于非异化的实体统一体（nonalienated substan-
tial unity）的东西，并没有通过"脱盐"（desalination）回
到自身，相反，它变成了脱胎于原初统一（initial unity）的
局部方面的新整体（new totality）的次级时刻（subordinated
moment of a new totality）。

选择恶的可能性属于主观性观念之域①，这个论题必定
为某种自我反射性的颠倒（self-reflective inversion）激进化：
就其身份而论，主体总是恶的，也就是说，只要我们是
"人"，从某种意义上说，我们就总是已经选择了恶②。拉康

---

① 这句话殊难理解，它的原文是"The thesis that the possibility of
choosing Evil pertains to the very notion of subjectivity"，大意谓，选择恶而不
是善，是完全有可能的，而恶在一般人（而非哲学家）眼中，是主观选择
的结果，所以属于主观性之领域。

② "我们就总是已经选择了恶"，原文为"we always-already have
chosen Evil"，其中的"总是已经"为直译，意在强调它的"既成性"。有
人把它译为"已然"，不确，因为"已然"只有"已经"之意，并无"总
是"之意。

很少直接援引黑格尔说过的话，他早期的黑格尔式立场是通过使"否定之否定"这一逻辑充满血肉的修辞手段所证实的。例如，自我心理学把自我的"成熟"视为忍受挫折的能力，拉康对这种见解的回应是，"自我在本质上同样也是挫折"[注26]：只要自我是在对其镜像（mirror-double）——镜像既是自我的对手又是自我的潜在的妄想狂迫害者（paranoid persecutor）——的想象性认同的过程中形成的，那么，来自镜像一方的挫折构成了自我①。这个逆转遵循的逻辑是真正的黑格尔式的：最初显现为外在障碍的东西（如此障碍令力争获得满足的自我充满挫折感），却被体验为自我的存在（being）的终极支撑物。[注27]

约翰·福特的《青山翠谷》② 通常被视为怀旧的媚俗之作而被人不屑一顾。它把作为伦理态度的恶（Evil qua ethical attitude）置于怀旧的凝视之下。主人公休·摩根就要离开英国威尔士的一个矿业城镇，前往阿根廷了。借助于由画外音引入的倒叙，他忆起了自己诗情画意般的童年生活。那时，他生活在大型父权制家庭这个避风港中。他的凝视为幸福的往昔这一视境所吸引（幸福的往昔已被"进步"摧毁），为封闭社区的生活这一视境所吸引（在那里，即使

---

　　① 此语大意谓，来自镜像一方的挫折，构成了自我，使自我成了自我。没有挫折，就没有自我。

　　② 约翰·福特（John Fort, 1894—1973）执导的《青山翠谷》（*How Green Was My Valley*）包揽第14届奥斯卡最佳影片、最佳导演及最佳男配角奖。影片运用倒叙手法，以主人公休·摩根（Hew Morgan）追忆往事的形式，讲述了19世纪末英国威尔士峡谷煤矿工人的生活，质朴而动人。

平常的活动也获得了仪式的地位，比如穿过通风井下班回家，周六中午的家庭聚餐）。不过，正是在这个时候，影片给观众挖了一个陷阱：它透过休·摩根的视角讲述故事，这使一切都昭然若揭；出于同样的缘故，它还隐瞒了一个至关重要的事实——"翠谷"衰落的真正原因，不是巨大经济世界所遵循的无情逻辑，而是矿工社区对传统生活方式的心醉神迷。对传统生活方式的心醉神迷，阻止他们适应新时代的需要。换言之，导致"翠谷"衰落的原因，导致"翠谷"衰落的真正的罪恶之源，要到讲述故事的视角中，到怀旧的视点（nostalgic view）中去寻找。怀旧的视点能把外部命运的巨大冲击视为唯一的罪恶之源。因此，我们在此得到的，是独一无二的电影个案：它把讲述故事的视角问题化、"外在化"了。[注28]

那么，为什么康德不肯说出他有关根本恶的命题带来的全部后果？答案是明摆着的，尽管这答案充满了悖论性：阻止他迈出这一步的，正是原先强迫他阐明有关恶的命题的那一逻辑，即"真正的对立"（real opposition）的逻辑。正如莫尼克·大卫-梅娜荷（Monique David-Menard）所表明的那样，"真正的对立"构成了康德思想的终极幻象—框架（fantasy-frame）。[注29]康德把善与恶视为对立的两极，视为两种对立的实证性力量。康德这样做，意在瓦解传统上有关恶的观念。传统上认为，恶缺乏实证性的存有论一致性（positive ontological consistency），是善的纯粹缺席（mere absence）——这一观念的最后一位强劲的支持者是莱布尼茨。如果善与恶是对立的两极，那么与善对立的，必定是某种实证性的反作用力，而不只是我们对善的真实性质的无知，不只是我们对善的真实性质缺乏洞察力。证明这种反作用力存在的证据是，我把压在我身上的道德律令体验为一种创伤性的动能（traumatic agency）。它对我的自我身份（self-identity）之核施加了极其沉重的压力，并因此无情地羞辱了我的自尊。所以说，在"我"的天性中，必定存在着抵制道德律令的东西。它就是自负（conceit）。它对"病态"兴趣的偏爱远甚于道德律令。拉康就是这样看待"根本恶"的："根本恶"是先验的人性倾向（propensity of human nature），而不是经验的—偶然的人性倾向。它以三种形式，在三个程度上表现出来。它的表现始终围绕着主体的自负运行。

恶的第一种形式最温和，它是通过求助于"人性的软弱"呈现出来的：我知道我的义务是什么，我完全认可我的义务，但我无法聚集足够的力量履行我的义务，无法不屈从于"病态"的诱惑。当然，这一立场的虚假性寓于潜在的自我客体化（self-objectivization）这一姿势之中：我性格的懦弱是我既定天性的一部分①，我无权采纳元语言的立场（metalanguage），无法成为我自己的客观观察者，以确定我的天性允许我做些什么。我只有作为自由的、自治的

①　我性格的懦弱是我既定天性的一部分，原文为"我性格的懦弱不是我既定天性的一部分"（the feebleness of my character is not part of my given nature）。根据上下文判断，怀疑"不"（not）为衍文。

存在（free, autonomous being）承认我的"自然倾向"，它才能决定我的行为。只有这样，我才能为我的"自然倾向"承担全部责任。第一种形式的恶所规避的正是这种责任。

恶的第二种形式更加危险，它颠倒了第一种形式的恶。在第一种形式的恶中，主体对自己的义务何在，还保持了适度的了解，但坦承自己无力履行义务。但在这里，主体声称自己是为了履行义务而采取行动，声称自己只被伦理关切所驱使。而实际上呢，真正引导他的只是病态的动机。范例之一便是铁面无私的教师，他相信，他之所以折磨儿童，是因为他关心他们的道德抚育（moral upbringing）。其实呢，他只是在满足自己的施虐冲动（sadistic impulses）而已。在这里，自欺远远深于第一种情形，因为主体错误地理解了义务之概貌（contours of duty）。

恶的第三种形式最为恶劣，它要主体彻底丧失内在感知，不再关心主体与作为特定道德动能（moral agency）的义务的内在关系，把道德视为一套简单的外部规则，视为一堆简单的外部障碍。社会设置这些障碍，为的是抑制对自私自利的"病态"旨趣的追求。这样，"正确"与"错误"的概念已经失去意义：如果主体真的遵守了道德规则，他也只是为了避免承担令人痛苦的后果，如果能"钻法律的空子"又不失手，他也会当仁不让。一旦因为残忍或不道德的行为而被谴责，带有这种心态的主体通常采用的托辞是，"我又没有触犯法律，你哪儿凉快哪儿待着去！"

不过，还有第四种可能。它被康德排除在外。它就是康德所谓的"恶魔恶"。它诞生于黑格尔所谓的矛盾（He-gelian contradiction）形成之时。这时，恶采取与自身完全对立的形式。也就是说，它不再从外部反对善，而是成了善的内容。在此，我们必须小心谨慎，不要把这种"恶魔恶"与康德第二种形式的恶混为一谈。在康德的第二种形式的恶那里，恶采纳了善的形式，不过我们在那里关心的，只是有关病态动机的简单实例。这种病态动机经由自欺，错误地以为自己只是履行义务而已。在"恶魔恶"的情形下，我行为的动力其实是"非病态的"，它违背了我的自我利益。此时涌入脑海的例子，便是堕落的右翼权威政权（au-thoritarian regimes）与左翼极权政权（totalitarian regimes）的差异。在右翼权威政权的情形下，谁也没有上当受骗，谁都知道，在所有的爱国主义的花言巧语之后，掩藏对权力和财富的贪欲。与此同时，不应把左翼极权主义者视为下列情形而摒弃：在美德的外衣之下，掩藏着自私的利益。之所以这么做，是因为他们真的在为他们眼中的美德而奋斗。为了实现这一美德，他们不惜赴汤蹈火，甘冒一切风险（包括其生命）。当然，反讽之处在于，这方面的范例却是雅各宾派的"美德专政"（dictature of virtue）。尽管康德在政治上反对雅各宾派，却以其道德哲学为雅各宾派奠定了基础（黑格尔率先在康德的伦理学中觉察到这种恐怖主义潜能）。所以康德有充分的理由把"恶魔恶"排除在外：在康德哲学的参数（parameters）内，它与善难以区分。[注30]

重新回到我们的论争吧。如果把道德斗争视为两种对立的实证性力量之间的冲突，且这两种力量力争根除对方，那下列情形就是无法想象的：两种力量中的一种力量（恶）不仅与另一种力量对立，努力根除之，而且采纳对立一方的形式，从内部瓦解之。不论何时，只要接近了这种可能性（在实践哲学中是"恶魔之恶"，在法律学说中是审判君主），康德会立即将其视为不可思议之物，视为极端厌恶之物，而置之度外。只有借助于黑格尔的否定性的自我相关的逻辑（logic of negative self-relating），才能完成这个步骤。[注31]

康德所谓的"恶魔恶"（作为伦理原则的恶），是康德"根本恶"这个概念导致的必然结果。也就是说，在拒不认可"恶魔恶"的假说时，康德避开了他的发现可能导致的结果。这么说的证据，是由康德本人提供的。康德在《单在理性范围内的宗教》中指出，如果遇到某个真正的恶人，我们就能看到，恶与他永恒不变的性格有关：此人屈从于恶，并非是受恶劣环境影响的结果；恶寓于他的"天性"之中。当然，与此同时，和所有的人一样，他要为自己的性格承担全责。这个说法的必然含意（necessary implication）是，在做出一个"永恒"、永存、超验的行为时，他必定已经选择了恶，把恶当成了他的存在（his being）的基本特征。这一行为所具有的超验的、先验的特征意味着：它不可能为病态环境所驱；他当初对恶的选择，必定是一个纯粹的伦理行为；这一行为提升了恶，使它成了一个伦理原则。

除了烟斗还是烟斗

这种恶魔恶，即康德的"未思"（unthought），严格说来是不可再现的（unrepresentable）：它意味着再现逻辑（logic of representation）的崩溃，也就是说，意味着再现领域（field of representation）与不可再现的元质（unrepresentabl Thing）是根本不可通约的。福楼拜对包法利夫人与其情人初次相遇[注32]的描写，浓缩了这里的整个问题。在福柯看来，这里的问题决定了19世纪的后康德知识型（post-Kantian episteme），那便是轴心知识—权力（axis power-knowledge）的全新配置，以及对性征的提升（elevation of sexuality）。轴心知识—权力的全新配置是由再现领域与元质的不可通约性导致的。对性的提升，使之具有了不可再现的元质具有的尊严。一对情人进了马车，让车夫赶车在城中随意游荡。在马车上遮得严严实实的门帘后面发生了什么，我们一无所知。借助于对细节的关注（这不禁令人想起后来的新小说派），福楼拜只是一味对马车在漫无目的地游荡时经过的城市环境，对石头铺成的街道，对教堂的拱门等，进行冗长的描绘。只有某个简短的语句提到，在一瞬间，一只赤裸的手伸出了马车的门帘。

这个场景仿佛是要例证福柯在《性史》（*History of sexuality*）第一卷中提出的一个观点：某些言语的"正式"功能就是隐藏性行为，但这类言语其实导致了性行为秘密的泄露。用精神分析理论的话说（福柯提出这一观点的目的就是反对精神分析理论），"被压抑"的内容正是压抑的结果[1]：作家的凝视越是局限于无关紧要、无聊乏味的建筑物细节，我们这些读者就越是心痒难耐，急于知道，在马车上严严实实的门帘后面，究竟发生了什么。在对《包法利夫人》提起的诉讼中，公诉检察官就落入了这个陷阱。他引用的正是这段文字，把它作为此书淫荡不堪的证据。对于福楼拜的辩护律师来说，指出下面一点是不费吹灰之力的：福楼拜只是对石头大街和老房子进行中性的描述，这没有任何色情可言。任何色情都是读者（在这种情况下是检察官）想象的结果，他们痴迷于门帘后面的"真事"。

今天，福楼拜的这一技巧作为卓越的电影技巧，还是会使我们深感震撼，或许这不是偶然的。仿佛它利用了我们今天称为镜外场（hors-cham）的电影理论。镜外场强调视域的外在性（externality）。正是因为视域的缺席，镜外场才使我们能够看到本来看不到的东西：如果说，正如爱森斯坦[2]的经典分析在很久以前证明的那样，狄更斯把后来成为基本电影技巧的关联物（correlatives）——定场镜头、中

---

[1] 这句话的意思是，如果没有压抑，就不会有被压抑的内容。比如，如果女孩不把自己的脚裹起来（压抑），它就不会被性化，不会成为欲望的客体（被压抑的内容）。胸罩的功能也是如此。倘若女性不把乳房遮蔽起来（压抑），它也不会被性化，不会成为欲望的客体（被压抑的内容）。正是遮蔽（压抑），才导致了性化（被压抑贩内容）。

[2] 谢尔盖·爱森斯坦（Sergei Eisenstein, 1898—1948），苏联电影导演、电影艺术理论家、教育家，《战舰波将金号》是其代表作。

场镜头、特写镜头①这三驾马车以及平行蒙太奇——引入了文学话语，那么，福楼拜则向着外在性迈出了更大的一步。外在性避开了领域（field）与反领域（counter-field）的标准交换。可再现之域（field of what can be represented）若要保持其一致性，就必须把外在性排除在外。[注33]

不过，至关重要的一点在于，不要把再现领域与性的这种不可通约性，误认为若干年前即已实施的对性描写所作的审查。如果《包法利夫人》写于一百年前，照例不会提及性行为的细节。这是可以肯定的。不过，在那对情人进入马车的隐秘空间后，我们只能读到这样一个简短的陈述句："这对情人最终单独相处，藏在了马车门帘后面，翻云覆雨起来。"对街道和建筑物的冗长描述，绝对不会出现，它会被视为多余之物，因为在康德之前的再现世界（pre-Kantian universe）里，一边是被再现的内容（represented content），一边是隐藏在门帘后面的创伤性元质（traumatic thing），两者不会构成什么张力。在这个背景上，我们不禁要给"现实主义"提供一个可能的定义："现实主义"是一个朴素的信念，它相信，在再现的门帘（curtain of

———————————

① 定场镜头（establishing shots）、中场镜头（"American" pans）、特写镜头（close-ups）是有关电影拍摄技巧的专业术语。镜头一般分为三种：远景、中景和特写。远景是可以囊括人的全身与周边的环境，或是相当宽广的景象，视野开阔。所谓定场镜头（Establishing Shot）就是能让观众明白故事发生的地点、建立了空间体系的远景。中景的上下范围大致是从一个人的头到膝盖，它不足以让观众看到主体的细节。要强调细节，一般要使用特写。以人物而言，若是只拍头部便算是特写了。

representations）后面，肯定存在着某种丰满的实体性现实。在《包法利夫人》那种情形下，这一现实便是性的过剩（sexual superfluity）。"后现实主义"（postrealism）起源于怀疑：它怀疑，在"门帘后面"是否存在这种现实。也就是说，"后现实主义"起源于一种不祥的预感：似乎要隐藏什么，这个姿势本身创造了它假装要隐藏的东西。

这样的"后现实主义"嬉戏的范例，当然是勒内·马格里特（René Magritte）的画作了。如今人们一说到"马格里特"，首先想到的自然是那幅大名鼎鼎的画作：上面画了一支烟斗，下面却写了一行字——"这不是烟斗"（Ceci n'est pas une pipe）。从这个画作隐含的悖论出发，米歇尔·福柯以"这不是烟斗"为题写了一个敏锐机智的小册子。①〔注34〕马格里特的作品有离奇的效果（uncanny effects），要想确立导致这种效果的基本母体（elementary matrix），以马格里特的另一个画作为例来说明问题，或许更为恰当。这个画作便是他在 1963 年创作的《望远镜》（La lunette d'approche）。他画的是半开半闭的窗户，透过窗玻璃，我们看到了外面的现实（白云点缀着蓝天），不过我们在窗子打开的那个缝隙中看到的（缝隙使我们越过窗格，直接进入现实），却是空空如也，即一个毫无个性的黑块。借用拉康

---

① 达达和超现实主义绘画是 20 世纪最重要的先锋艺术运动之一，它在确立非凡的空间感的同时，还派生出十分类似于精神分裂的拼贴画法。这样的画法到了萨尔瓦多·达利（Salvador Dali）那里，演变成"妄想狂批判方法"（paranoia-critical method）。福柯曾在《这不是烟斗》（This Is Not a Pipe）中，认真分析了马格里特的图像与文字之间形成的分裂现象。

的话，这个画作可作如下阐释：窗架的幻象—框架，正是这幻象—框架构成了现实；穿过裂缝，我们得以洞察"不可能"的实在界（"impossible" Real），即自在之物。[①][注35]

一边是符号化、范畴化、超验构成（transcendentally constituted）的现实，一边是自在之物这一空白（void of the thing-initself），即实在界之空白（void of the Real），在康德那里，这两者是分裂的。分裂赫然出现在现实的中间，并使现实具有了幻象的品格（fantasmatic character）。《望远镜》通过展示这一分裂，凸显出马格里特悖论的基本母体。这个母体能够派生出来的第一个变体，便是某个稀奇古怪、格格不入的元素的出现。该元素与描绘的现实"无关"，却又诡异地在现实中占有一席之地，尽管它在现实里面并不"般配"：在《阿尔贡之战》（La Bataille de l'Argonne）（1959）中，它是飘浮在空中的一块巨石，作为一块乌云的沉重的对应物，乌云的二重身，靠近乌云；在《摔跤手的墓地》（Tombeau des lutteurs）（1960）中，它是一朵大得不自然的花朵，充满整个房间。这个"脱节"的陌生元素恰恰是幻象—客体（fantasy-object），它填满了实在界的黑色区域。我们能在《望远镜》半开半闭的窗户的缝隙中看到

① 自在之物（Ding-an-sich, thing-in-itself），又译物自体，是康德哲学中最重要的哲学范畴之一，指我们只知其存在但不知其具体形态之物。齐泽克认为，康德哲学中的"物"（thing）与精神分析中的"元质"（Thing）并无本质上的差异，只是视角不同而已。所以，在齐泽克那里，"自在之物"与"自在之元质"相同，只是要留意"物"的"元质"之维，或曰"物"的崇高之维。

这样的黑色区域。

当"同一个"客体成倍增长时，诡异的效果就会更加强烈，如同《两个神秘之物》(*Les deux mystères*)所证明的那样。《两个神秘之物》是著名的《这不是烟斗》(1966)后来的变体：烟斗与烟斗下面的题字"这不是烟斗"成了画在黑板上的一幅画；不过在黑板的左侧，还有一只巨大的烟斗漂浮在不明确的空间中。这幅画的标题本来可以是"烟斗当然是烟斗"(A pipe is a pipe)的。之所以这么说，是因为，如果它不是对黑格尔有关同义反复(tautology)的论题——黑格尔认为同义反复是终极矛盾(ultimate contradiction)——的完美例证，还能是什么？同义反复表现为两只烟斗的重合：一支烟斗位于经过清晰界定的符号性现实之中，一支烟斗是它的幻象般的、诡异的二重身，怪异地漂浮在它的附近。黑板上的烟斗下边的题字，见证了两个烟斗之间的分裂：一支烟斗构成了现实的一部分，另一支烟斗是实在界，是幻象—幻影(fantasy-apparition)，两支烟斗是通过符号性秩序的干预被区分开来的。符号性秩序的出现把现实撕裂成了两半：一半是现实自身，一半是谜一般的实在界剩余(enigmatic surplus of the real)，每一半都在使对方"去现实化"。

当然，这里要提出的拉康式的看法是，这样的分裂只能出现在欲望的机体(economy of desire)中。它指的是下列两者间的分离：其一是欲望的难以企及的客体—成因(object-cause)，"空无性之转喻"(metonymy of nothingness)，在空气中自由漂浮的烟斗；其二是"经验的"烟斗，尽管我们可以用它来吸烟，但它从来都不是"那一个"（that）。（马克思兄弟版的这幅画会是这样的："它看上去像烟斗，用起来像烟斗，但你千万别上当——它真的是烟斗！"）[注36] 当然，自由飘浮的烟斗的隆重出场，把画在黑板上的烟斗变成了"纯粹的绘画"；不过与此同时，自由飘浮的烟斗与黑板上的烟斗这一"被驯化"的符号性现实截然相对，因而需要幻影般的、"超现实"的出场——就像奥托·普雷明格①执导的电影《罗拉秘史》中的"真"罗拉的现身一样。由戴纳·安德鲁斯（Dana Andrews）扮演的警探盯着据说已经死去的罗拉的画像进入梦乡。醒来后，他发现，在那幅画像的旁边，站着"真"罗拉，毫发无损，活灵活现。"真"罗拉的出场强调的是，画像只是纯粹的"摹仿"；不过"真"罗拉又是作为非符号化的幻象性剩余（nonsymbolized fantasmatic surplus），作为鬼魂般的幽灵出现的。我们可以轻而易举地想象，在那幅肖像的下面有这样的题字，"这不是罗拉"。与此多少有些类似的实在界之效应（effect of the real），出现在赛尔乔·莱翁内的《美国往事》的开场中：电话铃声响着，无休无止，无穷无尽，终于有人拿起了话筒，但铃声依旧。前面的铃声属于"现实"，拿起话筒后仍然响个不停的铃声则来自实在界这个不

---

① 奥托·普雷明格（Otto Preminger，1906—1986），美国电影导演、制片人。有《金臂人》《蓝色月亮》《圣女贞德》等作品。《罗拉秘史》（Laura）是好莱坞拍摄的著名悬疑片。

明确的空白（nonspecified void of the Real）。[注37]

但符号化的现实（symbolized reality）与实在界的剩余（surplus of the Real）的分裂，只是凸显了符号界与实在界相互缠绕、难解难分的最基本的方式。更辩证的"螺丝在拧紧"① 是由弗洛伊德所谓的概念—再现（Vorstellungs-Repraesentanz）引入的。概念—再现指对原先丧失的、被排除在外的——"原初被压抑的"（primordially repressed）——再现（representation）所做的符号性代表（symbolic representative）。[注38]马格里特的《走向地平线的人》（*Personnage marchant vers l'horizon*）（1928—1929）完美地展现了概念—再现的这一悖论：画面上有一个不起眼的年迈绅士，他戴着圆顶硬礼帽，背对着我们，他的四周是五个浓重的不规则的色块，上面用斜体字写着"云"（nuage）、"马"（cheval）、"枪"（fusil）等。在这里，字是能指的代表，它是对不在场的事物的再现。福柯认为，这幅画发挥着反向字谜的作用：在字谜中，对事物的画面性再现代表着指称该事物的字；在这里，字本身填充了不在场之物因为不在场而留下的空白。我们要继续罗列这个基本母体派生出来的变体，是完全可能的（比如，在《夜晚降临》中，夜晚真的落进了窗子，打碎了玻璃——以隐喻为真的实例，即

---

① 《螺丝在拧紧》（*The Turn of the Screw*，又译《拧螺丝》《碧庐冤孽》），是美国小说家亨利·詹姆斯（Henry James，1843—1916）创作的一部短篇小说，它被视为心理魔幻小说的杰作。多次被改编为影视作品。"螺丝在拧紧"在这里只是比喻性的说法，指深入的分析与探讨。

符号界侵入实在界的实例）。不过，只要弄清楚，在所有这些悖论之后，相同的母体、相同的基本缝隙（basic fissure）是如何出现的，就足够了。就性质而论，基本缝隙归根结底是康德式的：总体上，"现实"从来都不是给定的；在"现实"的中间，总是存在豁口，总是存在着空白，由畸形的幽灵来填充。

非主体间性大他者

透过半开半闭的窗子的缝隙可以瞥见的难以穿透的黑暗，为大他者的诡异现身开辟了空间。这个大他者先于"正常"的主体间性（"normal" intersubjectivity）这个大他者而存在。让我们在此回忆一下希区柯克的《夺命狂凶》（Frenzy）中的一个细节。这个细节证明，希区柯克确为天才。在引发了第二场谋杀的一个场景中，即将成为受害者的女孩儿芭布斯（Babs）出场了。她在考文特花园（Covent Garden）的一个酒吧上班。与老板一番争吵后，她离开了工作场所，来到了熙熙攘攘的市场大街。大街上的噪声瞬间震耳欲聋，但很快（以全然"非现实"的方式）平息下来。这时，摄影机靠近芭布斯，拍了个特写，然后一个诡异的声音打破了这神秘的静寂。这个声音就在附近，但无法确定方位，仿佛来自她的身后，同时又来自她的内心。那是一个男人的声音，他温柔地说道："需要住的地方吗？"芭布斯向前走了几步，回过头来张望。站在她身后的是以前的熟人，但她不知道，他就是那位"领带杀手"。几秒钟过后，魔法消失，我们重新进入"现实"的声音挂毯（sound tapestry），进入人声鼎沸的市场大街的声音挂毯。

在现实中止（suspension of reality）时出现的声音，不是别的，正是小客体。出现在芭布斯身后的那个人物，被观众体验为对那个声音的补足物：他把形体赋予声音，与此同时，他又与芭布斯的身体奇怪纠缠在一起，成了她身体的影子般的凸起（shadowy protuberance）。这与弗洛伊德分析过的达·芬奇画笔下的圣母像（Leonardo's Madonna）的奇异的双重身体并无不同。或者说，它与《全面回忆》①中的火星上的地下抵抗运动领袖的身体并无不同，那是长在另一个人的肚子上的寄生性凸起（parasitic protuberance）。具有类似效果之物甚多，一一罗列，并非难事。在《沉默的羔羊》的一个重要场景中，克拉丽斯（Clarice）和莱克特（Lecter）在莱克特的牢房里有一场对话。对话时，他们占据了同样的位置。前景是克拉丽斯的特写，她直视着摄影机，在她身后的玻璃隔离墙上，是莱克特的头部镜像。他成了她的影子二重身，同时或多或少，比她本人更真实。

不过，产生这种效果的最高实例，是在希区柯克的《迷魂记》（Vertigo）中的几个最神秘的镜头里发现的。在那里，斯科蒂（Scottie）透过花店半开半闭的后门的缝隙窥

---

① 《全面回忆》（*Total Recall*），改编自菲利普·迪克同名小说，由保罗·范霍文（Paul Verhoeven）导演，阿诺德·施瓦辛格、莎朗·斯通主演。

视马德琳（Madeleine）。马德琳在靠近这道门的镜子里端详自己，这时屏幕被垂直地一分为二：左半边是那面镜子，我们在那里看到了马德琳的镜像；右半边被一系列的垂直线（几扇门）所分割。在垂直的黑暗地带（半开半闭的门的缝隙），我们看到了斯科蒂的身影，他呆呆地盯着马德琳的"本尊"，而我们只能在左半边看到她的镜像。这个独特的镜头具有真正的"马格里特"式的品质，尽管说到剧情空间（diegetic space）的部署，斯科蒂还是"身处现实"之中，我们看到的马德琳也只是她的镜像，但这个镜头的效果恰恰是这一逆转：马德琳被视为现实的一部分，斯科蒂被视为幻影般的凸起（phantomlike protuberance），他就像《白雪公主》中的传奇小矮人，藏在镜子后面。就"马格里特式"一词非常精确的意义而言，这个镜头是马格里特式的：斯科蒂的小矮人似的幻影（dwarflike mirage）露出了那难以穿透的黑暗，这黑暗就是在《望远镜》中半开半闭的窗子的缝隙之中出现的黑暗（《眩晕》中的镜子当然与马格里特画作中的窗玻璃相呼应）。在这两种情形下，被框定的镜像现实空间（framed space of the mirrored reality）都被一个垂直的黑色裂缝所穿越。[注39]正如康德所言，关于自在之物，并不存在实证性的知识（positive knowledge），我们只能指出它的位置，为它"腾出空间"。这正是马格里特在相当直观的层面上所完成的：半开半闭的门的裂缝，那难以穿透的黑暗，为元质腾出了空间。希区柯克在这个裂缝中锁定凝视（gaze）的位置，这以黑格尔—拉康的方式，对马

格里特做了完美的补充:"如果说在表象之外空无一物,还有凝视。"①〔注40〕

让-皮埃尔·庞奈尔②曾在拜罗伊特(Bayreuth)排演《特里斯坦与伊索尔德》。他改动了瓦格纳原来的情节,把特里斯坦死后发生的一切(伊索尔德与马可王的到来,伊索尔德的死亡)都阐释为特里斯坦临终前的谵妄。伊索尔德最后出现在舞台上,被灯光照得灿烂辉煌的她在特里斯坦的身后迅速变得高大起来。特里斯坦注视着我们这些观众,我们能够感受到他的崇高二重身(sublime double),即他的致命快感的凸起。伯格曼③在他那个版本的《魔笛》中,通常也是这样拍摄帕米娜(Pamina)和莫诺斯塔托斯(Monostatos)的:先是帕米娜的特写,她紧张地凝视着摄影机;莫诺斯塔托斯作为她的影子二重身出现在她的身后,仿佛属于另一个现实层面似的(极不自然的暗紫色灯光打在他身上),他也直视摄影机。以这种处置方式,主体及其影子般的外隐二重身一起(ex-timate double)共同注视着第三处(第三处由我们这些观众确定)。这种处置方式浓缩了

①　这句话的意思是:在表象之外并非空无一物,因为还有凝视。
②　让-皮埃尔·庞奈尔(Jean-Pierre Ponnelle,1932—1988),法国著名舞台剧导演、制作人。《特里斯坦与伊索尔德》(Tristan und Isolde)是瓦格纳的三幕音乐剧。庞奈尔于1962年首次导演此剧,1981年他导演的此剧又登上拜罗伊特节日剧院的舞台,获得广泛好评。拜罗伊特是德国东南部城市,瓦格纳便葬于此处。此地每年都举办瓦格纳音乐节。
③　英格玛·伯格曼(Ingmar Bergman,1918—2007),瑞典著名导演,代表作有《第七封印》《野草莓》《处女泉》和《芬妮与亚历山大》等。

下列两者间的关系：一者是主体，一者是大他者性（Otherness），它先于主体间性（intersubjectivity）而存在。在主体间性领域（field of intersubjectivity），主体们在其共享的现实（shared reality）内，"彼此注视对方的眼睛"。这样的主体间性领域是由父性隐喻（paternal metaphor）维系的，而被提及的不在场的第三处（它吸引了两人目光）改变了其中一人（处于背景中的那一人）的身份，使之成为享受这个实在界的崇高化身（sublime embodiment of the real of enjoyment）。[注41]

在纯粹电影技巧的层面上，这些场景有一个共同之处，那便是某种形式上的相互关联（formal correlative）：把面对面的主体间性（face-to-face intersubjectivity）逆转为主体与其影子二重身的关系。影子二重身作为崇高的凸起（sublime protuberance），出现在主体身后。领域与反领域被浓缩于同一个镜头之内。我们在此拥有的，是某种悖论性的交流：不是主体与他面前的同侪的"直接"交流，而是主体与自己身后的赘疣（excrescence）以第三个凝视（a third gaze）为媒介进行的交流，仿佛反领域要借助一面镜子，把自身反射到领域身上。正是这第三凝视，把催眠之维（hypnotic dimension）赋予了那些场景：主体为这一凝视所吸引，这一凝视看到了"在他之内又超乎他的东西"（what is in himself more than himself）。说到精神分析的情形，说到精神分析师与接受精神分析者的关系，难道它最终不同样指的是某种回归，即向着主体（接受精神分析者）与其影子他者（shadowy other）结成的这种前主体间性关系（preintersubjective relationship)、主体（接受精神分析者）与他自身之内的外部化客体（externalized object）结成的这种前主体间性关系的回归？难道这不是精神分析的空间布置（spatial disposition）的全部要义之所在？在经历了所谓的初步面谈（preliminary interviews）后，真正的精神分析便开始了。这时，精神分析师和接受精神分析者不再是面对面的对峙，而是精神分析师坐在接受精神分析者的身后，接受精神分析者则躺在矮长的沙发上，瞪着眼前的一片空白。这种布置把精神分析师视为接受精神分析者的小客体，而不是他的对话伙伴，不是另一个主体。难道不是这样吗？[注42]

不定判断之客体

在这一点上，我们应该回到康德那里。在康德的哲学中，这个缝隙、这个畸形幽灵得以现身的空间，是由否定判断（negative judgment）和不定判断（indefinite judgment）的区分开辟的。康德用以说明这一区分的实例颇能说明问题：借助于肯定判断（positive judgment），（逻辑）主词接纳谓词，如"The soul is mortal"（灵魂是会死的）；借助于否定判断，主词排斥谓词，如"The soul is not mortal"（灵魂不是会死的）；借助于不定判断，我们没有否定谓词（没有否定归顺主词的系词），而是肯定了某个非谓词（non-predicate），如"The soul is not-mortal"（灵魂是非会死的）。（在德语中，差异只是如何断词的问题："Die Seele ist nicht sterbliche"——

"Die Seele ist nichtsterbliche"；康德没有使用标准的"un-sterbliche"，真是不可思议。见《纯粹理性批判》A72—73）这种区分尽管看上去颇有吹毛求疵的嫌疑，却在康德致力于区分下列不同的对立（modalities of opposition）和/或否定模态（modalities of negation）的过程中发挥着至关重要的作用。

——首先是真实的对立（real opposition）。它是两种实证性力量（positive forces）之间的冲突，是力量与其互补性的反作用力量的冲突，它们彼此相互抵消。之所以说这种对立是真实的对立，是因为它挑明了，何种特性构成了"现实"这一概念：被我们体验为"现实"的东西，是由力量与其反作用力量之间的无所不在的对抗结构起来的（磁学中的吸力与斥力、正极与负极，等等）。与正向力（positive force）相反的不是空无（nothing），不是这种正向力的缺席、匮乏，而是另一种力量，这种力量拥有自身的实证性的存有论现实性（positive ontological actuality）。一旦强度相等的对向力（opposite forces）互相抵消，冲突的结果就会是零，就像两组儿童以相等的力量，沿着相反的方向拉紧一根绳子，绳子就会处于静止状态一样。康德把真实对立之"零"命名为剥夺之无[①]：它是两种相反的力量相互

---

① 剥夺之无（nihil privativum）及稍后出现的"否定之无"（nihil negativum）都是康德在《纯粹理性批判》中使用的概念。前者指某个概念的空洞客体（empty object of a concept），即只有概念而没有与概念对应的客体，如影子、寒冷等；后者指没有概念的空洞客体（empty object without concept）。蓝公武先生分别将其译为"概念之空虚对象"和"无概念之空虚对象"。参见康德：《纯粹理性批判》，蓝公武译，北京：商务印书馆1960年版，第243页。

"剥夺"的结果。能把真实的对立与其他对立区分开来的，是预先假定的共同基础（presupposed common ground）：正极与负极的对立只能发生在磁场之内。鉴于此，如果一个物体并非磁性中的正极，那也不能自动地使之成为磁场中的负极，它完全可能处在磁场之外。

　　——不要把真实的对立与逻辑上的矛盾混为一谈。逻辑上的矛盾导致的结果是另一种形态的"零"，即否定之无（nihil negativum）。一旦被考察的客体的概念自相矛盾并因此自我勾销时，逻辑上的矛盾便形成了。在这方面，康德心里想的是诸如"正方圆""木制铁"之类的概念。我们无法产生有关这类物体的直观（我们无法想象"正方圆"的样子），因为他们属于康德所谓的 Unding：它是"非物"（non-thing），是缺乏自身概念的空洞客体。如此一来，由于具有自相矛盾的特征，从逻辑上讲，它是不可能的。

　　——不过还存在着第三种形态的否定。既不能把它化约为真实的对立，也不能把它化约为逻辑上的矛盾。它就是二律背反。康德赞美自己，声称他首次阐发了二律背反的特质。存在这样一些客体，尽管它们在逻辑上并不自相矛盾，却无法被先验地直观，即无法被想象成我们经验的客体，想象成我们体验为现实之物的组成部分。显而易见，这类客体并非在逻辑上不可能。不过，尽管如此，我们还是无法认为它们是"可能的"，因为被我们算作"可能的"那个领域是由我们经验的视域（horizon of our experience）规定的。这类客体不是缺乏自身概念的空洞客体，恰恰相反，它们是缺乏（可以直观的）客体的空洞概念。如此一来，我们无法把它们归入非物（unding）之列，因为很容易想象它们，而不导致任何矛盾。问题恰恰在于，虽然很容易想象它们，但我们从来都不能以实证的、直观的内容填充这些概念。鉴于此，康德把这些客体称为 Gedankending，即思想物（ens rationis①）。这方面的范例所涉及的概念，包括整个宇宙（universe in its totality）、灵魂、上帝，在传统的形而上学中汗牛充栋，也使我们卷入超验的二律背反（transcendental antinomies）。所有这些概念都可以理性地想象（rationally imagined）或理性地建构，但我们永远不能把它们体验为现实的一部分：在我们的时空现实（spatio-temporal reality）中，我们从来都没有撞见"上帝"或"灵魂"。〔注43〕

矛盾与二律背反的差异，或者说，二律背反的特殊身份（它无法化约为矛盾），激活了超验之维（transcendental dimension）：矛盾之"零"是合乎逻辑的（客体的概念自行消解），二律背反之"零"则是超验性的。也就是说，在这里，我们不得不聚集于这样的客体：它永远都是"空洞"的，因为它永远不能成为我们感官直观的对象，不可能成为我们可能经验（possible experience）的对象。而且，在康德看来，消除超验二律背反的"丑闻"的方式恰恰在于，把这些二律背反视为二律背反，而不是矛盾。在逻辑矛盾

———————

① ens rationis，直译为"理性的存在"，实际指"无对象之空洞概念"。

的情形下，两极中的一极必定为真：我昨天读了黑格尔的
《逻辑学》或我没有读，没有第三种可能（tertium non da-
tur），一极为假，这会自动证明另一极为真。不过说到二律
背反，这是我们必须避开的陷阱：一旦把超验二律背反视
为矛盾，我们就会被迫得出结论说，它的两极中的一极必
定为真——宇宙要么是有限的，要么是无限的；要么线性
因果链决定并涵盖一切，要么存在着自由，也就是说，存
在着自主活动（autonomous activity）的可能性，不能把自主
活动化约为它的环境。

真正逃过我们的，是第三种可能性：如果这个问题是
假的，这个显然已经穷尽所有可能性的选择是假的，将会
怎么样？说它是假的，是因为争论的共同基础并不存在，
作为整体现象宇宙、灵魂都不是我们可能经验的客体。在
这种情形下，二律背反的两极都是假的（作为整体的宇宙
是纯粹的思想物，由于我们的有限性，它从来都不能以通
过直观把握的内容来填充——康德对数学二律背反的解
决），或者它的两极都是真的，因为每一极都涉及不同的存
有论层面（宇宙因果律只限于现象领域，自由则规定了我
们的本体性的灵魂）。康德对数学二律背反的解决是十分大
胆的，因为他打破了 Weltanschauung 的整个传统，即打破了
"世界观"的整个传统，或者说得更确切些，打破了世界直
观（world intuition）的整个传统：世界（宇宙）从来都不
以直观的方式呈现出来（given in an intuition）。严格说来，
它并不存在。

对于思想物所涉及的客体，我们一无所知，因为这些客体超出了我们的经验的界限。尽管如此，由于我们的经验具有不可化约的有限性（irreducible finitude），我们不得不提到这些客体。我们不能知道它们（know them），但我们必须想到它们（think them）："因为感性直观无法毫无区别地延伸至所有的事物，所以还要给其他不同的客体保留位置。"（《纯粹理性批判》A288）换言之，我们全部的（有限的）思想所能做的，就是画一条确定的界线，限定我们的知识领域，对这个领域之外的一切，不做任何肯定性的陈述；"自在之物"只能作为纯粹的缺席，在某个确定位置（a certain place）的掩饰下被给予。由于我们经验的有限性，这个位置必须永远保留。也正是在这里，我们邂逅了否定判断与不定判断/限制判断（limiting judgment）的差异：本体是不定判断/限制判断的客体。我们说"the Thing is non-phenomenal"（元质是非现象性的），不等于我们说"the Thing is not phenomenal"（元质不是现象性的）；对于元质，我们没有做任何肯定性的论断，我们只是划了一条确定的界限，把元质置于界限之外的、全然不确定的空白之中。[注44]

沿着这条思路，康德在《纯粹理性批判》的第二版中，把"本体"（noumenon）的肯定意义与否定意义区分开来：肯定意义上的本体指"非感性直观的客体"（an object of a nonsensible intuition）；否定意义上的本体指"任何事物，只要它不是我们感性直观的客体"（a thing insofar as it is not an object of our sensible intuition）（《纯粹理性批判》B307）。

我们不要被这里的语法形式所误导：肯定意义是由否定判断表达出来的，否定意义是由不定判断表达出来的。换言之，在把元质规定为"非感性直观的客体"时，我们立刻否定了这个把元质规定为"感性直观的客体"（an object of a sensible intuition）的肯定判断，正是这个肯定判断：我们是把直观当做无可争议的基础或属（genus）来接受的；在这个背景上，我们把它的两个种（species）——感性直观和非感性直观——对立起来。否定判断不仅是限制，它还要指定超出现象的领域，元质就置身于这一领域。它就是非感性直观的领域（domain of the nonsensible intuition）。在否定性确定（negative determination）的情形下，元质被排除在我们感性直观的领域之外，没有以隐性的方式把它设置为非感性直观的客体。通过对元质的实证性身份的存而不论，否定判断瓦解了对谓词的肯定和对谓词的否定这两者共同从属的属（genus）。

"is not mortal"与"is not-mortal"的差异就在这里：在前者那里，我们得到的是简单的否定；在后者那里，非谓词（non-predicate）被肯定。本体的唯一"合法"的定义是，它"不是我们感官直观的客体"（not an object of our sensible intuition）。也就是说，这是把本体排除在现象领域之外的彻底的否定性定义。这个判断是"无限"的，因为它没有暗示任何结论，告诉我们，在现象领域之外的无限空间中，本体在哪里。康德所谓的"超验幻觉"（transcendental illusion）之为"超验幻觉"，归根结底是因为把无限判断（infinite judgment）解读（或误读）为否定判断。一旦我们把本体视为"非感性直观的客体"，这个判断的主词依然是那个主词——"直观的客体"（object of an intuition），发生变化的仅仅是这个直观的特性（它是非感性的，不是感性的）。如此一来，主词与谓词——在这里是本体与其现象确定（phenomenal determinations）——之间的最小"通约性"仍然被维持着。

黑格尔由康德推导出来的结论是，要这样看待限制（limitation）：它先于"超越"它的事物而存在①。所以，归根结底，康德本人的"自在之物"概念依然过于"物化"（reified）。在这个问题上，黑格尔的立场相当微妙：他宣称超感性（Suprasensible）是"作为表象的表象"（appearance qua appearance），言下之意，自在之物同样也是对现象的限制。"超感性客体"（Suprasensible objects）——超感性直观的客体（objects of suprasensible intuition）——属于荒诞不经的"乱七八糟的世界"。超感性客体只是以另一种、非感性直观的形式，对感性直观之内容所做的颠倒性表现、投射而已。不妨回想一下马克思在《哲学的贫困》中对蒲鲁东的辛辣批判："我们拥有的不是以普通方式说话和思维的普通人，而是这种纯然的方式——个人倒不存在了。"②[注45]

---

① 这句话的意思是：从逻辑上讲，首先有了限制，划定的边界，然后才有了对限制的超越，才有了处于边界之外的东西。

② 参见中文版："这里看到的不是一个用普通方式说话和思维的普通个体，而正是没有个体的纯粹普通方式。"《马克思恩格斯全集》（第1卷），北京：人民出版社2012年版，第219页。

（当然，它的双重反讽在于，马克思试图以这些文字嘲弄性地驳斥蒲鲁东的黑格尔主义，也就是说，驳斥他的下列努力——把思辨辩证的形式赋予经济学理论!）这也正是"非感性直观"的乱七八糟导致的结果：我们得到的不是普通的感性直观之客体，而是同一个普通的直观之客体——客体的感性特征倒不存在了。

否定判断与不定判断的微妙差异还在某种类型的俏皮话（witticism）中"亮相"。在那俏皮话中，第二部分并没有通过否定第一部分的谓词而直接颠覆第一部分，而是通过把否定转移到主词上重复第一部分。例如，"他是充满了白痴特质的人"（He is an individual full of idiotic features），这个判断可以用标准的镜像方式加以否定，也就是说，被它的反命题所否定——"他是没有任何白痴特质的人"（He is an individual with no idiotic features）。不过这种否定还可以赋予下列形式："他充满了白痴特质，却不是人"（He is full of idiotic features without being an individual）。[①] 我们努力把小学生（pupil）从偏见和陈词滥调的束缚中解放出来，但结果通常是始料不及的。把否定从谓词转向主词，这样做，为上述始料不及的结果提供了逻辑母体（logical ma-

---

① 齐泽克所举此例，在我们中国读者看来，很难体现俏皮话的特点。把这三句话分别改成"他是聪明绝顶之人""他不是聪明绝顶之人"和"他聪明绝顶，却不是人"（像诸葛亮那样，"多智而近妖"），更具俏皮的效果。有关"艳遇"的那个笑话也是如此："年轻时有贼心，没贼胆，等到老了，有了贼心，也有了贼胆，但贼没了。"年轻时，有"人"，但没有人的特性；老了，有了人的特性，但"人"没了。

trix）。我们致力于解放小学生，但到头来，他们并不能轻松自然、无拘无束地各抒己见。他们表达出来的，只是一堆自动化的（新型）陈词滥调。在这些陈词滥调的背后，我们再也感受不到"真人"的存在。我们不妨回忆一下心理训练（psychological training）通常带来的结果。心理训练旨在借助于人的真正的创造性潜能（如超验冥想等），把人从日常心理框架的束缚中解放出来，释放其"真实的自我"。但最终结果通常是，一旦摆脱了旧的陈词滥调（这些陈词滥调依然能够维持它们与它们背后的"人格"这两者间的辩证张力），新的陈词滥调就会鹊巢鸠占。新的陈词滥调使它们背后的人格丧失了"深度"。简言之，人成了真正的怪物，成了某种"活死人"。塞缪尔·戈尔德温①这位好莱坞老巨头说得好：我们真正需要的，不过是些新颖别致的老生常谈而已。

在这里说到"活死人"，绝非偶然：在日常语言中，我们求助于不定判断，正是在我们努力领悟那些边界现象（borderline phenomena），而那些边界现象又破坏了既定差异（established differences）的时候。介于活人和死人之间的那些人，就是如此。在通俗文化的文本中，那些既非生亦非死的诡异生物，那些"活死人"（吸血鬼等），被称为"不死族"（the undead）。它们虽然没有死，但显然也不像我们这些凡人那样活着。因此，"他是不死的"（he is undead），

---

① 塞缪尔·戈尔德温（Samuel Goldwyn，1882—1974），美国电影制片人，常有惊人妙语，故有"Goldwynism"（戈尔德温式妙语）一说。

这个判断是不定判断/限制判断。这是在下列精确的意义上说的：它是一个纯粹的否定性姿势，把吸血鬼排除在了死人的范围之外，因而没有把它置于活人的领域，就像简单否定——"他没有死"（he is not dead）——所做的那样。吸血鬼和其他"活死人"一般被称为"东西"（things），这一点，必须在充分的康德的意义上理解：吸血鬼是"元质"（Thing），它的长相和行为与我们无异，但它并不是我们中的一员。简言之，吸血鬼和活人的差异，就是不定判断和否定判断的差异：死人失去了活着时才有的谓词，不过他或她依然是同一个人。与此相反，不死族保留了活人才有的全部谓词，但不是活人。如同在前面曾经引用过的马克思的玩笑所表明的那样，我们在吸血鬼那里得到的是"纯然的说话方式和思考方式——个人倒不存在了"。

我们总是情不自禁地断定，无限判断（infinite judgment）简要地涵盖了康德的整个哲学革命：他把超验地构成的现实（transcendentally constituted reality）与元质这个诡异的、被禁止/不可能的实在界（uncanny, prohibited / impossible, real domain of the Thing）分离开来。实在界不得不保留未被思考（unthought）的状态，因为在那里，善与根本恶重叠在一起。简言之，康德以现象性现实（phenomenal reality）与本体性元质（nournenal Thing）的对立，取代了现象与本质的传统哲学对立。现象性现实与本体性元质的对立遵循着截然不同的逻辑：显现为"本质"的事物（压在我们身上的道德律令），只有在我们的有限性（our finitude）这一视域内，只有在我们受限于现象性现实领域（our limitation to the domain of phenomenal reality）这一视域内，才是可能的，才是可以想象的。如果我们能够打破这个限制，直接洞视本体性元质，那我们就会丧失使我们超越感性经验的边界的能力，丧失道德尊严和自由。

埃特和对埃特的超越①

为了进一步探测由不定判断开辟的这一诡异之域，让我们再次回到好莱坞那里。弗里茨·朗②的黑色西部片《恶人牧场》（Rancho Notorious）开始于一般的好莱坞故事片通常结束之时：一对期盼喜结连理的恋人热情拥吻在一起。可惜好景不长，残暴的土匪强暴并杀害了新娘，绝望的新郎——由阿瑟·肯尼迪（Arthur Kennedy）扮演——发誓报仇雪恨。关于土匪的身份，他仅有的线索就是"骰子一响黄金万两"（chuck-a-luck），一个无意义的符指化碎片

———————————

　　① 原文为"Ate and Its Beyond"。"埃特"（Ate）本是古罗马神话中的一位女性，常引人生出邪恶、怪诞的念头，令人盲目、狂妄，因而有人称之为复仇与惩罚女神，后转指某种盲目、狂热的冲动。罗素在《西方哲学史》中曾经提到"ate"，认为它即使"不是完全不可拒绝的、至少也是强烈的犯罪冲动"。齐泽克对之做了独特的理解与剖析。

　　② 弗里茨·朗（Fritz Lang, 1890—1976），出生于维也纳的德国人，电影导演、编剧，最著名的影片是科幻片《大都会》（Metropolis）。1946年，两名法国电影评家在概括40年代在法国发行的犯罪片、强盗片和侦探片时，提出了"黑色片"（film noir）一词。但也有人认为"黑色片"专指黑白片，如此说来，20世纪60年代之后就很少见到"黑色片"了。

（signifying fragment）。在经历了漫长的寻找后，他发现了秘密："骰子一响黄金万两"指某个神秘之地，公开提及它的名称都会招致无妄之灾。那是一座隐藏在山谷里的牧场，只有经过一条狭窄的山路才能抵达那里。一个年迈的酒吧歌手（先前的蛇蝎美人）——由玛琳·黛德丽（Marlene Dietrich）扮演——统治着牧场，为匪徒们提供隐身处，以抽取一定比例的赃物。是什么使这部影片产生了难以抗拒的魅力？无疑是下列事实：在寻常的西部片的情节的下面，《恶人牧场》讲述了另一个神话般的故事。这样的故事，以其纯正的形式，呈现于一系列的探险小说和探险影片中。

这些小说和影片的情节通常被设置在非洲，如《所罗门王宝藏》（*King Solomon's Mines*）、《她》（*She*）、《泰山》（*Tarzan*）等，都是深入撒哈拉沙漠以南非洲大陆腹地探险的故事，白种人以前从未涉足那里。因为禁不住某个难以理解或含混不清的符指化碎片的诱惑，探险者开始了冒险之旅。符指化碎片可能是漂流瓶中的留言，可能是烧焦的纸片，还可能是某个疯子的胡言乱语。疯子的胡言乱语暗示我们，在某个疆界之外，正在发生奇妙或可怕的事情。在探险的途中，探险者要面对形形色色的危险。他们受到了土著人的威胁。与此同时，土著人拼命让这些外来人员明白，他们不应跨过那个疆界（河流、山谷、深渊），因为疆界之外乃可恶之域（damned place），任何人都是有去无回。在经历了一系列的惊险活动后，探险者还是越过了疆界，发现自己已经陷身于大他者之域（Other Place），陷身于纯粹幻象（pure fantasy）这一空间：强大的黑人王国（《所罗门王宝藏》），美丽而神秘的女王之域（《她》），人与自然和谐相处、人与动物娓娓而谈的福地（《泰山》）。

另一个这种类型的神话般的风景当然就是西藏了：西藏的神权统治为这个最著名的景象——充满智慧又能保持平衡的田园诗般的世界——充当着模型。那里有香格里拉（《消失的地平线》），只有通过一条狭窄的山路才能抵达那里。任何人都不允许从那里返回，即使有人侥幸逃离那里，他也要为自己的成功付出代价——疯癫。如此一来，即使他说起那个由英明的僧侣统治的地区，也没人会相信他的胡言乱语。[注46]《恶人牧场》中那个神秘的"骰子一响黄金万两"同样也是禁区：在这部影片中，全部生死攸关的对峙都发生于狭窄的山口，这绝非偶然，因为山口是疆界的标志，它把日常现实（everyday reality）与由"她"实施统治的山谷分割开来。换言之，一边是现实，一边是幻象的"他者之地"（other place），全部生死攸关的对峙都发生于从前者向后者的过渡地带。[注47]

在此，至关重要的是，这些故事在形式上具有严格的相似性。无一例外，所有故事的结构都是莫比乌斯环①的结构——如果我们在现实的一面走得足够远，我们就会突然发现，我们已经走到了现实的反面，走进了纯粹幻象这个

---

① 莫比乌斯环，由莫比乌斯（A. F. Möbius，1790—1868）等人发现。把一根纸条扭转180度，两端粘贴在一起，就可以得到一个莫比乌斯环。普通纸有正面、反面，而莫比乌斯只有一个面。

王国。[注48]不过，让我们沿着自己的思路前行：从莎士比亚
到莫扎特，在众多艺术家的发展过程中，难道我们没有遇
见同样的倒置吗？渐渐陷入绝望，达到谷底，突然间又变
成了天堂福佑（heavenly bliss）。在一系列打上了极度绝望
标志的悲剧（《哈姆莱特》《李尔王》等）后，莎士比亚戏
剧的基调发生了出人意料的变化，我们也进入了童话般的
和谐之境。在那里，生活是由仁慈的命运（Fate）支配的，
仁慈的命运给所有的冲突画上了幸福的句号（《暴风雨》
《辛白林》等）。在《唐璜》之后，莫扎特创作了《魔笛》。
《唐璜》是纪念性关系的不可能性（impossibility of the sexual
relationship）的终极纪念碑，是纪念两性关系的对抗性
（antagonism of the relation between sexes）的终极纪念碑；
《魔笛》则是赞美男女和谐关系（harmonious couple of Man
and Woman）的赞美诗。（批评是如何先于赞颂的？请留意
这一悖论!）[注49]

我们在即将向福佑（bliss）逆转时接近的那个可怕、
致命同时又极其诱人的疆界，正是拉康在谈及索福克勒斯
的《安提戈涅》时，借助于古希腊单词 "ate"（埃特），努
力阐明的东西。[注50] "ate" 一词有其根本性的含混性：它既
指可怕的疆界（它永远无法抵达，一触即亡），又指在它之
外的空间。至关重要的是，疆界胜过空间：我们不能拥有
两个领域（现实的领域与纯粹幻象的领域），它们由某个边
界分隔开来；我们只能拥有现实及其边界，而边界即深渊，
即空白，现实就是围绕着它们结构起来的。因此，幻象——

空间无论如何都是第二性的。它为某个边界"提供形体"，使之实体化，或者说得更确切些，它把不可能的（the impossible）变成了被禁止的（the prohibited）。边界意味着根本的不可能性（fundamental impossibility），因为它是不可逾越的，如果离它太近，我们必死无疑。边界的另一边是禁地，无论是谁，只要涉足那里，必定有去无回。[注51]

至此，我们已经归纳出从恐怖向福佑的神秘逆转（mysterious reversal of horror into bliss）的公式。借助于这个公式，不可能的边界（impossible limit）变成了禁区（forbidden place）。换言之，这一逆转所遵循的逻辑就是实在界向符号界嬗变时遵循的逻辑：不可能的实在界（impossible-real）变成了符号性禁令（symbolic prohibition）的客体。当然，悖论在于（或许禁令的功能也在于），一旦不可能的实在界①被视为被禁之物（prohibited），不可能的实在界就会变成某种可能之物（something possible），也就是说，变成某种难以企及之物。它难以企及，倒不是因为它天生无法接近，而是因为禁令这个外部障碍阻止我们接近。

前面提及的一系列探险影片中的跨越疆界遵循着同样的逻辑："埃特"之外的禁区，也是通过把不可能性转化成禁令而构成的。在另一个层面上，同样的悖论性逆转塑造

---

① 不可能的实在界，原文为"实在界的不可能"（real-impossible），根据上下文改为"不可能的实在界"（impossible-real）。齐泽克用语有时显得过于随意，文本也常有错漏，使原本就难以理解的理论更加难以理解，使原本略显生硬的文风更显生硬。读者倘无耐心，读之如同受刑。

了殖民压迫条件下的"民族复兴"的特征：只有殖民压迫才能激起抵抗，才能使"民族复兴"成为可能。下列"自发"的观念——我们正在把先前的传统的遗迹从殖民压迫的枷锁之下解救出来——完全符合黑格尔所谓的"（外部）反思的幻觉"：只要我们还是这种幻觉的受害者，我们就不会注意到，民族、民族身份是通过对民族生存受到威胁的体验形成的。[①] 在产生这种体验之前，民族、民族身份根本就不存在。

通过把（不可能跨越的）边界逆转成（禁止入内的）空间，把《唐璜》逆转为《魔笛》，我们避开了作为不可能的实在界[②]：一旦我们进入了幻象之域（domain of fantasy），先天固有的不可能性这一创伤，就会被仙境天福（fairy beatitude）取而代之。莫扎特的《魔笛》，它展现出来的景象——多情男女融为和谐整体的景象，完美地例证了拉康的一个论点：归根结底，幻象总是关于成功的性关系的幻象。在泰米努（Tamino）和帕米娜（Pamina）这对情人成功地经历了水与火的考验后，即在他们跨越了边界后，他们双双进入了符号性福佑（symbolic bliss）之境。反殖民的

---

① 这句话的意思是，所谓"民族"或"民族身份"本来都不存在，只是因为受到了压迫，只是因为觉得自己的生存受到了威胁，这才有了"民族"或"民族身份"的意识和概念。

② 作为不可能的实在界（the real qua impossible），指实在界，它类似于康德的本体界，但拉康和齐泽克特别强调它的不可能性。不可能性指不可能进入、不可能理解、不可能消除、不可能弃之不顾、不可能彻底符号化，甚至不可理喻，等等。

民族复兴可为此提供参考。它可以使我们更加精确地锁定这一天福（this beatitude）具有的梦幻品格。

反殖民主义的民族解放斗争的代理人必定深受这种幻觉之害：他们要通过反殖民主义的民族解放斗争，"实现饱受压迫的祖先的远古梦想"。这里隐含着意识形态合法化（ideological legitimization）的一个基本机制：通过把现行秩序展示为一个梦想的实现而使现行秩序合法化，但这梦想不是我们的梦想，而是他者的梦想，即死去的先人的梦想，前几代人的梦想。正是这一点决定了"进步"的西方在20世纪二三十年代对苏联的态度：尽管贫困不堪、错误不断，这种单调乏味的苏联现实还是令无数西方来访者心醉神迷。怎么会这样？答案很简单：在他们看来，它切实地实现了自古至今全世界千百万工人的梦想。对苏联现实的任何怀疑，都会立即令人感到内疚："不错，他们在苏联犯了不胜枚举的错误，但是，当你以不屑一顾的口吻批评他们的努力时，你正在嘲弄、背叛千百万人的梦想。为了他们现在正在实现的目标，他们忍受了痛苦，冒了生命的危险！"〔注52〕

这种情形与庄子的情形不无相似之处。庄子梦到自己变成了一只蝴蝶，醒来后他问自己：他怎么知道他现在不是一只梦见自己变成了庄子的蝴蝶？①〔注53〕同样，革命之后的意识形态努力使我们明白，我们现在的生活，正是祖先

---

① 《庄子·齐物论》："昔者庄周梦为蝴蝶，栩栩然蝴蝶也……俄然觉……不知周之梦为蝴蝶与？蝴蝶之梦为周与？"

梦想的实现；苏联的工人在革命前是战士，那时他们梦想着成为社会主义天堂的工人——如果抱怨太多，可能会扰人清梦。要想在意识形态上使当今生活合法化，绕道于死去的他者，是必不可少的。在另一个层面上，自莫扎特《魔笛》以来，和谐恩爱情侣（harmonious love couple）这一幻象遵循着同样的逻辑：只要把沉闷乏味的资产阶级日常现实视为自由恋爱情侣（free love couple）这一革命之前的梦想的实现，这种日常现实就会发生质变，就会获得崇高的维度。

这一逆转的逻辑究竟何在？另一种形式上的相似性可能会推动我们沿着正确的道路继续前行：难道我们没有在弗洛伊德那个最著名的有关伊尔玛注射的梦中遇到同样的母体吗？[注54]难道这个梦的三个阶段与想象性二元关系（imaginary dual-relationship）不是完全对应的吗？这个梦"恶化"成了无法忍受的对抗，这种对抗宣告了与实在界的相遇，宣告了最终和"缓和"（"缓和"是通过符号性秩序的到来实现的）。在这个梦的第一阶段，弗洛伊德"玩弄了他的患者"；[注55]他与伊尔玛的对话"完全被困于限制它的假想环境之内"。[注56]在察看她张开的嘴巴时，这种二元的镜面关系（specular relationship）达到了顶点：

> 这里有个令人惊骇的发现，发现了一团从未见过的肉，那是万物的基础，是头的另一面，脸的另一面，典型的分泌腺体，一切都从那肉里渗出，处于秘密中

的核心地带，它是肉，因为它就是苦难，它是无形的，因为它的形式本身能够激发焦虑。焦虑之幽灵，焦虑之认同，对"你就是这个"的最终揭示——你就是这个，它离你如此遥远，它是终极的无形（ultimate formlessness）。[注57]

突然，这种恐怖奇迹般地变成了"某种心神安宁"（a sort of ataraxia①）。拉康把它精确地定义为"符号功能的运行"[注58]，并以三甲胺②的结构式的形成来证明；只要做梦的人（弗洛伊德）放弃了自恋的视角，主体就会自由地漂浮在符号性福佑中。雅克−阿兰·米勒给拉康的《研讨班》第2卷起了个副标题——"想象界、实在界与符号界"，此举相当正确。[注59]在此要避开的陷阱，当然是使这种符号性福佑与某些"残酷的现实"（hard reality）截然对立：拉康精神分析的基本命题是，我们所谓的"现实"是在这样的"福佑"的背景上构成的，是在排斥某个创伤性实在界

---

① ataraxia 又作 ataraxy，源自公元前 4 世纪的古希腊。当时的极端怀疑主义哲学家皮浪（Pyrrho）认为，确定无疑的事情是根本不存在的。因此不必评判任何事情，只有这样，才能避免恐慌与焦虑，获得平静与安宁。这种平静与安宁的心态即 ataraxia。ataraxia 是摒弃了内心的混乱后获得的完美平衡状态。

② 三甲胺（trimethylamin）一词来自弗洛伊德《释梦》的第二章《梦释的方法》。指某种药物，是给伊尔玛注射用的。"三甲胺。……这三甲胺要把我的注意力引向何方呢？……这种物质就让我想到性欲，这正是我所要医治的那种神经错乱的根源。"参见车文博主编：《弗洛伊德文集》（第 2 卷），长春：长春出版社 2004 年版，第 89 页。

(traumatic Real) 这一背景上构成的。当拉康说幻象是现实的终极支撑物时，他心里想的正是这个命题：只有在"符号性福佑"这个幻象框架阻止对实在界深渊（abyss of the Real）的审视时，"现实"才能稳定下来。幻象远非阻止我们"观看现实的本来面目"的梦幻般的蜘蛛网，相反，它构成了我们所谓的"现实"：最普通的、实体化的"现实"是通过绕道于幻象的蜘蛛网构成的。换言之，我们为进出"现实"付出了代价：某些事物——创伤这个实在界（the real of the trauma）——必须"被抑制"。

在此令人大跌眼镜的是，有关伊尔玛注射的梦与弗洛伊德另一个著名的梦——死去的儿子的梦——酷似。在那个梦里，死去的儿子出现在父亲面前，以责备的口吻对他说道："爸爸，难道你没有看见，我被烧着了?"[1] 拉康在阐释有关伊尔玛注射的梦时，把我们的注意力引向埃里克·埃里克森[2]对此所做的恰当评述。埃里克·埃里克森认为，

---

[1]　关于此梦，本书多提及，参见车文博主编：《弗洛伊德文集》（第2卷），长春：长春出版社 2004 年版，第 320 页。弗洛伊德认为，梦的功能之一就是帮助做梦者延长其睡眠。做梦者突然暴露于外在的刺激之下，暴露在来自现实的刺激中（比如闹钟的响铃、敲门声等，在上述情形中是烟味）。为了延长睡眠，做梦者会飞快地当场构建一个梦：一个小场景，一个小故事，把那些刺激性因素囊括在梦中。不过，外在的刺激很快变得过于强烈，做梦者无奈之下，从梦中醒来。拉康和齐泽克对此梦做了深入的阐释和分析。

[2]　埃里克·埃里克森（Erik Eriksen, 1902—1994），美国精神病学家、发展心理学家和精神分析学家。其父亲是丹麦人，母亲是德国人，继父是犹太人。如此身世，使他对"身份认同"问题耿耿于怀。早年结识弗洛伊德的女儿安娜·弗洛伊德，并在她那里接受精神分析训练。

在看了伊尔玛的喉咙后，即在遭遇了实在界后，弗洛伊德本应从梦中惊醒，如同那个做梦的父亲在遇见了被烧着的儿子的骇人幽灵后所做的那样。在面对实在界这个全然不堪忍受的恐怖之物时，做梦者醒来了，也就是说，做梦者逃进了"现实"。从这两个梦的酷似中，一个激进的结论浮出水面：我们所谓的"现实"恰是以愚蠢至极的"符号性福佑"为模型构成的，而"符号性赐福"使弗洛伊德能够在目睹了伊尔玛喉咙这个可怕的景象后，依旧酣然大睡。做梦的父亲从梦中醒来，逃进现实，以逃避"他的烧着的儿子的责备"这个创伤性实在界。他的做法与弗洛伊德完全相同。弗洛伊德在看了伊尔玛的喉咙后，"改弦易辙"，逃进了遮掩实在界的幻象（fantasy which veils the Real）。

符号性天福

在这一点上，我们总是情不自禁，把这种形式上的酷似向前推进一步。把恐怖逆转成符号性福佑，这种做法得以立足的母体不正是黑格尔的"三元组"① 这一母体吗？极其相似的转换，即把僵局（impasse）变成"过渡"，出现在黑格尔体系的开端，即从存在（Being）向空无（Nothing）的过渡中。要把空无视为存在之"真相"，这话究竟

---

① 三元组（triad），又译三元化、三元论、三段式、三段论、三要诀等。人们通常把黑格尔的哲学视为 "Triad Philosophy"（三元哲学），因为它通常是由正题、反题和合题组成，总是三足鼎立。

是什么意思？存在首先被设置为语法意义上的主词，然后我们努力为它配置谓词，以便以任何可能的方式，把它确定下来。但我们的每次努力均以失败告终，因为关于存在，我们说不出任何确定性的东西，无法给它配置任何谓词。因此，作为存在之真相的空无（Nothing qua the truth of Being）就发挥了把这一僵局实证化、"实体化"的功能。在黑格尔那里，这样的不可能性之实证化（positivization of an impossibility），出现在从一个范畴向另一个范畴的过渡之中，其中第二个范畴是第一个范畴的"真相"。黑格尔式的发展从来都不是直奔更深刻和更具体的本质。

从一个概念向另一个概念的过渡所遵循的逻辑，天生就是对失败进行的反思性实证化（reflective positivization of a failure）所遵循的逻辑，即对过渡本身的不可能性（impossibility of the passage itself）进行的反思性实证化所遵循的逻辑。且以 X 这个时刻为例：努力把握 X 这个时刻的隐含的本质，努力把 X 这个时刻更加具体地确定下来，但所有这些努力均以失败告终，随后的时刻只是实证①了这种失败而已；在随后的时刻，这种失败使 X 这个时刻具有了实证性存在的形式。简言之，我们无法确定 X 这个时刻的真相，但这次失败本身就是它的真相。黑格尔对芝诺②哲学中的运

---

① 实证（positivize），即证实，但为了与上文的"实证化"（positivization）保持一致，故译为"实证"。

② 芝诺（Zeno，前490—425），古希腊数学家、哲学家，提出过一系列关于运动的不可分性的哲学悖论，其中最著名的两个是"阿基里斯追乌龟"和"飞矢不动"的悖论。

动不存在（inexistence of movement）这一命题的阐释，要点也在这里：芝诺努力证明，在运动的虚假表象之外，存在着自我同一、固定不变的存在（self-identical, immovable Being）；不过这种存在本身是空洞的，所以，向运动表象之外的区域过渡（passage beyond the appearance of Movement），这一努力以失败告终；我们只能描述运动的自我扬弃（self-sublation of Movement），也就是说，我们只能描述运动的自我压抑（self-suppression of Movement）这一概念性运动。之所以说赫拉克利特的运动（Heraclitic movement）是埃利亚的存在（Eleatic Being）的真相，原因就在这里。

通常我们都没有注意到，拉康的需求（need）—要求（demand）—欲望（desire）这一基本三元组，是如何严格遵循黑格尔的"否定之否定"的内在逻辑的。首先，我们拥有直接需求（immediate need）这个神话般的、准天然的出发点。这个出发点总是已经被预先假定的（always-already presupposed）。它从来都不是既定的（given）、"被设置的"（posited）、被体验的（experienced）的"那种事情"。主体需要"自然""真实"的客体，以满足其需求：如果我们感到口渴，我们就需要喝水，等等。不过，一旦用符号性媒介表达出来（它总是已经用符号性媒介表达出来），需求便开始发挥要求的功能：呼叫大他者，最初是呼叫作为大他者的原初形象的母亲（Mother qua primordial figure of the Other）。

也就是说，大他者最初被体验为这样的人：他能满足我们的需求，给予我们满足客体（object of satisfaction），够剥夺我们的满足客体，或者阻止我们获得满足客体。大他者的这种调停作用（intermediary role），颠覆了我们与客体的关系的整个机体（entire economy）：从字面上看，要求旨在获得假定用来满足我们需求的客体，但要求的真正目的是获得他者的关爱（love of the other），而大他者拥有得到那个客体的力量。如果大他者顺从了我们的要求，提供了客体，那么这个客体就不仅满足了我们的需求，同时还见证了大他者对我们的关爱。例如，在婴儿哭着要吃奶时，他的要求的真正目的是，母亲通过喂奶展示对他的关爱。如果母亲真的顺从了这个要求，但又表现得冷淡和漠然，婴儿会依旧没有获得满足；不过，如果她绕过了要求的字面层面（literal level），只是拥抱婴儿，那么最有可能的结果是，婴儿感到心满意足。

为了阐明这种倒置，拉康求助于黑格尔的扬弃（Aufhebung）概念，这绝非偶然。"要求扬弃了任何能够通过将其转化为关爱的证据而被认可的事物的具体性。"①〔注60〕通过把

① 拉康之语素难理解，此句亦然。其原文为："The demand sublates (aufhebt) the particularity of everything that can be granted by transmuting it into a proof of love." 大意谓：有些东西，用来满足人的直接需求，固然重要，但更重要的是，还可用它表达和证明人对人的关爱之情，所谓"千里送鹅毛，礼轻情义重"，是也。这是需求所要达到的目的。只有把这些东西转换成关爱的证据，证明你真的关爱我，这些东西才能被我认可和接受，才能满足我的"要求"而非"需求"。需求注意事物的具体性，如品种、数量、重量、颜色、品位、肌质（包括手感和口感等切身的感受）等，要求则对事物的具体性漠不关心，甚至否定（扬弃）其具体性，因为它只是关爱之情的载体，是关爱的象征，本身并无多少意义。

需求转化成要求，也就是说，通过把需求转化为向大他者发送（addressed to the Other）的能指，用以满足需求的具体的、物质的客体被"扬弃"了：它的直接性（immediacy）被废除，它被设置为"调停化"（mediated）的某物，设置为媒介（medium），通过这一媒介，高于其直接现实的某个维度（即关爱的维度）找到了自己的表现方式。这种逆转与马克思在论及商品恋物癖时所描述的逆转酷似：一旦人的劳动产品采取了商品的形式，它的直接特殊性（它的"使用价值"，即它用来满足人的需求的有效的、现实的属性）就开始以其"交换价值"这一表象形式（form of appearance）发挥作用，即以非物质的主体间关系（nonmaterial intersubjective relationship）这一表象形式发挥作用。这与从需求向要求的过渡如出一辙。通过从需求向要求过渡，用以满足需求的具体的客体开始发挥大他者之爱（other's love）这一表象形式的作用。

这个反转是第一时刻，是"否定"的时刻，它必然在僵局中，在需求与要求的无法解决的对抗性关系中到达顶点。主体每次得到他要求的客体时，都会产生"这不是那一个！"的体验。尽管主体"得到了他想要的东西"，但他的要求并没有完全得到满足，因为主体的真正目的是获得他者的关爱，而不是得到那个客体本身，不是它直接的具体性（immediate particularity）。需求与要求的恶性循环在乳婴厌食症（对食物的"病态"拒绝）中得到了最终表现形式。乳婴厌食症表达的"信息"是，乳婴要求得到食物，但他的真正目的不在食物本身，而在母亲的关爱。他要指出这种差异，唯一的出路就是拒绝食物，也就是说，拒绝要求的客体（object of demand），拒绝其具体的物质性（particular materiality）。

在这个僵局中，主体要求大他者之爱，但这要求只能通过要求需求客体（object of need）表达出来，而这需求客体又从来都不是"那一个"。可以通过引入第三个元素（把这个元素加入需求和要求的行列）化解这个僵局。这个元素便是欲望。根据拉康的精确定义，"欲望既不是渴望得到满足，也不是要求得到关爱，而是第二个因素与第一个因素之差。"[注61] 欲望是要求无法化约为需求的东西：如果我们从要求中减去需求，那我们就得到了欲望。在一段文字中（这段文字典型地表明了拉康晚期教学的反黑格尔态度），拉康谈到了"逆转，它并非简单的否定之否定"[注62]。

换言之，它仍然是"否定之否定"，尽管不是"简单"的"否定之否定"。（好像在黑格尔那里，"否定之否定"曾经很"简单"似的！）只要这种逆转导致了对那个客体（该客体在从需求向要求过渡的过程中被废除）的回归，那么，这种反转就是"否定之否定"：它制造了新客体，新客体取代了已经丧失—已被扬弃（lost-sublated）的需求客体。新客体便是小客体，即欲望的客体—成因（object-cause of desire）。这个悖论性的客体"赋形"于某个维度，正是因为这个维度，要求才无法被化约为需求：仿佛要求在其（表面）客体之外的剩余，仿佛要求在要求直接地—表面地要求之物之外的剩余，再次在一个客体身上体现了自身。① 每当我们产生"这不是那一个！"的体验时，我们都会深受打击。每当我们深受打击时，我们都会遭遇空白（void）。小客体就是对这个空白的某种"实证化"，是对这个空白的填充。在小客体身上，每个实证客体（positive object）的不足和缺陷，都具有了实证存在（positive existence）的形式，都成了小客体。

在这里，至关重要的是由要求转化为欲望（conversion of demand into desire）导致的"缓和"效应：欲望的客体—成因的出现，解决了需求与要求之间的对抗性僵局。依靠符号性"缓和"解决对抗性僵局，这还给我们提供了基本的母体，名誉扫地的"正题—反题—合题"三元组[注63]依据这一母题发挥作用的：它的假想的出发点是对立两极的互补关系，然后随之而来的是它们的对抗这一实在界（the

---

① "仿佛要求……体现了自身"，此语甚是拗口，亦难以理解。其原文为："［I］t is as if the surplus of the demand over its（literal）object-over what the demand immediately-literally demands-again embodies itself in an object."它谈的还是需求、要求和小客体的关系。以乳婴吃母乳为例。对乳婴而言，母乳可以是需求客体，也可以是要求客体。如果是需求客体（object of need），那它就是所谓的"（表面）客体"，就是乳婴"直接地—表面地要求之物"。如果是要求客体（object of demand），那母乳的直接的物质性并不重要，重要的是在母乳之外的关爱。在这种情形下，乳婴的要求（关爱）处于客体（母乳）之外，是要求减去表面客体之差，因而也是要求在需求之外的"剩余"。而这个"之差"，这个"剩余"，又常常借助于其他客体来呈现，换言之，"其他客体"会"赋形"于这个"之差"，这个"剩余"。这"其他客体"便是拉康所谓的小客体。主体迷恋这样的小客体，就会形成恋物癖。有人喜欢购物，有人喜欢养宠物，那"物"，那"宠物"，常常就是这样的小客体。

real of their antagonism）的爆发。[注64]它们彼此相互促成
（mutual completion），这样的幻觉已经破灭，每一极都直接
变成它的对立面。这种极度的紧张最终是通过符号化解决
的。这时，对立两极之间的关系被设置为差异关系（differ-
ential relationship）。也就是说，这时，两极再次联合起来，
但这次是在它们的共同匮乏（common lack）这一背景上联
合起来的。

有人认为，"正题"包含"反题"，"反题"位于"正
题"的内部深处的某个地方，结果，不知道出于什么原因，
我们不得不从"正题"内部，把处于"隐含"状态的"反
题""抽取"出来。这种看法是完全错误的。正相反，"反
题"是"主题"在使自身"具体化"时，即在实现自身的
概念内容（notional content）时所缺乏的东西。换言之，它
以"反题"预设了自身的"调停"（mediation）。只有通过
把"正题"与"反题"对立起来，"正题"才能获得它的
存有论的一致性（ontological consistency）。不过，这绝不意
味着"合题"指的是相互促成，绝不意味着对立两极之间
存在着互补关系，即绝不意味肯定这种类型的关联——
"没有 X 就没有 Y"（没有女人就没有男人，没有恨就没有
爱，没有混沌就没有和谐……）。黑格尔所谓的"对立统
一"所颠覆的，正是如此互补关系的假象：一极不是对另
一极的简单否定。相反，在黑格尔看来，因为一极是从另
一极抽取出来的，它就是另一极。就在把自己与另一极彻
底对立起来的瞬间，一极"过渡"（passes over）成了另一

极。例如，存在（Being）与空无（Nothing）的"统一"并不在于，它们彼此预先假设对方的存在，并不在于，没有空无就没有存在，没有存在就没有空无。就在我们努力把握纯粹的存在，认为纯粹的存在与空无截然相对的瞬间，存在把自身显现为空无。

不妨举个来自政治领域的更加"具体"的例子：普遍意志（universal Will）与特殊意志（particular Will）的"统一"并不在于它们的相互依存，而在于普遍意志向特殊意志的"辩证逆转"（dialectical reversal）：只要把普遍意志与众多特殊意志（multitude of particular Wills）完全对立起来，它就会变成假装体现了特殊意志的那些人的极端特殊的意志（utmost particular Will），因为它排除了特殊意志的丰富特性（wealth of particular Wills）。就这样，我们陷身于两个极端之间、对立两极之间的"直接交换"（immediate exchange）。这时，纯粹的爱变成了至高的恨，纯粹的善变成了至高的恶，彻底的无政府状态与至高的恐怖统治合流。通过一极直接变成另一极，我们超越了外部否定（external negativity）这一层面：每一极都不只是对另一极的否定，而且是涉及自身的否定，是对自身的否定。正题与反题的这一"直接交换"陷入的僵局，是随着合题的到来而化解的。

使想象性秩序（imaginary order）成为想象性秩序的，是"正题与反题存在互补关系"这一表象，是"正题和反题构成了一个和谐整体，彼此相互填充对方的匮乏"这一幻觉。在这一幻觉之下，正题所匮乏的，由反题来提供，反题所匮乏的，由正题来提供（如"男人和女人构成了一个和谐的整体"之类的想法）。对立的两极相互促成，这一虚假表象是被"一极直接变成另一极"粉碎的：如果说，一极因与另一极对立而本质上就是另一极，它又怎么可能填充另一极的匮乏？传达"缓和"之意的，只有合题：在合题中，想象性的对立被符号化，也就是变成了符号性二分体（symbolic dyad）。两极之间的直接交换之流（flow of immediate exchange）被悬置，它们再次"被设置"为截然不同之物，但这一次是"被扬弃"和"内在化"的，换言之，它们被视为符指化网络（signifying network）的构成元素：如果一极不能向另一极提供另一极所匮乏的东西，那么它能返还另一极的，除了匮乏本身，还会是什么？所以，使两极"融为一体"的，不是对它们各自的匮乏所做的相互填充，而是它们共同拥有的匮乏：正是以某个共同匮乏（这匮乏是对立两极彼此相互返还对方的）为背景，符指化二分体（signifying dyad）的两个对立物才可谓"实乃一体"（are one）。符号性交换（symbolic exchange）的定义也在于此：在符号性交换中，"交换客体"（object of exchange）的位置被匮乏本身占据，也就是说，在词语中（among the terms）中流通的"实证"客体不是别的，而是匮乏的化身。

归根结底，被符号化的到来（advent of symbolization）"内在化"的，正是匮乏本身。"合题"并没有断定对立两极的身份，没有断定它们的共同基础，没有断定它们的对立所处的空间，相反，"合题"只是断定了它们的差异。之所以这么说，原因在于，把符指化网络的构成元素"连接起来"的，正是它们的差异。在差异的秩序（differential order）中，每个元素的身份都源于一批差异特征（differential features），正是这些差异特征，把它与其他元素区别开来。因此，"合题"把差异从"强迫同一"（compulsion to identify）中解救出来：一旦我们承认了"差异的首要地位"，也就是说，一旦我们把同一视为差异组织（tissue of differences）的结果，矛盾就会被消解。

换言之，一极直接变成另一极，这种纯粹的、极端的矛盾形式，恰恰是一个索引，它表明，我们正在忍受"强迫同一"："矛盾是同一方面下的非同一；矛盾原理的辩证首要地位（dialectical primacy）使统一思想（thought of unity）成为衡量异质性（heterogeneity）的尺度。"[注65] 从这个意义上说，合题"扬弃"了矛盾，不过这"扬弃"不是通过建立包含着矛盾两极的新的统一完成的，而是通过撤销同一框架（frame of identity），通过断言"差异构成了同一"完成的。有人认为，辩证过程的终结时刻（"合题"）包含着容纳了差异的同一的到来，辩证过程的终结时刻把差异化约为它的过渡时刻（passing moment）。这种想法完全是误导性的，因为只有借助于"合题"，差异才能得到认可。

因此，黑格尔三元组的"合理内核"在于，它把想象性对立（imaginary oppositions）符号化：想象性对立"恶化"成了对抗性关系，在那里，两极中的一极直接变成另一极；通过使匮乏内在化（internalization of the lack），解决这一张力。"反题"变成"合题"就是外部否定（external negativity）变成"绝对的"（自我关涉的）否定。外部否定是对努力从外部，以直接的方式否定客体的力量的否定，是对努力摧毁客体的物理现实（physical reality）的力量的否定。① 绝对的（自我关涉的）重新"设置"客体，把客体"设置"为符号化的客体。也就是说，它是在某个缺失（loss）的背景上，在已被合并的、内在化的否定（incorporated, internalized negativity）的背景上重新"设置"客体的。把外部否定与"绝对"否定颠倒过来，这意味着，客体不再需要否定、摧毁、废除，因为它已经是自己的"实证性"在场（"positive" presence），这种"实证性"在场发挥着某种形式的作用，否定就是以这种形式呈现自己的存在的："符号化"的客体就是这样的客体，它的在场使"赋形"于缺席；它是"以形体显现的缺席"（absence embodied）。

注释：

〔注 1〕我们在此没有考虑"50 年代"一词固有的历史张力。正如弗雷德里克·詹姆逊（Fredric Jameson）指出的那样，这种张力为理解这部小说的意识形态背景提供了关键。See Fredric Jameson,

---

① 原文如此，但感觉此语不通。我想作者想要表达的意思是：外部否定是"努力从外部，以直接的方式否定客体"，是"摧毁客体的物理现实"。

"Nostalgia for the Present," in *Postmodernism* （Durham：Duke University Press，1991）。"50 年代小镇" 的非历史品格令我们想起西部片的场景，这绝非偶然。西部片成功地消除了人与其栖息地之间、自然与文化之间的不一致，这削弱了所有其他 "历史" 文类的 "可信度"。牛仔服饰不被体验为滑稽的装束，它与自然环境 "天然地" 融为一体。因此，西部片是当代美国的永恒往昔：牛仔是当前文化的 "本色"，也就是说，牛仔就是除去了都市异化（urbane alienation）、显现出 "真实天性" 的现代公民。当然，西部片是最纯粹的意识形态。

〔注2〕只要回忆一下面对文字处理器的界面时的寻常体验就足够了：我们在随着文本跳来跳去时，会不由自主地想象，文本在我们眼前 "滚动" 着。我们假定，刚刚从上面进入屏幕的文字，早就存在于屏幕 "上方" 的假想空间。当然，真相是，它是在进入我们眼帘，即进入屏幕框架的那个瞬间被 "创造" 出来的。

〔注3〕See "A Fragment on Ontology," in *Works*, vol. 8, pp. 195 – 211.

〔注4〕"通过牧师和律师，无论虚构采用何种形式，为了达到其目的，或产生其功效，或者既为了达到其目的，又为了产生其功效，虚构不得不欺骗，而且通过欺骗去统治，通过统治去增进一方的收益，包括真实的收益和假想的收益，损害另一方的收益。"（ibid.，p. 199）

〔注5〕Ibid.，p. 197.

〔注6〕"实际上，虚构性（the fictitious）之为虚构性，并不在于它的本质——欺骗，而恰恰在于我所谓的符号界（the symbolic）。" The Ethics of Psychoanalysis, 1959 – 1960, *The Seminar of Jacques Lacan*, *book* 7, ed. Jacques-Alain Miller（London：Routledge / Tavistock，1992），p. 12.

〔注 7〕 Bentham，"A Fragment on Ontology，" p. 198.

〔注 8〕 Ibid.

〔注 9〕 Ibid.，p. 199.

〔注 10〕 边沁的虚构理论在下列著作的第二至四章有清晰的展示：
Ross Harrison，*Bentham*（London：Routledge and Kegan Paul，1983）。

〔注 11〕 我们在斯宾诺莎那里遇到了类似的介乎幻觉与真相之间
的"调停"。在无疑迥异于边沁的语境中，斯宾诺莎提出，虚构是一
个处于真相与纯粹虚假之间的确定的知识模式：虚构涉及不真实
（untruth），但这里的不真实是用来故意娱人的，而不是故意让人误认
为是正确的观念的。［后来，皮埃尔·马舍莱（Pierre Macherey）依靠
这一斯宾诺莎式的虚构观，对文学——文学性虚构——做了阿尔都塞
式的精心阐释，把文学视为特定的知识模式。这种知识还不是科学知
识。尽管如此，它还是能使我们免于一味沉浸于想象性的经验（i-
maginary experience）。］这种调停性的虚构观决定了斯宾诺莎如何设想
由错误（error）向真相的过渡：我们不能在直接洞察真相的基础上揭
露错误，相反，我们要通过分析导致我们犯错误的理性，获得真相。
严格说来，真相是错误的真相（error's truth），是对导致错误的过程
的洞察："在反对错误的源泉时，大脑唯一能够做到的，就是把握导
致那些错误的条件，即历史的、因果的或语言的因素，藉此获得理性
的把握（rational grasp），正是这种理性的把握把'被动'的理解转化
为'主动'的理解。"Christopher Norris，*Spinoza and the Origins of
Modern Critical Theory*（Oxford：Blackwell，1991），p. 245. 这种看法来
自斯宾诺莎的下列基本前提："虚假观念、虚构观念没有任何实证性
可言……这使它们被称作虚假观念和虚构观念；只是因为知识自身存
在的缺陷，人们才这样看待它们。""On the Improvement of the Under-
standing，" in *The Chief Works of Benedict de Spinoza*（New York：Dover，

1951）。只有把虚假观念放进它的恰当的语境中，我们才能获得有关它的真正知识。一旦我们获得这种知识，虚假观念的虚假性就会被揭穿。

〔注12〕我们不得不把下列标准的妄想狂想法（paranoiac idea）置于这一背景上：我们随时都可能拉动某个控制杆，无意之中开启瓦解整个现实的过程，如同弗洛伊德在《释梦》中报告的那个小便梦（urination-dream）那样。从孩子阴茎中流出的涓涓细流渐渐变成了大街上的河流，把大街与人行道之间的分界线变成了河堤，然后变成了汪洋大海，远洋客轮航行在海面上。本文作者经历过类似的"现实的丧失"的瞬间。那一瞬间发生在几年前的巴黎，一个严寒的冬天。在卫生间，我按了按钮，放水冲洗便池。先是从厕所水箱放出的细细的水流，然后是从天花板上滴下来的水珠，再后是真正淹没整个洗手间的洪流。我的第一反应当然是："我做错了什么？为什么我要按那个愚蠢的按钮？"（这个谜的谜底很简单：因为冬季严寒，管子里的水被冻住了，致使水管破裂。我按动按钮，引来了新的水流，新的水流从管子的破洞中喷涌而出。）这样的客体，正是拉康做过严格界定的客体。它显现为现实的一部分，但一旦我们离它太远，现实就会土崩瓦解。

〔注13〕Quote from J. N. Findlay, *Kant and the Transcendental Object* (Oxford: Clarendon Press, 1981), p. 274.

〔注14〕Jacques Lacan, *Ecrits: A Selection* (New York: Norton, 1977), p. 144.

〔注15〕不过，在此要进一步完成的，是提出下列概念框架的适当性的问题：在这个框架内，自然被视为平衡圈（balanced circuit），有机体与其环境和谐相处；与此同时，人类的文化被视为"出轨"的自然，病入膏肓和濒临死亡的自然。或许自然只是用来供人从人的角

度蓦然回首（backward glance）的，回溯性地创造了堕落前的常态（prelapsarian norm）这一表象的，正是逾越（人类的过度、出轨）。见下列著作的第二章：Slavoj Žižek, *Looking Awry*（Cambridge：MIT Press, 1991）。

〔注16〕Lacan, *Ecrits*: *A Selection*, pp. 103 – 4.

〔注17〕矛伤还需矛来治。对矛的这一辩证认识，还使我们能够把民主政治与所有其他的政治制度区分开来：为了矫正自身的过度，其他的政治制度不得不求助于与其基本原则截然相反的中和剂（社会主义的计划经济也不得不考虑最小程度的市场刺激，尽管市场刺激采取了非法的"黑市经济"的形式），只有民主政治才能斩钉截铁地宣布，治疗由民主政治造成的疾病（腐败、异化等）的灵丹妙药，是更加的民主。

〔注18〕让我们追加一个来自音乐史的范例，它便是莫扎特的伟大歌剧（《费加罗的婚礼》《唐璜》《魔笛》）中的第二幕的可疑地位的问题。在上述歌剧中，第二幕（或称第二部分，只要有充足的理由认定，《费加罗的婚礼》是由两部分组成的）蕴含着莫扎特的某些最高成就——《费加罗的婚礼》第三幕中的不公正地被低估的结局、《唐璜》中的六重唱、《魔笛》中帕米娜自杀时唱的咏叹调。不过尽管如此，我们也无法避开下列总体印象：第一幕成功地创造了无与伦比的和谐平衡的效果，但在第二幕中，至高无上的过渡（supreme passages）与明显的"补白"（fillers）轮流出现（只要提到《唐璜》第二幕中的"拼凑"特征就足够了）。从抽象的、非辩证的角度看，这个事实见证了莫扎特的艺术固有的局限。不过，一旦我们不把这种局限视为偶然的传记性特征（biographical feature），而是认为，这种局限有其结构上的必要性，那么这种形式上的"弱点"就会开始发挥这样的作用——充当基本历史真相的索引（index of a fundamental historical truth）。用一个美好而古老的马克思主义行话说，正是这种形式上的局限，正是"成功的"第二幕的不可能性（impossibility），记录了不法化约的社会对抗，记录了莫扎特努力为之奋斗的乌托邦式社会综合（utopian social synthesis）的不可能性。

〔注19〕Lacan, *Ecrits*: *A Selection*, pp. 40 – 56.

〔注20〕见下列著作的第一册：Immanuel Kant, *Religion within the Limits of Reason Alone*（New York：Harper and Row, 1960）。

〔注21〕See Immanuel Kant, *Critique of Practical Reason*（New York：Macmillan, 1956）, p. 30.

〔注22〕说到"作为伦理态度的恶"这一概念，我们可以说说几部近期拍摄的惊悚片。这几部影片都在杀人凶手的生命的最后时刻，对他们做了某种伦理人性化（ethical humanization）的处理。例如，在《咫尺危情》（*Deceived*）中，凶残的丈夫把妻子逼到一个角落，突然间陷入出人意料的超我狂怒（superego-fury）状态，不由自主地反复申述，他不喜欢杀人，但如果非杀不可，他也别无选择，尽管这样做令人厌恶。我们在此目睹了最纯粹意义上的"作为伦理态度的恶"的一个例证。多少有些类似的场景出现在《午夜惊情》（*Sea of Love*）的结尾处：侦探用手枪指着杀人凶手，杀人凶手正要杀害他的前妻的性伴侣。杀人凶手没有束手就擒。他以哀婉动人的自杀姿势，开始号啕大哭：如果你被自己心爱的妻子抛弃，你就会知道这是何等的奇耻大辱。最后他下意识地扑向侦探，侦探将其击毙。在这两种情形下突然出现的，是一个无法预料的维度，这一维度瓦解了通常对杀人凶手的描绘。杀人凶手通常被描绘成冷酷、贪婪或病态的存在。

〔注23〕从这个意义上说，在黑色片世界中颠覆了男人的日常生活的蛇蝎美人，是恶的人格化（personifications of Evil）之一：一旦女人扶摇直上，具有了元质的尊严，性关系就会变得不可能。

〔注24〕See G. W. F. Hegel, *Lectures on the Philosophy of Religion* (Berkeley and Los Angeles: University of California Press, 1987)。

〔注25〕在此我们必须小心，不要落入回溯性投影（retroactive projection）的陷阱。弥尔顿在《失乐园》中塑造的撒旦还不是康德所谓的根本恶。撒旦之所以这样粉墨登场，只是为了迎合雪莱（Shelley）和布莱克（Blake）的浪漫凝视而已。当撒旦说"邪恶呀，你就是我的善"（Evil, be thou my Good）时，这还不是根本恶，而只是这样一个案：错误地把某种恶放在了善的位置上。根本恶的逻辑与此相反，它表现在说"善呀，你就是我的邪恶"（Good, be thou my Evil）时，表现在以某种（第二性的）善填充恶的位置，填充元质的位置，填充能够打破有机生命的封闭圈（closed circuit of organic life）的创伤性因素的位置。

〔注26〕Lacan, *Ecrits: A Selection*, p. 42. 对自我的"成熟"（ego's "maturity"）所做的这一定义导致的另一个问题，当然是自我心理学所隐含的道义假设（deontological assumptions）的问题。从一味强调顺从的自我心理学的角度看，反叛似乎是"不成熟"的。但更"激进"的心理学会把反叛视为自我已经摆脱原始的依赖，获得充分的批判自主性（critical autonomy）的标志。从"激进"心理学的角度看，证明自我"不成熟"的，正是自我默默地忍受无尽挫折的能力。在另一个层面上，这道理同样适用于"正常的异性爱关系"（normal heterosexual relationship）这一理想：在60年代"性革命"爆发前的新教国家中，该理想被阐释为不言自明的婚内性行为，因此，婚外性行为自动地具备了征兆性的身份（symptomal status），也就是说，婚外性行为被视为某种病态紊乱（pathological disturbance）的索引（当然，在更自由的环境下，严格地忠诚于婚姻被阐释为"病态"的僵化心态的表现）。在这里，拉康的方法使我们能够改变整个争端领域：

"病态"不是由伦理规范的实证内容，而是由主体与这些规范发生关联的方式来界定的。这些伦理规范是否发挥了创伤性指令的作用？这些伦理规范是被"压抑"呢，还是得到了完全的认可？等等。

〔注27〕拉康经常利用这样的修辞性颠倒（rhetorical inversion）来描述自我（ego）与其征兆的关系。只这样说是不够的：为了维持自我与本我（Id）的力量达成的脆弱平衡，自我构成了自身的征兆。就其本质而言，自我本身就是征兆，就是妥协—构成（compromise-formation），就是使主体能够管理其欲望的工具。当我们欲望某物时，我们总是使自己认同我们的某个自我形象（"理想自我"），而这个自我形象则是正在欲望某物的形象。举例说吧，我们在陶醉于某个老式滥情通俗剧，并被屏幕上发生的事情感动得热泪纵横时，我们并没有立即百感交集，而是先使自己认同某个被这种类型的影片感动得泪水涟涟的"天真"观众的形象。从这个意义上说，我们的理想—自我的形象就是我们的征兆，就是工具，我们借助于这个工具组织我们的欲望：主体借助于自己的自我—征兆（ego-symptom）而欲望某物。当然，最终的黑格尔式倒置发生在客体与匮乏之间：不仅客体天生就是匮乏的，而且客体本身已经是某个匮乏的占位符（place-holder of a lack），是某个匮乏的实体化（materialization of a lack）。

〔注28〕关于对《青山翠谷》的"布莱希特式"解读，见 Tag Gallagher, *John Ford*（Berkeley and Los Angeles：University of California Press，1986）。

〔注29〕See Monique David-Ménard, *La Folie dans la Raison Pure* (Paris：Vrin, 1991)。

〔注30〕Étienne Balibar，"Ce qui fait qu'un peuple est un peuple. Rousseau et Kant"（Revue de synthèse, nos. 3 – 4 〔1989〕）。说到"恶魔恶"，艾蒂安·巴里巴尔的这篇本应极为出色的论文，却难如人愿。

巴里巴尔指出，无法把"根本恶"化约为主体的普遍—理性的意志与主体的感性—"病态"的天性之间的冲突。这时，他依然停留在康德的自我感知（self-perception）的范畴内。康德的自我感知涉及自由意志在下列两者之间的分裂：一者是"真正"的自由（对道德律令的服从），一边是任性（*Willkür*），即在自由选择中表现出来的随心所欲和固执己见。一方面，道德律令对我们的"病态"冲动施加其压力；另一方面，我们也会以自我意志（self-will）之名抗拒道德律令，而自我意志构成了我们的自我（Selves）的最深层内核。如此一来，道德与法制（legality）的对立是可以从自由意志的内在冲突中推导出来的：法制作为外部压力，以惩罚为威胁，迫使我遵守法律；由于我的自由意志已经分裂，所以法制还是需要的。如果"行为合乎道德"（to act morally）是我实际天性的一部分，如果我不把道德律令体验为羞辱性的压力，我就不会需要法律的外在强制，不会需要法制体系，或者用康德的话说，人就不会是"急需主人的动物"（the animal in need of a Master）。

〔注 31〕对这一逻辑的详细说明，见下列著作的第五章：Slavoj Žižek, *For They Know Not What They Do* （London：Verso Books，1991）。

〔注 32〕见下列论文中的分析：Alain Abelhauser，"D'un manque à saisir," in Razpol 3 （Ljubljana 1987）。

〔注 33〕我们可以想象，这一场景的电影版如何依赖于声音的对位使用（contrapuntal use）：摄影机会向我们展示沿着空旷大街行驶的马车，展示古老宫殿和教堂的正面；与此同时，允许声道绝对接近元质，呈现马车上正在发生的一切这个实在界（the real of what goes on in the coach）：喘息声、呻吟声。这些声音证明，性交媾正在紧张进行。

〔注 34〕See Michel Foucault, *This Is Not a Pipe* （Berkeley and Los

Angeles：University of California Press，1982）。

〔注35〕我们在罗伯特·海因莱因（Robert Heinlein）的科幻小说《乔纳森·霍格的倒霉职业》（*The Unpleasant Profession of Jonathan Hoag*）中遇到了同样的悖论：当一扇窗子打开时，先前透过它看见的现实顿时销声匿迹，我们看见的只是实在界，即黏糊糊、黑乎乎的泥浆。对这部小说的更加详尽的拉康式解读，见下列著作第一章：Slavoj Žižek，*Looking Awry*（Cambridge：MIT Press，1991）。

〔注36〕在马克思兄弟会的影片中，我们遇到了有关这一身份悖论（paradox of identity）的三个变体，即有关存在（existence）与属性（property）之间的诡异关系的三个变体：

（1）格劳乔·马克思（Groucho Marx）在被介绍给某个陌生人后："哈，你让我想起了伊曼纽尔·拉韦利（Emmanuel Ravelli）。"——"可我就是伊曼纽尔·拉韦利呀。"——"难怪你长得像他。"

（2）格劳乔正在法庭上为自己的当事人辩护："这人模样长得像傻瓜，干起事来像傻瓜，但你千万别上当——他真的是个傻瓜！"

（3）格劳乔在向一位女士求爱："你身上的一切都让我想起了你，你的鼻子，你的眼睛，你的嘴唇，你的双手——你之外的一切！"

处于这些悖论的核心地带的，当然是俄国形式主义者（如雅克布逊）为之辩护的论题。据此论题，每个谓词都有隐喻的身份。借助于谓词描述某物，最终等于说该物像什么。

〔注37〕我们在这个场景中得到的，当然是外部刺激（声音、器官需求等）的回响，而外部刺激引发了做梦这一行为：我们做了一个融入这一因素的梦，以延长睡眠，但我们在梦中遇到的内容具有过于强烈的创伤性，所以我们最后逃进了现实，从梦中醒来。我们在睡觉时听到的电话铃声就是这样的刺激；即使现实中的声源已经终止，

铃声还会持续，这例证了拉康所谓的实在界的固执（insistence of the real）。

〔注 38〕See Sigmund Freud, "Repression," in Standard Edition, vol. 14, pp. 152 – 53, and "The Unconscious", ibid. , p. 177. 对这个概念的拉康式解读，见 Jacques Lacan, *The Four Fundamental Concepts of Psycho-Analysis* (New York: Norton, 1977), p. 218.

〔注 39〕弗里茨·朗（Fritz Lang）的《蓝栀子》（*Blue Gardenia*）中出现了类似的镜头。在那个镜头里，安妮·巴克斯特（Anne Baxter）透过一条门缝向外窥视。

〔注 40〕Lacan, *The Four Fundamental Concepts of Psycho-Analysis*, p. 103.

〔注 41〕第三者的凝视还为理解暴露癖（exhibitionism）的逻辑提供了关键：男性暴露狂在受害者面前敞开外衣，完成了这一传奇姿势，目的在于令受害者感到震惊和耻辱。受害者感到难堪，这倒不是因为暴露狂的现身，而是因为第三者的凝视在假想中的出现。附带说一句，这也使我们确信，暴露狂以及一切变态虐待狂的目的，不是把受害者化约为客体，使之具有客体的身份，恰恰相反，他们的目的在于使受害者主体化，使受害者分裂（使本来混合在一起的迷恋和厌恶分裂），而分裂则塑造了作为欲望的主体（subject qua desiring）的特征。

〔注 42〕这个幽灵般的二重身，我们的影子，这个"比我们更真实"的我们，还由柯勒律治《古舟子咏》中的著名诗句呈现出来。玛丽·雪莱曾引用这些诗句，描述科学怪人（Dr. Frankenstein）与他创造出来的那个怪物的关系："就像旅人走在一条幽静的路上/担惊受怕，一团慌张，/也曾蓦然回首/但再也不敢回头张望/因为他知道，有一个可怕的恶魔/正紧追不放。"

〔注43〕在弗洛伊德关于梦的理论中，非物与思想物的差异，还在他对再现性的考察中发挥作用。见下列著作第六章第四部分：Sigmund Freud, *Interpretation of Dreams* (Harmondsworth: Penguin Books, 1977)。思想物本质上并不荒谬，并不矛盾，它只是不能被再现而已，也就是说，它只是不能被体验为我们的再现领域（field of representation）中的客体而已。

〔注44〕正是从这个意义上，现实与实在界之间的拉康式差异，重复了下列两者之间的康德式差异：一者是可能的东西（what is possible），它落进了可能经验的框架，我们可以把它想象为直观之对象（object of intuition）；一者是尽管在逻辑上并非不可能，但实际上从来都不能成为经验客体的东西。"实在界"指的就是个诡异的中间地带（intermediate domain）：它"存在"，有时甚至是必然地存在——这是在逻辑建构（logical construction）的意义上说的，但又永远不能成为被我们体验为现实的事物的一部分。这也是康德在把对象（Gegenstand）与客体（Objekt）区分开来时，他心里想着的东西：对象是属于可能经验领域的客体，客体则代表着无法被直观的实存物（entity）。

〔注45〕Karl Marx, *The Poverty of Philosophy*, in Karl Marx and Friedrich Engels, *Collected Works*, volume 6 (New York: International Publishers, 1976), p. 163.

〔注46〕这个乌托邦世界当然是作为西方咄咄逼人的父权制文明的对比物结构出来的：母权制的王国（《她》），黑人统治的王国（《所罗门王宝藏》），与自然和谐相处的王国（《泰山》），平衡智慧的王国（《消失的地平线》）。不过，这些小说传达的信息比表面看上去要模糊得多：对于进入这个如诗似画的世界的主人公们来说，饱食终日和无所用心的生活，实在不堪忍受，于是他们努力重返堕落的文明世界。纯粹幻象的世界是任何欲望均能获得满足（saturated desire）

的世界，也就是说，那是一个平衡到了极致的世界。在那里，欲望的客体—成因毫无用处。

〔注47〕影片在表现山口时，总是暴露其人工特性。之所以如此，原因就在这里。我们很快就能察觉，那是在摄影棚里拍摄的，它的整个背景，包括山谷下面的"恶人牧场"，都是画在一块巨大画布上的。同样的技巧还被希区柯克应用于他的《艳贼》（*Marnie*）等影片。难道我们没有在科波拉（Francis Ford Coppola）的《现代启示录》中的疆界线之外，遇到同样的幻象—空间的母体（matrix of a pure fantasy-space）吗？这部影片所表现的，也是"世界尽头之外的航行"（voyage beyond the end of the world）："世界尽头"显然是由越南和柬埔寨接壤的那座熊熊燃烧的大桥代表的。那是一片混乱、无法无天之地。在那里，现实与幻觉的区别已经模糊不清。不过，一旦我们越过了这一疆界，深入其彼岸，凶狠的暴力就会突然让位于不太自然的静谧。我们进入了纯粹的幻象空间，进入了科茨（Kurtz）这个既淫荡又聪明的父亲的王国，看到了对"正常"的符号性父亲（symbolic Father）——现实本来是由他构造的——的颠覆。正如弗雷德里克·詹姆逊注意到的那样，希区柯克的影片《西北偏北》中的总统山纪念碑（Mount Rushmore monument），也是用来充当"世界尽头"这一角色，展示"世界尽头"这一形象的：从总统们的头顶上眺望下面的山谷所看到的景象，显然是深不可测的彼岸（unfathomable Beyond）的景象。

〔注48〕它的身份类似于康德的"超验假相"（transcendental Schein）的身份：尽管理性之理念（Idea of Reason）并不属于现实的领域，不属于可能经验的领域，但它还是发挥了符号性了结（symbolic closure）的功能——整合、填充其领域。如果我们走到了现实的最远处，走到了现实的最极端，我们就会突然发现我们已经"处于另一

面"，进入了没有任何现实与之对应的观念之中。

〔注 49〕在绘画领域中，类似的倒置出现在爱德华·蒙克（Edvard Munch）的作品中。在经历了"表现主义"时期的绝望之后，蒙克迎来了准魔力般的宁静。那时，蒙克在大自然的韵律中找到了支撑物，找到了稳定的基准点，找到太阳赐予万物以生命的力量，等等。这种转变类似于西班牙超现实主义画家胡安·米罗（Joan Miró）从早期作品向晚期作品的转变。我们不禁要说，整个米罗都已经包含在他的早期画作中，那时他的画风还是形象化的。米罗晚期画作中的一些因素——著名的欢快的、充满"孩子般"的、抽象的彩色形状——在大体看来还算形象的画风的掩护下，表现了出来。所以，米罗大体上"物化"（reified）了自己的画作：他"忘"了对其因素进行辩证性的调停（dialectical mediation）；他把它们从其整体中抽离出来，并赋予它们卓然独立的表象。在真正的现代主义内部，同样的逻辑还出现在从表现主义（expressionism）向现代主义的形式主义（modernist formalism）的转变之中。让我们回忆一下奥地利作曲家阿诺德·勋伯格（Arnold Schoenberg）音乐作品中的道白式演唱法（Sprachgesang）——程式化的"说唱"——的命运吧。在《古雷之歌》（Gurre-Lieder）中，道白式演唱法还是"语境化"的，它显现为瓦尔德马尔国王（King Valdemar）那难以承受的痛苦的渐渐消失，那时国王正为心上人图韦（Tove）的过世而哀怨。在晚间出行时，瓦尔德马尔以传统的晚期浪漫主义的曲调表达自己的痛楚，而说话人则以道白式演唱法的形式，歌颂新的一天的曙光，因为它驱散了夜间的恐怖。在勋伯格的晚期作品《月下小丑》（Pierrot Lunaire）中，这种辩证的张力，即道白式演唱法与具有晚期浪漫主义色彩的曲调的调停，完全消失了：道白式演唱法解放了自己，占据了整个领域。在更一般的层面上，把极端紧张反转为宁静祥和，这种反转的基本母体是由从现代主义向后现代主义的过渡提供的。在这里，至关重要的是，在这个过渡的过程中，被改变的不是被感知的客体（perceived object）或被感知的事物状态（state of things），而是视角，正是透过这一视角，被感知的事物状态以令人恐怖的面貌呈现出来的：就在真正的主体性之维（dimension of authentic subjectivity）、隐含的常态标准（standard of normality）分崩离析之时，我们从现代主义—表现主义的恐怖（modernist-expressionist horror）转向了后现代主义的伦理福佑（postmodernist etheric bliss）。不论走到哪里，这种反转的逻辑都是一样的，那就是欢快的、充满"孩子般"的直接性。这种直接性最初是作为它的对立物的表现形式出现的，也就是说，是作为最深刻的绝望的表现形式出现的。在那里，主体不再能够直接表达自己的恐惧，只能摹仿愚不可及的清纯。它已经丧失了这一"调停"，并伪装成"真正"的孩子般的纯真。

〔注50〕见下列著作的第二十章、二十一章：*The Ethics of Psycho-analysis*, 1959 – 1960, *The Seminar of Jacques Lacan*, book 7, ed. Miller.

〔注51〕在康德那里，把现象与本体分离开来的疆界——该疆界只是用来限制、约束现象领域——还在逻辑上先于作为实证性实存物的本体（noumena qua positive entities）；归根结底，"超验假相"的地位与这些影片中疆界之外的神秘王国的地位完全相同。

〔注52〕我们在此遇到了"想必相信的主体"（subject supposed to believe）所发挥的功能：现行秩序的合法化是通过下列事实完成的——怀疑现行秩序，会背叛大他者的朴素信仰（背叛外国工人这个大他者的信仰，外国工人相信苏联，借助于这一信仰，他们赋予自己的生活以意义和一致性）。至于"想必相信的主体"这一概念，见 Slavoj Žižek, *The Sublime Object of Ideology* (London: Verso Books, 1989), pp. 185 – 186.——作者注。关于"想必相信的主体"，齐泽克在《意识形态的崇高客体》中使用的是"subject presumed to believe"，而不是这里所用的 "subject supposed to believe"。细究起来，"presumed" 与 "supposed" 还是存在细微的差异。——译者注

〔注 53〕对这一悖论的另一种解读，见 Slavoj Žižek, *The Sublime Object of Ideology*, pp. 45 – 47.

〔注 54〕见下列著作的第二章：Sigmund Freud, *Interpretation of Dreams* (Harmondsworth：Penguin Books, 1977)。

〔注 55〕*The Ego in Freud's Theory and in the Technique of Psychoanalysis*, *The Seminar of Jacques Lacan*, book 2, ed. Miller (Cambridge：Cambridge University Press, 1988), p. 159.

〔注 56〕Ibid. , p. 154.

〔注 57〕Ibid. , pp. 154 – 55.

〔注 58〕Ibid. , p. 168.

〔注 59〕Ibid. , p. 161. 从创伤向福佑的这一反转，等于某种符号性脑白质切除术：切除创伤性的肿瘤，类似于弗朗西斯·法默 (Francis Farmer) 接受的手术，对她实施手术的目的是让她在美国日常意识形态中 "感觉良好"。——作者注。弗兰西斯·法默 1914 年生于美国，青年时即有自己的思想，因撰写激进文章而名噪一时，曾作为学生代表访问苏联，与当时保守的社会形态格格不入。成年后的法默学习戏剧表演并很快成为明星。好莱坞的虚伪浮华令她厌倦，她母亲又企图控制她，于是变得脾气暴躁。她母亲把她送进精神病院，并对她实施脑白质切除术。法默饱受非人的折磨，身心备受摧残。1981 年好莱坞把这个悲剧故事搬上银幕，像鲁迅所说的那样，"把有价值的东西毁灭给人看。"——译者注

〔注 60〕Jacques Lacan, *Ecrits*：*A Selection* (New York：Norton, 1977), p. 286.

〔注 61〕Ibid. , p. 287.

〔注62〕Ibid.

〔注63〕有人指责黑格尔把"正题—反题—合题"这个三元组当成正式的原理来使用，以便把秩序引入每一种紊乱的内容。在这样做之前，我们应该注意，这些术语不是黑格尔的。黑格尔从来没有说过什么"正题—反题—合题"，它们是由黑格尔的学生在黑格尔去世多年之后引入的。

〔注64〕在"非对抗性"关系中，每一时刻的与自身同一（identity-with-itself）都是以它与其大他者结成的互补关系为根基的（女人因其与男人结成的关系而是女人，男女双方构成了和谐整体，等等）。在"对抗性"关系中，大他者腰斩（truncates）了我们的同一（identity），它阻止我们实现同一，阻止我们"完全成为我们所是的东西"（becoming fully what we are）（当女人开始把她与对立性别结成的关系视为阻止她充分认识她的女性主体立场，阻止她充分"成为她自己"时，两性关系就成了"对抗性"的关系。）关于这样的对抗观，见 Ernesto Laclau and Chantal Mouffe, *Hegemony and Socialist Strategy*（London：Verso Books，1985）。

〔注65〕Theodor W. Adorno, *Negative Dialectics*（New York：Continuum，1973），p. 5.

3
黑格尔的"本质逻辑"
作为一种意识形态理论

不充分根据之原理

"爱情令我们把不完美视作可容忍之物，即使我们不把它视作可爱之物。但这事关选择。面对怪癖，我们可以怒火中烧，也可以倍加珍惜。一个朋友嫁给了一个能干的律师，她回忆说，'第一次约会时我得知，他能稳渡生死难关，应付棘手当事人提出的苛求。第二次约会时我得知，他连一条小河也渡不过去。这时，我决定给他个机会。'"

这段文字引自《读者文摘》，它谈及的所谓"可爱的缺点"（endearing foibles）给我们提供的教益是，选择是这样一种行为，它回溯性地确立当初选择这一行为的理由。一边是由知晓提供的理由因果链（causal chain of reason），它在拉康的数学图表中是 S_2，一边是做出选择这一行为（act of choice），即决定，它因其自身的无条件特征（unconditional character）而终结了那个链条（S_1），在这两者之间，总是存在着一个前述链条无法占据的缝隙、裂口。[注1]

让我们回忆一下滥情通俗剧中或许是最崇高的那个时刻吧。一个心怀鬼胎之人，或者一个善意的朋友，试图说服主人公离开其配偶，他滔滔不绝地列举后者的种种短处。但是，不知不觉地，他反而因此提供了令主人公继续忠于其配偶的理由，也就是说，他的反论（counter-arguments）发挥了正论（arguments）的作用（"正是因为这个理由，她更需要我了。"）[注2]理由与其结果之间的这个缝隙，正是我们所谓的移情（transference）的根基，是移情关系（transferential relationship）的根基，而移情和移情关系是以爱情为缩影的。——列举我们爱某人的理由，只要我们稍顾体面，就会对此感到恶心。如果我说出"我基于下列理由而爱此人"，那毫无疑问，这不是真正的爱情。[注3]在真正的爱情中，一旦涉及某个否定性的特性（也就是说，这个特性是反对爱情的理由），我们会说"正是因为这个理由，我更爱这个人了！"单一特征①，即诱发爱情的单一特性，总是不完美之索引。

这个循环就是黑格尔在谈论"预设的设置"（positing of

---

① 单一特征（*le trait unaire*），精神分析的专业术语，起源于弗洛伊德，发展于拉康，指欲望客体具有的激发欲望的、难以言喻的、否定性的特征。

presuppositions）时心中所想的东西。在这个循环中，我们被理由所决定，但只被那些我们回溯性地认可的理由所决定。同样的回溯逻辑（retroactive logic）还出现在康德哲学中，不过是在某个伪装的掩饰下出现的。这个伪装，在盎格鲁－撒克逊研究康德的文献中，通常被称为"合并论"①：〔注4〕总是存在着自主的"自发性"（autonomous "spontaneity"）因素，它属于主体，它使主体无法被化约为因果链中的一环。诚然，我们可以这样认为，主体屈从于因果链，因果链决定他的行为，使他的行为符合他的"病态"利益。功利主义（utilitarianism）的赌注也押在了这里（因为主体的行为完全受制于他对最大快乐和最小痛苦的追求，所以通过控制影响主体做出决定的外部环境来支配他，预测他迈出的每一步，是可能的）。

功利主义所忽略的，正是德国观念论意义上的"自发性"因素。这里的"自发性"因素与日常意义上的"自发性"（听任情绪冲动的直接摆布）截然相反。依德国观念论之见，就"自发地"一词的日常意义而言，在我们"自发地"采取行动时，我们没有摆脱我们的直接天性（immediate nature），我们依然是我们直接天性的囚徒，受制于把我们锁在外部世界上的因果链。与此相反，真正的自发性，是由反思时刻（moment of reflexivity）塑造出来的。任何原

---

① 英语世界中的康德研究者多以"合并论"（Incorporation Thesis）和"互惠论"（Reciprocity Thesis）为核心解读康德的自由观与道德律令观。

因，只有被我"融合"，只有被我"把它们当成我的原因来接受"，最后才算原因。换言之，他者对主体的决定，总是主体的自我决定。因此，主体同时依赖于和独立于外部环境：他"独立"地设置自己的依赖。正是从这个意义上说，德国观念论的主体总是自我意识之主体（subject of self-conciousness）：无论何时，直接诉诸我的天性（"我能有什么作为，我生来如此！"），都是虚假的；我与自己体内的情绪冲动的关系，总是经过调停之后的关系。只有得到了我认可，我的冲动才能决定我。之所以我要为它们完全负责，原因就在这里。[注5]

举例证明"预设的设置"这一逻辑的另一种方式，是对我们的经验与活动进行自发的意识形态性叙事化（spontaneous ideological narrativization）：无论我们做什么，我们总是将其置于更大的符号性语境中，那里充斥着这样的活动——把意义赋予我们的行为。在曾经的南斯拉夫，与穆斯林阿尔巴尼亚人和波斯尼亚人交战的塞尔维亚人，把他们的战斗视为几个世纪以来保卫基督教欧洲，抵制土耳其入侵的最后一战。布尔什维克也把十月革命视为自古罗马的斯巴达克斯至法国大革命的雅各宾派的先前所有激进的人民起义的延续与终结（这种叙事化甚至为某些批判布尔什维克主义的人所默认，比如，他们谈过"斯大林主义热月①"）。柬埔寨的红色高棉和秘鲁的光辉道路把他们的运动视为重返古代帝国的昔日荣耀（在秘鲁是印加帝国，在柬

---

① 热月即法国共和历的第十一个月，相当于公历7月19日到8月17日。右翼集团在热月发动政变，推翻雅各宾专政，建立起热月党的统治。

埔寨是老高棉王国）。这里要提出的黑格尔式的观点是，这样的叙事总是回溯性的重建，在某种程度上我们要为这种回溯性的重建负责。这些重建从来都不是简单的既定事实，我们永远不能把既定事实称为我们活动的基础条件、语境或预设。正是作为预设，这样的叙事总是已经被我们"设置"好的。只有把传统建构成传统，传统才是传统。

在此我们必须铭记"设置预设"（positing the presuppositions）这一行为的终极偶然性。在前南斯拉夫，国家审查员真可谓不枉不纵。举例说吧，有直接宗教内容的影片被放行，但是，如果主题是基督教的，影片则被拦下。我们看到了戴米尔①的《十诫》，但威廉·怀勒②的《宾虚》就问题重重。如何在这个"基督故事"中剪去涉及基督教的地方，同时又保持这个故事在叙事上的完整性？审查员以颇具想象力的方式摆脱了这个两难之境。他剪去了影片前三分之二中零零星星的拐弯抹角地提到基督的地方，然后把后面的三分之一全部剪掉，因为在那里，基督是主角。于是这部影片在那个著名的赛马场景后草草收场。在那个场景中，宾虚战胜了他的邪恶的罗马天敌——马萨拉（Messala）。倒在血泊中的马萨拉因受重创即将死去，但在死前，他令宾虚虽胜犹败，因为他让宾虚知道，宾虚据说已经死去的妹妹和妈妈依然活着，只是被关在麻风寨中，

---

① 塞西尔·戴米尔（Cecil B. de Mille, 1881—1959），美国电影导演与制作人，电影《十诫》（Ten Commandments）1923 和 1956 年版的导演。

② 威廉·惠勒（William Wyler, 1902—1981），生于德国，一度成为好莱坞电影工业的顶梁柱，执导过许多著名影片，如《罗马假日》《蝴蝶春梦》《宾虚》等。

已经病得面目全非。宾虚又回到了赛马场，默默无语，内心失落，面对着一场毫无价值的胜利——影片此时戛然而止。审查员在这里取得的成就可谓惊人：毫无疑问，他对悲剧性的存在主义视境（existentialist vision）一无所知，但尽管如此，他把一部枯燥乏味的基督教宣传片剪成了一部存在主义戏剧。这部戏剧谈论的是，我们的一切丰功伟绩如何最后都化为过眼的云烟，我们在取得最伟大的胜利时如何孤寂。审查员是如何做到的？他没有贡献任何东西，只是动了动剪刀，剪去了影片中至关重要的那些部分，就使这部影片有了"深度"，有了深远的存在主义视境。意义就是这样从废话中脱颖而出的。

这些悖论使我们能够详细说明德国观念论中的"自我意识"（self-consciousness）的性质。拉康在对黑格尔进行批判性评论时，通常把自我意识等于自我透明（self-transparence），同时把自我意识当成坚决否认主体的构成性的去中心性（constitutive decenteredness）的哲学幻觉的最明显的例子而抛弃。① 不过，德国观念论中的"自我意识"与主体的

---

① 这句话的意思是，黑格尔强调自我意识，拉康则反对之，原因有二：一是拉康认为，自我意识等于自我明透，等于一望便知，其实，人是高度复杂的，哪里有什么一望便知的东西？二是拉康认为，强调自我意识，就是强调"自我中心"，认为"自我中心"乃人的构成性特征，即认为，"自我中心"这个特征，使人成为人，因而必定否认"主体的构成性的去中心性"，而"主体的构成性的去中心性"，恰恰是拉康强调的。"主体的构成性的去中心性"指的是，主体之为主体，人之为人，不在于它的以自我为心，恰恰相反，在于它的"离开中心"，或称"去中心化"，只有"离开中心"，主体才能成为主体，才构成主体。所以，在拉康看来，自我意识是哲学中最明目张胆的幻觉，而痛加批判。当然对自我意识，齐泽克并不这样看，实际上，他把自我意识视为自我反思（self-reflection）。

任何类型的透明的自我同一（self-identity）都是风马牛不相及的。拉康曾经指出，每种欲望天生都是"对欲望的欲望"（desire of desire）。拉康在指出这一点时心中所想的东西，正是"自我意识"的别称。主体从来都不在自己身上直接寻找欲望，而是把反射关系（reflected relationship）施之于欲望。也就是说，借助实际的渴望（actual desiring），主体含蓄地回答了下列问题："你有大量的欲望，你现在欲望着你的哪一个欲望（挑选了哪一个欲望)？"[注6] 正如我们在谈及康德时所看到的那样，自我意识是在主体对自身不透明（nontransparency of the subject to itself）的基础上，主动建立起来的。康德的超验统觉（transcendental apperception）——即纯粹我的自我意识（self-consciousness of pure I）——只有在下列条件下，才是可能的：作为"会思考的物"（Thing which thinks）的我的本体之维（noumenal dimension），对我来说是遥不可及的。[注7]

当然，到了一定程度，循环性的"预设的设置"会陷入僵局。打破这一僵局的关键，是由拉康的"并非全部"（non-All）的逻辑提供的。[注8] 尽管"先前被设置的一切都是被预设的"（nothing is presupposed which was not previously posited），也就是说，尽管对于每个具体的预设（presupposition）来说，我们可以证明它是"被设置的"（posited），不是"自然的"，而是被自然化的（naturalized），但得出下列看上去非常普遍的结论还是错误的："被预设的一切都是被设置的"（everything presupposed is posited）。被预设的 X

"没什么特别的",是全然非实体性的（substanceless），然而又抵抗回溯性的 "设置"（positing）。它就是拉康所谓的实在界，即那个无法企及的、难以琢磨的 *je ne sais quoi*（难以描绘和表达的东西）。

朱迪斯·巴特勒在《性别的烦恼》（*Gender Trouble*）中证明，性（sex）与性别（gender）之间的差异，即生物学事实与文化—符号建构之间的差异（十年前，女权主义者广泛运用这一差异，以表明 "解剖学不是命运"，即女人作为文化产物，并不受制于她的生物状况），永远都不能斩钉截铁地确定下来，永远都不能被预设为一个实证性的事实（positive fact），它总是已经被 "设置的"：我们要画一条线，把 "文化" 与 "自然" 分离开来，但我们这样做，总是受制于特定的文化语境。把性别与性区分开来，在它们之间划一条分界线，是由文化来决定的，这导致了文化上的多元决定（cultural overdetermination）。

不过，无论如何，这种文化上的多元决定不应该迫使我们接受福柯的性观念（notion of sex）——性（sex）即性征（sexuality）——话语实践的异质性肌质（heterogeneous texture of discursive practices）——的结果。如果接受了福柯的性观念，那么被忽略的正是实在界这个僵局（deadlock of the Real）。[注9] 在这里，我们看到了把拉康与 "解构" 区分开来的虽然纤细却又至关重要的分界线。之所以这么说，是因为，认定自然与文化的对立总是已经在文化上被多元决定，也就是说，认定不能把任何特定因素当成 "纯粹的自然"（pure nature），并把它们孤立起来，并不意味着"一切皆文化"。作为实在界的自然依旧是深不可测的 X，它抵抗文化性的"绅士化"（gentrification）。或者换种说法，拉康所谓的实在界是把特殊（the Paticular）与一般（the Universal）分开的一条缝隙，它妨碍我们完成普遍化的姿势（completing the gesture of universalization），阻止我们从前提"每个特殊因素都是 P"直接得出结论"全部因素都是 P"。

结果，作为不可能—非符号化（impossible-nonsymbolizable）的实在界概念并不涉及禁令的逻辑（logic of Prohibition）。在拉康那里，实在界并没有被神不知鬼不觉地圣化，没有被视为不容亵渎之域。拉康把"阉割之石"（rock of castration）界定为实在界，但他这样做，绝不意味把阉割视为某种遥不可及的祭品，将其排除在话语领域之外。每一次把符号界和实在界区分开来，每一次把作为被禁止的—不可亵渎的实在界（Real qua the prohibited-inviolable）排除在外，都是典型的符号性行为（symbolic act）；如此地把不可能性（impossibility）反转成禁止—排除（prohibition-exclusion），会使实在界的固有僵局变得神秘兮兮。换言之，拉康的策略是，防止使实在界成为禁忌：只有专心致志地使实在界符号化，直至这一努力宣告失败，我们才能"触及实在界"。在康德的《纯粹理性批判》中，唯一能够证明在现象之外存在着元质的证据，就是谬误推理（paralogism）、不一致性，因为一旦把范畴应用于经验的边界之外，理性就会举步维艰。与此同理，在拉康那里，"*le réel*"——

"享受这个实在界"（the real of *jouissance*）——"只能借助于它在自身构成时陷入的僵局，才能被识别出来"。[注10]简言之，就其身份而论，实在界是彻头彻尾的非实体性的：我们努力将它融入符号界，结果一败涂地，它就是这一失败的产物。

"预设"①（即列举各个预设②——外部因果链/条件链）陷入的僵局，正好与"非全（non-all）遇到的麻烦"相反。可以毫不费力地把一个实存物化约为它的预设之和（totality of its presuppositions）。不过，这一系列的预设所遗失的，只是形式转化的表述行为（performative act of formal conversion），形式转化回溯性地设置这些预设，使这些预设成为它们现在所是的东西，成为……的预设（诸如前面提到的回溯性地"设置"其理由的行为）。这种不厌其烦的多此一举，是主人能指（Master-Signifier）的同义反复姿势（tautological gesture），主人能指把我们正在谈论的实存物建构成一个整体（One）。我们在此看到了设置（positing）与预设（presupposing）的不对称：对预设的设置（positing of presuppositions）在"女性"的非全（non-all）中达到了它的极限，躲避它的正是实在界。与此同时，借助于"男性"的表述（performative），列举被设置内容的预设（presuppositions of the posited content）变成了封闭的序列（closed series）。

黑格尔经由"确定的反思"（determining reflection），努

---

① 这里的"预设"是动名词"presupposing"。
② 这里的"预设"是名词"presuppositions"。

力化解设置预设（positing the presuppositions）——"设置的反思"（positing reflection）——陷入的僵局，化解每一个设置活动的预设（presuppositions of every positing activity）——"外在的反思"（external reflection）——陷入的僵局。① 这三种反思形态（设置的反思、外在的反思和确定的反思）[注11]遵循的这一逻辑，凸显了整个本质逻辑（logic of essence）的母体，也就是说，凸显了紧随其后的几个三元组的母体。这些三元组是：同一（identity）、差异（difference）、矛盾（contradiction）；本质/形式（essence/form）、形式/质料（form/matter）、内容/形式（content/form）；形式根据（formal ground）、实在根据（real ground）、完整根据（complete ground），等等。[注12]下面要简要考察黑格尔的本质逻辑，以达到两个目的：阐明"确定的反思"的连续不断的、越来越具体的诸形式（黑格尔所谓的"确定的反思"是康德所谓"超验综合"的对应物）；与此同时，在"确定的反思"的诸形式中识别完全相同的基本的意识形态运作模式。

同一、差异、矛盾

在处理"黑格尔与同一"（Hegel and identity）这一主

---

① 这三个"反思"的英文分别是"positing reflection""external reflection""determinate reflection"，杨一之将其分别译为"建立的反思""外在的反思""进行规定的反思"。参见黑格尔：《逻辑学》（下卷），杨一之译，北京：商务印书馆 1982 年版，第 16—26 页。

题时，我们永远不要忘记，作为"反思之确定"（determination-of-reflection），同一只能在本质逻辑中出现。黑格尔所谓的"同一"不是任何概念性确定（notional determination）的简单自我等同（self-equality），如红色是红色，冬季是冬季，等等，而是本质的同一（identity of an essence），它超越永远变化的表象之流（flow of appearances）而"始终如一"。我们如何确定这种同一？如果我们试图按照某物"自在"的样子来把握该物，不顾它与其他事物的关系，那么它特有的同一①就会避开我们，关于它，我们就会无话可说，该物也会与所有其他的事物呈"半斤八两"之势。简言之，同一是以制造差异之物（what makes a difference）为转移的。一个实存物的"同一"是由它一连串的差异特质组成的。什么时候我们掌握了这一点，我们就会从同一走向差异。举例说吧，某君的社会同一②是由它一连串的社会委任（social mandates）组成的，这些社会委任天生就是差异性的：一个人只有处于与"母亲"和"儿子"的关系中，才会是"父亲"；在另一种关系中，他就是"儿子"，等等。黑格尔的《逻辑学》（Logic）中有一个至关重要的段落。在那里，说到"父亲"这个符号性确定（symbolic determination），黑格尔阐述了从差异向矛盾的过渡：

---

① 特有的同一（specific identity），有特定的身份之意。"identity"既有"同一"之意，又有"身份"之意，"同一"是"身份"的本质，"身份"是"同一"的表现。

② 社会同一，即社会身份。

父亲是儿子的他者，儿子是父亲的他者，他们每个人只是作为这个他者的他者存在的。与此同时，一方的确定（one determination）只是存在于与他者的关系之中……除了与儿子结成的关系，父亲也有他自己的存在；不过那样的话，他就不再是父亲，而只是人……因此，只要诸种对立在同一个方面，以否定的方式彼此关联在一起，或者彼此相互扬弃并彼此漠不相关，对立就包含着矛盾。①〔注13〕

粗心的读者很容易忽略这段文字的关键所在，忽略那个与标准的"黑格尔式矛盾"概念相左的特性：矛盾并不发生在"父亲"与"儿子"之间（倘若如此，我们得到的只是两个相互依赖的术语的简单对立），矛盾也不表现在，在一种关系（与我儿子的关系）中我是"父亲"，在另一种关系（与我父亲的关系）中我是儿子，即我"同时既是父亲也是儿子"。如果这就是黑格尔式的"矛盾"，那黑格尔实际上就犯了逻辑混乱的谬误，因为很显然，我并不同时处在同一个方面。在前面引自黑格尔《逻辑学》的那段文

---

① 参见中文版："父亲是儿子的另一方，儿子也是父亲的另一方，而每个另一方都是这样另一方的另一方；同时每一规定只是在与其他规定的关系中才有的……父亲除了对儿子的关系以外，就其自身说，也还是某种事物，但那样他便不是父亲而一个一般的人……对立物之所以包含矛盾是因为它们在同一观点下，既彼此相关或说相互扬弃而又彼此漠不相关。"黑格尔：《逻辑学》（下卷），杨一之译，北京：商务印书馆1976年版，第68页。

字中，最后一句话显然已经把矛盾置于"父亲"本人之内。在这里，"矛盾"指的是下列两者间的对抗性关系：一者是，"对于他人而言"，我是什么，即我的符号性确定（symbolic determination）；二者是，"就我自身而论"，把我从我与他人结成的关系中抽取出来，我是什么。① 矛盾发生在下列两者之间：一者是主体纯粹的"为自己的存在"（being-for-himself）这个空白，一者是符指化特性（signifying feature），对于他人而言，该符指化特性代表着他。用拉康的话说，矛盾发生在$与 S1 之间。更准确地说，矛盾的意思是：在符号性委任中出现的"异化"，即在 S1 中出现的"异化"，回溯性地制造了$，即避开符号性委任掌控的空白，同时也使我摆脱了残酷的现实。我不仅是"父亲"，不仅是这个具体的确定（particular determination），在这些符号性委任之外，我只是躲避这些符号性委任（以及它们自身的回溯性产物）的空白。[注14] 正是差异网络（differential network）中符号性代表（symbolic representation）抽空了我的"病态"内容，使具有实体丰满性（substantial fullness）的"病态"主体 S，变成了被划了斜线的$这个纯粹自我相关（self-relating）的空白。

"对于他人而言"我所是的东西，被浓缩成一个能指。相对于其他的能指，这个能指代表着我。比如，对于"儿

---

① 用康德的话说，"对于他人而言"（for the others）是"为他"的存在；"就我自身而论"（in myself）是"自在"的存在。

子"来说，我是"父亲"。超出我与他人的关系，我是空无[1]，我只是这些关系的集合（马克思会说，"人的本质是一切社会关系的总和。"[2]），但这个"空无"是纯粹自我相关之空无。我是什么，只是相对于他人而言的，但与此同时，我还是自己决定自己的人，也就是说，我决定由我与他人结成的哪种关系网络来决定我。换句话说，正是在下列前提下，也只有在下列前提下，我才被（符号性）关系网络决定：我作为自我相关之空白（void of self-relating），以上述方式[3]进行自我决定。我们在此遇到了作为自我决定的自发性：在我与他人的关联中，我与我自己关联（in my very relating to the other I relate myself to myself），之所以如此，是因为，我决定，我将采取何种具体的形式，把我与他人关联在一起。或者用拉康的话语图式（scheme of discourse）来表示：[注15]

$$\frac{S_1}{\$} \longrightarrow S_2$$

因此我们必须小心，不要错过由对立向矛盾的这一过

---

① 我是空无（I am nothing），一般译为"我什么也不是"。但"nothing"在此除了"什么也不是"的日常含义，还有其哲学内涵，即萨特常说的"空无"。

② 马克思的原话是："人的本质不是单个人所固有的抽象物，在其现实性上，它是一切社会关系的总和。"《马克思恩格斯选集》（第1卷），北京：人民出版社2012年版，第135页。

③ 上述方式，指"我决定由我与他人结成的哪种关系网络来决定我"。

渡所遵循的逻辑：它与两个对立物的同时存在（coinci-dence）或相互依赖无关，与一极向另一极的过渡无关。且以男人和女人为例，可以不断地变更他们相互依赖这一母题（每一方都只是作为他者之他者而存在的；它的存在要由它的对立物的存在来调停，等等），不过，只要我们继续把这一对立置于某个中立普遍性（neutral universality）的背景上（人"属"及其两个"种"，男人和女人），我们就离"矛盾"相去甚远。用"大男子主义者"的话说，只有当"男人"显现为普遍的人类之维（universal human dimen-sion）的直接化身，当女人显现为"被砍了一截的男人"（truncated man）的直接化身时，才有矛盾可言。如此一来，两极之间的关系不再是对称性的关系，因为男人代表着"属"，而女人则代表着种差（specific difference）。（或者用结构语言学的话说，只有当对立中的一方开始发挥"标记"的作用，而另一方发挥"无标记"的作用时，我们才能进入真正的"矛盾"。①）

结果，我们顺着黑格尔所谓的"对立的确定"（opposi-tional determination）的逻辑，从对立走向矛盾：一旦两个对

---

① "标记"（marked）和"无标记"（non-marked），来自结构主义语言学的标记理论（Markedness Theory）。该理论由布拉格学派于20世纪30年代首创。根据这种理论，有些词语有"标记"，有些词语"无标记"。前者如"白酒"，后者如"酒"。"白酒"标记明显，通常指"以粮谷为主要原料，以大曲、小曲或麸曲及酒母等为糖化发酵剂，经蒸煮、糖化、发酵、蒸馏而制成的蒸馏酒"，"酒"无甚标记，通常指含有3%至60%的酒精的液体，它可以是白酒，也可以是啤酒、葡萄酒、黄酒、米酒、药酒，等等。

立物的普遍的、共同的基础在其自身的"对立的确定"中"遇到了自身"，即在对立的一个术语中"遇到了自身"，我们就会从对立走向矛盾。回忆一下马克思的《资本论》吧。在那里，"对立的确定"的最高例证就是资本本身，（投入具体公司即生产单位的）众多资本必然包含着"金融资本"，"金融资本"是与具体资本相反的一般资本的直接化身。因此，"矛盾"指下列两者间的关系：一者是一般资本，一者是化身为一般资本的资本的一个"种"，即金融资本。一个更加直截了当的例子，出现在《政治经济学批判》导言中。在那里，生产作为生产、分配、交换和消费之总和的结构性原则（structuring principle），在其"对立的确定"中"遇到了自身"。在这里，矛盾出现在下列两者之间：一者是作为生产、分配、交换和消费这四个时刻之总和的生产，一者是作为这四个时刻之一的生产。[注16]

正是从这个意义上说，矛盾同时还是阐述立场（position of enunciation）与被阐述内容（enunciated content）之间的矛盾：当阐述者借助于自己言语的言外之力（illocutionary force），在惯用语（locution）的层面上达到谴责他人的目的时，矛盾出现了。且看来自政治生活的经典个案。当某个政治能动者（political agent）批评敌对政党只顾自己狭隘的政党利益时，他已经把自己的政党当成了为整个国家谋取利益的中性力量。结果，他的所作所为正是他谴责别人做过的一切，即以最为强劲有力的可能方式，维护自己政党的利益：结构其言辞（structures his speech）的分界线，出现在他的政党与所有其他政党之间。这里运行的，还是"对立的确定"的逻辑：超越琐碎政党利益的所谓普遍性，在特定的政党中"遇到了自身"，这就是"矛盾"。

在影片《大独裁者》片尾字幕的最后，卓别林修改了有关剧情现实与"真正"现实的关系的标准免责声明（"如有雷同，纯属巧合"）。把它改成了"独裁者亨克尔（Hynkel）与犹太人理发师如有雷同，纯属巧合"。归根结底，《大独裁者》是一部有关这种巧合身份（conincidental identity）的影片：亨克尔-希特勒，这个无所不在的声音，就是可怜的犹太理发师的"对立的确定"、影子二重身。只要回忆一下那个场景就足够了：在犹太人聚居区，大喇叭正在播放亨克尔的凶狠残暴的排犹演说，与此同时，理发师在大街上狂奔，仿佛受到了自己声音的多重回响的迫害，仿佛他在逃离自己的影子。这里蕴含着比初看上去深刻得多的洞察力：《大独裁者》中的犹太理发师并没有被首先刻画成犹太人，而是被刻画成了"想在政治动荡之外，过上适度和宁静的日常生活的小人物"的缩影。正如无数分析已经证明的那样，纳粹主义正是这个"小人物"的狂怒的反面，一旦常规世界失控，它就会暴跳如雷。

在这部影片的意识形态世界里，同样的悖论性的等式（paradoxical equation）以另一个隐含的对立统一（identity of the opposites）呈现出来：奥地利 = 德意志。也就是说，在这部片影中，哪个国家既扮演了受害者的角色，同时又是"托马尼亚"（Tomania）——德国——的充满诗情画意的对应物？答案是"奥特力克"（Austerlic），即奥地利这个小小的葡萄园种植国，欢快纯朴的人民生活在那里，仿佛一个大家庭的家人。一言以蔽之，那是"有人情味的法西斯主义"国家。[注17] 同一段音乐，即瓦格纳《罗恩格林》（Lohen-grin）的序曲，既出现于理发师的最后演说之时，也为亨克尔玩弄地球气球（globe-balloon）的著名动作伴奏，这获得了出人意料的不详的维度（ominous dimension）。影片最后，理发师有关需要关爱与和平的言辞，完美地对应于希特勒–亨克尔会以多愁善感的小资产阶级语气表达的东西。

形式/本质、形式/质料、形式/内容

一旦我们在辩论时开始节节败退，我们最后的救命稻草通常是坚称，"不管怎么说，在本质上，事情就是我们认为的那样。"这也正是黑格尔在谈及以其直接性见长的本质（essence in its immediacy）时心中所想的东西。"本质"在此指的是直接内向性（immediate inwardness），是"事物的本质"（essence of things），无论外部形式怎么变化，它一成不变。这种态度的最佳例证，是那个愚蠢的谚语："豹子无法改变自己的花纹。"① 这种态度的个案，在政治中大量存在。只要回想一下，看普通的右翼分子如何对待东欧的前共产主义者就足够了：无论这些前共产主义者的实际行动

---

① 这个谚语意为"江山易改，本性难移"。类似的谚语还有"狼走千里吃肉，狗走千里吃屎"等。

如何，他们的民主"形式"不应该使我们上当受骗，"民主"只是形式而已；"本质上"，他们依然是那些老极权派，云云。[注18] 如此的"内在本质"逻辑，始终坚持自己的看法，无论外部形式发生了怎样的变化。如此的"内在本质"逻辑在近期的一个实例，是 1985 年对戈尔巴乔夫（Gor-bachev）所做的不信任的评判：什么都不会改变，戈尔巴乔夫甚至比普通的持强硬路线的共产主义者还危险，因为他为极权体制提供了诱人的"开放""民主"的表象；他的终极目的是巩固这一体制，而不是从根本上改变它。这里要提出的黑格尔式看法是，这种说法或许是真的，戈尔巴乔夫"真正"想做的，极有可能只是改善这一现行的体制而已。但是，不论他意图如何，他的行为开启了自上而下地转化那一体制的过程："真相"存在于不仅被戈尔巴乔夫持的多疑的批评者，而且被戈尔巴乔夫本人视为纯粹外部形式的事物之中。

如此被设想的"本质"依然是个空洞的确定（empty determination），其适当性只能以下列方式来检测：验证它在多大程度上表现、呈现于外部形式。由此我们得到了随之而来的一对范畴——形式/质料。在这对范畴中，两者的关系被颠倒了：形式不再是被动的表现—结果（expression-effect），我们不得不在它后面寻找某个隐藏的"真正本质"（true essence）；相反，形式成了动能（agency），它使被动—无形（passive-formless）的质料个性化，把具体的确定（particular determination）授予质料，使之不再被动—无形。

换言之，一旦我们意识到，本质的全然确定性（entire deter-minatedness）在于它的形式，先前被认为是从其形式中提取出来的本质，就变成了形式的无形基质（formless substra-tum），一句话，变成了质料。正如黑格尔简明概括的那样，确定的时刻（moment of determination）与存活的时刻（moment of subsistence）由此四分五裂，它们被设置为两种截然不同之物：就某个事物而言，"质料"是被动的存活时刻，是该事物的实体性的基质—基础（substantial substratum-ground），而"形式"则为该事物提供特定的确定（specific determination），使该事物成为它现在的样子。

妨碍这个看上去像是直接的对立（straight opposition）的辩证（the dialectic）[①]，并不限于下列事实：我们从未见过缺乏形式的"纯粹"质料（制作罐子的黏土必定早已具备自己的属性，这些属性使它适用于某种形式，而不适用于另一种形式，比如，适用于制罐，而不适用于制针），所以"纯粹"的、无形的质料会变成自己的对立物，变成空洞的形式—容器（form-receptacle），丧失任何具体的、实证的、实体性的确定（concrete, positive, substantial determina-tion）；当然，反之亦然。但在这里，黑格尔心里所想的，是某种更为激进之物，即形式这一概念固有的矛盾：形式既指普遍化原则（principle of universalization），又指个性化原则（principle of individuation）。形式把无形的质料制成特

---

① 这句话的意思是，形式/质料的对立，看上去像是直接的对立，但它缺乏辩证的因素，因而不是黑格尔意义上的直接的对立。

定的、确定的事物（比如把黏土制成杯子），但与此同时，形式又是为不同事物所共有的抽象普遍（abstract Universal）。比如，由于拥有共同的形式，纸杯、玻璃杯、瓷杯、金属杯全都是"杯子"。打破这一僵局的唯一出路，就是不把质料视为被动—无形之物，而是把它视为这样的事物：它已经具备内在的结构，也就是说，与配有内容的形式对峙。不过，为了避免退回内在的本质（inner essence）与从外部强加的形式（externally imposed form）这个当初的抽象的反立场（counter-position），我们必须牢记，内容/形式这对范畴（或者更直截了当地说，内容本身）只是同义反复关系（tautological relationship）的别称。凭借同义反复关系，形式与自身相关。如果"内容"不是已经成形的质料（formed matter），又会是什么？我们可以把"形式"界定为某种内容在质料中，借助于质料的适当构造（adequate formation），形成、实现自身的方式。"同样的内容"，如谋杀凯撒的故事，可以用不同的形式讲述，从普卢塔克①的历史报告，经过莎士比亚的戏剧，最后到好莱坞的影片，就是如此。反过来，我们可以把形式界定为把众多不同的内容联合起来的普遍性（universality）。例如，古典侦探小说这一形式发挥着法典化的文类规则（codified genre rules）

_____

① 普鲁塔克（Plutarch，46—120），希腊作家、哲学家、历史学家，著有《希腊罗马名人传》等。

这个骨架的作用，它给阿加莎·克里斯蒂①与史坦利·加德纳②这样迥然不同的作家打上了共同的标记。换言之，只要质料还是形式的抽象大他者（abstract Other），"内容"就是质料被形式调停（matter is mediated by form）的方式。反之，"形式"就是内容在质料中呈现自身的方式。在上述两种情形下，与质料/形式的关系相反，内容/形式的关系是同义反复性的："内容"就是处于其对立的确定中的形式。

如果着眼于从本质/形式向内容/形式的这一运动的整体性，那就很容易看到，这一运动遵循的逻辑以浓缩的方式，宣告了概念、判断与演绎推理这个三元组在黑格尔《逻辑学》第三部分"主观逻辑"中的出现：本质/形式这对范畴依然停留在概念（notion）的层面上，即是说，本质是概念的简单自在（simple in-itself of the notion），是对实存物的实体性确定（substantial determination of an entity）的简单自在。下一步真的带来了 Ur-Teilung，即带来了作为"原初区分"的判断（judgment qua original division）。原初区分是把本质区分为它的两个构成性时刻（constitutive moments），它使这两个时刻分裂。这两个时刻因为原初区分而被这样"设置"、解释，但以外在性之模式（mode of externality）被"设置"、解释，也就是说，被"设置"、解释为

---

① 阿加莎·克里斯蒂（Agatha Christie, 1890—1976），英国著名侦探小说家，代表作有《东方快车谋杀案》《尼罗河上的惨案》等。

② 厄尔·史坦利·加德纳（Erle Stanley Gardner, 1889—1970），美国侦探小说家，代表作有《梅森探案》（Perry Mason）、《柯赖二氏探案》（Cool and Lam，又译《妙探奇案系列》）等。

外在的、彼此漠不相关之物。这两个时刻就是存活的时刻（作为基质的质料）和确定的时刻（形式）。一旦形式成为基质的谓词，基质便获得了确定（substratum acquires determination）。最终，第三步凸显了调停的三元结构。调停是演绎推理的判别标志（distinguishing mark），形式则是演绎推理的中项（middle term）。

形式根据、实在根据、完整根据①

黑格尔《逻辑学》中的这个明显适中的再分类有其"先知"之维。关于该"先知"之维，存在着近乎诡异之物。似乎只有在了解了哲学史后，特别是在了解了近 150 年以来对黑格尔的至关重要的批判（其中包括阿尔都塞的批判）后，我们才能真正领悟这一再分类。除了别的，这一再分类既预示了青年马克思对黑格尔的批判，又预示了由阿尔都塞确立的多元决定（overdetermination）概念的出现。阿尔都塞确立这个概念，目的在于使之成为"表现因果律"（expressive causality）的替代物。据称，"表现因果律"来自黑格尔。

直接提及"真正本质"（true essence），是个同义反复的姿势。形式根据（formal ground）是对这一同义反复姿势的重复。它并没有给期待解释的现象添加任何新内容，只

---

① 关于这部分内容，参见黑格尔：《逻辑学》（下卷），杨一之译，北京：商务印书馆 1976 年版，第 87—104 页。

是把发现的经验内容翻译、转译成根据之形式（form of ground）。要理解这个过程，我们只需要回忆一下，当我们向医生描述我们的病症时，他有时是怎么回应的："啊，显然是……方面的问题。"随后就是一长串令人费解的拉丁术语。这只是把我们诉说的内容翻译成了医学术语，没有增加任何新知识。关于黑格尔在谈及"形式根据"时心中所想之物，精神分析理论可以提供一个最为清晰的例证，这便是它有时使用死亡驱力（death-drive）一词的方式：通过引用 Todestrieb（死亡驱力）来解释所谓的"负面治疗反应"（negative therapeutic reaction），说得广泛些，解释侵略性、破坏狂、战争等现象的"负面治疗反应"，但这只是同义反复的姿势而已，只是把法律的普遍形式赋予相同的经验内容而已。举例说吧，人类自相残杀，是因为他们受到了死亡驱力的驱使。在这里，黑格尔针对的主要目标是某个简化版的牛顿力学：这块石头很重。为什么？因为重力的缘故，等等。

　　不过，黑格尔在论及形式根据时发出的冷嘲热讽，不应该使我们无视形式根据的积极面，无视这种形式姿势（formal gesture）发挥的必不可少的、构成性的作用。把偶尔发现的偶然内容转化为根据之形式，就是形式姿势。嘲笑这一姿势的同义反复的空洞性（tautological emptiness）易如反掌，但黑格尔是醉翁之意不在酒：借助于自身的形式特征，这一姿势使对实在根据（real ground）的探寻成为可能。作为空洞姿势的形式因果律（formal causality）为内容分析开辟了领域,如同在马克思在《资本论》中所做的那样。在《资本论》中,一边是形式吸纳(formal subsumption)①,即在形式上把生产过程纳入资本之内,一边是原料组织(material organization),即按照资本的要求,在原料方面对生产进行组织。前者先于后者,也为后者大开方便之门。也就是说,首先,前资本主义在原料方面对生产进行组织,但这组织甚是简陋,由个体工匠等组成。该组织在形式上被纳入资本之内,因为资本家为工匠提供了原材料,等等。其次,渐渐地,生产被改组为由资本家直接控制的集体加工过程。

黑格尔进一步表明,为了掩盖自己的真实性质,创造自己也有实证内容的假象,这样的同义反复性的解释(tautological explanations)再次用某种幻象化、想象性内容(它把这种内容视为崭新的、一种特殊的实际经验的内容),来填充空洞的根据之形式。于是我们便有了"以太""磁性""热素"和其他类似神秘的"自然力"。在这些"自然力"中,空洞的思想之确定(determinations-of-thought)采取了实证的、确定的内容的形态。简言之,我们得到的是上下颠倒的"混乱世界"。在这个世界里,思想之确定是在其对立物的伪装下,在实证的经验客体的伪装下呈现出来的。哲学中的一个范例当然是笛卡尔了,他把连接肉体与灵魂

---

① 中文本将"吸纳"(subsumption)译为"从属",把"形式吸纳"(formal subsumption)译为"形式上的从属"。见《马克思恩格斯全集》(第47卷),北京:人民出版社2019年版,第282页。

的纽带置于松果体（pineal gland）内，这个松腺体只是对下列事实的准经验的实证化：笛卡尔无法从概念上把握人的思维与广延实体①的调停。

在黑格尔看来，上下颠倒的"混乱世界"的成立，并不基于下列预设：在现实的经验世界之外，存在着超感性观念（suprasensible ideas）的王国。它的成立，是基于某个双重颠倒（double inversion），凭借这一双重颠倒，那些超感性观念再次采用了感性的形式，如此一来，感性世界（sensible world）被再次倍化（redoubled）：仿佛在我们普通的感性世界旁边，还存在着另外一个（作为精细材料的以太等）"精神物质性"（spiritual materiality）的世界。为什么黑格尔的这些想法如此有趣？因为它们预先阐明了被费尔巴哈、青年马克思和阿尔都塞称为"思辨观念论批判"（critique of speculative idealism）的母题：思辨观念论隐含的反面和"真相"是实证主义，它受制于偶然的经验内容；也就是说，观念论只是把思辨的形式赋予了偶然发现的经验内容而已。[注19]

这样的准经验客体，证实了了下列事实：主体无力思考纯粹概念性的关系（purely conceptual relationship）。这方面的至高无上的个案是由康德提供的。康德在其《遗著全编》（*Opus Postumum*）中提出了"以太"假说。[注20] 康德推理说，如果空间是实的，那么从一地向另地的移动就是不

---

① 广延实体（extended substance），又称延伸物，总之指与"思维"相对的物质。

可能的,因为"全部空间均被占领";不过,如果空间是空的,那么被空间隔离开来的两个物体就无法接触,无法互动,因为力不能在纯粹空无(pure void)中传递。康德从这个悖论中得出的结论是,只有当空间由"以太"这个无孔不入的世界材料(world-stuff)维持时,空间才是可能的。实际上,这种世界材料与空间这个假想物无异:它是无所不在的空间元素,总在不停地填充空间,因此是空间中所有其他"日常"实证性力量和/或客体互动的介质。这就是黑格尔在谈及上述"混乱世界"时心中所想之物:康德解决了真空空间(empty space)与填充此一真空空间的客体之间的对立,但他解决这一对立的方式,是预设某种"物质"的存在,而此种"物质"又是它自身的对立物,也就是说,它是完全透明、同质、延展的,如同原始宗教中的超感性观念(notion of the suprasensible)——超感性即以太的—物质的彼岸(aetherical-material Beyond)。当然,一旦我们接受了后牛顿的非均态空间(nonhomogeneous space)概念,对这一假说的需要自然烟消云散。[注21]

结果,实在根据(real ground)紧随形式根据而来:根据(ground)和被根据之物(grounded)之间的差异不再是纯粹形式性的,它被移进内容,被视为它的两个构成部分(constituents)之间的差别。在需要解释的现象的内容中,我们不得不把某个时刻分离出来,把它视为所有其他时刻的"根据",所有其他时刻由此都显现为"被根据"之物。例如,在传统马克思主义中,所谓"经济基础",即生产过程的结构，是决定所有其他时刻（政治的上层建筑和意识形态的上层建筑）的时刻，尽管它有出了名的"终极实例"（last instance）这个不尽如人意之处。当然，问题马上接踵而来：为什么是这个时刻而不是别的时刻？也就是说，一旦我们把某个时刻从整体中分离出来，把它视为整体的"根据"，那我们就必须要想，根据是在关系之总和（totality of relations）中充当根据的，那么根据是以何种方式被关系之总和决定的？要知道，"根据"只能在被精确界定的条件网络（precisely defined network of conditions）中充当根据的。简言之，只有通过详细分析在根据与被根据之物之间形成的关系网络，我们才能回答"为什么是这个时刻而不是别的时刻？"的问题。这样就可以解释，为什么是这个网络元素而不是别的网络元素扮演了根据的角色。

所以，我们现在完成的，是迈向下一个也是最终形态的根据，即完整根据（complete ground）。把握黑格尔取得的成就的确切性质至关重要：他并没有提出另一个、甚至"更深刻"的超根据（supra-Ground），即为根据提供根据的根据；他只是在根据与被根据之物结成的关系总和中，为根据提供根据。正是从这个意义上说，完整根据是形式根据和实在根据的统一：实在根据与剩下的内容（remaining content）结成的根据性关系（grounding relationship）又以什么为根据？以它自身为根据，也就是说，以它与被根据之物结成的关系这一关系总和为根据。根据为被根据之物提供根据，但这个提供根据的角色（grounding role）在根据与被根据结成的关系中必是被根据之物。因此，我们再次陷入了同义反复（形式根据之时刻），但这同义反复不是空洞的同义反复（empty tautology），如同在形式根据中得到的那样：现在，同义反复包含了矛盾的时刻（moment of contradiction）。这里的矛盾正是前面提及的黑格尔意义上的矛盾，它指的是整体与其"对立的确定"的同一：整体的时刻（moment of the Whole）——实在根据——与整体自身（Whole itself）的同一。

在《读〈资本论〉》中，[注22] 路易·阿尔都塞借助于因果律（causality）——即"多元决定"①——这一新概念，努力阐明马克思主义在认识论上取得的突破。根据这一"多元决定"概念，决定性实例（determining instance）在整个关系网络中发挥着决定性的作用，但它又被整个关系网络多元决定。阿尔都塞既把这个因果律概念与机械的、及物的因果律（transitive causality）对立起来，又把它与表现因果律（expressive causality）对立起来。机械的、及物的因果律指线性因果链，其范例是古典的、爱因斯坦之前的物理学；表现因果律指以其众多的表象形式显现自身的内在本质。"表现因果律"当然是针对黑格尔的。在黑格尔的哲学中，相同的精神本质——"时代精神"——据说表现于不同的社会层面：在宗教上表现为基督教新教，在政治

---

① "多元决定"（overdetermination）中的"决定"（determination）与前面所谓的"确定"是同一个概念，可以把"多元决定"理解为"多元确定"。"多元决定"是国内学界沿袭已久的译法，故不作改动。

上表现为市民社会因打破中世纪社团主义（medieval corporatism）的枷锁而获得的解放，在法律上表现为私有财产法，以及作为私有财产法之载体的自由个人的出现。

表现因果律—及物因果律—多元决定因果律，这个三元组与拉康的想象界—实在界—符号界并行不悖：表现因果律属于想象界的层面，它指的是同一意象（identical imago）遵循的逻辑，同一意象在不同层面的物质内容上留下自己的印记；多元决定暗指符号性整体（symbolic totality），因为只有在符号性世界中，下列行为才是可能的——由被根据之物组成的整体回溯性地决定根据；及物因果律指的是实在界的盲目碰撞（senseless collisions of the real）。今天，因为身陷生态危机，把这种灾难视为毫无意义的"与实在界的不期而遇"（real tuchē），特别重要。也就是说，就像某些人做的那样（他们把生态危机阐释为我们因为无情盘剥自然而遭受惩罚的"更深的标记"），不"把意义赋予事物"，特别重要。只要回忆一下有关灵魂这个内心世界和宇宙这个外部世界息息相关的理论就足够了。在所谓的"新纪元意识"（New Age consciousness）的内部，这些理论再次时髦起来。这是表明"表现因果律"重新崛起的范例。

现在，可以清楚地看到，阿尔都塞把"表现因果律"归诸黑格尔，这一关键性的归属（critical attribution）没有命中目标。黑格尔抢先一步，早已阐明了阿尔都塞的批判所采纳的概念框架。也就是说，他的形式根据、实在根据和完整根据这个三元组完美地对应着表现因果律、及物因果律和多元决定因果律这个三元组。如果"完整理由"不是"复合结构"(complex structure)的名称,又是什么?在这样的"复合结构"中,决定性实例被整个关系网络所(多元)决定,但它在整个关系网络中又发挥着决定性的作用。[注23] 在《黑格尔或斯宾诺莎?》(*Hegel ou Spinoza?*)[注24]一书中,皮埃尔·马舍莱颇为自相矛盾地宣称,必须把斯宾诺莎的哲学解读为对黑格尔的批判——仿佛斯宾诺莎曾经读过黑格尔的著作,能够提前回应黑格尔对"斯宾诺莎主义"的批判似的。① 这话也可以用于黑格尔与阿尔都塞的关系:黑格尔提前概述了对(被阿尔都塞展示为)"黑格尔主义"所做的阿尔都塞式批判的轮廓。除此之外,他还确立了一个元素,该元素在阿尔都塞那里被忽略,同时又阻止黑格尔想出多元决定这一概念。这个元素便是主体性之元素,我们无法把它化约为作为询唤之结果(effect of interpellation)的想象性识别或想象性误认②,也就是说,它是作为$的主体,即"空洞"的、被划了斜线的主体。

---

① 请注意,斯宾诺莎(1632—1677)在前,黑格尔(1770—1831年)在后,前后相差一个多世纪。

② 想象性识别或想象性误认,原文为"(mis) recognition"。它多少有些玩弄文字游戏的味道(自海德格尔以来,玩弄文字游戏是欧陆哲学家的一大嗜好)。一般只说"misrecognition",即"误认",但齐泽克认为,意识形态对主体进行询唤所导致的结果,可能是主体对自己的正确识别,也可能是错误的识别,即误认。所以他把前面表现否定的"mis"拆开,置于括号之内。

从"自在"到"自为"

让我们在此停下脚步，不再辨识相同的母体，直至《逻辑学》第二部分结束。只要弄清下面一点就足够了：整个本质逻辑的基本对抗是根据（ground）与条件（conditions）的对抗，是某个事物的内在本质（"真实性质"）与外部环境的对抗。外部环境使这一本质的实现成为可能，也使用寻找以衡量两个维度的共同尺度变得不可能，使在"更高序列的综合"中协调这两个维度变得不可能。只是在《逻辑学》的第三部分中，即在有关概念①的"主观逻辑"的那一部分中，这种不可共量性（incommensurability）才被超越。时而选择设置的反思（positing reflection），时而选择外在的反思（external reflection），就根源于此。人们究竟是从自身内部，自主地创造他们置身其间的世界，还是外部环境导致了他们的行为？哲学常识会采取"适当的措施"（proper measure），强制达成妥协：诚实，我们拥有选择的可能，我们能够实现随意构想出来的计划，但只能在传统的框架之内，在通过继承得来的框架内，实现这一计划，尽管通过继承得来的环境限制了我们的选择领域。或者如同马克思在其《路易·波拿巴的雾月十八日》中所言："人

---

① 这里的"概念"在原文中是"Notion"，它是德文 *Begriff* 的英译，中文一般译为"概念"。它类似于我们汉语中的"观念"。贺麟曾将其译作"总念"，后来又改译"概念"。

们自己创造自己的历史，但是他们并不是随心所欲地创造，并不是在他们自己选定的条件下创造，而是在直接碰到的、既定的、从过去承继下来的条件下创造。”①〔注25〕

不过，黑格尔拒绝的正是这样的“辩证综合”（dialectical synthesis）。他的整个论点是，我们无法使这两个方面泾渭分明，因为每种内存的潜能都能转换成外部的环境（它的形式可以改变），反之亦然。简言之，黑格尔在此做了一件非常精确的事情：通过把二者相等同，他瓦解了人们对事物的内在潜能与外在环境（外部环境使这些潜能的实现变得可能或不可能）之关系的寻常看法。由此导致的结果比初看上去要激进得多。这些后果首先涉及黑格尔哲学的彻底的反进化论品格，如同以自在/自为这对范畴为例证明的那样。这对范畴通常是至高无上的证据，以证明黑格尔对进化性进步（从“自在”向“自为”发展）的信任。但仔细一看，这种进化的幻影便会立即烟消云散。与“自为”对立的“自在”同时包括两个方面的含义：（1）指仅仅潜在地存在之物，仅仅作为内在可能性存在之物，它与现实性相反，因为在现实性中，可能性已经外在化，已经得以实现。（2）指现实性，这是在外在的、直接的、“未加工”的客观性这一意义上说的，这样的客观性依然与主观调停（subjective mediation）相对立，它尚未内在化，尚未被意识到（rendered-conscious）；从这个意义上说，只要

———————

① 《马克思恩格斯选集》（第 1 卷），北京：人民出版社 2012 年版，第 669 页。

"自在"尚未抵达其概念（Notion），它就是现实性。

对这两个方面的同步解读，破坏了寻常的辩证进步（dialectical progress）观念。根据这种观念，辩证进步即客体内部潜能的逐步实现，即客体的自发的自我发展。在此，黑格尔表现得相当坦率和明确：一边是推动客体自我发展的内部潜能，一边是外部力量对客体施加的压力，两者密切相关，构成了同一个联合词（same conjunction）的两部分。换言之，客体的潜在性也必定在它的外部现实性中，以他律性强迫（heteronomous coercion）的形式显现出来。例如（这例子还是黑格尔自己的），说刚刚进入教育过程的小学生是能潜在地获取知识的某人，是将在发展的过程中实现自己的创造性潜能的某人，等于说，这些内在潜能必定从一开始就在外部的现实性中显现出来。它显现为教师的权威（教师向其学生施加压力）。今天，我们可以追加一个例证，一个可悲的著名例证，它就是作为革命主体的工人阶级。断言工人阶级"自在"地、潜在地属于革命的主体，等于认定，这种潜在性必定已经在政党那里得以实现。政党预先知道革命的使命，并因此对工人阶级施加压力，指导工人阶级实现自身的潜能。于是，政党的"领导作用"被合法化。因此，按照工人阶级的潜能"教育"工人阶级，把工人阶级的历史使命"植入"工人阶级，正是政党的权利。

我们现在终于明白了，何以黑格尔尽量远离进化主义的渐进发展观，即远离从自在走向自为的渐进发展观："自

在"这一范畴与"为己"（for us）密切相关，也就是说，
"自在"这一范畴与处于自在之物（thing-in-itself）之外某
个意识密切相关。说一块黏土"本身"是罐子，等于说这
个罐子已经呈现于工匠的脑海，他要把罐子的形式强加于
黏土。"如果条件适宜，这个小学生将实现其潜能"，这个
说法是骗人的：一旦其潜能无法实现，我们又要为此辩解，
我们会坚称，"要是当初条件适宜，他早就实现了自己的潜
能"。我们由此犯了犬儒主义的错误。这错误与布莱希特在
《三毛钱歌剧》（*The Threepenny Opera*）中的著名台词颇为
般配："要是当初的环境不是这样的环境，我们也会文质彬
彬而不是粗鲁无礼。"① 在黑格尔看来，外部环境并非实现
内部潜能的障碍，恰恰相反，它是测试这些内在潜能的真
实性质的竞技场：这些潜能究竟是真正的潜能，还是对
"本来能够实现"抱有的徒劳的幻觉？或者用斯宾诺莎的话
说："设置的反思"（positing reflection）按照事物的永恒本
质，在"在永恒的相下"（sub specie aeternitatis），观察事
物现在的样子；"外在的反思"（external reflection）则"在
延续的相下"（sub specie durationis），在认定"事物依赖一
系列偶然的外部环境"这一前提下，观察事物现在的样子。
在这里，一切取决于黑格尔如何克服"外在的反思"。如果
他的目的只是把偶然条件之外在性（externality of contingent

---

① 《三毛钱歌剧》中的原话是："我们会做个好人，而不是这么残
忍，但周围的环境并非如此。"（We would be good instead of being so brutal,
but the circumstances, they aren't so.）

conditions） 化 约 为 对 内 在 本 质—根 据 （inner essence-ground） 的 自 我 调 停 （即常人所谓的 "黑格尔的唯心主义"），那么黑格尔的哲学就真的成了 "动态化的斯宾诺莎主义" （dynamized Spinozism）。但黑格尔实际上做了些什么？

让我们通过拉康来处理这个问题：在何种意义上我们可以认为，拉康在 20 世纪 40 年代末、50 年代初是黑格尔派？要想对拉康的黑格尔主义有个清晰的概念，只要仔细看一看，他是如何看待精神分析师在精神分析治疗中的 "被动性"，就可以了。因为 "现实的就是合理的"，精神分析师不必把自己的阐释强加于接受精神分析者，他所要做的一切，就是通过打断接受精神分析者的言语，为让他了解他自己的真相扫清道路。这就是黑格尔在谈及 "理性的诡计" （cunning of reason） 时心中所想的东西：精神分析师并不试图让接受精神分析者直面 "事物的真实状态"，而是任他信马由缰，无拘无束，同时清除所有可以用作借口的障碍，迫使他披露 "他是由什么材料制成的"，最终瓦解他的自欺，打破他的 "美的灵魂" （Beautiful Soul） 的心态。正是从这个意义上说，"现实的就是合理的"：我们这些黑格尔派哲学家依赖现实的固有的合理性，这意味着，现实性 （actuality） 提供了唯一的检验场，可以在那里检验主体的主张 （subject's claims） 是否合理。也就是说，一旦主体失去了可为他的失败承担罪责的外部障碍，他的主体立场 （subjective position） 就会因其固有的不真实而坍塌。我们在此拥有的只是犬儒化的海德格尔主义：因为客体在本质上是不一致的，因为允许它维持一致性这个表象的正是据说抑制其内在潜能的外部障碍，所以要想摧毁它，令其坍塌，最有效的方式就是放弃对它的控制，清除全部障碍，"顺其自然"，也就是说，为它自由地发挥其潜能大开方便之门。[注26]

不过，难道黑格尔的"理性的诡计"这一概念没有导致向康德之前的理性主义形而上学的"退化"？一边是康德对证明上帝存在的存有论证据的批判，一边是黑格尔对它的重新肯定，把两者对立起来，同时引用黑格尔的重新肯定，把黑格尔的重新肯定视为证明黑格尔已经重返古典形而上学领域的最高证据，这些在哲学上早已是司空见惯的做派。故事大多是这样的：康德证明，存在不是谓词，因为在用来界定事物的概念内容（notion of content）的谓词的层面上，100 斯洛文尼亚元（tallars）与有关 100 斯洛文尼亚元的纯粹概念，绝对没有任何不同。而且，稍作变通，这道理同样适用于上帝这个概念。此外，我们甚至情不自禁地在康德的立场（Kant's position）中看到了一种预示，有关拉康所谓"实在界的反常"（eccentricity of the real）的预示。实在界的反常是在以符号界为基准时呈现出来的，它指的是：只要无法把存在化约为由概念性—符号性确定（notional-symbolic determinations）构成的网络，它就是实在界。尽管如此，还是要彻底拒绝上述司空见惯的做派。

康德实际的论证路线更为精致。他分两步走（见《纯粹理性批判》A584—603）。首先，他证明，在证明上帝存在的有存论证据中，还有一个隐含的条件子句（if-clause）：不错，"上帝"的确指一个 being①，这个 being 的存在隐含在其概念（notion）中，但我们还必须预先假定，这个 being 真的存在（也就是说，必须预先假定，存有论证据实际上已经证明，如果上帝存在，那他就必然存在）。如此一来，仍然存在这样的可能，即，根本没有这样的 being，尽管它的概念（notion）会自动证明它的存在。无神论者甚至会把上帝的这个性质当成否定上帝存在的论点而加以引证：根本没有上帝，因为无法以前后一致的方式想象这样一种其概念（notion）会自动证明其存在的 being。康德的下一步所针对的是同一要点："存在"一词的唯一合法的运用，是用它指可能经验之客体这个现象性现实（phenomenal reality of the objects of possible experience）；不过，理性与直观的差异构成了现实：要主体认可"在现实中存在"着某物，就必须满足下列条件，即，该物的表征（representation）要由偶然的、经验的内容来填充，而偶然的、经验的内容又由直观来提供，也就是说，主体要被动地受到感官的影响。存在不是谓词，也就是说，存在不是一个客体的概念（notion）的一部分。这么说是因为，为了从概念（notion）向现实存在（actual existence）过渡，我们不得不添加被动的直觉因素。鉴于此，"必然存在"（necessary existence）之概念

---

① being，一般译为"存在"，但在本段文字中，还有 existence（名词）和 exist（动词），一般也译为"存在"。为了避免混淆，being 不作翻译。

(notion)是自相矛盾的——每种存在天生都是偶然的。[注27]

黑格尔是如何回应这一切的？他绝对没有重返传统的形而上学：他在由康德本人开辟的视域内反驳康德。可以这么说，他从另一端处理这个问题："走近概念"（*zum-Begriff-kommen*）是如何影响正在谈论的客体之存在的？在某物"抵达其概念"（reaches its notion）时，"抵达其概念"会对该物的存在产生怎样的冲击？要澄清这个问题，让我们回顾一个实例，该实例证实了拉康的下列命题——马克思主义不是"世界观"，[注28]即证实了下列观念——无产阶级通过融入它对其历史作用的知晓，成了现实的革命主体；[注29]历史唯物主义不是有关历史发展的中立的"客观知识"，因为它是历史主体的自我知晓行为（act of self-knowledge）；如此说来，它暗含了无产阶级的主体立场。换言之，历史唯物主义特有的"知晓"是自我指涉性的，它改变了自己的"客体"。只有通过知晓行为（act of knowledge），客体才能变成它真正的"样子"。

所以说，通过把"客体"（无产阶级）变成现实的革命主体，"阶级意识"的崛起产生了效果，促成了其客体（无产阶级）的存在。精神分析又何尝不是如此？难道对征兆的阐释没有导致符号界对实在界的直接干预？难道它没有提供这样的例证——词语影响了征兆这个实在界？而且，另一方面，符号界产生的如此功效，难道没有预先假定这类实存物的存在——它们的存在完全依赖某个非知晓（nonknowledge）？一旦知晓（通过阐释）被采纳，它们的存在就会土崩瓦解。在这里，存在不是元质的一个谓词，存在指元质与其谓词发生关联的方式。更准确地说，存在指元质借助于（绕道于）其谓词—属性（predicates-properties）与自身发生关联的方式。[注30] 在无产阶级知道了自己的"历史作用"时，他的实际的谓词没有变化，发生变化的只是他与这些谓词发生关联的方式，而且无产阶级与谓词关系的这一变化从根本上影响了他的存在。

为了标示对"历史作用"的这一知晓，传统的马克思主义使用了黑格尔的"自在/自为"范畴：通过抵达自己的"阶级意识"，无产阶级从"自在的阶级"变成了"自为的阶级"。这里的辩证法，就是失败的相遇（failed encounter）的辩证法：向"自为"的过渡，向概念的过渡，涉及存在的丧失（loss of existence）。关于这个失败的相遇，没有什么比轰轰烈烈的情事更显而易见了：在我一味屈从于激情，完全不知道正在发生什么事情时，情事的"自在"出现了；事件结束并在我的记忆中被扬弃后，它便成了"自为"——我回溯性地意识到，我曾经拥有什么，又失去了什么。对"我失去了什么"的这一意识，引发了存在和知晓的不可能同时发生这一幻象① （"要是我那时知道自己有

---

① "存在和知晓……这一幻象"特别晦涩和拗口，它的原文是"the fantasy of the impossible conjunction of being and knowledge"，可结合紧随其后的例证来理解。有些事，"存在"时我们没有意识到它存在，因为已经忘乎所以；等我通过回忆知道它的存在时，它早已不存在了。两者不可能同时发生，但我们总是希望它们同时发生，此之谓幻象。李商隐的"此情可待成追忆，只是当时已惘然"，可谓道尽其中的秘密。

多么快乐就好了")。但是，黑格尔的"自在—自为"（An-und-Für-sich）真的就是这样的不可能同时发生，就是这样的幻象时刻——我很快乐，我也知道我很快乐？相反，难道它不是对依旧与"自在"相关的"外在的反思"这一幻觉的揭露吗？不是对"我从前真的快乐而不自知"这一幻觉的揭露吗？不是对下列事实的深刻洞悉吗：我已经失去"快乐"，我只能通过体验这一"失去"，回溯性地获得这一"快乐"？

外在的反思这一幻觉，可以用影片《比利·巴斯盖特》① 进一步例证之。它是根据 E. L. 多克托罗②的小说改编的。影片一败涂地。它给人的印象是，它对极其优异的文学资源做了苍白的、扭曲的反映。不过，有一个令人不快的意外，待着那些看完影片后，准备仔细阅读小说的人们：小说的结局是平淡乏味的快乐结局，在那里，巴利兜走了达基·舒尔茨（Dutch Schultz）隐藏的财富。但影片中有众多微妙的细节，不熟悉小说的观众会认为，在以竭泽而渔的方式把小说改编成影片的过程中，这些细节幸运地保留了下来。这些历经劫难而奇迹般地生存的细节，其实是由影片

---

① 《比利·巴斯盖特》（*Billy Bathgate*），美国黑帮传记影片，国内一般译为《义胆风云》或《强者为王》。拍摄于 1991 年，由罗伯特·本顿（Robert Benton）执导，由达斯廷·霍夫曼（Dustin Hoffman）和妮柯·基德曼（Nicole Kidman）主演。

② E. L. 多克托罗（Edgar Lawrence Doctorow，1931—2015），美国小说家、编剧，曾获美国国家图书奖等奖项。主要作品包括《但以理书》《拉格泰姆时代》《卢恩湖》《比利·巴斯盖特》等。

的编剧添加的。影片的失败令人想起了"优异"的小说，但这时的小说不是先前存在的、据之改编成影片的那部小说，而是由影片唤醒的回溯性妄想（retroactive chimera）。[注31]

根据与条件

这一概念背景（conceptual background）允许我们重新描述由根据（ground）与条件（conditions）构成的恶性循环。让我们回顾一下，我们用了什么样的寻常模式，来解释种族主义的爆发。这模式使用了根据与条件—环境（conditions-circumstances）这对范畴：我们把种族主义——或者广而言之，所谓"非理性的大规模施虐狂的爆发"——视为潜在的精神倾向（psychic disposition），视为在一定的条件下（社会动荡和社会危机等）形成的荣格式原型（Jungian archetype）。从这个角度看，种族主义的倾向是"根据"，当代政治斗争是"环境"，是种族主义倾向得以实现的条件。不过，算作根据的事物和算作条件的事物，最终都是随机的，都是可以变换的。由此一来，我们可以对上面提及的心理学家的看法，轻松地完成马克思主义式的逆转，把当前的政治斗争视为唯一真正的决定性的根据。例如，在南斯拉夫内战中，塞尔维亚的攻城略地的"根据"，不能在任何原始的巴尔干半岛的武士原型中寻找，只能在后共产主义的塞尔维亚（原来的共产主义国家机器的残存物）对权力的争夺中寻找。塞尔维亚人终于爆发的好战倾向以及其他类似的原型("克罗地亚的种族灭绝天性""巴尔干半岛种族仇恨的永恒传统"等),恰恰是条件性/环境性的。正是在这样的条件下/环境中,权力斗争实现了自己。"好战倾向"恰恰是这样的倾向,即得以实现的潜在倾向。作为"好战倾向"的决定性根据的近期政治斗争,把"好战倾向"从其幽暗的半存在(shadowy half-existence)中唤醒。因此,我们这么说是有充分理由的:"在南斯拉夫内战中,利害攸关的不是古老的种族冲突。只是由于这些种族冲突在近期政治斗争中大显身手,那些经久不息的仇恨才能熊熊燃烧起来。"[注32]

那么,我们如何避免造成这样的混乱,如何避免根据和环境的这种相互交换?让我们再举一个例子,即文艺复兴的例子。文艺复光是对古代①的重新发现,是古代的"重生",它对发生于15世纪的与中世纪生活方式的决裂发挥过极其重要的影响。第一个也是最浅显的解释是,新发现的古代传统产生的影响力,导致了中世纪"范式"(para-digm)的解体。不过,在这里,一个问题立即冒了出来:为什么古代恰恰在那个时候施展影响力,既不早,也不迟?不言自明的答案当然是:由于中世纪的社会联系(social links)已经解体,新的时代精神才应运而生,它使我们对古代变得敏感起来。"我们"身上的某些东西肯定发生了变化,因此我们才有能力不把古代视为罪恶的异教王国,而

---

① 古代,指古希腊和古罗马。

把它视为可以仿效的楷模。

　　这样说并没有错，但我们依然身陷恶性循环，因为新的时代精神恰恰是通过古代文本及古典建筑碎片和雕塑碎片的发现，才得以形成的。在某种程度上说，一切早已摆在那里，摆在外部环境之中。新的时代精神是通过古代的影响才形成的，古代的影响使文艺复兴的思想能够打破中世纪的锁链。但是，要使人们感受到古代的影响，新的时代精神必须早已深入人心。走出这一僵局的唯一出路是，到了某个时刻，同义反复姿势（tautological gesture）开始介入：新的时代精神不得不预先假定自身已经在外部性（exteriority）中存在，在外部条件中存在，在古代中存在。只有这样，它才能使自己成为自己。换言之，对于新的时代精神来说，把这些外部条件（古代传统）回溯性地设置成"自己的条件"是不够的，它还必须预先假定（假装①）自己早已在那些条件中存在。重返外部条件（重返古代）必须与重返基础（foundation）重合，与重返"事情本身"（thing itself）重合，与重返根据（ground）重合。（文艺复兴也是这样看待自己的：它认为自己已经重返我们西方文明的希腊和罗马基础。）所以说，我们并不拥有这样的内在根据，它能否实现取决于外部环境。在纯粹的同义反复姿势中，

---

　　①　这里的"预先假定（佯装）"的原文是"（presup）pose"。当然，这又是一个文字游戏，它用一个括号，把一个单词拆成两个，同时表达两种意思：一种是presuppose，即预先假定或预设；一种是pose，即摆姿势，拿样子，佯装。

外在的预设关系（external relation of presupposing）——根据
预先设定条件的存在和条件预先假设根据的存在①——终被
超越。借助于纯粹的同义反复姿势，事物预先假定自身的
存在。说这种同义反复姿势"空洞"，是就下列意义而言
的：它没有贡献任何新东西，只是回溯性地断定，被谈论
的事物已经在其条件中存在，这些条件的总和就是该事物
的现实性（actuality）。这样的空洞姿势（empty gesture）为
我们提供了符号性行为的最基本的定义。

我们在此看到了在民族身份（national identity）的构成
中大显身手的"重新发现传统"这个根本悖论：通过这样
的同义反复姿势，也就是说，通过发现自身早已在自己的
传统中存在，民族找到了自我身份感（sense of self-identi-
ty）。结果，"重新发现民族传统"的机制无法被化约为
"预设的设置"（positing of presuppositions）。这里的"设置
的预设"是在下列意义上说的：把条件回溯性地设置成
"我们的条件"。关键在于，就在重返其（外在）条件时，
（民族的）事物重返了自身。重返条件被体验为"重返我们
真正的根源"。

---

① 这其实是根据与条件的相互预设。根据预设条件（即根据预先假
定条件的存在）的意思是：因为有这样的条件，根据才显现出来，例如，
因为有内战，好战的本色才显现出来；条件预设根据（即条件预先假定根
据的存在）的意思是：因为有这样的根据，条件才显现出来，例如，因为
有好战的本色，内战才爆发了。至此我们陷入了"先鸡还是先有蛋"式的
恶性循环。齐泽克认为，只有同义反复的姿势才能结束这一恶性循环。

同义反复性的"事物重返自身"

"实际存在的社会主义"已经远去，这把后现代的失落客体（postmodern lost object）具有的乡愁魔力（nostalgic magic）赋予了它。尽管如此，我们某些人还是记得那个笑话："实际存在的社会主义"是对先前所有历史的辩证综合。它史前的无阶级社会那里接受了原始主义，从古希腊和古罗马那里接受了奴隶劳动，从中世纪封建主义那里接受了无情的统治，从资本主义那里接受了剥削，从社会主义那里接受了社会主义的称谓。这正是黑格尔所谓"事物重返自身"（return of the thing to itself）这个同义反复姿势所表达的意思：我们必须把客体的称谓与客体的定义一网打尽。也就是说，在把客体分解成它的成分后，我们总是想在这些成分中寻找某个特质，我们相信该特质使众多成分凝为一体，使该客体成为独一无二的、自我同一的事物。但这一切都是徒劳的。谈及某物的属性和成分，应该说，该物完全"处于自身之外"，处于其外部环境中。每个实证性的特质都早已存在于环境之中，而环境还不是该事物。补充性的运作（supplementary operation）从这些环境中制造了独一无二、自我同一的事物，它是这样的纯粹符号性的姿势和同义反复性的姿势：把这些外部条件设置为该事物的条件—成分，同时又预先假定了把这众多环境凝为一体的根据的存在。

　　而且，说句康德式的实话，这个揭示了自我同一（self-identity）的具体结构的同义反复性的"事物重返自身"，就是拉康用"缝合点"（point de capiton）要表达的东西。在缝合点上，能指"落入"所指（前面提到的有关社会主义的笑话，就是如此。在那里，称谓本身充当着正在谈论的事物的一部分）。让我们回顾一下那个来自通俗文化的例子，它便是斯皮尔伯格执导的《大白鲨》（*Jaws*）。直接寻求鲨鱼的意识形态内涵，只会诱发误导性的问题：鲨鱼是否象征①着第三世界对以那个原型小镇为缩影的美国的威胁？是否象征着资本主义本身的剥削本质（菲德尔·卡斯特罗的阐释）？是否代表着随时会破坏我们的日常生活常规的尚未驯服的自然？为了避免这种诱惑，我们必须彻底改变视角：普通人的日常生活受制于众多乱七八糟的恐惧（他可能成为巨大商业操纵的受害者，来自第三世界的移民好像已经入侵他那井然有序的小世界，狂放不羁的自然会摧毁他的家园，等等）。《大白鲨》的成就在于，它提供了一个纯粹的形式转化行为（act of purely formal conversion），该行为以鲨鱼的形象固定了所有自由漂浮的、相互矛盾的恐惧，"物化"了这些恐惧，进而为这些恐惧提供了共同的"容器"。〔注33〕

----

　　①　这里的"象征"（symbolize），与拉康和齐泽克常说的"符号化"完全相同，"象征"是就文学和艺术而言的，"符号化"是就精神分析而言的。说鲨鱼象征着什么，等于说鲨鱼使什么"符号化"了，使什么变成了符号。

　　结果，鲨鱼的迷人出场所发挥的功能，恰恰是阻止我们进一步探究令普通人恐惧的那些现象的社会意义（社会调停）。说凶残的鲨鱼"象征"着前面提及的一系列恐惧，既言之过多，又言之不足。凶残的鲨鱼没有象征那些恐惧，因为鲨鱼通过占据恐惧客体的位置，货真价实地消除了恐惧。因此，它"多于"象征，成了令人恐惧的"事物自身"。不过，它又肯定"少于"象征，因为它没有以象征的内容（symbolized content）为靶子，反而阻止我们接近象征的内容，使象征的内容销声匿迹。如此说来，它类似于排犹主义者眼中的犹太人形象：在社会联系分崩离析的年代，"普通人"感受到了众多的恐惧（通货膨胀、失业、腐败、道德退化），排犹主义用"犹太人"解释这些恐惧，认为在包括通货膨胀在内的所有那些现象的背后，有一只看不见的手，那就是"犹太人的阴谋"。

　　在这里，至关重要的依然是，"犹太人"这个称谓并没有增加任何新的内容：全部内容都已经存在于外部条件（社会危机、道德退化等）之中；"犹太人"这个称谓只是补充性的特质（supplementary feature），这个补充性的特质完成了某种质变，把所有那些因素都变成了同一根据（same ground）——"犹太人的阴谋"——的众多的显现。若用那个有关社会主义的笑话来解释，我们会说，排犹主义从经济中选择了失业与通货膨胀，从政治中选择了议会腐败与密谋策划，从道德中选择了道德退化，从艺术中选择了"难以理喻"的先锋主义，从犹太人那里选择了"犹太人"这个称谓。这一称谓使我们能够透过众多的外部条件，识别基于同一根据的活动。

我们还在这里发现了偶然与必然的辩证关系：说到内容，它们高度一致（在上述两种情况下，唯一的实证性内容是一系列的条件，这些条件构成了我们的现实生活经验的一部分，包括经济危机、政治骚乱、伦理联系的解体等）。偶然变成了必然，这是纯粹的形式性的转化行为，是这样的姿势：添加一个称谓，这个称谓给一系列偶然性的条件打上了必然性的标志，从而把这些条件转换为某个隐秘的根据（"犹太人的阴谋"）的表现形式。就这样，在后面，即在"本质的逻辑"（logic of essence）的最后，我们从绝对必然（absolute necessity）向自由（freedom）过渡。要想理解这一过渡，我们必须彻底放弃下列标准的自由观："自由即被领悟的必然性"（在摆脱了自由意志这一幻觉后，我们会认出和自由地接受我们在由原因和其结果构成的网络中所处的位置）。

黑格尔的看法是，正相反，只有主体的（自由的）"多此一举"的行为，才能回溯性地设置必然性。如此一来，主体借以认识（进而构成）必然性的那一行为，就是至高无上的自由行为，因而也是对必然性的自我抑制（self-suppression of necessity）。之所以说黑格尔不是斯宾诺莎主义者，原因就在这里：黑格尔做出了回溯性操演（retroactive performativity）这一同义反复姿势。如此"操演"指的绝对不是自由地"创造"指定内容（designated content）的力量，如"我们想让词语表达什么意思，它就表示什么意思"之类。"缝合"只把被发现的、外部强加的材料加以结构而已。命名行为（act of naming）是"操演性"的，只是因为它一直就是指定内容的定义的一部分。[注34]

就这样，借助于同义反复性的"事物在其外在预设中回到自身"（return-upon-itself of the thing in its very external presuppositions），黑格尔打破了设置的反思和外在的反思之僵局，打破了设置预设（positing the presuppositions）和列举被设置内容的预设（enumerating the presuppositions of the posited content）之恶性循环。同样的同义反复姿势早已出现在康德对纯粹理性的分析中：众多感觉在客体（客体属于"现实"）的表征中的综合，暗示存在着一个空洞的剩余（empty surplus），即一个设置行为——把 X 设置为被感知的现象感觉（perceived phenomenal sensations）的未知基质。关于这一点，只要引用芬德利（Findlay）的精确概括就足够了：

> 我们总是把表象归诸某个超验客体（Transcendental Object），归诸某个 X。我们对它一无所知，但它依然是与思想着的自我意识（thinking self-consciousness）不可分割的综合活动的客观关联物（objective correlate）。如此设想出来的超验客体，可以称为本体（Noumenon）或思想物（Gedankending）。但是，严格说来，提及这样的思想物时，我们没有使用范畴。提

及它,这个行为像是空洞的综合姿势(synthetic ges-
ture)。以这种姿态,任何客观之物都没有真正摆在我
们面前。[注35]

因此,超验客体与自在之物完全相反:它是空洞的,
因为它缺乏任何"客观"的内容。也就是说,我们要得到
一个感性客体(sensible object)的概念,就必须把它的全
部感性内容(sensible content)从该客体中抽取出来,也就
是说,把全部感觉——元质(Ding)通过这样的感觉影响
主体——从该客体中抽取出来。剩下来的,就是空洞的 X。
它是主体的自主—自发的综合活动(autonomous-spontaneous
synthetic activity)的纯粹客观的关联物/结果。说得荒谬些,
只要超验客体是为了主体和由主体设置的,那它就是"自
在"(in-self);超验主体就是某个不确定的 X 的纯粹"被
设置性"(positedness)。这个"空洞的综合姿势"(empty
synthetic gesture)没有给事物(the thing)增加任何实证性
的东西,新的感知特质,却以其空洞姿态具有的能量,构
成了该物,使它变成了客体。这个"空洞的综合姿势"是
最基本的、处于零层面的符号化行为(act of symbolization)。
芬德利在其著作的首页上指出,超验客体虽然"在康德那
里,与诉诸感觉、我们能够判断和了解的客体无异,……
但它与依据某些天生不明显的特性设想出来的客体完全相
同,而且它的这些特征我们无从判断和了解"。[注36]
这个 X,这个把自己添加给一系列感性特征的不可描述

的剩余，正是"思想物"：它证明，客体的统一性（unity）并不在客体内部，而是主体的综合活动的结果。和黑格尔的情形一样，形式转化行为把条件链（chain of conditions）反转为无条件的元质（unconditional Thing）。让我们临时回到排犹主义那里，回到"统觉这一综合行为"（synthetic act of apperception）那里，它们从犹太人的众多（假想）的特征中，挑出若干特征，建构排犹主义的"犹太人"形象。要想被人视为真正的排犹主义者，仅仅发布下列宣言是不够的：因为犹太人是掠夺成性、欲壑难填的阴谋家，所以我们反对他们。也就是说，用"犹太人"这个能指标示这一系列特有的、实证性的特征是不够的，还必须再迈出至关重要的一步，说"他们之所以这个样子（掠夺成性、欲壑难填……），是因为他们是犹太人"。"犹太性"（Jewishness）这个"超验客体"正是那个"使得犹太人成为犹太人"的难以捉摸的 X。我们在犹太人的实证性特征中寻找它，结果一无所获。这个纯粹的形式转化行为，也就是说，这个"综合行为"（该"综合行为"以能指"犹太人"把一系列实证性特征统合起来，进而把它们逆转为"犹太性"的五彩缤纷的表现形式，而"犹太性"正是这些实证性特征的隐秘根基），导致了客体性剩余（objectal surplus）的出现，导致了神秘的 X 的出现，而神秘的 X"在犹太人之内又超乎犹太人"（in Jew more than Jew）。换言之，这个纯粹的形式转化行为，这个"综合行为"，导致了超验客体的

出现。[注37]

在康德的《纯粹理性批判》的正文中，综合姿势的这一空白是由一个例外表示的，该例外是在使用构成性/规制性（constitutive/regulative）这对范畴时出现的：[注38]一般说来，"构成性"原则是用来建构客观现实的，而"规制性"原则只是主观准则（subjective maxims），它指引理性而无须提供实证性知识。不过，康德当谈及此在（Dasein）时，通过把这对范畴与另一对范畴——数学性/动态性（mathematical/dynamical）——连在一起，把构成性/规制性这对范畴运用于构成性之域（domain of the constitutive）："在把纯粹的知性观运用于可能的经验时，使用其综合（employment of their synthesis）要么是数学性的，或者是动态性的；它部分地与对表象的纯粹直观有关，部分地与其存在有关。"（《纯粹理性批判》B199）

那么，在何种意义上说，动态性原则是"纯粹的规制性原则，它有别于数学性原则，因为数学性原则是构成性的"？对范畴的数学性运用，其原理涉及被直观的现象性内容（intuited phenomenal content），即涉及事物的现象性属性；只有动态性的综合原理（dynamical principles of synthesis）才能保证，我们所做的陈述的内容（content of our representations）涉及某种不受感知意识之流（flux of perceiving consciousness）支配的客观存在。那么，我们如何解释下列悖论——客观存在依赖的，不是"构成性"原则，而是

"规制性"原则？

让我们最后一次回到排犹主义制造的犹太人形象那里。数学性的综合（mathematical synthesis）只能把被认为是犹太人的现象性的属性汇集起来，动态性的综合（dynamical synthesis）则完成了反转，借助于这一反转，一系列的属性被设置为一个难以企及的 X 的表现形式。这个难以企及的 X 就是"犹太性"，就是某个真实之物，实际存在之物。在这里大显身手的是规制性原则，因为动态性的综合并不限于罗列现象性的特征，它把这些特征提交给它们潜在的、不可知的基质（underlying unknowable substratum），提交给超验客体。从这个意义上说，犹太人那无法化约为一系列谓词的存在，犹太人作为纯粹设置出来的超验客体——超验客体即现象性谓词（phenomenal predicates）的基质——的存在，是以动态综合为转移的。用拉康的话说，动态综合设置了 X 的存在，它把 X 设置为超越谓词、超越现象的"存在之硬核"（hard kernel of being）（之所以对犹太人的憎恨并不涉及他们的现象性属性，而是针对他们隐秘的"存在之核"，原因就在这里）。

这提供了新的证据。它证明，"理性"运行于"知性"（understanding）的核心地带，表现为最基本的设置行为——把某个客体设置为"实际存在"的客体。康德在对经验的第二类比（second analogy of experience）进行细分的整个过程中，始终都在使用客体（Objekt）一词，而没有使

用对象（*Gegenstand*）一词①。前者指可以理解的实存物
（intelligible entity），后者指简单的现象性的实存物（simple
phenomenal entity）。通过对动态的规制性原则（dynamic
regulative principles）的综合运用而获得的外在的、客观的
存在，是"可以理解"的，但不是经验—直观的（empiri-
cal-intuitive）；对动态的规制性原则的综合运用，使可以理
解但不可感知的 X 成为客体的可以直观和感觉的特征，并
因此制造了客体。

正是从这个意义上说，黑格尔仍然滞留在康德的基本
框架内。那么，康德的超验论（transcendentalism）的基本
悖论何在？康德最初面临的问题是：既然我的感官以众多
令人困惑不解的表征（representations）对我狂轰滥炸，那
么，在这个表征流（flux of representations）中，我如何把纯
粹的"主观"表征与处于这个表征流之外的客体区别开来？
答辩是：超验综合把那些表征变成了经验的客体，通过这

---

① 在德文中，客体（*Objekt*）和（*Gegenstand*）本来是两个词，但译
成英文和法文，全都成了一个词（英文是 object，法文是 *objet*），中文也几
乎一律译为"对象"。在德国哲学中，"*Gegenstand*"和"*Objekt*"用于指代
同一个事物的两个不同方面。一般来说，"*Gegenstand*"是指主体和客体之
间的关系，"*Objekt*"指客体本身。在康德那里，"*Gegenstand*"属于认识论
的范畴，指心灵构建和组织从世界接收的感官信息的方式。康德认为，心
灵将某些概念和范畴强加于感官经验，赋予它一定的形式和结构。从这个
意义上说，"*Gegenstand*"是心灵活动的产物，它与感官接收到的原始感官
数据不同，可以把它译为"对象"。"*Objekt*"属于本体论的范畴，指独立
于心灵活动的客体，它是不可知的，超出了我们的知识和理解的范畴，类
似于"自在之物"。对两者不加严格区分，一律译为"对象"或"客体"，
必然导致对康德哲学和拉康—齐泽克理论的严重误解。

样的超验综合，我的表征获得了"客观身份"（objective status）。于是，被我体验为"客观"存在的事物，处于千变万化的现象波动（phenomenal fluctuations）之下的客体的"硬核"，均不受我的意识流的支配，均是我（主体）的"自发"的综合活动的结果。黑格尔说过类似的话，虽然略有变动：建立绝对的必然（absolute necessity），等于它自取灭亡，也就是说，建立绝对的必然是指回溯性地"设置"某物，把它"设置"为必然之物的自由行为。

"变化的绝对不静止"[1]

偶然性的麻烦在于它的身份的不确定性：究竟它是存有论的——即是说，事物本身就是偶然性的？还是认识论的——即是说，偶然性只是表明，我们并不了解导致了所谓的"偶然"现象的完整因果链？黑格尔打破了有关这个非此即彼的普通假设，也就是说，他打破了存在（being）与认知（knowledge）的外部关系，即打破了这样的"现实"观：现实是某种简单的既定（simply given）之物，它就"摆在那里"，先于和外在于认知的过程（process of

---

① "变化的绝对不静止"（Absolute Unrest of Becoming），出自黑格尔的《逻辑学》："This absolute restlessness of the becoming of these two determinations is contingency." Georg Wilhelm Friedrich Hegel, The Science of Logic（Cambridge University Press, 2010），p. 481. 中文版见黑格尔：《逻辑学》（下卷），杨一之译，北京：商务印书馆1982年版，第198页。齐泽克把"absoulte restlessness of the becoming"改成了"Absolute Unrest of Becoming"。

knowledge)。关于偶然性,存有论版本和认识论版本的差异仅仅在于,依据前者,偶然性只是这种现实的一部分,依据后者,现实完全受制于必然性。与这两个版本不同,黑格尔提出了思辨观念论(speculative idealism)的基本论点:认知的过程,即我们领悟客体的过程,不是处于客体之外的什么东西,相反,它从根本上决定着客体的身份。如康德所言,我们的经验的可能性之条件(conditions of possibility of our experience)也是经验客体的可能性之条件(conditions of possibility of the objects of experience)①。换言之,偶然性的确揭示了我们的认知的非完整性,但这种非完整性也在存有论上界定了被认知的客体。即是说,这种非完整性见证了下列事实:客体本身尚未在存有论上得以"实现",它还不具有充分的现实性。

因此,偶然性的纯粹认识论的身份已被宣告无效,同时我们也没有退回到存有论的幼稚状态(ontological naiveté)。在偶然性这个表象的背后,并不存在隐匿的、尚不清楚的必然性,存在的只是下列表象②之必然性(necessity of the very appearance)——在表面上的偶然性的背后,存在着潜在的、牢固的必然性(underlying substantial necessity),如同在排犹主义的情形中那样。在排犹主义那里,最

---

① 这句话大意谓:我们认识客体,需要具有某些条件,而这些条件也是该客体得以存在的条件。言下之意,认识论和存有论是同一的。

② 在英文里,"appearance"一词包含两种意义:一种是中性的"表象",一种贬义性的"假象"。这里的"表象"有"假象"之意。下同。

终的表象就是潜在的必然性（underlying necessity）这一表象，也就是说，最终的表象是这样的表象，在一系列的现实特性（失业、道德退化等）的背后，存在着"犹太人阴谋"这一隐匿的必然性。也正是在这里，黑格尔把"外在"的反思反转为"绝对"的反思。在外在的反思中，表象是难以捉摸的外表，它掩盖着隐匿的必然性；在绝对的反思中，表象就是这样的表象——在偶然性的背后存在着这个（不为人知的）必然性（Necessity）。或用更加"黑格尔化"的思辨语言说，如果偶然性是掩盖着某个隐匿的必然性的表象，那么，该必然性严格说来就是它自身的表象。

偶然性与必然性之关系的固有对抗性，为黑格尔的三元组提供了一个范例。首先是"天真"的存有论观念，它把差异置于事物自身之内（有些事件天生是偶然的，有些事件天生是必然的）。其次是"外在的反思"的态度，它把这种差异视为纯粹的认识论差异。即是说，这种态度依赖于我们认知的非完整性（我们在无法把握促成某个事件的完整因果链时，就把它体验为"偶然"事件）。最后是什么？表面看来，我们只能在存有论和认识论之间做出选择，除此之外的第三者会是什么？是下列两者间的关系：一是作为对现实的主观捕获（subjective seizing of actuality）的可能性，一是作为概念性捕获之客体（object of conceptual seizing）的现实性。偶然性和必然性都是展示现实（actual）与可能（possible）的辩证统一的范畴。之所以要把它们区分开来，只是因为偶然性标示的这种统一，是以主体性之模式（in the mode of subjectivity），以变化的"绝对不静止"之模式，以主体与客体的分裂之模式，设想出来的。"必然性"标示同样的内容，但这内容是以客体性之模式（in the mode of objectivity），以确定的存在（determinate being）之模式，以主体和客体的统一之模式，以结果的静止（rest of the Result）之模式，设想出来的。[注39]简言之，我们再次进入了纯粹的形式转化的范畴，变化仅仅涉及形式的形态（modality of form）："这两个确定①的变化的这一绝对不静止，就是偶然性。但是，因为每个确定会直接变成对方，所以在对方中，它同样会径直与自身同一，两者的这个同一，一者在另一者中的同一，就是必然性。"②[注40]

克尔凯郭尔采纳了黑格尔的这个反论，把它纳入了他的下列想法：可以以不同的方式观察一个过程，一种方式是从"变"（becoming）的角度观察，一种方式是从"是"（being）的角度观察。[注41]我们总是可以在"事后"把历史解读为受定律支配的过程，即把历史解读为若干阶段的有意义的前后相续。不过，只要我们是历史的能动者，只要我们被嵌入、拉进这个过程，形势似乎就是开放的，是不可判定的，是远离对潜在必然性（underlying necessity）的

---

① 两个确定，指可能性和现实性。

② 杨一之把这句话译为："这两个规定这种变的绝对不静止，就是偶然。但因为每一个规定都直接转化为对立的规定，所以它在另一个对立的规定中又同样全然与它本身消融，两个规定每一个都在另一个中的这种同一，就是必然。"黑格尔：《逻辑学》下卷，杨一之译，北京：商务印书馆1982年版，第198页。

解释的。至少在"有些事情正在发生"的转折点上如此。我们必须在此牢记有关以客观性调停主观态度（mediation of the subjective attitude with objectivity）的教益。我们无法通过下列行为，把一个视角化约为另一个视角：宣称"真实"的场景是通过"回顾"发现的必然性之场景（picture of necessity），自由只是直接能动者（immediate agents）的幻觉，这些能动者没有注意到，他们的行动只是巨大因果机器的一颗螺丝钉；或者宣称，通过接受某种萨特式的存在主义视角，肯定主体的终极自治（ultimate autonomy）和自由，把决定论的出现视为后来对主体的自发实践（spontaneous praxis）所做的"实践惰性"（practico-inert）的客观化。

在上述两种情形下，无论是以实质必然性（substantial necessity）的形式——实质必然性在主体的背后操纵主体，还是以主体的自治活动（autonomous activity）的形式——主体的自治活动将自身以实质性统一（substantial unity）的方式"客观化"，世界的存有论统一（ontological unity）得以拯救。失去的是这两种选择之间的终极不可判定性（ultimate undecidability）这一存有论丑闻。在这里，黑格尔远比克尔凯郭尔更具颠覆性。克尔凯郭尔把可能性置于现实性之前，并提出了柏格森式的现实性之观念（notion of actuality）——现实性是生命过程的机械凝结（mechanical congelation），从而避开了那个僵局。[注42]

黑格尔哲学的终极含混性（ultimate ambiguity），黑格尔哲学藉之"触及实在界"的不可能性之索引（index of an impossibility），就寄身于这种不可判定性之中：我们应该如何设想辩证的回想（dialectical re-collection）？[注43] 它是使我们能够识别内在必然性之轮廓的回溯性一瞥？在这种内在必然性中，已被嵌入事件的观看（the view）只能察觉意外事件的互动，也就是说，把内在必然性视为对处于潜在逻辑必然性（underlying logical necessity）中的意外事件的这一互动的扬弃。还是相反，它是使我们能在事后在保持客观距离的前提下看到的必然的客观过程中，重新激活这种情形的开放性、"可能性"、不可化约的偶然性（irreducible contingency）的一瞥？难道这种不可判定性没有带我们回到我们的起点：这种含混性不还是性别差异被刻入黑格尔逻辑之内核所采取的方式？

只要偶然性与必然性的关系是"变"与"是"的关系，把小客体这个纯粹的伪装（pure semblance）视从"变"这个视角看到的对"是"的某种"预期"，就是合法的。也就是说，黑格尔认为，质料与不完整形式（incomplete form）密切相关，即与依然是"纯粹形式"（mere form）的形式密切相关，与依然是对自身（自身即不完整的形式）的纯粹预期的形式密切相关。正是在这个意义上，可以说，小客体是见证了下列事实的质料残余（remainder of matter）：形式尚未完全实现自身，它变得还不像客体的具体确定（concrete determination of the object）那样现实，它依然是对自身的预期。在这里，空间歪像（spatial anamorphosis）必须由时间歪像（temporal anamorphosis）来补足。（如果预期不是时间歪像，又会是什么？在时间歪像中，我们制造了客体的形象，但客体的形象被我们的匆匆一瞥所扭曲。）从空间上讲，小客体是这样的客体，我们只有对它斜目而视，才能识别其面貌；瞠目直视，永远都看不到它。[注44] 从时间上讲，小客体是这样的客体，它只能以"被预期"（anticipated）的或"已丧失"（lost）的方式存在，只能以"尚未"（not-yet）和"不再"（not-anymore）的形态存在，永远不能在纯粹的、未分割的此时此刻（a pure, undivided present）这个"现在"中存在。因此，康德的超验客体（他对小客体的称谓）是赋身于形式对自身的不相等（inequality of the form to itself）的某种幻景，而不是质料对形式的剩余（surplus of the material in-itself over form）之索引。①

我们在此再次遇到了黑格尔的终极含混性。根据标准的流俗见解，辩证过程最终要获得的，是消除了任何质料剩余的绝对形式。不过，如果黑格尔真是这么想的，我们如何解释下列事实：结果（Result）实际上把我们抛回了漩涡？我们必须穿越全部行程才能得到结果（Result）？换言之，难道从"尚未"（not-yet）向"总是已经"（always-already）的飞跃，没有构成了黑格尔的辩证法：我们努力接

---

① 这句话的意思是，康德所谓的"超验客体"就是拉康所谓的"小客体"。它不是实物，它是海市蜃楼般的幻景，但它把"形式不等于形式"这个数学式具体化了。说"形式不等于形式"，是因为一种形式是完整的形式，被预期的形式，一种形式是不完整的形式，现在的形式。而且小客体只涉及形式，不涉及质料，因此不能把小客体理解为"质料减去形式之后得出的余数"之索引。所谓"索引"，就是深入揭露问题的线索或途径。

近目标（缺乏任何质料的绝对形式），突然间，我们确信，我们一直都没有离开目标？难道辩证过程中的关键性转移不是预期向回溯逆转（reversal of anticipation into retroaction），而非预期向自身的实现（its fulfillment）逆转？因此，如果这一实现从未发生于此时此刻（Present），这岂不是证明了小客体的不可化约的身份？

可能之现实性①

从"尚未"向"总是已经"的飞跃有其存有论背景，这背景是在可能性与现实性的"位置交易"（trading of places）：因与现实性截然相反，可能性拥有了自身的现实性。这是在什么意义上说的？黑格尔总是强调现实性的绝对的至高无上地位：诚然，对"可能性之条件"的寻求，既是从现实中抽离出来的，又要质疑现实，以便在理性的基础上（重新）建构现实②；不过，在所有这些沉思中，现实性被预设为某种既定之物（something given）。换言之，在黑格尔看来，没有什么比莱布尼茨的下列推测更奇特了：存在着众多可能的世界，造物主从中选择了最好的一个。这个推测的奇特之处在于，对可能世界的推测，总是以现

---

① 原文为"Actuality of the Possible"。

② "诚然，……建构现实"，这段文字甚难理解，请参照原文："true, the search for the 'conditions of possibility' abstracts from the actual, calls it into question, in order to (re) constitute it on a rational basis."

实存在（actual existence）这个铁的事实为背景。另一方面，关于我们遭遇为"现实"之物的粗糙事实性①，总是存在某种创伤之物；现实性总是被打上（作为）"不可能"（的实在界）这个不可磨灭的烙印②。因此，无论是从现实性向可能性转移，还是通过探究现实性之可能性而悬置现实性，归根结底都是一种努力——努力逃避实在界之创伤（the trauma of the real），即努力融合实在界，而融合实在界的方式是把它视为在我们的符号性世界中充满意义之物。[注45]

当然，可能（possible）与现实（actual）的循环的直线化，即首先悬置现实性，其次从概念性的可能性（conceptual possibility）推导出现实性，从未如愿以偿。偶然性这一范畴已经证明这一点：只要"偶然性"无法全然以它自己

---

① "我们遭遇为……事实性"，原文为"the raw factuality of what we encounter as'actual'"。此语包含多层意义：我们在现实中遇到很多东西，这些东西中，有些我们认为是现实的，有些则是非现实的，如幻觉、错觉、想象、幻象等。对于我们认为是现实的东西，它的存在是"事实"（fact），有其"事实性"（factuality），但这种事实性未经我们反思，因而是粗糙的（raw）

② "现实性总是被打上（作为）'不可能性'（的实在界）这个不可磨灭的烙印"，原文为"actuality is always marked by an indelible brand of the（real as）'impossible.'"此语意谓：现实性总是打上"不可能"的烙印，而且这个烙印不可磨灭，无法消除。这里的"不可能"，如果用拉康的理论来解释，就是"实在界"。拉康在解释实在界时，常用"作为不可能的实在界"（real as impossible）。所谓不可能，指无法描述，无法再现，或无法符号化，即使勉强描述、再现或符号化，总是存在残渣，那残渣便是小客体的来源之一。

的概念性的可能性条件为根基，它指的就是现实的内容。①
根据哲学常识，偶然性与必然性是现实性的两种形态：现
实存在的某物（something actual）是必然的，因为要它不存
在，是不可能的；但它又是偶然的，因为它的存在可以呈
现其他形态（事物原本可以以其他方式面世）。不过，问题
在于可能性这一概念（notion of possibility）固有的内在对
抗：可能性意味着，某物是"可能"的，但这里的"可能"
是就"能够实现自身"这一意义而言的；可能性还意味着，
某物"仅仅是可能的"，因为它根本无法实现。可能性在道
德论争中扮演的截然相反的角色，为这一内在分裂提供了
最清晰的表现形式。一方面，我们拥有"空洞的可能性"
（empty possibility），它是弱者提出的外在借口："如果当初
我真想这么做，我早就这么做了……（戒烟了，等等）。"
在向这种主张发起挑战时，黑格尔再三指出，对于一种可
能性的真实性质（它是真正的可能性还是只是纯粹空洞的
假定?）的确认，要通过让它实现自己来完成：证明你真的

①　这句话的原文是："'contingency' designates an actual content inso-
far as it cannot be wholly grounded in its conceptual conditions of possibility."
译者以为，这句话的意思是，偶然性只是"现实的内容"而非"现实"
本身，因为它没有完全以"自己的概念性的可能性条件"为根基，即它完
全没有实现其"概念性"的可能性。何谓"概念性"的可能性？就是理
想的可能性。举例说吧，人尽其才，物尽其用，是我们的理想，但人总是
不能尽其才，物总是不能尽其用，因为人没有实现自己所有的理想，物没
有实现竭尽自己的全部用途。这给我们留下了回溯性地反思的空间：如果
当初我如何如何，现在就不至于如此如此了。所谓"实在界之创伤"也表
现在这里。

能够有所作为的唯一有效的证据，就是你真的有所作为。另一方面，另有所为（acting differently）的可能性在"良知的呼唤"的掩护下向我们施加压力：一旦我提出了司空见惯的借口（"我已穷尽所有可能，再无选择的余地"），超我之音（superego voice）却在不断地撕咬我："不对，你本来可以更有作为！"这是康德在坚称自由作为可能性，已经具备现实性（freedom is actual already as possibility）时心里想着的东西：一旦我屈从于病态的冲动，没有履行自己的义务，我的自由的现实性（actuality of my freedom）就由我的下列行为证明——我已经意识到，我本来是可以采取其他行动的。[注46]这也是黑格尔在坚称现实（das Wirkliche）与简单地存在之物（das Bestehende）是两回事时心里想着的东西：我那时（屈从于病态的冲动）的行为不是"现实"的行为，没有表现出我真实的道德性质，想到这一点，我的良知开始折磨我；它们两者之间的差异在"良知"的掩护下向我施加压力。

我们可以在近期复活的阴谋理论的背后，看到同样的逻辑（奥利弗·斯通①的《刺杀肯尼迪》）：谁躲在肯尼迪

---

① 奥利弗·斯通（Oliver Stone，1946— ），美国著名导演，代表作有《野战排》《刺杀肯尼迪》《天生杀人狂》等。《刺杀肯尼迪》讲述的是：达拉斯地方检察官吉姆·加里森在肯尼迪遇刺三年后重新调查此案。他关心的问题是：第一，那致命的一枪究竟是来自何处？来自书库楼上，还是公路旁的栅栏后面？第二，凶手是否是替罪羊，是否是被幕后主使抛出来吸引公众注意力的诱饵？第三，那位双重身份的大富翁在这次谋杀案中扮演了什么角色？第四，美国政府为什么要用这块破布遮盖真相？随着众多疑点的提出，剧情逐渐展开，检察官慢慢接近了真相。

凶杀案的背后？对阴谋理论的这一复活的意识形态性全神贯注（ideological cathexis）是显而易见的：从后来对越南战争的体验中，从后来对尼克松政府的愤世嫉俗的腐败（cynical corruption）的体验中，从后来对60年代的造反（它导致了年轻人与当权者的分裂）的体验中，肯尼迪凶杀案回溯性地获得了其创伤之维（traumatic dimensions）。后来的体验把肯尼迪转化成了这样的人物，如果他还活着，他会使我们逃过越南战争，避免60年代的那代人与当权者分道扬镳，等等。（当然，阴谋理论所"抑制"的，正是肯尼迪软弱无能这个惨痛的事实：即使肯尼迪仍然活着，他也无力阻止分裂的出现。）因此，阴谋理论使另一种美国梦（dream of another America）生生不息。这个美国梦不同于我们在20世纪七八十年代时才知道的美国梦。[注47]

在可能性与现实性的关系这个问题上，黑格尔所持的立场是十分精确的：可能性既少于又多于其概念（notion）所暗示的东西；它是作为现实性的抽象对立物而被设想出来的，只是"纯粹可能性"（mere possibility），因而与其对立物高度一致，与不可能性完全吻合。不过在另一个层面上，凭借着可能之能量（capacity of possibility），可能性已经拥有了某种现实性。之所以说进一步要求它实现自己是多余的，原因也在这里。正是在这个意义上，黑格尔指出，自由之理念（idea of freedom）通过一系列的失败实现了自己：在实现自由的过程中，每次具体的努力都可能失败；从这个角度看，自由依然是空洞的可能性；但是，自由努力实现自己，持之以恒，永不放弃，这个过程见证了它的"现实性"，也就是说，见证了下列事实——自由不是"纯粹的概念"（mere notion），它展示了与现实的本质（essence of reality）相关的某种倾向。

此时我能想到的，是那个著名的悖论，即以经典的亚里士多德式三段论表述出来的普遍判断（universal judgment）与存在判断（judgment of existence）① 的关系的悖论：存在判断暗示了其主体的存在，只有其主体存在，它才有真假可言；但在普遍判断那里，即使其主体并不存在，普遍判断也可能是真的，因为它只涉及主体之概念（notion of the subject）。举例说吧，如果我们说"至少某人（或某些人）必死无疑"，那么，至少存在着一个人，这个判断才会是真的；相形之下，如果我们说"独角兽只有一只角"，那么，即使根本没有什么独角兽，这个判断依然为真，因为它只与"独角兽"这个概念（notion）的内在确定（immanent determination）有关。这个悖论的适用性决不限于纯粹的理论思辨。普遍（the universal）与特殊（the particular）之间的分裂具有看得见、摸得着的实际效果。在政治中，就是如此。根据在1991年秋的民意调查结果，要在老布什与尚未指定的民主党候选人之间做出选择，尚未指定的民主党人会轻松取胜；不过，要在老布什与任何一个具体的、

---

① 请留意这两种"判断"在性质上的差异：普遍判断（universal judgment）指普遍性的判断，即这个判断本身具有普遍性；存在判断（judgment of existence）指对存在做出判断，而存在总是指生命的存在。

单个的、提供了面孔和姓名的民主党人——克里①、库默②等人——之间做出选择，老布什会问鼎白宫。简言之，一般的民主党人（Democrat in general）会战胜老布什，而老布什会战胜任何一位具体的民主党人。令民主党人不幸的是，根本没有什么"一般的民主党人"。[注48]

可能性的地位与现实性的地位不同。与现实性相比，可能的地位没有得到充分的重视。可能性照例会发挥实际的效用，但是，可能一旦得以实现，就会销声匿迹。可能性与现实性的这一"短路"，在拉康的"符号性阉割"（symbolic castration）这一概念中大显身手。不能把所谓的"阉割焦虑"（castration-anxiety）化约下列心理事实（psychological fact）：看到女人没有男根，男人开始担心"自己也会失去男根"。[注49]相反，"阉割焦虑"指下列精确时刻：阉割的可能性先于阉割的现实性。也就是说，"阉割焦虑"指这下列精确时刻：阉割的可能性，阉割的纯粹威胁，在我们的精神机体中产生了实际效果。可以说，这种威胁"阉割"了我们，给我们打上了不可化约的损失（irreducible loss）的烙印。正是可能性与现实性的这一"短路"，给

---

① 克里（Kerry），指约翰·福布斯·克里（John Forbes Kerry，1943— ）。他是美国民主党的重要代表人物之一，1985 年至 2013 年出任联邦参议员。曾在 2004 年代表民主党出任美国总统候选人，但败给了竞选连任的小布什。2013 年出任国务卿，2017 年 1 月 20 日卸任。

② 库默（Cuomo），指安德鲁·库默（Andrew Mark Cuomo，1957— ）。他是美国民主党人，2002 年曾获纽约州州长提名，2006 年当选纽约州检察总长，在 2011 年—2021 任纽约州州长。2021 年 8 月，因性丑闻事件宣布辞职。

权力概念提供了定义：只有摆出潜在威胁的架势，也就是说，只有在并不真正全力出击，而是"引而不发"，权力才能真正发挥威力。[注50]只要回顾一下父性权威（paternal authority）的逻辑就足够了：一旦父亲失去控制并展示其全部力量（开始怒吼，对孩子大打出手），我们必定把这种"展示"视为无能之怒（impotent rage），也就是说，视为其对立物的索引。

正是从这个意义上说，符号性权威（symbolic authority）总是天生地依赖于不可化约的潜在性—可能性（potentiality-possibility），依赖于从属于作为可能性的可能性（pertains to possibility qua possibility）的现实性—有效性（actuality-effectivity）：一旦可能性获得了自身的现实性（actuality of its own），我们就抛开了"粗糙"的、前符号性的实在界，进入了符号性世界。这个悖论在（未来的）主人与奴隶为了获得承认而展开的黑格尔式斗争中发挥着作用：说他们的斗争所陷入的僵局是通过主人的符号性胜利和奴隶的符号性死亡打破的，等于说，只要有胜利的纯然可能性，就已经足够了。在他们的斗争中，发挥作用的符号性契约（symbolic pact）使他们在发生实际的物质破坏之前戛然而止，并使他们把胜利的可能性当成胜利的现实性来接受。主人的潜在威胁远比他权力的实际展示可怕。这也是边沁在提出全景监狱（Panopticon）这个幻象—母体时所预料的东西。大他者——来自中央观测塔的凝视——能够看到我，我在任何时刻都根本无法确定我是否在被人监视，由此导致的焦虑，远远大于下列事实带来的焦虑：我知道，我其实正在被人监视。"在可能性之内又超乎单纯的可能性"（in the possibility more than a mere possibility）的这一剩余，可能性在实现自身时的遗留之物这一剩余，就是作为不可能的实在界（the real qua impossible）。①〔注51〕

正是基于主人的权力的这种潜在性品质，我们可以断定，主人永远是天生的冒牌货。也就是说，他是非法侵占大他者（符号性秩序）中的匮乏这一位置的路人甲。换言之，主人形象的出现是严格的转喻性的：主人从来都不能完全"与自己的概念相符"，与作为黑格尔所谓"绝对主人"的死亡（Death）相符。他将永远都是"死亡的转喻"（metonymy of Death）。他的全部一致性都依赖于他谎称自己拥有的武力的延迟和备用。〔注52〕不错，不论是谁，只要占据了主人位置，他就是冒牌货和小丑。但由此得出结论说，主人明显的缺点可以颠覆其权威，那就错了。"扮演主人"的全部诡计就在于知道如何利用（主人之"概念"与其经验的载体之间的）这一裂缝，为自己谋取利益。主人要想加强自己的权威，就要把自己装扮得"与我们这些芸芸众

---

① 这句话大意谓：可能性毕竟是可能性，尚未得以实现，因此它依然在"可能性"的范围之内，故有"在可能性之内"之说；但可能性，至少是部分可能性，终将得以实现，所以它又"超乎单纯的可能性"。在可能性中又超出可能性的那一部分，就是"剩余"或"剩余"，它属于实在界。另外，可能性无法全然实现自己，必定在实现自己的过程中剩下一些残渣，这也是所谓的"剩余"或"剩余"，也属于实在界。实在界之为实在界，在于它的"不可能"，故又称"作为不可能的实在界"。

生完全一样"，浑身都是小缺点，就要把自己装扮成这样的人：在没有被迫代表权威（Authority）发声时，他完全能够"正常地交谈"。在不同的层面上，这一辩证被天主教会广泛利用。天主教会总在准备宽恕微不足道的侵害行为，只要这种行为巩固了法律的统治：出卖肉体、淫秽书刊等等都属罪孽，但是，只要它们有助于维持婚姻，就不仅会被宽恕，而且会被赞许：定期去妓院销魂，总比离婚强吧。[注53]

与现实性相比，可能性至高无上。可能性的这种至高无上，还能使我们清晰地说明男根能指（phallic signifier）与恋物（fetish）① 的差异。这种差异可能看上去难以捉摸，因为在这两种情形中，我们都要和一个填补了原初匮乏（primordial lack）的"反射"因素打交道。恋物填补了业已丧失的母性男根（maternal phallus）这一空白，而男根恰恰是能指匮乏之能指（signifier of the very lack of the signifier）。不过，作为纯粹可能性之能指（signifier of pure possibility），男根从来都不能得到充分的实现（也就是说，空洞能指尽管缺乏任何确定的、实证性的内容，但还是代表着一种潜在性，能在可能的未来提供意义），而恋物总是声称自己拥了现实的身份（它实际上假装要代替母性男根）。换言之，只要恋物是弥补（母性）男根之匮乏的因素，那男根能指最精确的定义就会是，它迷恋的是它自己：可以说，作为

———————————

① 恋物，指能提供快感（特别是性快感）之物。性器官自然不在例外，与性器官相关的物品，如毛发、体液、胸罩、内衣、鞋袜、饰物等等，也在其内。

"阉割的能指"（signifier of castration），男根为自身的匮乏赋予了形体。

注释：

〔注 1〕精明过人的神学家熟知这个决策悖论。该悖论回溯性地设置自己的理由：我们当然有充分的理由信仰耶稣基督，但是，只有那些已经信仰耶稣基督的人，才能充分理解这些理由。

〔注 2〕这与罗纳德·里根（Ronald Reagan）当选美国总统的情形无异：自由派的新闻记者越是枚举他的口误以及其他失态之举，就越是使他大受欢迎；不知不觉中，反对的理由变成了赞成的理据。关于里根的"特氟隆总统职位"，见 Joan Copjec, "The unervmoegender Other: Hysteria and Democracy in America," *New Formations* 14（London: Routledge, 1991）。在另一个层面上，把 S_1 与 S_2 分割开来的裂缝，把决策行为与知晓链（chain of knowledge）分割开来的缝隙，这方面的范例是由陪审团制度提供的：陪审团完成形式上的决策行为，提供"有罪"或"无罪"的裁决；然后等待法官将这一裁决置于知晓的根基上（ground this decision in knowledge），把它转化为适当的惩罚。为什么不把这两种情形合在一起？也就是说，为什么法官不能做出裁决？难道他不比普通公民更有资格？为什么由法官做出裁决会有违我们的正义感？在黑格尔看来，陪审团体现了自由主体性（free subjectivity）的原则：关于陪审团，至关重要的事实是，它是由一组公民组成的，据说他们是被告的同侪，而且是通过抽签制度挑选出来的——他们代表着"平常人"。关键在于，我只接受地位与我平等的人的判决，而不接受某个高级代理机构（superior agency）的裁决。高级代理机构以某个难以企及的知晓（inaccessible Knowledge）的名义说话，对此知晓，我不仅鞭长莫及，而且难以理解。与此同时，陪审团暗示了偶然性的一面，因而把充足理由律（principle of sufficient ground）悬置了起来：如果法官只关心法律的正确运用，那么由法官做出有罪或无罪的裁决就更恰当了。委托陪审团做出裁决，不确定的时刻保留了下来；直至最后，我们都无法确定，将做出怎样的裁决。所以，裁决发布时，我们总是感到惊奇。——作者注。

"特氟隆总统职位"（teflon presidency），指即使犯错或犯罪，也不会损伤其声誉，因此无论如何都打不垮、扳不倒的总统职位。——译者注

〔注3〕当然，悖论在于，在一系列实证性的、可观测的特性背后，真的一无所有。使我坠入情网的那个神秘的 *je ne sais quoi*（难以描绘和表达的东西），说到底只是纯粹的伪装。这样，我们就可以理解，"真诚"的情感必然建立在幻觉之上：只有我相信你有神秘的宝藏（agalma），即是说，只有我相信在一系列可观测的特性背后存在某种东西，我才会"真正地……真诚地"坠入情网。

〔注4〕关于"合并论"，见 Henry E. Albson Kant's *Theory of Freedom*（Cambridge：Cambridge University Press，1990）。

〔注5〕采取与此相反的步骤同样是错误的：把责任和罪行归诸个人，这样做，解除了我们调查具体环境的任务。在这方面，只要回顾一下维护道义的大多数人（moral-majority）的做法就可以了：他们把非裔美国人的高犯罪率归诸道德品格（"犯罪倾向""道德麻木"等）。如此做派排除了对非裔美国人具体的社会、经济和政治条件的任何分析。

〔注6〕我们在此从拉康那里得到了黑格尔式修辞性颠倒（rhetorical inversion）的另一个范例：我们能够认同他人的欲望，因为我们的欲望已经被他人欲望。在所有的意义上都是如此：我们的欲望是等

待他人来欲望的欲望（a desire to be desired by the other），即是说，我们的欲望是供他人欲望的欲望（a desire for another's desire）；我们的欲望，被我们体验为我们最隐秘的欲望，是由偏离中心的大对（de-centered Other）体结构起来的，等等。为了产生欲望，主体不得不认同他人的欲望。

〔注7〕欲望的这一自我反射，构成了"自我意识"。它不仅与主体的自我透明（self-transparency）毫不相干，而且与主体的自我透明截然相反，也就是说，它涉及主体的彻底分裂。能够证明这一点的证据，是由爱恨悖论（paradoxes of love-hate）提供的。好莱坞的宣传机构以前常常把埃里克·施特罗海姆塑造成"你喜欢去恨的人"（a man you'll love to hate）。施特罗海姆在20世纪三四十年代常常扮演残暴成性的德国军官。"喜欢去恨"（love to hate）某人，意味着此人完全适合扮演招人恨的替罪羊角色。在与此截然相反的另一端，黑色片世界（noir world）中的蛇蝎美人显然是人们"恨着去爱"（hates to love）的女性：我们知道她心怀歹意，但我们还是背叛了自己的意志，被迫去爱她，我们为此恨自己，也恨她。这种爱与恨显然记录了我们自身内部的某种严重分裂，记录了下列两者的分裂：我们无法抗拒对她的爱，但又发觉这种爱令人讨厌。另一方面，爱与恨的这种反射性的同义反复情形（tautological cases）依然是悖论性的。例如，当我对某人说"我恨你，但我因此恨自己"（hate to hate you）时，这句话再次指向分裂：我真的爱你，但出于某种原因，我被迫去恨你，我因此而恨自己。即使是"喜欢去爱"（love to love）这个正面的同义反复，也隐藏着它的对立面：当我这样说时，它通常必定被解读为，"我愿意去爱你……（但是我无法再爱你了）"——它只是表达了继续爱你的愿望，尽管一切都已经结束。简言之，当丈夫或妻子告诉对方"我喜欢去爱你"（I love to love you）时，我们可以肯定地说，婚姻的解

体就在眼前。——作者注。

埃里克·施特罗海姆（Erich Stroheim, 1885—1957），奥地利裔美籍电影演员、导演，其影片以严肃的现实主义和细节上的尽善尽美闻名电影界，《贪婪》（*Greed*, 1924）是其代表作。第一次世界大战期间，美国拍了许多丑化德国的宣传片，施特罗海姆专门在这类影片中扮演普鲁士军官，成功地塑造了这类"招人憎恨的人"，名气颇大。——译者注

〔注8〕关于这种"非全"逻辑，见上列著作第二章：Slavoj Žižek, *Tarrying With the Negative*: *Kant*, *Hegel*, *and the Critique of Ideology* (Durham, NC: Duke University Press, 1993)。

〔注9〕SeeJudith Butler, *Gender Trouble* (New York: Routledge, 1990)。到目前为止，该书尽了最大的努力去证明，对（以生物学、符号性秩序中表现出来的）性别差异的每个"预先假定"的支持，最终都是偶然性、回溯性的表述效应（performative effect），即是说，都是已被"设置"好的。我们不禁要以下列嘲讽性的结论来概括其结果（summarize its result in the ironic conclusion）：女人是男人，只是戴上了女人的面具而已；男人是女人，只是装得雄赳赳，气昂昂，以隐瞒其女性气质而已。朱迪斯·巴特勒要证明，性别差异是有根据的。但这一标准的证明方式，已经陷入僵局。只要她暴露了这一僵局，我们就只能钦佩她的机智了。问题出自该书最后的"纲领性"部分，它提出了积极的方案，要玩耍无穷无尽的表述游戏（performative game），建构能够颠覆每一个固定身份的多重主体立场（subject-positions）。因此，它遗漏的正是由该书标题所标指的那个维度——性别的烦恼（gender trouble），即下列事实：性（sexuality）是由构成性的"烦恼"定义的，是由创伤性的僵局（traumatic deadlock）定义的；每个表述性构成（performative formation）都不过是匆匆忙忙地处理这

一创伤的企图而已。因此，我们在此必须完成的，是通过简单的自我反射性的逆转，把否定逆转为肯定：总是存在着性别的烦恼。为什么会这样？因为性别通常是对根本性的 "烦恼" 的回应：在努力逃避僵局的过程中，"正常" 的性别差异构成了自己。

〔注 10〕Jacques Lacan, *Le Seminaire, Encore: Livre 20* (Paris: Éditions du Seuil, 1975), p. 85. 因此，拉康的陈述句 "根本不存在性关系" (there is no sexual relationship) 并不包含隐秘的规范性 (hidden normativity)，并不包含隐含的规范 (implicit norm)，即有关根本无法企及的、"成熟" 的异性恋的规范。根据这样的规范，主体总是天生有罪的。拉康的看法与此相反。他认为，在性的领域 (domain of sexuality) 中，想以普遍有效的合法主张，制定指导我们生活的规范，是不可能的。制定如此规范的每一次尝试，都是解决 "原初" 僵局的次级努力 (secondary endeavor)。换言之，拉康并没有落入求助残酷的超我动能 (superego agency) 这个陷阱。超我动能知道，主体无法满足它的要求，因而给主体的存在打上了构成性的罪恶 (constitutive guilt) 的烙印：拉康式主体与符号性律令的关系，不是拉康式主体与超我动能的关系，主体从来都不能完全满足超我动能提出的要求。拉康式主体与律令大他者 (the Other of the Law) 结成的关系——这关系通常与《旧约》中的神或简森派 (Jansenist) 的黑暗神 (Dieu obscur) 相关——暗示我们，大他者知道它想从我们这里得到什么，只是我们无法识破大他者的神秘莫测的意志而已。不过，在拉康看来，律令大他者并不知道它想得到什么。

〔注 11〕欲详细解读黑格尔的反思逻辑，见下列著作第六章：Slavoj Žižek, *The Sublime Object of Ideology* (London: Verso Books, 1989)。

〔注 12〕罗伯特·皮平 (Robert Pippin) 的《黑格尔的观念论》

（*Hegel's Idealism*）（Cambridge：Cambridge University Press，1988）的致命弱点也在于此。倘若没有这个弱点，该书可谓开辟了黑格尔研究的新纪元。该书的基本意图是重新肯定黑格尔的辩证逻辑的持久适用性。除此之外，它还要证明，把握这种适用性的唯一方式就是穿越康德。这与流行的"历史主义"研究相反，"历史主义"研究把黑格尔的"形而上学"——辩证逻辑——视作过时得令人绝望的庞然大物而摒弃。也就是说，"历史主义"研究认为，黑格尔哲学中唯一"依然存活"的东西，只能到《精神现象学》《法哲学原理》《美学》中有关具体的社会历史分析中去寻找。罗伯特·皮平认为，黑格尔的立场绝没有自动退回到"批判之前"有关绝对（Absolute）的形而上学存有论（metaphysical ontology）那里，而是仍然完全局限在康德批判的范围之内：黑格尔的思辨观念论就是走向终结的康德批判。皮平的这个计划值得全力支持。不过，在紧要关头，在处理反思的逻辑时，皮平失败了。他的分析最后得出的结论是，我们最终注定要落入设置的反思（positing reflection）和外在的反思（external reflection）的二律背反：他把"确定的反思"（determining reflection）视为隐喻性公式（metaphoric forma），视为想打破这个二律背反却以失败告终的努力，而拒之门外。

〔注 13〕*Hegel's Science of Logic*（Atlantic Highlands，N. J.：Humanities Press International，1989），p. 441. 因为我们只关心矛盾这个概念的悖论性结构，故不考虑差异与对立的不同之处，也就是说，不考虑对立在差异与矛盾之间扮演的调停角色（mediating role）。

〔注 14〕黑格尔选的例子是父亲，而父亲是典型的符号性功能。黑格尔的这个选择，当然不是偶然的或中立的。托马斯·阿奎那（Thomas Aquinas）早就在论争中以父亲身份（paternity）为例说明问题：为了存活下去，对于那些我们不曾亲眼看见的事情，我们必须接受他人的言辞,信以为真。"人如果除了自己耳闻目睹的事情,什么都不相信,那要生活在这个世界上,是完全不可能的。如果某人不相信别人,他又如何活得下去?他怎么能够接受下列事实:某个人是他的父亲?"见 Thomas Aquinas, *The Pocket Aquinas*; *Selections from the Writings of St. Thomas* (New York: Washington Square Press, 1960), p. 286。正如弗洛伊德在《摩西与一神教》中所言,与母亲身份 (maternity) 不同,父亲身份关系从一开始就是个信仰问题,就是符号性事实:只有在信赖他者言辞这个背景上,父亲的名义 (Name-of-the-Father) 才能发挥权威的效力。

〔注 15〕拉康代数学 (Lacanian algebra) 的第四个术语——小客体呢?小客体指的恰恰是这样一种企图:使主体在符指化表征 (signifying representation) 之外获取实证性的支撑物,以支撑他自己的存在。借助于与小客体结成的幻象关系 (fantasy-relation),主体 ($\$$) 获得了如下虚假的感觉:他具有"存在的充分性"(fullness of being),他成了"真正的自己",他是怎样的人,不再相对于他人而言,尽管他仍然处于主体间的符号网络 (intersubjective symbolic network) 之中。

〔注 16〕Marx's *Grundrisse*, selected and edited by David McLellan (London: Macmillan, 1980), p. 99.

〔注 17〕希特勒的第一个受害者是奥地利。它从 1934 年起,即从陶尔斐斯的右翼政变起,就是原法西斯主义的社团主义国家 (a proto-fascist corporatist state)。卓别林是否意识到了这一事实包含的嘲讽意味?影片《音乐之声》又何尝不是如此?在那里,反对法西斯主义的武装力量采取了自给自足的奥地利排外主义的形式。也就是说,在那里,法西斯主义与民主主义的政治——意识形态斗争,最终被化约成两种法西斯主义的斗争,只不过一种法西斯主义狰狞野蛮,另一种

法西斯主义依然维持着"人性的面孔"而已。——作者注。

陶尔斐斯（Engelbert Dollfuss，1892 年—1934），奥地利政治人物，基督社会党人，1932—1934 年间出任奥地利总理，以独裁对抗社会民主党人和纳粹分子，结果被纳粹分子暗杀。——译者注。

〔注 18〕所以说，无论前共产主义者怎么做，都茫然失措：如果举止粗鲁，那是他们真实的本性使然；如果温文尔雅，处处符合民主的规则，那他们就更加危险了，因为他们隐瞒了自己的本性。

〔注 19〕科幻片《异形附身》（*The Hidden*）以其质朴性，对概念关系（notional relationship）的如此具体化做了最为尖锐的揭示：在如今的加利福尼亚，日常生活平淡如水，直至某一天，主人公戴了一副专用的绿色眼镜，看到了事物的真实状态——普通的、有意识的目光看不到的意识形态指令，即"这样做，买那个……"之类的文字。它们从四面八方涌向主体。因此，这部影片制造的幻象在于，它给我们提供了一副眼镜。它能使我们真真正正地"观看意识形态"（并把"观看意识形态"当成自愿接受的奴役），领悟我们在把自己体验为自由个体时遵守的隐含指令。当然，这部影片的"失误"之处在于，它假定，意识形态指令是普通的物质性存在。就其身份而论，意识形态指令其实是纯粹的符号性关系，只有它的效果才是物质性的存在。换言之，《异形附身》以稍作修改的形式，实现了启蒙运动有关意识形态的经典幻象——意识形态是教士集团制造的阴谋诡计。他们为了维护当权者的利益，故意欺骗人民。

〔注 20〕See J. N. Findlay, *Kant and the Transcendental Object* (Oxford: Clarendon Press, 1981), pp. 261 – 267.

〔注 21〕在此我们必须牢记，迫使康德假想以太之存在的，是他的哲学的基本幻象框架，即"真正的对立"的逻辑："以太"是作为"普通"的可称量、可压缩、可黏合、可消耗的材料的必然的、实证的对立物，被演绎出来的。

〔注 22〕See Louis Althusser et al. , *Reading Capital*（London：New Left Books, 1970）, pp. 186 – 189.

〔注 23〕这一点最早是由阿特丽斯·隆格尼斯（Beatrice Longue-nesse）在其下列名著中提出的：*Hegel et la Critique de la métaphysique*（Paris：Vrin, 1981）。

〔注 24〕See Pierre Macherey, *Hegel ou Spinoza*?（Paris：Maspero, 1975）。

〔注 25〕Karl Marx, "Eighteenth Brumaire of Louis Bonaparte", in Karl Marx and Friedrich Engels, *Collected Works*, volume 2, p. 103.

〔注 26〕在提及黑格尔所谓"美的灵魂"（Beautiful Soul）时，拉康犯了个意义极其深远的错误，因为他把两种不同的"意识形象"（figures of consciousness）浓缩在一起：他谈到了美的灵魂，美的灵魂以她的心灵律令（Law of the Heart）的名义，反抗世界的非正义（见其《著作选集》第 80 页）。不过，在黑格尔那里，"美的灵魂"与"心灵律令"是两个完全不同的"形象"：前者指癔症心态（hysterical attitude）——一边痛惜世界走上了邪恶之路，一边积极参与邪恶之路的再生产，拉康将之运用于杜拉（Dora）——弗洛伊德用于展示癔症的范例——是完全正确的；"心灵律令与自欺狂妄"（"Law of the Heart and the Frenzy of Self-Conceit"）显然指精神错乱心态（psychotic attitude），即自封的救世主这一心态，他把自己心中的律令想象成人人都必须遵守的律令。因此，为了解释何以"世界"（他周围的社会环境）并不遵守他的戒律，他不得不求助妄想狂建构（paranoic constructions），求助于某个黑暗势力的阴谋诡计。这类似于启蒙后的反叛者，他努力赢得人民的支持，却以失败告终，他因此责备反动教士，认为他们传播迷信，才导致了他的失败。下列事实的存在，使拉康的失误愈发显得神秘莫测：美的灵魂与心灵律令的差异，完全可以用拉康自己精心阐发的范畴，做出完美的概括。癔症性的美的魂灵显然位于大他者之内，它充当的是要求（demand），即向处于主体间领域（intersubjective field）的大他者提出要求；精神错乱似地紧紧抓住某人的心灵律令不放，恰恰涉及对黑格尔所谓的"精神实体"（spiritual substance）的拒绝、悬置。

〔注 27〕所以说，经验性现实（emprical reality）意义上的存在（existence），恰恰处于拉康所谓实在界的对立面：正是因为上帝不是作为实验的、经验的现实的一部分而"存在"，他才属于实在界。

〔注 28〕Lacan, *Le Séminaire*, livre 20: *Encore*, p. 32.

〔注 29〕这一观点极其哲学分量，它是由卢卡奇在其《历史与阶级意识》（*History and Class Consciousness*）（London：NLB, 1969）中详细阐释出来的。

〔注 30〕关于存在与自我关联的这一联系，康德本人早已有了预感。这可由下列事实证明：在《纯粹理性批判》中，他把规制性特征（regulative character）赋予了动态性的综合（dynamical synthesis）。动态性的综合不仅关注谓词，而且关注存在。

〔注 31〕幻象在性变态（perversion）和神经症（neurosis）中扮演的角色，为精神分析临床中的从自在向自为的过渡，提供了范例。性变态者直接"经历"自己的幻象，表演幻象。他之所以不以"反射"关系对待它，他之所以在与它发生关联时并不把它视为幻象，原因就在这里。用黑格尔的话说，幻象未被"设置"成这个样子，幻象只是他的自在。另一方面，癔症患者的幻象也是性变态幻象（perverse fantasy），但两者的差异不仅在于，癔症患者以反射的、"调停"的方式与幻象发生关联。通俗些说（vulgari eloquentia），他"只是幻想着，性变态者现在究竟在干什么"。至关重要之处在于，在癔症机体（hysterical economy）内部，幻象获得了不同的功能，成了精致的主体间游戏的一部分：借助于幻象，癔症患者隐藏了自己的焦虑，同时把它作为诱饵抛给他人，对于这样的"他人"而言，癔症戏剧已经开演。

〔注 32〕精神分析理论中有关创伤的确切原因的含混性，可以进一步以实例证明这种互换性。一方面，把"原初创伤"（original trauma）隔离，把视作为引发了连锁反应的终极基础，这样做是完全合理的。连锁反应的最终结果是疾病的形成（pathological formation），即征兆。另一方面，要想使某个事件充当原先的"创伤性"事件，就必须提前以某种方式把主体的符号世界建立起来。

〔注 33〕See Fredric Jameson, "Reification and Utopia in Mass Culture," in *Signatures of the Visible* （New York：Routledge，1991）。

〔注 34〕正是在这个意义上，拉康把主人能指视为"空洞"能指，即没有所指的能指：它是空容器，只是把先前既有的内容做了重新排列而已。"犹太人"这个能指没有增添任何新的所指。它所有的实证性的所指内容（signified content）都来自于先前既有的因素，这些因素与犹太人毫不相干。它只是把这些因素转化成了作为根据的犹太性（Jewishness qua ground）的表现形式。由此导致的一个结果是，在努力回答"为什么在排犹主义的意识形态中，单单犹太人被挑选出来扮演替罪羊的角色？"的问题时，我们很容易跌入排犹主义设置的陷阱，在犹太人身上寻找某个神秘的特性，仿佛正是由于这个特性，他们注定要扮演替罪羊的角色。归根结底，犹太人被挑选出来扮演"犹太人"的角色，完全是偶然的，正如那个著名的反排犹主义笑话指出的那样："犹太人和骑自行车的人要为所有的麻烦负责——为什么是骑自行车的？——为什么是犹太人？"

〔注 35〕Findlay, *Kant and the Transcendental Object*, p. 187.

〔注 36〕 Ibid. , p. 1.

〔注 37〕 在此我们必须注意，简单的、对称的颠倒是如何导致非对称的、不可逆的、非反射的结果的。也就是说，当把陈述句"犹太人掠夺成性、诡计多端、肮脏、好色……"逆转为"他掠夺成性、诡计多端、肮脏、好色……因为他是犹太人"时，我们并没有以另一种方式陈述相同的内容。某个新东西由此被创造了出来，它就是小客体，它就是"在犹太人之内又超乎犹太人"(in Jew more than the Jew himself) 的东西。职是之故，犹太人成了出人意料之人 (what he phenomenally is)。这相当于黑格尔所谓的"事物以自身的条件重返自身" (return of the thing to itself in its conditions)：当我们在其条件——属性——中识别出超验根据 (transcendent Ground) 造成的结果时，事物重返了自身。

〔注 38〕 关于这一例外，见 Monique David-Ménard, *La Folie dans la Raison Pure* (Paris：Vrin, 1991)，pp. 154 – 155.

〔注 39〕 "是"与"变"之间的不可化约的对抗，还为黑格尔解决康德的自在之物之谜，提供了母体：处于"是"的形态中的自在之物，就是处于"变"的形态中的主体。

〔注 40〕 *Hegel's Science of Logic*, p. 545. 在现实性—可能性—偶然性—必然性 (actuality-possibility-contingency-necessity) 这个四元组中，我们遇到了最初的四元组存在—空无—变—确定的存在 (being-nothing-becoming-determinate being) 在更高的、更具体层面上的重复：偶然性是从可能性向现实性的"过渡"，而必然性指的是可能性与现实性的稳定统一。

〔注 41〕 见下列著作第五章：Slavoj Žižek, *For They Know Not What They Do* (London：Verso, 1991)。另见下列著作第三章：Slavoj Žižek, *Enjoy Your Symptom*! (New York：Routledge, 1992)。

〔注42〕"变"与"是"之间的克尔凯郭尔式对抗，或许就潜伏在海德格尔用来描述存有论差异的反复出现的形象这一背景中。反复出现的形象即同义反复性的名词动词化，如"世界的世界化"（worlding of the world）等。"世界的世界化"指的正是"处于变化中的世界"（world in its becoming）。世界变化，是因为它有这样的可能性。不能把"处于变化中的世界"视为不足的现实性之模式（deficient mode of actuality）：存有论差异乃〔存有性的（ontic）〕现实性与其〔存有论的（ontological）〕可能性的差异，即那个可能性之剩余（that plus of possibility）。可能性之剩余是可能性在实现自己时遗失的。在另一个层面上，"〔政治〕秩序的秩序化"据说指的是新秩序形成的"敞开"的过程，指的是"变的不静止"（unrest of becoming）。在罗马尼亚那里，它是以国旗中央的黑洞为缩影的。黑洞的位置原来由红五星这个共产主义的象征占据着。一旦新秩序通过新主人能指的出现而确立，"变的不静止"就会消失，就会遁迹无形。

〔注43〕这种不可判定性还适用于黑格尔的《精神现象学》：我们只需要牢记，它的封闭的、绝对的知识与《逻辑学》（*Logic*）的起点完全一致。这个起点没有预设，是绝对的非知晓（absolute non-knowledge）。在那里，人所能表达的，只是空洞的存在（empty of being），只是空无性之形式（form of nothingness）。《精神现象学》的进路就这样显现出来的：那是一个遗忘的过程，与对精神（Spirit）的全部历史的循序渐进的"记忆"完全相反。《精神现象学》发挥着"体系"的"引论"的作用，因为借助于它，主体不得不学着清除非概念性（non-notional）——表征性（representational）——内容的虚假充分性，清除非反思性的预设（non-reflected presuppositions），以便最终能够从存在（being）开始，而存在即空无（nothing），所以也是从空无开始。我们也必须在这个背景上考虑"骷髅"（skull）一词在

《精神现象学》最后一页的再次出现。在那里，黑格尔把《精神现象学》的行程描述成"绝对精神的卡尔瓦里"。见 Hegel's *Phenomenology of Spirit*（Oxford：Oxford University Press，1977），p. 493。德语中用来表示卡尔瓦里的单词"Schädelstätte"的字面意义就是"骷髅地"（the site of skulls）。无限判断"精神是块骨头（骷髅）"因而获得了某个出人意料的维度：在对 Er-Innerung 即内在化记忆的回视中，精神看到的只是往昔的"意识形象"（figure of consciousness）这个头骨碎片。根据那个陈腐的黑格尔式的公式，结果（Result）就是尸体，因为它是从通往结果的道路上提取出来的。黑格尔的这个公式必须再次颠倒过来：这条"道路"充斥着头骨碎片。——作者注。

"卡尔瓦里"（Calvary）是古代耶路撒冷城外的一座小山，耶稣在这里被钉死在十字架上。——译者注。

〔注44〕参见下列著作第一章：Slavoj Žižek，*Looking Awry*（Cambridge：MIT Press，1991）。

〔注45〕电脑制造的虚拟现实，不正是借助于现实的虚拟化而设想出来的现实吗？不正是全部从现实的可能性条件中派生出来的现实吗？

〔注46〕在这里，只要回顾一下康德对法国大革命的意义的反思就完全足够了：对自由的、理性的社会秩序之可能性的信仰（该信仰已为开明公众对法国大革命的热情回应所证明），证明了自由的现实性（actuality of freedom），证明了作为人类学事实的自由倾向（a tendency toward freedom as an anthropological fact）的现实性。See Immanuel Kant，*The Conflict of the Faculties*（Lincoln：University of Nebraska Press，1992），p. 153。——作者注。

这句话的意思是：人们相信，建立自由的、理性的社会秩序是完全可能的。已获启蒙的公众对法国大革命做出了热情的回应，这证明，人们的确相信上述可能性。人们相信，可以建立自由的、理性的社会秩序，这本身就证明，自由不只是概念（notion），更不是空想，它有其现实性，即使尚未实现，就已经具有了现实性；此外，这本身还证明，人类对自由有着天然的"倾向"，即天然的喜好，这是一个人类学事实。所谓"人类学事实"，即普天之下，人皆如此，无可辩驳，更无可否认。——译者注

〔注47〕当然，这是左翼对肯尼迪凶杀案阴谋理论的解读。与此相反的解读是，肯尼迪之死带来的创伤表现了保守派对真正权威而非冒牌权威的渴望，或者，引用在越南战争周年纪念会上发表的一则评论说，"在现在掌权的这代人中，越南或许已经播下了怀疑的种子——领袖和权威都是骗子。这种观点对道德成长产生了微妙的阻碍效应。如果儿子不学着当父亲，一个国家可能就会培养这样的政治家，他们的言行举止不像发育成熟的领袖，而像问题重重的没长大的兄弟姊妹。"在这个背景上，很容易在肯尼迪神话中发现下列信仰：他是最后一位"发育成熟的领袖"，最后一位非冒牌的权威人物。

〔注48〕关于可能（the possible）与现实（the actual）的关系的这种悖论性质，另一个范例是参议员爱德华·肯尼迪（Senator Edward Kennedy）在1980年总统提名的候选资格问题。当时所有的民意调查都表明，只要他的候选资格悬而未决，他会轻易战胜民主党内的任何对手；不过，一旦他公开宣布他决定竞选总统提名，他的支持率就会直线下降。

〔注49〕归根结底，这种女性阉割观（notion of feminine castration）相当于那个臭名昭著的古希腊诡辩的变种——"你没有的，就是你失去的；你没有角，所以你失去了角。"要想避免把这个诡辩视为微不足道的虚假推理而一笑了之，或者说，要想得到有关生存焦虑的不祥之感（这种焦虑或许与那个诡辩的逻辑相关），只要回顾一下

狼人（Wolf-Man）的例子就足够了。狼人是俄国人，曾经接受过弗洛伊德的精神分析。他一直饱受疑病症偏执（hypochondriacal idée fixe）所苦。他抱怨说，他是鼻部损伤的受害者，而鼻部损伤是由电解（electrolysis）引起的。不过，彻底的皮肤病检查表明，他的鼻子没有任何问题。这引发了他无法忍受的焦虑："他被告知，医生对他的鼻子无计可施，因为它毫无问题。他觉得自己再也不能在下列状态下生活下去——他自以为受到了不可救药的伤害。" Muriel Gardiner, *The Wolf-Man and Sigmund Freud*（Harmondsworth：Penguin, 1973），p. 287. 这里的逻辑与"如果你没有角，那是因为你失去了角"一模一样。如果医生无计可施，那是因为伤害已经不可救药。当然，从拉康的角度看，这个诡辩指出了结构性/差异性秩序（structural/differential order）的基本特征：当匮乏本身匮乏（the lack itself is lacking）时，不堪忍受的绝对匮乏出现了。

〔注50〕至于与权力的现实性（actuality of power）相关的这种潜在性，见下列著作的第五章：Slavoj Žižek, *For They Know Not What They Do*（London：Verso Books, 1991）。

〔注51〕可能性与现实性的辩证性张力的另一面，就是概念（notion）与其实现之间的张力：概念的内容只能以概念失败的形式来实现。让我们回顾一下罗伯特·哈里斯（Robert Harris）最近出版的另类历史畅销书《祖国》（*Fatherland*）（London：Hutchinson, 1992）。故事发生于1964年，那时希特勒已经赢得第二次世界大战，并把他的帝国从莱茵河畔扩展至乌拉尔山脉。这部小说玩弄的把戏是，把现在实际上发生的事情当成希特勒获胜的结果来展示。获胜之后，希特勒把西欧改造成"欧洲共同体"。"欧洲共同体"是一个经济联盟，由12种货币组成，发挥主导作用的是德国马克。它的旗帜以蓝色为背景，上有12颗黄星。（德国20世纪40年代初期的文献就包含了这

样的计划!)因此,这部小说给我们提供的教益是,纳粹的欧洲"概念"是在纳粹主义在"经验"上的战败为掩护实现的。

〔注52〕这里的关键问题是,作为死亡之转喻的主人存在的这个问题,深受拉康后来向享受转移这一行为的影响。拉康的这一行为使父亲的形象分裂成了父亲的名义(Name-of-the-Father)和父亲的享受(Father-Enjoyment, le Pére-*jouissance*)。父亲的名义是纯粹的符号性权威,它超越了享受(大他者天生就是超越享受的——我们会说,"大他者没有体味")。作为享受主人(Master of Enjoyment)的淫荡父亲依然发挥着"死亡之转喻"的功能,还是代表着"超越死亡的生命",代表着不朽的、不可摧毁的享受实体(substance of enjoyment)?

〔注53〕只有在这个背景上,我们才能估量,由那些认识拉康的人注意到的拉康的个人特征产生了多大的颠覆性效果。正如人们知道的那样,他小心翼翼地树立自己的形象,把自己装扮成令人无法忍受的人,装扮成苛刻得近乎残忍的人,不过与此同时,他又显得诙谐机智、行为古怪。认识他的人都在努力发现隐藏在这个公开面具背后的"真人"。他们这样做,是因为受到了寻求可靠的保证这一欲望的驱使:他们要保证在这面具之下,拉康"与我们这些芸芸众生完全一样"。不过,他们免不了要大跌眼镜的:"在面具后面"等待他们的绝非"正常的热心人",因为即使在私下里,拉康依旧还是那个公开的形象。他的言谈举止与公开时无异,展示出来的依然是彬彬有礼和苛刻残忍的混合。公开面具与私下人品的离奇吻合所导致的结果(消除了全部的私人的、"病态"的特征,使私下的形象与公开的符号性角色完全一致),与我们的期待(公开的符号性角色土崩瓦解,变成病态的怪癖,变成偶然性的人格标记)截然相反。

4

"我用眼睛听到了你的声音"，
或，看不见的主人

一

语音和凝视①是雅克·拉康给弗洛伊德的"局部客体"（partial object）列表增添的两个客体。它们是客体。也就是说，它们并不处于正在看或正在听的主体一边，而是处于主体所听或所看之物一边。

让我们回顾一下希区柯克影片中的原型场景：女主人

---

① 请注意：作者在这里用的是凝视（gaze），而不是注视（stare）和怒视（stare）。三词语义相近，但又有本质的区别。三词都有"目不转睛"（眼珠子一动不动地盯着看）之意，但凝视充满了爱恨、惊讶、赞赏、羡慕或妒忌之情，与欲望密切相关。注视更强调"瞪着眼睛看"或"盯着看"，与成语"瞠目而视"相近。虽然它也含有好奇、诧异、无礼或恐惧之意，但其情感强度远不及凝视（gaze）。怒视强调眼神中的愤怒或敌意，与成语"怒目而视"相近。

公——《惊魂记》（*Psycho*）中的莉拉、《鸟》（*The Birds*）中的梅兰尼——正在接近某个神秘的、据说无人居住的空房子；她看着它，不过使得这个场景令人不安的是，我们这些观众无法摆脱一个模糊的印象——不知道什么缘故，她正在看的客体把她的凝视返还给她。当然，生死攸关之处在于，不应该把这种凝视主体化：这并不是说"那所房子里有人"，相反，我们正在面对某个空洞的、先验的凝视（a priori gaze）。我们无法把它固定为确定的现实（determinate reality）——她"无法对它一目了然"，她正在看某个盲点，而客体则从这个盲点把她的凝视折返回来。在语音的层面上，情形与此类似：仿佛我们在说话时，不论我们说了什么，都是对大他者的原初致辞（primordial address）的回应——我们总是已经接受了大他者的致辞，而且这致辞是一片空白，我们无法把它固定为具体的因素（specific agent）。它是某种空洞的先验（empty a priori），是我们的言说（speaking）得以进行的正式的"可能性之条件"（condition of possibility）。借助于客体，它把凝视折返回来。它是"我们观看任何事物"这一行为得以进行的正式的"可能性之条件"。

在精神错乱（psychosis）中出现的情况是，处于他者一方的这个空白点（empty in the other），处于我们所见或所听之物一方的这个空白点，被现实化了，成了有效现实（effective reality）的组成部分。在精神错乱中，我们真真切切地听到了原初大他者（primordial Other）向我们发出的语音，我们真真切切地知道，我们始终都在被观察。精神错乱通常被视为匮乏的一种形式（a form of lack），匮乏相对于事物的"正常"状态而言的。在精神错乱中，总是少了点什么，关键能指——"父性隐喻"（paternal meta-phor）——被丢弃、排除、排斥在符号性世界之外，但随后又在精神错乱幻影（psychotic apparitions）的掩护下，以实在界的形式重新现身。尽管如此，我们不应该忘记排除的另一面，即包含（inclusion）。拉康曾经指出，我们的"现实经验"（experience of reality）的一致性，依赖于把他所谓的小客体从我们的"现实经验"中排除出去：我们要想正常地"进入现实"（access to reality），就必须把"原初被压抑"（primordially repressed）的某物排除出去。在精神错乱中，这种排除付诸阙如：客体（在这种情况下是凝视或语音）被包含在现实中。当然，由此导致的结果是我们的"现实感"（sense of reality）的解体，是现实的丧失。〔注1〕

关于语音与凝视的准超验身份（quasi-transcendental sta-tus），提出同样观点的另一种方式，就是像拉康那样说，在这两种情形下，我们面对的是"超限"（transfinite）客体。"超限"是在康托①赋予此词的意义上使用的。为什么拉康出人意料地提到了康托？康托对"超限"与"无限"（infi-

---

① 康托，指格奥尔格·康托（Georg Cantor，1845—1918），德国数学家，创立了集合论，为数学研究开辟了全新领域，同时探讨了超限基数（transfinite cardinality）理论。"超限"又译"超穷"。

nite）的差异的详细阐发，大体相当于黑格尔对"真"与
"坏"（或"假"）无限所做的区分。在"坏无限"（bad in-
finity）中，我们其实永远无法达到无限，任何一个数字，
都可以再添加一个单位，这里的"无限"指的就是添加单
位的永恒可能性，也就是说，要抵达这个序列中的终极元
素（ultimate element），是绝无可能的。不过，如果我们把
这个元素集合（它对于添加新的单位是永远"开放"的）
视为一个封闭的整体，把无限设置为该封闭整体中的一个
元素，设置为该封闭整体包含的无限无尽的元素集合的一
个外部框架（external frame）呢？这就是超限。它是一个具
有悖论属性的数字或元素，对加或减不再敏感。如果我们
给它添加一个单位，或从中减去一个单位，它都不会有丝
毫变化。[注2]

　　康德不是以类似的方式建构了"超验客体"（transcen-
dental object）这一概念？我们不禁要在此冒险地使用双关
语：康托—康德。超验客体是处于一系列的无穷无尽的经
验客体之外的客体。我们要想抵达超验客体，就必须把这
一系列无穷无尽的经验客体视为封闭的整体，在它之外设置
一个空洞的客体，设置客体之形式（the very form of object），
使之框定封闭的整体。[注3]进一步发现它与小客体——拉康
所谓的欲望的客体成因（object cause of desire）——的相似
性，不费吹灰之力：小客体或欲望的客体成因也是"超
限"，即是说，它是框定一系列无穷无尽的经验客体的空洞
客体。正是从这个意义上说，我们的两个小客体——语音

与凝视——是"超限"：在这两种情形下，我们都面对着一个空洞的客体，它通过把形体赋予构成性地躲避可见、可听领域（field of the visible and/or audible）的东西，框定了该领域这个"坏无限"。[①] 职是之故，作为客体的凝视是可见领域（field of the visible）中的盲点（blind spot），而作为客体的语音则是可听领域中的沉默。

二

在视觉维度与听觉维度的关系的层面上，设想小客体与现实框架（frame of reality）的这种张力，以便使语音发挥视觉小客体（*objet a of the visual*）的作用，发挥盲点（画面从该盲点把凝视折返回去）的作用，这是否可能？有声影片给我们提供的教益似乎就在这里。也就是说，给无声片增添声道，会产生什么效果？效果与预料的"自然化"（naturalization）背道而驰，与更加"现实"地摹仿生活这一目标南辕北辙。有声片刚刚诞生时出现的，就是语音的

---

① "在这两种情况下，……这个'坏无限'"：这句话的意思是，语音和凝视均为空洞的客体，均为小客体。小客体不同于经验客体，它躲避经验客体领域；正是因它躲避经验客体领域，经验客体领域才能成立，因此，对于经验客体领域而言，小客体躲避它，反而"构成"了它，因而是"构成性"的。或者，说得更严格些，总有某种东西在躲避经验客体领域，小客体为这种"东西"赋予了形体，或者说，小客体把自己的形体借给了这种"东西"，这才使经验客体领域固定下来，才使这个"坏无限"无法再"坏"下去。

离奇自主化，希翁①名之曰"幻听化"（acousmatisation）。[注4]
它是这样一种语音的出现：既不依附于剧情现实（diegetic
reality）内的客体（人），也不是外部评论者的语音，而是
幽灵般的语音，自由地漂浮在神秘的中间地带，因而获得
了无所不在和无所不能的恐怖之维。那是看不见的主人的
语音。从弗里茨·朗的《马布斯先生的遗嘱》到希区柯克
《惊魂记》中的"母亲的语音"，莫不如此。在《惊魂记》
的最后一幕，"母亲的语音"真的在视觉现实（visual real-
ity）身上剜出一个洞：屏幕图像成了虚妄的表面，成了看
不见或不在场的主人的语音暗中操纵的诱饵，而且无法使
它依附于剧情现实中的任何客体，仿佛诺曼母亲的语音真
正的阐述主体（subject of enunciation）是死亡，是我们在诺
曼面部淡出的一瞬间看到的骷髅……

因此，我们不得不放弃下列庸常的现实观：现实是原
初性的（primordial），是充分构成的（fully constituted）。根
据这样的现实观，影像和声音彼此之间和谐互补。其实，
一旦我们进入符号性秩序，一道不可逾越的鸿沟永远身体
与"它的"语音隔离开来。语音获得了幽灵般的自主性，
它永远都不属于我们看到的身体，甚至到了这样的地步：
既然我们看见一个大活人在那里说话，也总是在一定程度

---

① 米歇尔·希翁（Michel Chion，1947— ），法国电影理论家。希翁
在《电影中的语音》（*La Voix au cinéma*）（Paris：Cahiers du Cinéma，1982）
中说过："所谓的电影声轨并不是与影像相对的、具有自主结构的联合音
效整体，事实上，它是以并列、共存（coexistence）的方式，使它所承载
的讯息、内容、感觉依循着影片想象空间的变换而散发出活力与意义。"

上存在着腹语术，仿佛说话者的语音把他掏空了，而且从某种意义上说，谈话者的语音在"独自"地侃侃而谈。[注5] 黑格尔在《美学讲演录》（*Lectures on Aesthetics*）中提到过一座古埃及圣像，每当日落时分，它都仿佛奇迹般地发出深沉的回音。这种神秘的声音如魔法般地在无生命之物的内部引发共鸣。这座圣像是描述主体性之诞生（birth of subjectivity）的最佳隐喻。不过，我们在此必须小心翼翼，不要错过无声的呐喊（silent scream）与有声的语调（vibrant tone）之间的张力、对抗，即不要错过无声的呐喊发出回响的那一顷刻。作为真正客体的语音是缄默的，是"卡在喉中"的。实际发出回声的，则是空白（void）：共鸣总是发生在真空中，语调原本是对丧失客体（lost object）的哀悼。只要声音依然含混不清，客体就不会丧失；一旦声音响起，一旦声音"溢出"，客体就会被排出，并因此派生$，即被划了斜线的主体，他在哀悼客体的丧失。

当然，这哀悼是极其含混的：最终的恐惧来自离我们太近的、作为客体的语音，但那个语音的回声（reverberation of the voice）同时也是注定要与作为客体的语音保持足够距离的咒语（conjuration）。我们现在可以回答那个简单的问题了："我们为什么听音乐？"因为我们想避免与作为客体的语音相遇，否则就会感到恐惧。里尔克①关于美说过

———————

① 里尔克，指莱纳·玛利亚·里尔克（Rainer Maria Rilke, 1875—1926），生于布拉格，德语诗人。除了诗歌，还写小说、剧本、杂文，其书信集也引人注目，对19世纪末的诗以及欧洲颓废派文学影响深远。

的一席话，同样适用于音乐：它是诱惑，是屏蔽，是最后一道帷幕，保护我们，使我们免于因为直接面对（发声）客体而感到恐惧。当错综复杂的音乐挂毯（musical tapestry）蜕变为或坍塌成纯粹的含糊不清的呐喊（unarticulated scream）时，我们就接近了作为客体的语音。正如拉康指出的那样，正是在这个意义上说，语音与沉默的关系就像形象与背景的关系：沉默它并非背景（这与我们寻常的看法不同），语音这一形象在它上面浮现出来；完全相反，回声本身（reverberating sound）提供了背景，使得沉默这一形象（figure of silence）显现出来。我们由此得到了有关语音与图像（image）的关系的公式：语音不仅在与我们的所见（what we see）相关的不同的层面上持续，而且指明了可视领域中的裂缝，指明了躲避我们的凝视的事物（what eludes our gaze）具有的维度。换言之，语音与图像的关系是由不可能性来调停的：归根结底，我们能够听到声音，是因为我们无法看见一切。

下一步就是要逆转下列逻辑：语音是用来填充身体的构成性裂缝（constitutive gap）的。语音还有另外一面，它把形体赋予我们永远看不到的东西，赋予躲避我们凝视的东西。语音的这一面凸显语音的失败（failure of the voice），一跃成为尚未引发共鸣、仍然卡在喉中的声音的占位符（placeholder）。例如，蒙克①的《呐喊》（*Scream*）天生就

――――――――――――

① 蒙克，指爱德华·蒙克（Edvard Munch, 1863—1944），挪威著名的表现主义画家。

是沉默的：站在这幅画前，我们"用眼睛听见了（呐喊）"。
当然，这里把"听"和"视"相提并论，绝非完美无缺：
去看无法听见之物，去听无法看见之物，两者不是一回事。
语音与凝视的关系，犹如生与死的关系：语音使人生，凝
视令人死。正如德里达已经证明的那样，职是之故，"听见
自己在说"（s'entendre-parler）是把自己体验为活生生的存
在（living being）这一行为的核心和基本母体。它在凝视层
面上的对应物——"看见自己在看"（se voir voyant）——
明确无误地代表着死亡：一旦作为客体的凝视不再是可视
领域中难以捉摸的盲点，而纳入这个领域，我们就会看见
自己的死亡。只要回顾一下下列场景就足够了：在与二重
身①离奇地相遇时，躲避我们凝视的总是他的眼睛：二重身
总是斜着眼睛（这似乎很怪异），他从来都不直视我们的眼
睛，折返我们的凝视。一旦他要这样做，我们的生命就会
终结……[注6]

断言音乐能使我们触及自在之物的，正是叔本华。叔
本华认为，音乐直接凸显生命实体的驱力（drive of life substance），而言词只能意指（signify）之。职是之故，音乐绕

---

① "Doppelgänger"在德语中的字面意义是"两人同行"，暗指隐藏
在每个人心灵中的另一个看不见的自我。据说只有自己才能看见自己的二
重身，但看见自己的二重身是不祥的征兆，会很快死去。据说美国第16
届总统亚伯拉罕·林肯与日本作家芥川龙之介等名人曾经见过自己的二重
身。二重身不会留下任何映像，也不会投下影子，但它每时每刻都站在人
的身后，监视着人的一举一动，并将自己的建议灌入人的脑中或渗透入人
的心里，从而形成思想。

过了意义,"抓住"了处于其存在的实在界中（in the real of his/her being）的主体。在音乐中, 我们听到了看不到的东西, 听到了处于表象流（flow of Vorstellungen）之下的充满活力的生命力。不过, 一旦这个生命实体之流（flux of life substance）被悬置、终止, 会发生什么事情? 此时, 一个形象出现了, 它代表着绝对死亡（absolute death）, 而绝对死亡超越了死亡与重生、腐烂与更生（corruption and genera-tion）的循环。一者是以耳视之, 即聆听超越了视觉表征（visual representation）的充满活力的生命实体, 聆听可视领域中的这个盲目; 一者是以目听之, 即观看标志着生命的悬置（suspension of life）的绝对沉默（absolute silence）, 如同在卡拉瓦乔①的《美杜莎的头》（*Testa di Medusa*）中那样。后者比前者远为可怕。难道美杜莎的呐喊不是天生就是沉默的, 就是"卡在喉中"的? 难道这幅画作没有提供语音失灵（voice fails）这一顷刻的形象?[注7]

只有在这种"听无法看见之物"和"看无法听见之物"的背景上, 才能描述"在场之形而上学"（metaphysics of presence）的幻觉轨迹（illusory locus）。让我们暂时回到"听无法看见之物"和"看无法听见之物"的差异上来。只有第二种情形才涉及真正的反射, 涉及这样的行为: 在

---

① 卡拉瓦乔, 指米开朗基罗·梅里西·达·卡拉瓦乔（Michelangelo Merisi da Caravaggio, 1571—1610）, 意大利画家, 1593 年到 1610 年间活跃于罗马、那不勒斯、马耳他和西西里。他通常被认为属于巴洛克画派, 对巴洛克画派的形成有重要影响。

（外部）形象中认出自己。在第一种情形中，我们面对着的直接的自身感受（immediate auto-affection）这一错觉，它排除了由"在自己的镜像中认出自己"这一观念暗示的最小的自我疏离（minimal self-distance）。与德里达不同，我们不禁要说，在场之形而上学的根本错觉不是"听见自己在说"，而是"听见自己在说"与"看见自己在看"之间的某种短路："看见自己在看"以"听见自己在说"的模式表现出来，凝视重新获得了发声的自我感受（vocal self-affection）的直接性。也就是说，我们应该始终牢记，自从柏拉图提出理论（theoria）① 以来，形而上学之所以是形而上学，就在于看的优势地位（predominance of seeing）。那么，我们如何把这一点与"听见自己在说"联系起来？形而上学之所以为形而上学，恰恰在于自我映射之观看（self-mirroring seeing）这一观念。自我映射之观看会消除反射的距离（distance of reflection），获得"听见自己在说"的直接性。换言之，"形而上学"代表着这样的错觉：在"看"与"听"的对抗性关系中，消除对这两者进行调停的不和谐性、不可能性（我们倾听，是因为我们无法看到事物的全部；我们观看，是因为我们无法听见事物的全部），以对"以倾听的模式观看"（seeing in the mode of hearing）的独特体验使"看"与"听"合二为一来，是可能的。

---

① 在古希腊语中，*theoria* 的本义是观察、静观，理论知识（*theoretike*）是观察、静观的结果。

三

　　"以倾听的模式观看"是如何影响权力的逻辑的？让我们从奥逊·韦尔斯①说起。韦尔斯在根据卡夫卡的小说《审判》改编的影片中，通过重新阐释著名寓言"法门"（door of the law）的地位与功能，完成了典范性的反蒙昧主义运作（antiobscurantist operation）。在影片中，我们两次听到了"法门"：影片开始时，它发挥着开场白的作用，是由（假冒的）古代雕刻读出和伴奏的，而雕刻是以幻灯片的形式投射到屏幕上的；影片结束前，不是（像在小说中那样）由教士，而是由约瑟夫·K的律师（由韦尔斯亲自扮演）告诉K的。在大教堂中，K的律师出人意料地加入了教士与K的谈话。情节在那里发生了奇怪的转折，偏离了卡夫卡的原著——甚至在律师还没有做好陈述的准备时，K就把话题岔开了："我已经听说了。我们都听说了。那门只是给他一个人设的。"随后发生的是K与律师的痛苦对话。律师建议他承认，自己受到了某个念头的迫害，觉得自己成了某个国家机构的恶毒阴谋的受害者，进而"以精神失常为由，不承担法律责任"（plead insanity）。然而，K拒绝了律师的建议，反对扮演受害者的角色："我不想装成乞怜者。"

---

　　① 奥逊·韦尔斯（Orson Welles, 1915—1985），美国著名电影导演、演员、编剧和制片人，他于1941年执导的电影《公民凯恩》（*Citizen Kane*）威震影坛，被一致排名为电影史上最伟大的作品之一。

"连装成社会的受害者都不行吗?""不行，我不是受害者，我是社会的一员……"在最后做慷慨陈词时，K 断言，（权力的）真正阴谋在于，它想让主体①相信，自己是某种非理性的、高深莫测的力量的受害者，让他们相信，一切都疯了，世界是荒谬的，毫无意义可言。说完后，K 离开了大教堂，两个便衣警察已经在等待他。他们把他带到了废弃的建筑工地，炸死了他。在韦尔斯的影片中，K 被杀害的理由与小说暗示出来的理由截然相反：现有的权力结构是建立在某个虚构（fiction）上的，一旦他揭露、"看穿"这一虚构，他就展示了对权力的威胁。

因此，韦尔斯对《审判》的解读与下列两种盛行的解读不同：一种解读是蒙昧主义—宗教的解读，另一种解读是幼稚、开明、人本主义的解读。根据前者，K 实际上是罪有应得的：使他有罪的，是他有关自己清纯无瑕的幼稚声明，是他对幼稚的、理性的论争（naïve-rational argumentation）的傲慢依赖。把 K 视为开明地质疑权威的代表，这种解读包含的保守信息是清晰无误的：K 是真正的虚无主义者，它的行为无异于常说的冲进瓷器店的公牛——他对公共理性（public reason）的信任，使他完全无视权力的奥秘，无视官僚体制的真实性质。只是由于 K 的视角是被扭曲了的主体主义视角（subjectivist perspective），在他眼中，法庭成了神秘、淫荡的机构，它以"非理性"的要求和指控对

---

① 这里的"主体"（subject），亦有"臣民"之意。

他狂轰滥炸。正如教士在大教堂里向 K 指出的那样，法庭其实对什么都漠不关心，不想从他那里得到任何东西……在与此相反的解读中，卡夫卡是个极其暧昧的作家，他揭示了极权官僚机器的幻影般的支撑物（phantasmatic support），但他又无力抗拒极权官僚机器的致命吸引力。卡夫卡的许多"开明"读者的忧心忡忡，均源于此。到头来，他不是也加入他所描述的地狱般的机器（infernal machinery），并由此强化了而不是打破了它的魔咒？

尽管看起来韦尔斯要与第二种解读结盟，但事情绝对不是那样的斩钉截铁：可以说，他通过把"阴谋"提高到 2 的幂次方①的高度，使之变本加厉。正如韦尔斯版本中的 K 在其最后的陈词中所言，权力的真正阴谋就在阴谋这一概念本身之中，就在有关某个神秘机构的概念之中：该神秘机构在"幕后操纵"，它实际上掌控一切。也就是说，权力的真正阴谋就在下列概念之中：在可见的公共权力背后，还有另一个淫荡的、不可见的、"疯狂"的权力结构。这个另外的、隐秘的法律（law）发挥着拉康意义上的"大他者之大他者"（Other of the Other）的作用，发挥着为大他者（大他者即规制社会生活的符号性秩序）的一致性提供元保证的作用。"阴谋理论"为大他者领域提供了保证——保证它不是互不相容的拼凑。它的基本前提是，在公开的主人——他当然是冒牌货——背后，还有一个隐秘的主人，

---

① "2 的幂次方"（power of two），一种比喻性的说话，这里指"阴谋的阴谋"——阴谋本身就是个阴谋。

他实际上把一切都置于自己的控制之下。"极权"政体特别擅长制造这样的神话：存在着与公开的权力并行的神秘的权力，它是我们无法看见的，也正是因为我们无法看见，它还拥有无上的权力。它是"组织之内的组织"，如克格勃、共济会①之类。它是对公开的、合法的权力的公然无能（blatant inefficiency）所做的补偿，因此确保了社会机器的平稳运转。这种神话不仅毫无颠覆性可言，而且充当着权力的终极支撑物。在美国，它的完美对应物就是爱德加·胡佛②（的神话）了。他是总统背后的淫荡的"另一种权力"的化身，是合法权力的影子二重身（shadowy double）。借助于秘密档案，他牢牢控制着权力，绝不放手。秘密档案使他能够牵制全部的政治精英和权力精英，但他又常常把自己打扮成女人的模样③……

作为绝望的破釜沉舟之计，K 的律师建议他装扮成某个

---

① 共济会（Freemason）是秘密组织，"Mason"含有石匠之意，因此有人认为共济会起源于参加建造巴别塔的石匠工会，也有人认为共济会起源于建造所罗门的耶路撒冷神殿的石匠组织，总之与石匠有关。有人认为，共济会是暗中支配世界的阴谋组织，从法国大革命、美国独立战争，到俄国十月革命、以色列复国等重大历史事件，都是由共济会组织、促成的，是共济会的阴谋的产物。但也有人认为，有关共济会的传言都是假的，就算该组织真的存在过，也不过是石匠工会组织而已。

② 胡佛（Edgar Hoover，1895—1972），美国联邦调查局改制后的首任局长，亦是该单位任期最久的局长于（1924—1972，长达 48 年）。曾建立指纹档案、科学侦察犯罪实验室及联邦调查局国家学院。他支持麦卡锡主义，主张对美国公务人员进行"忠诚"调查，还曾打压批判过包括马丁·路德·金恩等重要民权人士，因而招致舆论批评。

③ 据传，胡佛握有大量秘密档案，以致可以控制他人。同时，有人曾经见他身着异性服装。

隐秘阴谋的受难者—受害者，却被 K 断然拒绝。K 很清楚，一旦这样做了，他就会陷入最阴险的权力陷阱。有关另一种权力的这一淫荡蜃景（obscene mirage），启动了幻影空间（phantasmatic space），该幻影空间与有关皇冠伏特加酒（Smirnoff vodka）的那个著名广告开辟的空间毫无二致。那个广告熟练地操纵了下列两者间的分裂：一者是现实，一者是幻象空间这"另一个表面"（other surface）。摄影机漫无目的地在豪华客轮的甲板上徘徊，每当它经过一个物体，我们会先看到在现实中的样子，然后在片刻间，一个透明的玻璃瓶出现在我们的凝视与物体之间。这时，我们看到的物体是扭曲的，我们看到的是物体的幻象之维（fantasy dimension）：两个身着黑色晚装的绅士变成了两只企鹅，女士脖子上的项链变成了一条蛇，楼梯变成了钢琴的一排琴键，等等。卡夫卡《审判》中的法庭拥有同样纯粹的变幻无常的存在（phantasmagorical existence）；它的前驱是瓦格纳的《帕西法尔》中的克林莎城堡（Klingsor's castle）。因为它对主体的掌控完全是幻影般的，所以只要与之保持距离，就足以打破它的魔咒，法庭或城堡也会化为乌有。《帕西法尔》或韦尔斯的《审判》的政治教益就在这里：要战胜"实际"的社会权力，我们就必须首先解除它对我们的幻影般的控制。[注8]

四

一旦虚构受到威胁，就会出现暴力。或许有人会指责我们，说我们为了证明上述观点，求助于来自文学虚构（literary fiction）的例证，从而犯下循环论证的错误①。为了避开这样的指责，不妨引证另外一个与邪恶有关的范例。尽管这个范例已经进入虚构，但它源于"真实的生活"——邦蒂号上不幸的船长布莱。② 我们在此面对的是一个真正的难解之谜：为什么在我们的通俗文化中，这位堪称楷模的军官，这位时刻关心手水的安全和健康的军官，被提升到了这样的高度——成了代表邪恶的原型形象（archetypal figures of evil）？布莱的主流形象的沿革变迁，可以用作我们观察霸权意识形态（hegemonic ideology）变迁的完

---

① 循环论证（petitio principii），又译"预期理由""窃取论点""以疑为决""乞题"等。循环论证是一种逻辑错误，它把原始论点预设为真，以未经证明的判断作为确凿无疑的证据。在鲁迅的《阿Q正传》中，阿Q最后被无辜杀害，但在舆论上，"自然都说阿Q坏，被枪毙便是他的坏的证据。"里面包含的逻辑不言自明：不是因为有罪而被杀，而是因为被杀而有罪。

② 据历史记载，1787年英国海军总部为执行一次特殊任务，派商船"邦蒂号"（Bounty）前往塔西提岛（Tahiti）。该船十个月之后抵达，并在那里停留了五个月。在此期间船长威廉·布莱（William Bligh，1754—1817）允许44名手水中的多数人上岸居住。但是，要返回英国时，许多人留恋他们在当地找到的情人，不愿开拔。离开塔西提岛两周后，大副成功发动兵变，把船开回塔西提岛，把他们的妻子或情人接上船。最后他们在皮特坎姆岛（Pitcaim）安顿下来。他们在那里居住了25年都没有被发现。邦蒂号被埋在某个港湾里，人们称之为邦蒂湾。兵变时，布莱和效忠他的手水被叛乱者赶到小艇上，他们漂浮了6700多公里，抵达帝汶岛。15年后，布莱被任命为澳大利亚新南威尔士的总督。在任期音，因为大力清除腐败的新南威尔士军团的朗姆酒贸易，导致了所谓的"朗姆酒叛乱"（Rum Rebellion），他再次被拘，职位也被叛军革除。1935年，西方以"邦蒂号"兵变为题材摄制了影片《叛舰喋血记》（Mutiny on the Bounty），从而唤醒了人们尘封已久的记忆。

美索引——每个时代都有自己的布莱。只要提到三个主要
电影形象就足够了：查尔斯·劳顿（Charles Laughton）在
20 世纪 30 年代塑造的颓废贵族形象，特雷弗·霍华德
（Trevor Howard）在 20 世纪 60 年代塑造的冷酷官僚形象，
安东尼·霍普金斯（Anthony Hopkins）在 20 世纪 80 年代塑
造的饱受精神折磨者的形象。

　　然而，比这些沧桑巨变更有趣的是起源之谜：在皇家
海军舰艇邦蒂号上"究竟发生"了什么？兵变的"真正原
因"是什么？[注9] 当然，我们受到的第一个诱惑，是针对官
方神话提出反神话：布莱船长严厉、过度热心、迂腐，同
时又极其公正、体贴，有着无可挑剔的正直人格。反对他
的兵变起源于被宠坏了的、有着贵族血统的年轻军官与属
于流氓无产阶级的水手—罪犯的同流合污。年轻军官义愤
填膺，是因为他们的上司布莱没有什么高贵的身份，"非吾
族类"，他出身卑微，对普通水手平等相待。属于流氓无产
阶级的水手—罪犯为他的正义感而不安，因为他的正义感
使他抑制这些水手—罪犯对正派普通水手的威胁。他在当
时尚属异乎寻常的"进步"态度，被下列事件再次证明：
邦蒂号兵变发生 20 年后，在整个英国历史上发生的唯一的
陆军军事政变中，他被解除了澳大利亚新南威尔士总督的
职务。因为不满他的政策，新南威尔士的腐败军官们推翻
了他的统治。布莱当时威胁说，他要打破这些腐败军官对
朗姆酒贸易的非法垄断。此外，因徒服刑期满后，他努力
使他们融入正常社会生活，甚至为他们在政府机构就业提

供机会，等等。

不过，相对于那次兵变，这个反神话提供的场景实在过于简单。其中有点道理的是，在当时人们的眼中，布莱"没有高贵的身份"。他是拥有权力的普通人（作为船上的指挥官，他有权制定决策、发号施令，他充分利用了这一权利），却没有放射出真正权威的光芒〔他没有超凡的个人魅力（charisma），即令他人肃然起敬并使他成为天然领袖的 *je ne sais quoi*（难以描绘和表达的东西）〕。有关他的所有描述，在下列一点上汇合了：布莱有些"刻板"，缺乏灵敏性，灵敏性能让优秀的领导人知道，何时应用规则，如何运用规则，如何顾及下属之间"有机"、自发的关系网络，等等。不过，即使这样的分析也还是不够精确：布莱的错误不仅在于，他对水手之间具体的"有机"关系网络懵然不知，他的致命局限还在于，他对水手之间的仪式化的权力关系（ritualized power relations）发挥的结构性功能全然"无视"（年长的、较有经验的水手有权羞辱年轻的、缺乏经验的水手，有权对他们实施性侵，有权使他们遭受磨难，等等）。这些仪式为对公开合法的权力（public-legal power）提供了暧昧的补充：仪式成了公开合法的权力关系的影子二重身。表面看来，仪式逾越、颠覆了公开合法的权力关系；实际上，仪式是公开合法的权力关系的终极支撑物。且以"跨越赤道"（Crossing the Line）一事为例说明问题。"跨越赤道"是极端残忍的、有辱人格的酷刑，首次跨越赤道的人必须承受这一酷刑（先用绳子把他们捆起来，然后把他们扔进大海，拖行数小时，使他们大灌海水，等等）：

> 把世界分成了两个半球的，正是那条线，即赤道。跨过那条线，就意味着进入了上下颠倒的世界，进入了与我们的世界完全相反的世界（antipodes），即反面投影①之地。在那里，季节颠倒了，即使亘古不变的天空也不同了……跨过了时间，跨过了各个民族间的分界线，仪式也变了，但仪式的表现方式还是有其共同的特点的：首先，仪式展示出一个颠倒的世界，在那里，轮船的真正权威暂时属于已经跨越赤道之人，而不属于被委任、授权、指派之人。……第二个共同特点是，仪式的表演总是对权力的制度和作用（institutions and roles of power）的怪诞嘲讽。嘲讽可能是针对国家圣事（sacraments of the state）的，如授予骑士荣誉，也可能是针对教会圣礼的，如牧师实施洗礼。在18世纪末的英国轮船上，嘲讽针对的是王权，是决定生死之权。……磨难充满了欺凌、羞辱、不公、咒骂和有失体面的选择（compromising choices）。[注10]

我们必须再次留意这些仪式的极其含混的特征：它们是对合法的制度的嘲讽，是对公共权力的颠倒，但又是这样的逾越——它们的逾越反而巩固了它们想逾越的东西。

---

① "反面投影"（mirror opposites），指我们在镜子中看到的影像，它与镜外的影像在方位上完全相反。

因为无视这些仪式发挥的"稳定"作用，布莱禁止这些仪式，或者至少把它们改编成无害的民俗演练，而使其元气大伤。因为落入了启蒙运动的陷阱，布莱只能感受到这一仪式最糟的一面（他写道，"在所有习俗中，这是最残忍和最不人道的"），而没有想到它给人带来的满足。亨宁森（Henningsen）[注11]发现，观察家们使用下列词汇描述"跨越赤道"仪式：荒唐、幼稚、愚笨、愚蠢、呆傻、可笑、怪诞、奇异、疯狂、可憎、滑稽、粗俗、盲信、无耻、残暴、讨厌、烦人、危险、粗野、残酷、粗糙、贪婪、报复、放纵、放荡、疯狂。所有这些词语最终不都是享受的同义词吗？就在布莱干涉这个阴暗的淫荡仪式世界（该世界充当着权力的幻象背景）时，兵变——暴力——爆发了。

我们不是在现代英国历史的另一端，在无数回忆录——尤其是迈克尔·安德森的影片《假如》①——中描述过的英国公学的生活中，遇到了同样的不成文的规则（un-written rules）？在这些学校中，日常生活有其文明、开放、自由的外表，有其枯燥乏味又令人着迷的气氛。但在这一外表的下面，还有另一个世界，一个由年轻学生和年长学生结成的残忍的权力关系的世界。一套详细的不成文的规则规定，年长学生可以以不同的方式盘剥和羞辱他们年轻的同窗，而且所有的盘剥和羞辱都充满着"被禁止"的性

---

① 此处原文有误，执导《假如》（If）的是林德赛·安德森（Lind-say Anderson），不是迈克尔·安德森（Michael Anderson）。此片拍摄于1968年，是英国电影史上的经典之作。

行为。我们没有使私下进行的反叛形式——嘲笑公共权威等——瓦解公开的"压抑性"的法治和秩序（rule of law and order），正相反，公开的权威维持着文明、温和的表象，但在它的下面，有个影子领域（shadowy realm），在那里，残忍的权力演练（exercise of power）本身已被性化（sexualized）。当然，致命之处在于，这个淫荡的影子领域不仅没有撕下公开权力的文明的伪装，反而成了它的内在支撑物。学生只有接受这一领域的不成文的规则，才能分享学校生活的好处。打破这些不成文的规则遭受的惩罚，比打破公开的规则遭受的惩罚要严厉得多。

一边是公开的、成文的法律，一边是该法律的淫荡的超我对应物（superego counterpart），两者间保持的距离，还能使我们清晰地证明，作为晚期资本主义主体（capitalist subject）秉持的意识形态态度的主导形式，犬儒主义或犬儒的距离（cynical distance）存在着怎样的不足：犬儒（cynic）站在淫荡的阴暗面（obscene underside）上嘲笑公开的法律，结果却丝毫没有伤及淫荡的阴暗面。只要已经渗入这个阴暗面的享受已在幻象中结构起来，我们就可以说，犬儒尚未伤及的，还有幻象，即公开的、书面的意识形态文本的幻影般的背景（phantasmatic background）。因此，一边是犬儒的距离，一边是对幻象的完全依赖，两者是完全相互依存的：如今典型的主体是这样的主体，他一边对公开的意识形态表现出犬儒式的不信任，一边大肆沉浸于有关阴谋、威胁和大他者享受的过度形式（excessive forms of enjoyment of the Other）的妄想狂幻象（paranoiac fanta-sies）。①

不过，我们在此要小心谨慎，避免造成致命的混淆：布莱错误体认的那套淫荡的不成文的规则，与我们日常活动的隐含的、难以穿透的背景毫不相干。海德格尔会这样说，布莱错误体认的那套淫荡的不成文的规则，与我们这些有限的人类（finite human beings）的所作所为毫不相干，因为我们总是被"抛入"某种情形之中，不得不在这种情形中找到自己，而且我们永远都不能把找到自己的方式概括成一套明确的规则。让我们回顾一下另一部展示了权力的这一淫荡仪式的影片，它便是斯坦利·库布里克②的《全金属外壳》（Full Metal Jacket）。在影片的前半部分，我们看到的是军事训练、身体规训，其中充斥着性化（sexual-ization）、权力的羞辱性展示（humiliating display of power）与亵渎神明的混合。在圣诞节上，士兵奉命唱起了"生日快乐，亲爱的耶稣……"一言以蔽之，这是最纯粹的超我

①　作者在此一语道破了现代主体的基本特征：现代主体一边对公开的意识形态冷嘲热讽，大加鞭笞，一边对一切做阴谋论的解释，相信在一切理念、组织、行为的背后存在着或大或小的阴谋家，存在着某个抢夺了我们的享受的大他者，把我们的一切苦难、灾难和不幸归之于这些阴谋家或大他者，进而自哀自怜，仿佛是黑格尔所谓的"美的灵魂"的再世。

②　斯坦利·库布里克（Stanley Kubrick，1928—1999），美国著名导演、编剧和制片人，祖上是来自奥匈帝国的犹太移民。作品包括《杀戮》（1956）、《光荣之路》（1957）、《斯巴达克斯》（1960）、《洛莉塔》（1962）、《奇爱博士》（1964）、《2001太空漫游》（1968年）、《发条橙》（1971）、《巴里·林登》（1975）、《闪灵》（1980）、《全金属外壳》（1987）和《大开眼界》（1999）等。

权力机器（superego machine of power）。至于就我们日常的生活世界而言，这一淫荡机器具有怎样的身份，这部影片为我们提供的教益是显而易见的：不成文的仪式这一地下世界所发挥的功能，并不是要使官方“公开”的意识形态“大行其道”，使它发挥我们现实社会生活的构成要素的作用。也就是说，这个淫荡的地下世界并不在下列两者间发挥“调停”作用：一是符号法则（symbolic law）的抽象结构，二是现实生活世界的具体经验。情形恰恰相反：为了迁就超我机器（superego machine）提出的疯狂要求，我们需要一张“人的面孔”，需要与超我机器保持距离。影片的第一部分是这样结束的：由于过度认同军事意识形态机器（military ideological machine），一个士兵终于“走火入魔”，他先杀死了教官，然后吞枪自尽。这表明，对超我机器进行彻底的、未经调停的认同，必然导致凶残的“向行动过渡”（passage à l'acte）。[注12]影片的第二部分（也是主要部分）是以下列场景终结的：由马修·穆丁（Mathew Modine）扮演的士兵出于同情心，击毙了负伤的越共女狙击手。他在整部影片中都与军事机器保持着“人的距离”（human distance）。比如，在他的钢盔上，“天生杀人”的题字与和平的符号比邻而居。而现在，军事大他者（the military big Other）对他的询唤已经大功告成，他是被充分构成的军事主体（fully constituted military subject）。

只要淫荡的超我机器显现出无意识的结构，并以自身为例，以杰出的方式证明拉康的“主人是无意识性的”

(Master is unconscious) 这一论点，那就可以从中得出更为普遍的结论。拉康取得的悖论性功绩（paradoxical achievement）——即使拉康的倡导者通常也没有注意到这一点——在于，他以精神分析的名义，重新思考近代的、"去语境化"的、理性主义的主体观。稍作回顾便可知道，如今的美国在借用海德格尔的哲学时最常说的是：他与维特根斯坦、梅洛-庞蒂等人一道，精心制作了一个概念框架（conceptual framework），这个概念框架能使我们能够摆脱理性主义的主体观。根据理性主义的主体观，主体即自治的能动者（autonomous agent），他已被赶出了世界，以电脑般的方式处理由感官提供的数据。海德格尔的"在世界中存在"（being-in-the-world）这一概念表明，我们拥有不可化约和无可超越的"嵌入性"（embeddedness）——我们已经被嵌入具体的、归根结底也是偶然的生活世界（life-world）。我们总是已经身处这个世界，总是已经在某个背景下，忙忙碌碌地制定事关存亡的规划（engaged in an existential project）。而且这一背景躲避着我们的把握，它永远都是隐晦的视域（obscure horizon），我们就是作为有限的存在被"抛进"这一视域的。

沿着同样的思路阐释意识与无意识的对立，已成习惯：脱离肉体的自我（disembodied ego）代表着理性的意识（rational consciousness），而"无意识"则是我们永远都不能完全掌控的、不透明的背景的代名词。之所以如此，是因为我们总是已经成为它的一部分，总是已经深陷其中……不过，拉康以前所未闻的姿势断定，真相与此完全相反：弗洛伊德的"无意识"与结构上必不可少且不可化约的背景的不透明性毫不相干，与我们这些总是已经置身其间的能动者（engaged agents）被嵌入的生活语境（life context）的不透明性毫不相干。相反，"无意识"是脱身肉体的理性机器（rational machine），它一意孤行，不顾主体的生活世界提出的要求。它代表着理性的主体（rational subject），因为它原本已经"脱臼"（out of joint），已经与语境化的情形（contextualized situation）不和。无意识是断裂（rupture）。由于这一断裂，主体的原初立场（primordial stance）不是"在世界中存在"的立场。如此一来，我们还能为那个陈旧的现象学难题提供新颖的、出人意料的答案。这个难题是：主体脱离其生活世界，把自己（错误地）视为脱离肉体的、理性的能动者，这是如何可能的？我们的答案是：主体能够脱离其生活世界，只是因为从最初一刻起，主体身上就存在着某种东西，这种东西抵制主体完全融入其生活世界的语境（life-world context）。这"某种东西"当然就是作为精神机器（psychic machine）的无意识。精神机器对"现实原则"（reality principle）提出的要求置之不理。

五

值得注意的深一层的特点，是这些不成文规则的与生俱来的发声身份（vocal status），是这个影子般的副法律领域（paralegal domain）的发声身份。这令我们在语音的问题上受益良多。不错，对"听见自己在说"的体验为言说主体（speaking subject）的透明的自我呈现（self-presence）这个幻觉奠定了根基。不过，语音不是同时也彻底瓦解主体的自我呈现与自我透明（self-transparence）吗？我听见自己在说话，但我听见的永远不全是我自己的声音，而是某个寄生物发出的声音，是我心中的一个外来躯体发出的声音。我心中的这位陌生人在种种不同的伪装下获得了实证性的存在（positive existence），如良知的召唤、催眠师的浑浊语音和妄想狂想象中的迫害者。语音以能指的形式抵抗意义，它代表着迟钝的惰性，而这惰性是不能以意义恢复活力的。只有书写之维（dimension of writing）才能证明意义的稳定性，或者用塞缪尔·戈尔德温的不朽言词说，"口头协议不配写在纸上。"① 如此说来，语音既非死，亦非生：它的原初现象学身份（phenomenological status）是活死人的身份，是不知怎么就逃脱了死亡的幽灵般幻影（spectral apparition）的身份，也就是说，是意义的黯然失色（eclipse of meaning）。换言之，真的可以把语音的生命与死去的文字对立起来，但语音的生命是不死怪物②的离奇生命，而不是意

---

① 这句话的原文是："A verbal agreement isn't worth the paper it's written on."它的意思是：口头协议之为口头协议，是因为它没有写在纸上；为什么不写在纸上？因为它还没有那张纸值钱，写在纸上，是对纸张的浪费。言下之意，口头协议一钱不值，也没人当真。

② 不死怪物（undead monster）指既不算生亦不算死、介乎生死之间的奇异怪物，如幽灵。

义的健康的、鲜活的自我呈现。

　　要想把这个离奇的语音清晰呈现出来，随便翻翻音乐史，足矣。人们通常认为，西方的形而上学的历史是语音（voice）支配文字（writing）的历史。可以把音乐史解读为这一历史的反历史。在音乐史中，我们一再遭遇的，是威胁既定秩序的语音。职是之故，这样的语音不得不受到控制，不得不屈从于口头语言和书面文字的理性表达，不得不固定成文字。为了指出这里潜伏的危险，拉康创造了 jouis-sense① 这个新词，意为"意义中的享受"（enjoyment-in-meaning）。它指的是这样的时刻，歌声挣脱了意义对它的锚定，迅速成为令人着迷的自我享受。因此问题总是那个问题：我们如何阻止语音滑入使可靠的男性词语（masculine Word）"女性化"的、令人着迷的自我享受？②〔注13〕在这里，语音发挥着德里达所谓的"补充"（supplement）作用③：

_____

　　①　请留意"jouis-sense"与"*jouissance*"（享受）一词的高度相似性。这虽是玩弄文字之举，但其中也蕴含着深意。

　　②　作者在这里谈的是，在音乐中，歌声（语音）与意义的矛盾：歌声总要摆脱意义的束缚而获得自我享受，这种自我享受能使男性词语（仿佛词语为男性专有）变成女性的自我享受（仿佛享受为女性专有）。音乐如此，诗歌（尤其是中国古诗）又何尝不是如此？诗歌的韵律是一种自我享受，但语法作为意义的手段，总要猫定韵律，使之不沦为纯粹的自我享受。

　　③　在《论文字学》（*Of Grammatology*）中，德里达从自卢梭的自传中找到了"危险的补充"（dangerous supplement）的说法。卢梭否定"文字"，认为"文字"是"语音"的补充，如同自慰是做爱的补充。德里达认为，补充并非拾遗补缺，而是提供必不可少的替代物，因而不是多余的。

我们竭力抑制它，规制它，使它屈从于阐述之词（articulated Word），但还是无法完全不用它，因为对于权力的行使来说，合适的剂量至关重要（只要回顾一下爱国军歌在建设极权社会时扮演的角色就足够了）。不过，我们的这个简要说明可能给人留下这样错误的印象，我们正在处理的是"压抑性"的阐述之词与"逾越性"的令人着迷的语音的简单对立：一边是阐述之词，它规训、规制语音，使之成为维护社会纪律与权威的工具；一边是自我享受的语音，它是解放的手段（medium of liberation），是撕开法律与秩序这一规训链（disciplinary chains）的手段……但如何看待美国海军陆战队催眠般的"进行曲"（marching chants）呢？它虚弱无力的节奏和带有性虐待色彩的荒谬内容不正是为强权服务的令人着迷的自我享受吗？因此，语音过度（excess of the voice）的功能是根本不可判定的。

六

我们的论点可以简要概括如下："真正"暴力的爆发，取决于符号性僵局（symbolic）。"真正"的暴力是某种"付诸行动"（acting out）。一旦确保某个共同体的生活能够正常进行的符号性虚构（symbolic fiction）受到威胁，"付诸行动"就会形成。[注14]我们在从另一端处理这个问题时，得到了相同的答案。暴力爆发（outbursts of violence）针对的目标是什么？我们在我们的城市里灭绝犹太人或痛打外国人时，我们的目的是什么？我们要致力于毁灭什么？第一个不言自明的答案还是要涉及符号性虚构。比如，在波斯尼亚战争中，除了直接的肉体折磨和人格羞辱，施暴的最终目的不就是瓦解确保穆斯林共同体具有连贯性（coherence of the Muslim community）的虚构，即符号性叙事？用理查德·罗蒂的话说，极端暴力造成的后果不就是"使共同体一直都在讲述的有关自身的故事变得再无意义"？[注15]

不过，对敌人的符号性世界的这一破坏、这一"文化灭绝"（culturocide），本身还不足以解释种族暴力的爆发。它的终极原因——内驱力（driving force）意义上的终极原因——要到更深的层面上去寻找。是什么滋养了我们对外国人的"不宽容"？他们身上的什么东西激怒了我们，破坏了我们的精神平衡（psychic balance）？即使在单纯的现象学描述的层面上，这一原因的致命特征也在于，它不是某个可以精准确定的、可以清晰界定的特性：尽管我们通常能够列出"他们"令我们厌恶的一系列特质（他们的笑声太大，他们的食物太臭，等等），但这些特质也只是充当了更彻底的陌生性（radical strangeness）的指示符而已。虽然外国人的长相和动作跟我们一样，但存在着深不可测的 *je ne sais quoi*（难以描绘和表达的东西），存在着"在他们之内又超乎他们"（in them more than themselves）的东西，这些东西使得他们"不太像人"，更像是"异形"——"异形"一词的意义来自 20 世纪 50 年代的一部同名科幻影片。[注16]

我们与大他者中这个"打扰我们"的、深不可测的创伤性因素的关系，是在幻象中结构起来的。这里的幻象是有关大他者的政治万能（political omnipotence）、性万能（sexual omnipotence）的幻象，是有关"他们"的怪异性行为的幻象，是有关他们的神秘催眠力量的幻象。正如我们已经看到的那样，拉康把这种荒谬离奇的客体命名为小客体，即欲望的客体——成因；如此客体代表着在我们觉得可以实证的、具有经验性的客体身上必定躲避我的凝视的东西。正是因为躲避我们的凝视，它又可以用作"我欲求它"（my desiring it）的内驱力。小客体的另一个名称是 plus-de-jouir，即"剩余享受"，指在客体的实证、经验属性所带来的满足之外的剩余享受（surplus enjoyment）。在其最根本的层面上，暴力恰恰是这样一种努力——给予大他者中那个我们无法忍受的剩余享受重重一击。

所以，即使暴力是"纯粹语言性"的，如同在有害言词（injurious words）——"仇恨言论"（hate speech）——的情形中那样，要想说明其冲击力，我们也必须超越意义的领域。一个良好的开端，就是回顾一下拉康的一个论题，据此论题，虐待狂的目的就是使大他者存在（faire exister l'Autre）：通过使我的受害者痛苦不堪，我使大他者存在。受害者的痛苦具有存有论证据（ontological proof）的分量：它表明，大他者存在于实在界中，处于符号性虚构之外，只有在实在界中，只有在符号性虚构之外，才有他或她的存在丰满性（fullness of his/her being）可言。[注17]痛苦天生被体验为无意义的实在界（meaningless real），而这恰恰是羞辱试图达到的目的：说话者旨在发出词语，而他人（受话者）无法把它"主体化"（subjectivize），无法把它融入自己的意义领域。它会引起他人的意义世界暂时倒塌。这是意义的性机能丧失（aphanisis of meaning）。快感恰恰出现在这个时刻。有害言词旨在使他人的论争崩溃：由此造成的创伤会把他人"迫至一隅"，以至于他惘然若失，只能求助于暴力性的"向行动过渡"，反击我的有害言词。这个迷惘的时刻，这个符号性虚构崩溃的时刻，在我看来，就是证据，它证明，他人存在于实在界中。举个最基本的例子吧，我向某人当头棒喝："你这个傻婊子！"这时，如果受害者想通过理性的论争反驳我的责骂，就会使自己显得非常可笑，因为她要是这样做，就已经跌入陷阱，太拿我的侮辱当回事了。有害言词的双重束缚（double bind）就表现在这里：受害者努力以反论来驳斥我的羞辱，但我的羞辱已经提前使她的这一努力威信扫地。[注18]

正如拉康在以《精神错乱》（*Psychoses*）为题举办的《研讨班》第 3 卷上所言，有害言词的精神错乱内核（psychotic kernel）在于，它干扰了"正常"的交流图式（scheme of communication）。结果，我这个说话者从他人那里收到了我自己发出的信息，但这个信息是以"倒置真实"（inverted-true）的形式呈现出来的。当我对另一个人说，"你是我的主人/师傅（master）"时，我把自己设置为他的仆人/弟子。可以说，我的断言标示出对其做出可能的回应之外的一个领域①，也就是说，它勾勒出上述断言的符号性语境。尽管初看上去，"你这个傻婊子！"一语与"你是我的主人/师傅"类似，但它们各自遵循的逻辑却大相径庭。有害言词缺乏——或者说相当主动地悬置了——语境。它作为一个回应的实在界（the Real of an answer）突然出现了，而这个回应的实在界丧失了勾勒其符号性语境的问题（a question delineating its symbolic context）。语境的这一匮乏可以说明，为什么有害言词具有如此惊人的冲击力。[注19]

美国旧南方（American Old South）最令人厌恶的种族主义仪式之一，就是一伙白人把非裔美国人逼到墙角，迫使他先做出侮辱的姿势；非裔美国人被白人种族主义暴徒的同伙紧紧按住，白人则向他大声叫嚷："向我吐唾沫！说我是垃圾！"等等，以便从他那里获得"机会"，把他打个鼻青脸肿，或对他处以私刑，仿佛白人种族主义者要为自己实施暴力回溯性地建立正确的对话语境。我们在此遇到了有害言词的最纯粹意义上的变态（perversity）：交替（succession）与暗指（implication）的正确次序开始反常；在对"正常"次序的戏谑仿造（mocking imitation）中，我

---

① 这句话的原文是："my assertion as it were stakes out the field of possible response to it"，它的意思是：我刚才说了"你是我的主人/师傅"，这是我的断言。我发出这个断言，你可能会对它做出各种可能的回应，如"我是你的主人/师傅"或"我不是你的主人/师傅"等，但这些不重要，重要的是，我的断言超出了这些可能的回应，标示出在此之外的领域，如语境。

强迫受害者自愿地侮辱我, 即强迫他站在冒犯者的话语立场 (discursive position) 上, 并因此证明, 我实施暴力是正当的。一边是实际的说话人, 即有血有肉的人, 一边是他在具体话语中采取的虚拟的或符号性的阐述立场 (position of enunciation), 不把它们区分开来, 伤害的机制 (mechanism of injury) 就是无法想象的。[注20] 说得更准确些, 有害言词不仅诱骗受害者, 使之站在了羞辱他人的阐述立场上, 而且更重要的是, 有害言词借助令人不知所措的冲击力, 使受害者根本无法立足于任何适当的阐述立场, 以至于他丧失了符号性的身份, 并被化约成了直面淫荡客体的、纯粹的$。

七

因为仇恨并不限于仇恨的客体的"现实属性", 它还攻击仇恨的客体的实在界内核 (real kernel), 攻击小客体, 攻击"在客体之内又超乎客体的东西", 所以严格地说, 仇恨的客体是无法摧毁的: 我们越是要在现实中毁灭这个客体, 它就越是强劲有力地出现在我们面前。从前在纳粹德国, 这个悖论被认为是犹太人的龙牙①: 他们越是被残酷地灭

---

① "龙牙" (the gragon's teeth), 出自古希腊神话中的"种龙牙" (sow dragon's teeth), 即播下不和或毁灭的种子。在古希腊神话中, 智慧女神雅典娜命令他人拔下龙牙, 播进土地, 然后长出一批凶悍的武士, 他们相互残杀, 结局可想而知。

绝，剩余人员获得的维度就越是令人感到恐怖……在现实中越是要被根除，它就越是以幽灵般的形式强劲回归。这个幻影般的因素指向了弗洛伊德的阉割情结（castration complex）这一问题框架。多年以来，阉割情结这一概念一直是女权主义批评针对的标靶：只有当我们默默地接受"拥有男根"（having the phallus），把它视为衡量两种性别的标准，"没有男根"才会显现为匮乏，也就是说，女性才被认为是"被阉割的"。换言之，归根结底，这种女性阉割观（notion of feminine castration）相当于那个臭名昭著的古希腊诡辩的变种——"你没有的，就是你失去的；你没有角，所以你失去了角。"要想避免把这个诡辩视为微不足道的虚假推理而一笑了之，还是有些操之过急。

要想得到有关生存焦虑的不祥之感（这种焦虑或许与那个诡辩的逻辑相关），只要回顾一下狼人（Wolf-Man）的例子就足够了。狼人是俄国人，曾经接受过弗洛伊德的精神分析。他一直饱受疑病症偏执（hypochondriacal idée fixe）所苦。他抱怨说，他是鼻部损伤的受害者，而鼻部损伤是由电解（electrolysis）引起的。不过，彻底的皮肤病检查表明，他的鼻子没有任何问题。这引发了他无法忍受的焦虑："他被告知，医生对他的鼻子无计可施，因为它毫无问题。他觉得自己再也不能在下列状态下生活下去——他自以为受到了不可救药的伤害。"[注21] "不可救药的伤害"当然代表着阉割，这里的逻辑与上述古希腊诡辩如出一辙：如果你没有角，那是因为你失去了角；如果医生无计可施，那是因为伤害已经不可救药。当然，从拉康的角度看，这个诡辩指出了结构性/差异性秩序（structural/differential order）的基本特征：当匮乏本身匮乏（the lack itself is lacking）时，不堪忍受的绝对匮乏出现了。

在弗洛伊德看来，男性主体对待阉割的态度涉及一个悖论性的分裂（paradoxical splitting）：我知道阉割并非现实的威胁，它不会真的发生，但我还是被它未来的前景弄得忧心忡忡。这道理同样适用于"概念犹太人"（conceptual Jew）这一形象：它（it）并不（作为我们对社会现实的体验的一部分而）存在，但也正是因为这个缘故，我更加害怕他（him）了。一句话，犹太人在现实中的不存在（non-existence of the Jew in reality），发挥着排犹主义的主要论据的功能。也就是说，排犹主义话语把犹太人的形象建构成了在现实中无迹可寻的幻影般的实存物（phantomlike enti-ty），然后把"概念犹太人"与实际存在着的犹太人之间的缝隙，当成反对犹太人的终极论据来使用。于是我们陷入了某种恶性循环：事情越是显得正常，就越是令人生疑，我们就越是惊惶失措。在这个方面，犹太人就像母性男根（maternal phallus）：现实中根本就没有此物，但正是由于这个缘故，它幽灵般的现身引发了不堪忍受的焦虑。拉康所谓的实在界的最简洁的定义也表现在这里：我的（符号性）推理越是告诉我，X是不可能的，X的幽灵就越是令我忧心忡忡，就像人们常说的那个无畏的英国人那样，他不仅不相信鬼魂的存在，甚至不害怕鬼魂的出现①。

"概念犹太人"与"父亲的名义"（Name of the Father）呈现出极度的相似性。在"父亲的名义"这种情形下，我们同样要处理"知"（knowledge）与"信"（belief）之间分裂："我很清楚，我父亲实际上是浑身毛病、糊里糊涂、软弱无力的普通人。尽管如此，我还是相信，他有符号性的权威。"父亲这个经验人（empirical person）远远不及他的名义（Name），不及他的符号性委任。一旦他真的名实相符，那我们就要面对精神错乱的星群效应（psychotic constellation）了。与其名义完全相符的父亲，这方面最清晰的个案就是施雷伯②的父亲了，施雷伯曾经接受过弗洛伊德的分析。因此，一边是按照父亲的名义使真实的父亲发生"质变"，使父亲被"扬弃"，一边是把经验上的犹太人"质变"为"概念犹太人"（的表象形式），两者岂不高度类似？一边是把实际上的犹太人与"概念犹太人"这个幻影般的

---

① 英国人的幽默无与伦比：这个英国人很勇敢，因为他不相信存在着什么鬼魂；虽然不相信存在着鬼魂，但还是觉得鬼魂随时可能现身。说来说去，嘴上说不"相信"，但骨子里还是"相信"。我们乡下的一则对话同样幽默："你冷吗？""不冷！""那你为什么瑟瑟发抖？""冻的。"其中的逻辑与"母性男根"的逻辑极其相似。

② 施雷伯，指丹尼尔·保罗·施雷伯（Daniel Paul Schreber, 1842—1911）。他是德国法官，因精神崩溃数度被送往疗养院治疗，这段患病的不幸经历被他写成了《一个神经症患者的回忆录》（*Denkwürdigkeiten eines Nervenkranken*）。对这本日记进行深入研究之后，弗洛伊德 1911 年发表论文《对一个偏执狂（痴呆偏执狂）患者的自传体叙述的精神分析笔记》（"Psychoanalytic Notes Upon an Autobio-graphical Account of a Case of Paranoia Dementia Paranoides"），成为无数病理学家和心理学家的参考文献。

形象分割开来的裂缝，一边是把经验上的、总有缺点的父亲与父亲的名义，与他的符号性委任分割开来的裂缝，两者的性质岂不完全相同？在这两种情形中，真人岂不都在充当非现实的、虚构性的动能的化身（personification of an irreal, fictious agency）——现实中的父亲是符号性权威这一动能（agency of symbolic authority）的替身，现实中的犹太人是"概念犹太人"这个幻影般的形象的替身？

这种高度相似性尽管听上去颇有说服力，我们应该把人作为骗人的鬼话拒之门外。在犹太人的情形中，符号性阉割的标准逻辑被颠倒了。符号性阉割究竟意味着什么？只有当现实中的父亲把自己设置为超验的符号性动能（symbolic agency）的化身时，即是说，只有当他承认，不是他在说话，而是大他者在通过他，以他的言词说话时，他才能有权威可言。他就像克劳德·夏布洛①执导的一部影片中的百万富翁那样。有钱人通常都会抱怨，有人爱他们，只是因为他们家财万贯。但这位百万富翁颠倒了这一标准的抱怨："要是能找到这样的女人就好了，她爱我，只是因为我家财万贯，而不是因为我有多么出色。"在弗洛伊德有关弑父的神话中，有关原初父亲（primordial father）的神话中，在被虐杀后，父亲会作为符号性的权威，在父亲的名义掩护下，比以往任何时候都更加强劲有力地回归。弗洛伊德的这些神话的终极教益也在这里：现实中的父亲要实

---

① 克劳德·夏布洛（Claude Chabrol, 1930—2010），法国电影导演，电影新浪潮的先驱导演之一，一生创作了超过 80 部电影及电视作品。

施父系的符号性权威（paternal symbolic authority），就必须在某种意义上虽生犹死（die alive）。把权威授予他这个血肉之躯的，正是他对符号性委任这"一纸空文"（dead letter）的认同。或者借用反美国原住民的古老标语说："只有死去的父亲才是好父亲！"[注22]

批评拉康"男根中心论"（phallocentrism）的人遇到的麻烦是，他们通常以前概念的（preconceptual）、常识性的隐喻方式谈及"男根""阉割"。例如，在标准的女权主义电影研究中，每当男人对女人动粗或宣称自己拥有控制她的权威时，我们就可以肯定，他的行为会被称为"男根"行为；每当女人被构陷、孤苦无助、陷入绝境时，我们就可以肯定，她的经历会被称为"阉割"经历。在此忽略的，恰恰是男根即阉割的能指（signifier of castration）这一悖论：如果我们要张扬自己（符号性）的"男根"权威，我们就必须为此付出代价：我们不得不放弃能动者的立场（position of agent），同意成为大他者行动与言说凭借的媒介。只要作为能指的男根指的是符号性权威的动能（agency of symbolic authority），那么，它的至关重要的特征就会是，它不是"我的"，不是活生生的主体的器官，而是某个位置；在这个位置上，外部力量进行干预，并把它自己铭刻于我的肉体；在这个位置上，大他者通过我而行动。一句话，男根即能指，这个事实首先意味着，从结构上讲，它是没有肉体的器官，不知何故，它已"脱离"了我的肉体。[注23]男根这个至关重要的特征，它的可脱离性（detachability），在女同性恋进行性行为时使用的塑料人造男根（假阴茎）的使用上凸显出来。在女同性恋的性行为中，哪里能用假男根，它就在哪里流行——就其用途而论，男根是极其严肃之物，不能把它留给男人那样的蠢货。[注24]

不过，一边是符号性权威（它由阳物来保证，而阳物是阉割的能指），一边是"概念犹太人"幽灵般的现身，两者之间存在着关键性的差异。尽管在这两种情形中，我们要处理的都是"知"与"信"之间的分裂，但这两种分裂的性质大相径庭。在第一情形中，信仰涉及"看得见"的、公开的符号性权威（尽管我意识到了父亲的不完美和软弱无力，但我依然接受他，把他视为权威性的人物）；在第二种情形中，我相信的，却是看不见的幽灵般的现身所具有的力量。[注25]幻影般的"概念犹太人"不是拥有符号性权威的父性人物（paternal figure），不是公共权威的被阉割了的载体—媒介，而是与此绝对不同的东西，是颠倒了自身固有逻辑的公共权威的离奇二重身：他不得不在阴影中行动，不得不避开公众的眼睛，同时展示出幻影般的、幽灵式的无所不能。因为犹太人身份的内核具有深不可测、难以捉摸的特征，犹太人被视为不可阉割之物，这与"被阉割"的父亲恰成对比。越是减少其现实的、社会的、公开的存在，他难以捉摸的、幻影般的前存在（ex-sistence）就越具有威胁性。[注26]

看不见的并因为看不见而变得万能的主人所遵循的这一幻影般的逻辑，清晰地表现在古兹曼的形象在他被捕之

前发挥作用的方式上。古兹曼化名"贡萨罗主席"（Presi-
dente Gonzalo），是秘鲁光辉道路①的领导人。他是否真的存
在，人们心存疑虑（人们无法确定，他究竟是真的存在过，
还是只是神话般的参照物），这个事实反而强化了他的力
量。主人即看不见的并因为看不见而变得万能的动能，这
方面最近的例证是由布莱恩·辛格（Bryan Singer）执导的
影片《普通嫌疑犯》② 提供的。该片以神秘的"凯泽·索
兹"（Keyser Söze）这个犯罪大师为核心，但他是否存在，
无人知晓。正如影片中某人所言，"我不相信有上帝，但我
还是害怕上帝。"谁都不敢见他，即使被迫与其见面，也不
敢向别人提及见面这回事——他的身份高度保密。到了影
片的最后，谜底终于揭开，原来凯泽·索兹在这伙嫌疑犯
中最为悲惨，是个一瘸一拐、自轻自贱的窝囊废，与瓦格
纳的《尼伯龙根的指环》（Der Ring des Nibelungen）中的阿
尔贝里希（Alberich）无异。至关重要的是，下列两者之间
形成了鲜明对比：其一是看不见的权力的代理者，其二是
一旦这位权力的代理者的身份被公开，他被化约成瘸腿的

---

① 秘鲁的"光辉道路"（Sendero Luminoso）秘鲁的一个左翼政党，
成立于 20 世纪 60 年代晚期，主张以农民革命推翻秘鲁政府，曾经是最残
暴的恐怖团体之一。该党于 1980 年开始武装反抗政府，被美国、欧盟、
加拿大、日本等国家列为恐怖组织。创始人古兹曼（Abimael Guzman）
1992 年被捕，其接班人杜兰德（Oscar Alberto Durand）等核心成员也于
1999 年入狱。该组织极盛时有数百名战士入伙，以爆破、暗杀为主要手
段。随着秘鲁政府的强力镇压，该派几近销声匿迹。
② 《普通嫌疑犯》（The Usual Suspects），国内译为《非常嫌疑犯》，
也有人把它译为《幕后嫌疑犯》。

胆小鬼的方式。何以这样的主人形象在执掌权力？能够对此做出解释的幻影般的特征，并非他的符号性地位（symbolic place），而是下列行为——他凭借这一行为展示出要与所有普通人一刀两断的无情意志和精心准备。据说凯泽·索兹若无其事地枪杀了自己的老婆孩子，为的是阻止敌方团伙成员以杀死他们为要挟来勒索他。他的这一行为与阿尔贝里希对爱情的断然拒绝如出一辙。

简言之，父亲的名义与"概念犹太人"的差异，就是符号性虚构与幻影般幽灵的差异。在拉康代数学（Lacanian algebra）中，这差异就是 S_1 与小客体的差异。S_1 指主人能指（master signifier），即符号性权威这个空洞的能指。[注27]一旦主体被赋予符号性权威，他就会成为他的符号性头衔（symbolic title）的附属物。也就是说，通过他来行动的，正是大他者。要想证明这一点，只要回想一下法官的所作所为就足够了。法官可能是可怜兮兮和腐化堕落之人，他是，一旦披上了法官袍，佩戴了徽章，他的言词就成了法律的言词……相形之下，在幽灵般现身（spectral presence）的情形中，我的力量依赖于"在我之内又超乎我"的某物。"在我之内又超乎我"的某物的最佳例证，就是从《异形》（Alien）到《异形附身》（The Hidden）的无数科幻惊悚片：一个代表着前符号性生命实体（presymbolc life substance）的、坚不可摧的外来躯体支配了我，一个侵入我体内的、令人作呕的、黏液似的寄生虫支配了我。[注28]

回到夏布洛那个百万富翁的笑话吧。如果某人爱我，不是因为我多么出色，而是因为我的符号性地位（权力、财富），那么我的窘境绝对优于下列情形：我听说，某人爱我，是因为这个人在我身上感受到了"超乎我本人的某物"（something more than myself）的存在。如果一个百万富翁失去了百万家财，因他有钱而爱他的人最多也只是对他失去兴趣并扬长而去，不会造成刻骨铭心的创伤；不过，如果有人爱我是因为"在我之内又超乎我的某物"，这种强烈的爱就会转化成同样强烈的恨，转化成狂暴的企图——企图消灭我身内的剩余客体（surplus object），正是此一剩余客体使爱我的人愤愤不平。[注29] 我们因此同情那个可怜的、身陷困境的百万富翁：某个女人爱我，是因为我家财万贯（或有权力、荣誉），知道了这一点，远远令人欣慰，因为知道了这一点，我会与之保持安全的距离，避免过深地陷入游戏，向别人展示我的存在的核心（kernel of my being）。一旦别人在我身上看到了"超乎我本人的某物"，问题就会不请自至——为爱与恨的悖论性短路大开方便之门。拉康为此专门创造了一个新词 l'hainamoration，即爱恨情仇①。[注30]

根据标准的两性差异观，男性的身份以其符号性头衔为转移，以他"对他人而言"是什么为转移。而女性身份的重心却在于，在具体现实中，在符号性头衔之外（或之下），她是什么。不过，正是男性对其符号性委任的依恋，

---

① l'hainamoration（爱恨情仇），拉康自造词。它是由爱（amour）、恨（haine）和迷恋（énamoration）这三个单词合并而成的。

驱使他在公开的委任之外, 虚假地寻找某个实在界之核 (kernel of the real)——"我渴望被人爱, 但不是因为我公开的头衔而被人爱, 而是因为在我的头衔之下, 我作为一个人而具有的本来面目而被人爱。"女性则对那个下列令人不安的事实要清楚得多: 在符号性委任之下一无所有, 更没有什么秘密的宝藏 (hidden treasure)。[注31]

八

对于精神分析的意识形态理论来说, (符号性) 虚构与幻象的差异具有极端的重要性。德里达在其最近出版的研究马克思的著作中起用了"幽灵"一词, 为的是展示颠覆了现实与幻觉的经典存有论对立 (classical ontological oppositions) 的、难以琢磨的伪物质性 (pseudomateriality)。[注32]或许我们应该在这里, 在下列事实中, 去寻找意识形态最后的救命稻草, 寻找前意识形态内核 (preideological kernel), 即五花八门的意识形态构成 (ideological formations) 均与之嫁接的形式母体 (formal matrix): 没有幽灵, 就没有现实; 只有借助于离奇的幽灵般的补充 (spectral supplement), 现实的圆圈才能画圆。那么, 为什么说没有幽灵就没有现实? 拉康为此问题提供了精确的答案: (被我们体验为) 现实 (的东西) 不是"事物本身"(thing itself), 它总是已经通过符号性机制 (symbolic mechanisms) 被符号化、被建构、被结构了。问题在于, 符号化最终总以失败告终,它从来都没有成功地完全"覆盖"实在界，它总是涉及某些未解决、未尝还的债务。这一实在界（现实中尚未被符号化的那一部分）又在幽灵般的幻影（spectral apparition）的掩护下回归了。

因此，不能把"幽灵"与"符号性虚构"混为一谈，不能把"幽灵"与下列事实混淆起来：现实自身也具有虚构之结构（structure of a fiction），因为现实也是被符号性地（或者如某些社会学家所言，"被社会性地"）地被建构起来的。正是因为幽灵的概念与（符号性）虚构的概念互不相容，它们才是相互依存的，才是"互补"的（"互补"是量子力学的意义上的"互补"）。简单地说，现实从来都不直接是"它自身"，只有经过不完整的、不成功的符号化，它才能把自身展现出来，而幽灵般的幻影就出现在把现实与实在界分隔开来的裂缝之中。正是由于这个缘故，现实才有了（符号性）虚构的品格：幽灵为逃避（被符号性地结构起来的）现实之物提供了形体。

如此说来，意识形态的前意识形态"内核"是由幽灵般的幻影组成的，而幽灵般的幻影是用来填补实在界的洞穴（hole of the real）的。这是把"真正"的现实与幻觉严格区分开来（或把幻觉置于现实之上）的所有努力都没有考虑到的：要使（被我们体验为）"现实"（的东西）显现出来，就必须把某些东西排除在它之外。和真相一样，现实从来都不"完整"。幽灵所遮蔽的不是现实，而是"原初被压抑的"（primordially repressed）、不可描述的 X。现实就建立在对它的"压抑"上。我们似乎已经在思辨的浑水中迷失方向, 这浑水似乎与具体的社会斗争毫不相干。然而, 这样的"实在界"的最高例证, 不是由马克思主义的阶级斗争概念提供的吗? 对这一概念的后续思考迫使我们承认, "现实中"根本没有什么阶级斗争: "阶级斗争"指的是这样的对抗——它阻止客观(社会)现实把自身建构成自我封闭的整体(self-enclosed)。[注33]

把社会对抗(阶级斗争)阐释为实在界, 而不是阐释为客观的社会现实(的一部分), 使我们能够反驳下列陈旧的论证路线: 据此论证路线, 我们必须抛弃意识形态概念, 因为把"纯粹的意识形态"与"现实"区分开来, 这一姿态暗示出"上帝视角"的存在, 而从认识论上说, "上帝视角"的存在是不堪一击的。也就是说, 这一姿态暗示出, 我们可以触及客观现实的"真实面貌"。以"阶级斗争"一词描述今日主导的对抗形式(dominant form of antagonism)是否适宜的问题, 是第二次的, 它只涉及具体的社会分析。至关紧要的是, 社会现实的构成(constitution of social reality)涉及对对抗的"原初压抑"(primordial repression)。如此一来, 意识形态批判的终极支撑物——即授权我们把我们的直接经验的内容视为"意识形态性"的内容而予以抨击的超意识形态基准点(extraideological point of reference)——不是"现实", 而是对抗这个"被压抑"的实在界。[注34]

为了阐明作为实在界的对抗(antagonism qua real)的

这一离奇逻辑，不妨回顾一下列维-斯特劳斯在《结构人类学》中对北美五大湖部落（Great Lake tribes）之一的温尼贝戈人①的建筑空间布局所做的杰出分析。该部落被划分成两个子群（subgroup）或"半族"（moieties）："来自上层的人"与"来自下层的人"。当我们要某人在纸上（或沙上）画出他或她所在的村庄的平面图（即寨子的空间布局）时，我们会得到两种完全不同的平面图。究竟是哪种平面图，取决于他或她属于哪个子群。来自两个子群的成员都会把村庄体验为圆圈。对于某个子群来说，在一个圆圈之内，还有另一个圆圈，这个圆圈即中央房舍，所以我们得到了两个同心圆。但对于另一个子群来说，圆圈被一条清晰的分界线一分为二。换言之，第一个子群——我们姑且称之为"保守的—社团主义"（conservative-corporatist）子群——的成员把这个村庄的平面图视为由房子组成的圆圈，它是围绕着中央神殿，对称性地布置起来的。第二个子群（"革命—对抗"的子群）的成员则把自己的村庄理解为由一条看不见的边界线隔离开来的不同的房屋区域……[注35]

列维-斯特劳斯的核心观点是，这个实例无论如何都不应该诱惑我们，使我们接受文化相对论（cultural relativism）。根据文化相对论，对社会空间做怎样的感知，取决于观察者从属于哪一个子群：两种"相对"感知的分裂，意味着对一个常数的隐秘参照。这个常数不是建筑物的客观

---

① 温尼贝戈人（Winnebago）是原本居住在美国威斯康星州格林贝地区的美国原住民，现多聚集在威斯康星州和内布拉斯加州。

的、"实际"的布局，而是一个创伤性的内核（traumatic kernel），是村庄居民无法符号化、无法解释、无法"内在化"、无法与之妥协的根本性对抗（fundamental antagonism），是社会关系中阻止共同体成为和谐整体并长期稳定的不平衡。对平面图的两种感知，只是两种相互排斥的努力而已——努力应付这一创伤性对抗，努力通过强制实施平衡的符号性结构（balanced symbolic structure）医治伤口。理已至此，还有必要再说什么，在两性差异方面，事情也是完全如此，"阳性"与"阴性"俨然列维－斯特劳斯分析的村庄中的房屋的两种布局吗？有人认为，我们这些"发达"地区不受这一逻辑的支配。要消除这一幻觉，只要回顾一下我们的政治空间被分割成左翼和右翼的现实，就足够了：左派和右派的言行举止，与列维－斯特劳斯分析的村庄中相互对立的两个子群的成员酷似。他们不仅在政治空间中占据着不同的位置，而且对政治空间布局的感知也完全不同：在左派眼中，某个根本性对抗已经先天地撕裂了这个领域；在右派看来，这个共同体是有机的统一体，只是被外部入侵者搞得寝食不安而已。[注36]

　　常识告诉我们，矫正主观感知上的偏见，查明"事物的真实状态"，易如反掌：租一架直升机，在那个村庄的正上方拍张照片，足矣。我们以这种方式获得了未被扭曲的现实景观，但我们完全错过了社会对抗这一实在界（the real of social antagonism），错过了以扭曲的现实表现出来的尚未符号化的创伤性内核，错过了对房屋"现实"布局所做的幻象化替代（fantasized displacements）。这是拉康在断定这种扭曲、掩盖启人深思时，他心里想着的东西：通过对现实的精确再现的扭曲（distortions of the accurate representation of reality）显现出来的，是实在界，即创伤，社会现实就是围绕着实在界、创伤结构起来的。换句话说，如果要全部村民画出相同的精确的平面图，那我们就要有一个非对抗性的、和谐的共同体。不过，如果我们要理解由马克思主义的商品恋物癖概念所暗示的基本悖论，我们就必须迈出更大的一步，比如说，想象存在着两种不同的"现实的"村庄，每个村庄在布置住宅时，选择列维-斯特劳斯唤醒的两个幻象化平面图中的一个，并予以实施。在这种情形下，社会现实自身的结构就以实物的形式实现了下列企图——对付对抗这一实在界（the real of antagonism）。[注37]也就是说，我们永远不应忘记，"商品恋物癖"指的不是一套（资产阶级）政治经济学理论，而是一系列的预设，这些预设决定了市场交易这个"真实"的经济实践的结构。在理论上，资本家紧紧抓住功利主义的唯名论（utilitarian nominalism）不放，但在（交易）实践中，他怀揣的却是"神学的奇想"（theological whimsies），行动起来则俨然思辨观念论者（speculative idealist）。只要"现实"还在由被符号性虚构来规制，那么它就会隐匿对抗这个实在界。在幽灵般幻影的掩护下（尤其是在"概念犹太人"的掩护下）回归的，正是在这个实在界，这个被排除在符号性虚构之外的实在界。

换言之，和位于虚构、幻象这一虚妄领域（delusive realm）之下的事物一样，实在界是无法直接企及的。把实在界凸显出来的，是下列两种虚构之间的分裂：一种虚构是真正的符号性虚构，一种虚构是幽灵般的幻象（spectral fantasies）。这两种虚构并不处在同一层面上，它们的关系是“盘绕的”（convoluted）。也就是说，为了填补符号性虚构的空白，为了弥补符号性虚构的失败，幻象出现了。[注38] 因此，证明“未必都是虚构”的证据在于虚构领域的加倍（redoubling of the domain of fictions），在于下列事实：符号性虚构与幽灵般的幻象双双转向了“不在场的成因”（absent Cause）。在它们双双转向“不在场的成因”时，符号性虚构在不停地接近“不在场的成因”，幽灵般的幻象则直接填补它的空白。实在界正是这个“不在场的成因”，是把它们隔离开来的看不见的裂缝。[注39]

九

符号性虚构和幽灵般幻影（spectral apparition）的这个对偶性，还可以借助幻象概念的彻底的含混性来辨识。也就是说，幻象概念为辩证性的对立统一（coincidentia oppositorum）提供了范例：一方面，幻象处于天福一方（beatific side），有发挥稳定作用的维度（stabilizing dimension），对无干扰状态（state without disturbances）充满了梦幻，远离了人的全然败坏（human depravity）；另一方面，幻象有破坏稳定的维度，它的基本形式是嫉妒，所有围绕着大他者"惹恼"我的东西，所有令我惴惴不安的场景，均属于此。这样的场景包括：在我的视线之处，他或她都干了些什么勾当，他或她是如何欺骗我和暗算我的，他或她又是怎样对我不理不睬并沉溺于快感的，而且那快感非常刺激，难以形诸字词，诸如此类。例如，在《斯万之恋》①中，奥黛特令斯万忧心忡忡的也正是这个。所谓极权主义给我们提供的基本教益，不正涉及幻象概念这两个方面的相互依存吗？那些声称要完全实现幻象1（符号性虚构）的人，不得不求助于幻象2（幽灵般幻影），以便对自己的失败做出解释：在纳粹党人设想的一片祥和的民族共同体②中被排除掉的一面，又在他们对"犹太人阴谋"的偏执痴迷中回归了。与此类似，斯大林主义者像患了强迫症一样，四处寻找日新月异的社会主义敌人，这一举动也是他们下列行为的不可避免的一面：他们声称，他们要实现塑造"社会主义新人"的理想。假装实现"新社会主义新人"这一理想的不可避免的一面。摆脱幻象2的魔掌，或许为圣徒提供了最简明的定义。

---

① 《斯万之恋》(*Un Amour de Swan*)，又译《斯万的爱情》，是马赛尔·普鲁斯特的《追忆似水年华》第一卷《在斯万家那边》的第二部分，主要讲的是查尔斯·斯万和奥黛特·德·克雷西之间的爱情故事。因为篇幅短、独立性强，常常单独出版发行，并被用于教学，成为教学的重要材料。

② 民族共同体（Volksgemeinschaft），纳粹德国的重要意识形态概念。根据国家社会主义的定义，民族共同体"其基础为血缘相同而有着相同命运和相同的政治信仰的民族构成的共同体，其阶级敌人为外族人。"要想民族共同体中的一员，就必须是雅利安人，另外还需承诺忠于国家社会主义的理念。它针对的外族人主要是犹太人，因而具有极强的排犹色彩。

所以说，幻象 1 与幻象 2，符号性虚构与幽灵般幻影，宛如同一枚硬币的正面和反面：只要某个共同体把自己的现实体验为被幻象 1 所调节、结构的现实，它就必须否认它先天固有的不可能性，否认处于其核心地带的对抗；而幻象 2（如"概念犹太人"的形象）则使这种否认原形毕露。简单地说，幻象 2 的有效性，是幻象 1 维持其控制力的条件。[注40]拉康把笛卡尔的"I think, therefore I am"（"我思考，所以我存在"）改写成了"I am the one who thinks 'therefore I am'"（"我是这样的人，他思考，'所以我存在'"）。当然，关键在于，"I am the one who thinks 'therefore I am'"中的那两个"am"是不重合的，第二个"am"具有幻影般的性质。我们应该把有关种族身份的可怜主张（pathetic assertion of ethnic identity）提交给相同的改写：一旦把"我是法国人（德国人、犹太人、美国人……）"改写成"我是这样的人，他思考，'所以我是法国人（德国人、犹太人、美国人……）'"，那我的自我同一性（self-identity）中的裂缝就暴露无遗了，而"概念犹太人"的功能恰恰在于使人无法看到这一裂缝。

那什么是幻象？我们应该永远铭记，以幻象"实现"（表演）的欲望并非主体自己的欲望，而是别人的欲望。也就是说，幻象这个幻影般的构成（phantasmatic formation）是对"*Che vuoi?*"① 这个谜的解答，它凸显了主体原初的、

----

① "*Che vuoi?*"，意大利人的一个口头禅，意思是"你想要什么?"或"你在说什么?"，一般用来表示不相信他人说的话，或嘲笑他人的观点。

构成性的立场（primordial, constitutive position）。关于欲望，最初的问题不是直来直去的"我想怎么样？"而是"别人想让我怎么样？他们在我这里看到了什么？在别人眼中，我是怎样的人？"一个小孩被嵌入复杂的关系网络中，对于他周围的那些人而言，他成了他们的欲望的某种催化剂和战场。他的爸爸、妈妈、兄弟、姊妹等人围绕着他展开较量，妈妈通过关心儿子向父亲传递某种信息，等等。孩子虽然对自己扮演的角色一清二楚，却无法透彻理解，在别人眼中，他是怎样的客体，他们正在与他玩的游戏具有怎样的性质。幻象为这个谜提供了答案：在其最根基的层面上，幻象告诉我，对于他人而言，我是什么。让我们再次以排犹主义、排犹妄想狂（anti-Semitic paranoia）为例，它以典型的方式凸显了幻象的这个彻底的主体间性品格（intersubjective character）：幻象（有关犹太阴谋的社会幻象）努力为"社会想让我怎么样"提供答案，也就是说，努力挖掘我被迫参与的阴暗事件的意义。正是因为这个缘故，标准的"投射"理论不足以说明问题。根据这种理论，排犹者把自己被否认的那一部分"投射"到犹太人的形象上。不能把"概念犹太人"的形象化约成我（排犹者）的"内心冲突"的外在化；恰恰相反，它见证了下列事实：我一开始就被去中心化了，成了不透明的网络的一部分，而这网络的意义与逻辑都是我无法控制的。

由于这个缘故，穿越幻象（la traversée du fantasme）的问题，即如何与组织我们的享受的幻影框架（phantasmatic frame）保持最小的距离的问题，如何悬置幻象的功效的问题，不止对于"精神分析治疗"这一概念及其结果至关重要：今天，在这个种族主义张力再次勃兴的时代，在排犹主义已经普遍化的时代，这或许是重要的政治问题。传统的启蒙运动的态度的软弱无力，是以下列反种族主义者为最佳例证的：在理性论争的层面上，他提出了一系列令人心悦诚服的理由，反对种族主义大他者（racist Other），但是，尽管如此，他还是被他批判的客体搞得神魂颠倒。结果，一旦爆发了真正危机，比如，一旦"祖国陷入危难"，他的全部防御瞬间土崩瓦解，如同在经典的好莱坞影片中表现的那样。在那些影片中，尽管坏蛋最后都被"正式"谴责和毁灭，但他依然是观众的力比多投入（libidinal investment）的焦点（只有希区柯克强调说，影片中的坏蛋有多么诱人，影片就有多么诱人）。最重要的问题不是如何谴责并理性地战胜敌人，因为这样做很容易导致这样的结果——强化它对我们的控制。最重要的问题是，如何打破它在我们身上施展的（幻影般的）魔咒。穿越幻象的要点不是（以老式的左翼清教主义模式）清除享受。相反，这么说吧，与幻象保持距离意味着，我把享受从它的幻影框架的钩子上取下来，并把它视为真正不可判定之物，视为除不尽的余数。它既不生来"反动"，不是历史惰性的支撑物（support of historical inertia），也不是使我们能够瓦解现存秩序束缚的解放性力量。

注释：

〔注1〕只要这个客体还是基本的幻影般的客体（参见拉康的欲望图，$\$ \lozenge a$），那么，提出同一观点的另一种方式是这样说：一旦现实过于接近我们的根本幻象（fundamental fantasy），我们的现实感就会四分五裂。我们应该注意，不要错过这里的悖论：对于"现实的丧失"的体验究竟发生于何时？它并不像我们预料的那样，发生于下列时刻：把"词"与"物"分割开来的无底洞变得过大，以至于"现实"似乎无法纳入我们的符号性的前理解（symbolic pre-understanding）的框架或视野。恰恰相反，它发生于"现实"与"词语"过于接近之时，即是说，它发生于我们词语的内容以过度"字面化"的方式得以实现之时。要想理解这一点，回忆一下弗洛伊德的下一个离奇反应就足够了：在对古雅典的卫城经历了多年的憧憬之后，他终于首次游览了那里。他从年轻时读过的一切都还在，而且看上去与书上的描述毫无二致。这令他如此惊讶，以至于他的第一反应是无法抗拒的"现实的丧失"之感：不！这不可能是真的……

〔注2〕按第一种方法，似乎我们尽可能地远离了黑格尔：超限（transfinite）持续处于有限（finite）之外，它与有限并列，它作为有限的外部框架而被排斥在有限之外，康托的这个超限概念岂不为黑格尔所谓的"抽象无限"（abstract infinite）提供了范例？只要"抽象无限"与有限构成外在的对立，并把有限排除出去，那它本身岂不也是有限？而且，与这种超限相比，黑格尔所谓的"真无限"（true infinite）不就属于有限吗？它不就是处于自我扬弃运动（movement of self-sublation）中的有限这个有机整体吗？不过，这样的"有机"的无限概念（notion of the infinite）——无限即有限的活的有机整体

（living totality of the finite）——依旧停留在实体的层面上，因为在它内部，无限还没有自为（for itself）：在黑格尔看来，至关重要的是，无限必定在它与有限的差异中显现出来，必定在它与有限的差异中"被设置为无限"。只有这样，我们才能从实体走向主体。在黑格尔看来，作为绝对否定性之力量（power of absolute negativity）的"主体"指的是某个临界点，在这个临界点上，无限以它与一切有限之物的否定性关系，被设置为无限。

〔注3〕严格说来，这道理同样适用于超验之维（transcendental dimension）。我们的经验领域原则上是"开放"的、无限的，总是可以添加某些东西。一旦我们决定把这个"开放"的经验领域视为封闭的、被框定的整体（framed totality），并把主题赋予这个框架（该框架虽然不是我们经验的一部分，却先验地展示了它的轮廓），我们就获得了这个超验之维。

〔注4〕See Michel Chion, *La Voix au cinéma*（Paris：Cahiers du Cinéma，1982）。

〔注5〕因此，关键不只在于，语音填补了形象中的洞穴（hole in the image），语音同时还挖开了这个洞穴。我们在这里遇的，还是幻象的根本悖论（幻象填补了它自己打开的裂缝）：用来隐藏真相的因素同时也是揭露真相的因素，即是说，正是隐藏的过程创造了被隐藏的内容，因为它给人的印象是，它要隐藏什么东西。梅尔·布鲁克斯（Mel Brooks）执导的影片《恐高症》（*High Anxiety*）中有个召开精神分析研讨会的场景。在那次会议上，几个孩子占据了前排的座位。被这些好奇的孩子细细打量的发言人觉得有些尴尬，因为他要谈论变态、男根、阉割等话题。于是他把那些复杂的精神分析行话改写成了"孩子话"——"爸爸吓唬孩子，说要割了他的小鸡鸡儿"，等等。这种策略所犯的愚蠢错误在于，改写发言的内容，把它纳入孩子们的

视域（并以此淡化它的创伤性冲击），这种努力反而使孩子们理解了发言内容。如果发言人径直宣读文本，那些孩子会对其内容一无所知。

〔注6〕不过，尽管"看见自己在看"是不可能的，但正是由于这个缘故，"看见自己被看"（se voir être vu）是可能的。暴露狂（exhibitionist）的享受就在于，他看见自己暴露在他人的凝视之下。另一方面，"听见自己在说"是可能的。正是因为"听见自己在说"是可能的，"听见自己被听见"（s'entendre être entendu）是不可能的。正如拉康指出的那样，那些的确"听见自己被听见"（hear themselves being heard）的主体，正是"听见别人说话"（hear voices）的人，即患有听觉幻觉的精神错乱者。See Jacques *Le Séminaire*, *livre* 8：*Le Transfert*（Paris：Éditions du Seuil, 1991），360.

〔注7〕乔治·巴兰钦把韦伯恩创作的简短的管弦乐片断搬上了舞台。这些片段全都很短。如此一来，在音乐结束后，舞者在纯粹的静默中又跳了一阵子，仿佛她们没有注意到，为她们的舞蹈提供主旨的音乐早已结束——就像卡通中的小猫，即使它走到了悬崖之外还在照走不误，完全没有注意，她的脚下已经空空如也。在音乐终止后继续跳舞的舞者就像停留在空洞时间缝隙（interstice of empty time）中的活死人。他们缺乏声音支持的运动，允许我们不仅看到了语音，而且看到了静默。——作者注。

乔治·巴兰钦（Georges Balanchine, 1904—1983），舞蹈设计师，人称美国芭蕾舞之父，与他人一起创办了纽约市芭蕾舞团并担任艺术指导，长达35年之久。韦伯恩，指安东·韦伯恩（Anton Webern, 1883—1945），又译魏本，奥地利作曲家，第二维也纳乐派代表人物之一。——译者注

〔注8〕如果存在着（肯定总是存在着）国家权力参与的真实的

阴谋或腐败丑闻呢？有关阴谋的幻影般的逻辑，实际上妨碍了对真实的阴谋、腐败案例的公开揭露，等等。有关阴谋的幻影般的逻辑要想发挥效力，敌人就必须依然是莫测高深的实存物，它的真正身份就永远不能得到彻底的揭露。

〔注9〕我们在此依靠的下列杰作：Greg Dening, *Mr. Bligh's Bad Language: Passion, Power and Theatre on the Bounty* (Cambridge: Cambridge UP, 1994), especially p. 55 – 87.

〔注10〕Ibid. p. 77 – 79.

〔注11〕See Henning Henningsen, *Crossing the Equator: Sailor's Baptisms and Other Initiation Rites* (Munksgaard, 1961), quoted in Dening, *Mr. Bligh's Bad Language*, p. 77.

〔注12〕《全金属外壳》(*Full Metal Jacket*) 成功地抵制了把军训官进行"人性化"处理的诱惑，这与《军官与绅士》(*An Officer and a Gentleman*) 完全相反。《军官与绅士》摆出了意识形态姿态，它让我们知道，军训官表面上冷酷和苛刻，实际上却是充满温情的父亲一般的人物。

〔注13〕欲详细了解语音的这一状况，见下列文献：Mladen Dolar, "The Object Voice," in Renata Salecl and Slavoj Žižek, ed., *Gaze and Voice as Love Objects* (Duke University Press, 1996)。

〔注14〕暴力出现于维系社会大厦的基本符号性虚构陷入危难 (或感觉它陷入危难) 之时，这个论点也适用于革命的过程。在题为《实际存在的马克思主义》("Really-Existing Marxism") 的未刊稿中，弗雷德里克·詹姆逊 (Fredric Jameson) 把下列两者做了比较：其一是尘世财富在早期资本主义的新教中扮演的角色，其二是暴力在革命经验中发挥的作用。在新教的神圣天意 (divine predestination) 的世界中，尘世财富尽管本身乏善可陈，还是被当成了"恩典的标志"

(sign of grace)：它暗示，主体成了天堂的特选子民（the chosen）。与此相似，在革命的过程中，暴力的爆发（即统治阶级、统治阶级的国家机器、统治阶级的意识形态家对革命变革过程的暴力抵抗）成了革命性变革之本真性（authenticity of the revolutionary change）的关键索引：它证明，我们已经有力地触动了现存社会秩序的神经。因此关键并不在于，在革命中，暴力本身是善是恶：它是作为革命过程的"极其重要的副产品"出现的，是作为现有的权力结构对革命措施的惊奇"反应"出现的。革命措施通常采取"和平"的改革计划的形式。

〔注15〕暴力与符号性虚构的联系还可以沿着完全相反的方向运行。波斯尼亚为此提供了范例：把一个主体（一个共同体）暴露在极端"真实"的暴力之下，能够鼓动符号性身份的建构。在最近的战争爆发之前，在遭受磨难之前，波斯尼亚穆斯林可以说是前南斯拉夫中最具"世界性"的民族成员，他们几乎没有民族身份感。正是极端暴力这个事实开启了建构符号身份这一富有创造力的过程，即是说，正是在对暴力做出回应时，波斯尼亚穆斯林开始把自己视为具有清晰的民族身份感的实存物。参见 Renata Salecl, *The Spoils of Freedom* (London: Routledge, 1994)。

〔注16〕且让我回忆某个相当私人化的经历，那是我母亲的经历。像某人常说的那样，她最好的朋友是一位犹太老妇人。在与她经历了几次财务往来后，母亲告诉我："多好的人呀！但你是否注意到她点钱的怪样子?"在母亲眼中，这个特质发挥的作用，犹太妇人点钱的样子发挥的作用，与来自科幻小说和科幻影片的神秘特性无异。正是这些神秘特性（如无名指与小拇指之间的一层薄薄的透明皮肤，一个奇怪的眼神），使我们知道，他们是异形。倘非如此，无法把他们与我们区分开来。

〔注17〕在此我们必须小心，不要错过关键之处：变态狂努力使

之存在（faire exister）的他者，不是作为虚拟的符号性秩序的大他者，而是真实的他者，是大他者——"语言之墙"（wall of language）——永远把我们与之分割开来的他者。变态狂的目的是通过给他人造成不堪忍受的痛苦（这种痛苦会擦除符号性的维度），使躲避符号化的实在界的硬核变得具体可感。

〔注18〕欲知对"仇恨言语"的力比多机体详细说明，见 Renata Salecl, "See No Evil, Speak No Evil," in Joan Copjec, ed., *On Radical Evil*, S series, vol. 2（London：Verso, 1996）。

〔注19〕只要这个语境是作为形式结构（形式结构规制交流）的大他者，我们就还能这样说："阉割"意味着，直接倾听大他者本身的语音是不可能的。大他者是"不在场的成因"，是"操纵局势"的空洞结构；正是因为这个缘故，大他者的语音是无法听见的。相形之下，有害言词被体验为（符号性）阉割的中止：在有害言词中，仿佛大他者使人直接听到了它的语音。大他者的这一直接干预使论证和反论证变得不可能。

〔注20〕只要稍作修正，这道理还适用于对虚构作品所做的话语分析。这一分析的真正客体是原波普尔式的（proto-Popperian）的"第三世界"。"第三世界"既不是剧情现实（diegetic reality）世界，也不是读者或观众的精神现实（psychic reality）世界。如果"第三世界"是剧情现实世界，我们就会把来自剧情现实的人物视为真实的人物，并分析他们的精神情结（psychic complexes）——"哈姆莱特患上了偏执性神经过敏还是怎么的?"等等。如果"第三世界"是精神现实世界，那我们就会研究虚构作品对他或她的精神冲击，研究这一作品激起的幻象。"第三世界"是阐述立场和/或认同的中间层面（intermediate level of positions of enunciation and/or identification），它构成了虚构作品与其消费者的"对话"。比如，在希区柯克的《惊魂

记》中，它构成了为观众建构、"设置"的不同立场的复杂互动。——作者注。

"'第三世界'是阐述立场和/或认同的中间层面"的原文是"intermediate level of positions of enunciation and/or identification"，它的意思是，在对虚构作品进行分析时，要注意小说作品提供的"阐述立场"，还要注意观众对这些"阐述立场"的认同，不同的"阐述立场"和对不同的"阐述立场"的认同，存在着复杂的互动，不能定于一尊，所以要关注"中间层面"或"中介层面"。——译者注

〔注21〕Muriel Gardiner, *The Wolf-Man and Sigmund Freud* (Harmondsworth: Penguin, 1973), 287.

〔注22〕鉴于此，我们有关父性人物 (paternal figure) 的经验必然在匮乏与剩余之间摇摆不定：父亲总是要么"过多"，要么"不足"，从来都不会恰到好处。"要么他想出场，要么他一出场，他就出现得太多了" [*Le Séminaire, livre* 8: *Le Transfert* (Paris: Éditions du Seuil, 1991), 346]。一方面，我们有缺席的父亲 (absent father) 这个反复出现的母题，他的缺席对一切都负有责任，包括青少年的犯罪率问题。另一方面，一旦真的"现身"，他的在场又必然被体验为烦人、粗俗、自负、粗野之事，与父母权威 (parental authority) 应有的尊严不相容，仿佛他的出场已是扎眼的过度 (obtrusive excess)。

匮乏与过度 (excess) 的这种辩证，可以解释我们与当权人物的关系的悖论性颠倒 (paradoxical inversion)：一旦这个人物 (父亲、国王等) 不再顺利地履行其职能，不再充分地行使其权力，这种匮乏就必然被 (错误地) 体验为过度，也就是说，人们会指责统治者"聚敛了太多的权威"，仿佛我们面对的是"权力的残暴过度" (brutal excess of power)。这个悖论是前革命形势 (prerevolutionary situation) 的典型特征：某个政权 (如法国1789年之前的古代政权) 本身越是飘

忽不定，它的合法性越是飘忽不定，它就会越是犹豫不决，越是与对立派妥协，越是被对立派视为不合法的暴政而大受抨击。当然，在这里，对立派的行为与癔症患者无异，因为它对过度使用权力的指责掩盖了与此完全相反的东西：对立派真正要指责的是，这个政权还不够强硬，与其获得的授权（mandate of power）相去甚远。

〔注23〕作为器官的男根（phallus qua organ）是如何是被挑选出来，充当男根能指（phallic signifier）的？如果我们要沉迷于对这个问题的思考，那么它的为它"事先安排"这一角色的特征，就是由圣奥古斯丁（Saint Augustine）提到的特性：男根固然是权力—性能力（power-potency）之器官，但这个展示性能力的器官本质上躲避着主体的控制。据说除了某些印度教祭司（Hindu priests），无人能够随意使之勃起。如此一来，勃起证明，在主体的核心地带活跃着某种外部力量。——作者注。

"那么它的为它'事先安排'这一角色的特征"一语的意思是：男根本是一个器官，一团肉，现在却"超凡入圣"，"晋升"为能指，开始扮演非同寻常的角色，何以它来扮演这一角色？是什么提前为它安排了这个角色？答案当然是它的某个特征——它虽然是某个人的器官，但它未必服从这个人的"指挥"。由此证明，拥有男根的主体并不专属于自己，还有某种外在力量支配着他。——译者注

〔注24〕与第一种（错误）解读密切相关的另一种（错误）解读，涉及下列两者的对立：其一是男根机体（phallic economy），其二是主体立场的形式多样的多元性（polymorphous plurality）。根据标准的看法，男根机体的使命就是把主体立场的前俄狄浦斯的分散的多元性铸造成统一的主体，这样的主体服从"父亲（社会权威的承载者与传递者）的名义"的统治，因而是（社会）权力的理想主体。在这里，我们应该质疑下列潜在的假设：社会权力是通过统一的俄狄浦

斯主体（unified oedipal subject）来行使的，这样的主体完全服从男根性的父性法律（phallic paternal law）的统治；反过来，把统一的主体分割为众多的主体立场，会自动瓦解权威，破坏权力的行使。与这种老生常谈完全相反，我们必须再三指出，权力总是把我们当成分裂的主体（split subjects）来质询我们，对我们发话的。权力要想复制自身，离不开我们的分裂：权力话语用来对我们进行狂轰滥炸的信息天生就是前后不一、反复无常的，在公开话语（public discourse）与它的幻影般的支撑物（phantasmatic support）之间，总是存在着裂缝。这种分裂远非某种次要的弱点，远非权力的瑕疵之标志（sign of the power's imperfection），对于权力的行使来说，它是构成性的。说到与晚期资本主义相匹配的所谓的后现代形式的主体性（postmodern form of subjectivity），我们必须再迈出一步：后现代主体作为一捆前后不一、反复无常的众多"主体立场"（他们在经济上是保守派，但在性上是"开明"的雅皮士，等等），是在公开话语的层面上直接构成的。

〔注25〕"我很清楚，但是依然……"（I know very well, but still...）有着不同的版本，欲知对这些版本的经典描述，见 Dominique-Octave Mannoni, "Je sais bien, mais quand même...," in *Clefs pour l'imaginaire* (Paris: Seuil, 1968)。欲知对"我很清楚，但是依然……"所做的政治解读，见下列著作第六章：Slavoj Žižek, *For They Know Not What They Do* (London: Verso, 1991)。

〔注26〕同样的逻辑似乎还出现在反共产主义的右翼民粹主义那里。在前社会主义的东欧国家，这种民粹主义开始积聚力量。它对目前出现的经济及其他困境的回应是，尽管共产主义者已经丧失了合法、公开的权力，但他们继续在幕后操纵一切，继续控制着实际的经济权力，操纵着媒体与国家机关。共产主义者因此被视为犹太人那样

的幻影般的实存物：他们越是丧失公开的权力，越是化为无形，他们幻影般的无所不在（phantomlike all-presence），他们躲在阴影中的实际控制就越是变本加厉……根据民粹主义的这一偏执（idée fixe），目前在后社会主义国家发生的一切并非"真正"的资本主义，而是对资本主义的虚假摹仿。在那里，实际的权力和控制仍然掌握在前共产主义者的手中，只是他们把自己打扮成了焕然一新的资本家而已。民粹主义的这一执念为幻觉（如此幻觉的机制是由黑格尔首次揭露的）提供了范例：他们没有认识到的是，他们与这种"虚假"资本主义的对立，实际上只是与资本主义的对立；也就是说，他们——而不是前共产主义者——才是社会主义的意识形态继承人。难怪这些民粹主义者一定要复苏"形式"民主与"真正"民主之间的老式共产主义的对立。简言之，我们在此面对的是图解反讽的另一个实例，这个反讽与革命的过程有关，马克思也早已对它做过描述：大为惊奇的革命者忽然觉得，自己只是消逝的调停者（vanishing mediators），而消逝的调停者的"历史使命"是为旧主人开疆辟土，并等待旧主人在新的伪装下接收这片疆土。

〔注27〕顺便说一句，出于同样的原因而必须加以拒绝的另一种高度相似性，是父亲的名义与幻影般的女性（Woman）之间的高度相似性。拉康所谓的"女性并不存在"（la Femme n'existe pas）（see Jacques Lacan, *Le Séminaire*, *livre* 20: *Encore* [Paris: Éditions du Seuil, 1975], 68），并不是说，"她"（She）不是经验性的、有血有肉的女人（woman），她远远不及女性（Woman）这个难以企及的理想（就像经验性的、"真实"的父亲永远远不及父亲的符号性功能，不及父亲的名义那样）。把经验性的女人（woman）与女性（Woman）永远割裂开来的裂缝，与把空洞的符号性功能与其经验性的载体——该载体永不及空洞的符号性功能——割裂开来的裂缝是不一样的。相反，

女人（woman）的问题在于，要想概括她空洞的理想—符号性功能（ideal-symbolic function），是不可能的。这正是拉康在宣称"女性（Woman）并不存在"时他心里所想的东西。不可能的"女性"（Woman）不是符号性功能，而是幻影般的幽灵，支撑它的是小客体，而不是 S_1。像女性（Woman）那样"并不存在"的，是原初父亲的享受（primordial father enjoyment）。原初父亲的身份与女性（Woman）的身份之所以密切相关，原因就在于此。

〔注28〕展示符号性权威与幽灵般的看不见的主人的对立的一个范例，是由瓦格纳的《莱茵的黄金》（*Das Rheingold*）提供的。在《莱茵的黄金》中，符号性权威与幽灵般的看不见的主人的对立，是以沃坦（Wotan）与阿尔贝里希（Alberich）的对立为掩护的。See Slavoj Žižek，"There Is No Sexual Relationship," in Renata Slaecl and Slavoj Žižek，ed.，*Gaze and Voice as Love Objects*（Duke University Press，1996）。

〔注29〕事实上，百万富翁的处境更加错综复杂。如果一个女人对一个男人说："我爱你，不是因为你家财万贯（或大权在握等等），我就爱你这个人！"这会导致什么结果？她越是"情真意切"，就越是沦为某种透视错觉（perspective illusion）的受害者，因为她没有注意到，（人们知道）我是百万富翁（或大权在握等等），这个事实影响了人们对我的认知，即对完全脱离了我的万贯家财的我"这个人"的认知。只要我家财万贯，人们就会把我视为强劲、独立之人；一旦我倾家荡产，他们会在瞬间把我视为傻傻呆呆的胆小鬼（就此而言，反之亦然）。简言之，这里的悖论在于，只有那个（明明知道她是）因为我拥有万贯家财才爱我的女人，才能看清我的真实面目，因为我的财富不再扭曲她的认知。

一个女人爱上一个男人，"不是因为他的（符号性）身份，而是

因为他的真实面目"，詹姆士·艾弗利（James Ivory）执导的影片
《去日留痕》（*Remains of the Day*）为这个标准的错觉提供了一个有趣
的变体。在影片中，艾玛·汤普森（Emma Thompson）爱上了呆板、
固执的男管家（安东尼·霍普金斯）。依她对情形的认知，尽管他带
着呆板、固执的符号性面具，尽管他无法找到情感的发泄口，她还是
爱他；但是事实上，正是因为他呆板、固执，她才爱他——这个固执
的面具导致了这样的想法：在这个面具之下，隐藏着一个热情之人，
他在等待获得解放……正是由于这个缘故，他们难成眷属，也就是
说，霍普金斯对她的示爱置之不理，对于她的情爱来说极为有利。如
果霍普金斯"解放自己"，他就立刻不再是她的倾慕对象了。See,
Renata Salecl, "I Can't Love You Unless I Give You Up," in Renata Slaecl
and Slavoj Žižek, ed., *Gaze and Voice as Love Objects*（Duke University
Press, 1996）。顺便说一句，与此高度相似的误认似乎还出现在公众
对教皇保罗二世的认知之中。教皇的超凡魅力、合乎道德的内在信念
和坚定不移，通常会给我们留下深刻的印象。但我们也为他（在堕
胎、避孕、离婚等问题上）的"极端主义"立场感到惋惜。好像把
这两个方面分开是可能的，也就是说，好像这种毫不妥协的态度并非
教皇的超凡魅力的重要组成部分。教皇的超凡魅力的悖论就在于此：
表面上看，它是超凡魅力的污点，是实现超凡魅力的障碍，但实际
上，它是实现超凡魅力的先天固有的条件。不能说，尽管极端僵化，
教皇依旧散发出超凡魅力；而要说，正是因为极端僵化，他才散发出
超凡魅力。

〔注30〕See Jacques *Le Séminaire*, *livre* 20: *Encore*（Paris: Seuil
1975），84. 这个问题能使我们以新的方式研究瓦格纳的歌剧《罗恩格
林》（*Lohengrin*）。归根结底，这部歌剧中生死攸关的，是导演克劳德
察布罗尔（Claude Chabrol）的不幸的百万富翁陷入的僵局，即女人

在这位主人公身上感受到的"在他之内又超乎他"（in him more than himself）的东西的身份问题。欲知其详，可见：Slavoj Žižek, "There Is No Sexual Relationship," in Renata Slaecl and Slavoj Žižek, ed., *Gaze and Voice as Love Objects*（Duke University Press, 1996）。——作者注。

这里的"不幸的百万富翁"并非真的"百万富翁"，而是指歌剧中的神秘骑士。《罗恩格林》讲述的故事是，在 10 世纪的安特卫普，埃尔萨被控谋害她的弟弟戈特弗里德——布拉邦特公爵的继承人。神秘骑士在天鹅带领下出现了，他愿意为埃尔萨而战，但要求埃尔萨保证绝不问起他的姓名、出身与经历。最后他打败了指控埃尔萨的泰拉蒙伯爵，并赢得她以身相许。但她打破了这一禁忌，两人以分手告终。——译者注

〔注 31〕对此悖论的更为详细的解释，见下列著作第二章：Slavoj Žižek, *The Indivisible Remainder: An Essay on Schelling and Related Matters*（London: Verso, 1996）。

〔注 32〕See Jacques Derrida, *Spectres de Marx*（Paris: Galilee, 1993）。

〔注 33〕这一对抗观（notion of antagonism）当然归功于下列著作：Ernesto Laclau and Chantal Mouffe, *Hegemony and Socialist Strategy*（London: Verso, 1985）。

〔注 34〕或许可以用这种观念的实在界（this notion of the real）解说 20 世纪 80 年代末、90 年代初的纪录片"新浪潮"的关键特征。纪录片"新浪潮"的范例是《蓝丝线》。关于《蓝丝线》，参见下列精彩绝伦的分析：Linda Williams, "Mirrors without Memories—Truth, History, and the New Documentary," *Film Quarterly* 46, no. 3,（spring 1993）: 9 – 21. 尽管抛弃了对现实的天真指涉（这样的现实据说一直"摆在那里"，处于电影式的虚构之处），这些纪录片还是没有跌入无

边无迹的拟像游戏（game of simulacres）这一"后现代主义"陷阱。在"后现代主义"那里，"指涉物"不复存在，它被当做形而上学幻觉的最后残迹而放弃。在《蓝丝线》中，指涉物依旧存在：整部影片都在描述杀人之夜"真正发生的一切"；影片尽量远离任何种类的伪罗生门（pseudo-Rashomon）式的意识形态。在这种意识形态中，现实蒸发成了众多的视角。与传统的"现实主义"的指涉物相比，这个真核（real kernel），这个"硬核"（hard core），离我们既近又远。之所以说远，是因为它被预设为天生不可再现之物，预设为先验地躲避、抵抗融入叙述之物（"真正发生"了什么？对此存在着不同的猜测，影片只能对这些猜测做虚假的戏剧化处理）。之所以说近，是因为影片把自身视为对它所描述的事物的干预（电影制作人显然在致力于为重审此案创造条件）。我们在这里可以看到，激进的超验（radical transcendence）与激进的内在（radical immanence）是如何不谋而合的。"超进的超验"把实在界设置为不可再现之物，认为它远远超出了我们再现的能力。根据"激进的内在"，在"我们"与实在界之间，并不存在清晰的距离，并不存在据说能把下列两者分割开来的界限：一者是可再现的内容，一者是感知—纪录的主体（perceiving-registering subject）。主体直接介入不可再现的内容，直接成为不可再现的内容的一部分。因此，正是由于这个同样的过度接近（overproximity），不可再现的内容仍然是不可再现的。克劳德·兰兹曼的《浩劫》与此相同。这部影片暗指大屠杀造成的创伤，把大屠杀视为不可再现之物，认为只能通过点点滴滴的痕迹、幸存的目击者、遗留的纪念物来识别之。不过，再现大屠杀之所以不可能，原因不仅在于它"造成了过多的创伤"，而且更在于我们这些观察的主体依然陷身其间，依然是导致大屠杀的过程的一部分。不妨回忆一下《浩劫》中的一个场景。在那里，当年住在集中营附近的村庄里的波兰农民如今在接受采访时，还是觉得犹太人"古怪"，也就是说，他们还在重复导致大屠杀的那一逻辑。"激进的超验"与"激进的内在"的不谋而合是真正黑格尔式的，因而也与鲍德里亚数年前抨击的迪斯尼乐园（Disneyland）的逻辑截然相反。鲍德里亚认为，迪斯尼乐园的陷阱并不在于，它企图让我们相信，它伪造的旅游景点有多么真实可信；它的陷阱在于，它企图让我们相信，迪斯尼乐园外面的世界，那个我们在离开这个主题公园后（重新）迈进的世界，是"真正的现实"，而非伪造的赝品。换言之，真正的欺诈在于，表演出来的表象把自己当成伪造的赝品展示给我们，以此保证它之外的"现实"真实可信。在黑格尔看来，这才是真正的欺诈，因为它涉及表象这个概念（notion of appearance）。——作者注。

《蓝丝线》（*The Thin Blue Line*）又译《正义难伸》《蓝色警戒线》等。它记录了对一个警察遇刺案的调查过程。与传统纪录片不同，它不再站在客观中立的立场上记录发生的一切，而是由影片制作者亲自出面，访谈各类见证人、当事者，然后把积累的素材用电影化的手法（慢镜头、特写、蒙太奇、音乐）剪接起来。在内容上，它严格限定于访谈；但在手法上，也不乏虚构之类的技巧，比如枪声一响，一杯冰淇淋以优美的弧线从人物的手中慢慢抛出，在音乐声中落地，然后被害人慢慢倒向地面。最后作者认为警方抓住的嫌疑人只是无辜的替罪羊，真正的凶手是原告。影片表面上是虚构的，但实质上它在与真正的"虚构"做斗争，因为这种"虚构"将无辜者置于死地，因而提供了真正意义上的真实。克劳德·兰兹曼（Claude Lanzmann, 1925— ），法国纪录片电影导演，他于1985年拍摄的纪录片《浩劫》（*Shoah*）长达9小时23分钟。该片追踪欧洲犹太人的灭绝过程，却没有拍摄大屠杀场面，因而引人注目。——译者注。

〔注 35〕Claude Levi-Strauss, "Do Dual Organizations Exist?" in

Structural Anthropology, trans. Claire Jacobson and Brooke Schoepf (New York: Basic Books, 1963), 131 – 163; the drawings are on pp. 133 – 134.

〔注 36〕我们在此得到了一个范例, 它表明, 作为对抗这个实在界 (the real of antabonism) 的差异, 是如何悖论性地先于它所区分的两个术语的。这两个词项 (政治上的 "左" 和 "右") 是在符号界内部概括差异 (即对抗) 的两种努力, 但这种差异是躲避符号性秩序的。

〔注 37〕在这方面, 建筑领域具有特殊意义。大型的建筑规划和都市规划不总是在见证这样的努力: 借助于对建构物的社会空间、一般的公共空间、休闲设备的布置, 把解决社会对抗的假想方案予以物化? 例如, 现代主义的功能主义 (modernist functionalism) 不就是这样的努力: 建构透明的、合理组织的社会空间, 以确保社会生活的所有方面 (工作、闲暇、行政管理) 的和谐运转? 建筑或许是最清晰的实例, 它能表明, (建筑物布局的) "实在界" 的物质性是如何为意识形态规划 (ideological project) 赋予形体的。

〔注 38〕与此极其类似的是, 证明律令的维度 (dimension of law) 没有覆盖伦理学的整个领域的证据, 是下列事实: 存在着两种律令, 一种是公开的符号性律令 (symbolic law), 一种是公开的符号性律令的淫荡的、超我的阴暗面。公开的符号性律令规制着 "产品服务"、主体的和平共存, 它的淫荡的、超我的阴暗面则发布淫荡的指令——享受。两种律令均与 "违背我们的欲望" (compromise our desire) 有关, 即是说, 它们引诱主体背叛 "在欲望的问题上不要让步" (not giving way as to one's desire) 的伦理之维。关于律令的这两个方面的详细论述, 见下列著作第三章: Slavoj Žižek, *Metastases of Enjoyment* (London: Verso, 1994)。

〔注 39〕这个问题还使我们能够概括把阿尔都塞与拉康分割开来

的裂缝。在阿尔都塞的理论大厦中，虚构和幻象的差异没有立足之地。阿尔都塞只用两个术语显身手：一个是（符号性）结构，一个是对它的（错误）认知。对它的（错误）认知是一种想象性的经验（imaginary experience）。拉康至少需要三个术语。尽管幻象是想象性的，但它占据了实在界的位置。也就是说，一方面，我们当然拥有对符号性机器（symbolic machine）的想象性误认（misrecognition）；不过，另一方面，这个机器本身又受到阻碍，并围绕着构成性的堵塞（constitutive blockage）结构起来，简言之，围绕着不可能性这个实在界（the real of an impossibility）结构起来。幻象是想象性的场景（imaginary scenario），它为不可能性这一空白（void）充当替身，即是说，它同时既证明空白的存在，又隐匿空白的存在。由于同样的缘故，使拉康与阿尔都塞构成鲜明对比的是，他不仅坚持使用"异化"一词，而且在两种不容混淆的意义上使用它：一方面，异化是对镜像—他者（mirror-other）的想象性认同，这种想象性认同阻止我们看到符号性调停（symbolic mediation）；另一方面，异化是我——主体——对能指（对于他人而言，能指代表着我）的认同，即是说，它是我的构成性异化（constitutive alienation），处于符指化结构（signifying structure）自身之内。

〔注40〕关于排犹主义的逻辑在资本主义中发挥的特殊作用，更加详细的阐释见下列著作第一章：Slavoj Žižek, *The Sublime Object of Ideology* (London: Verso, 1989)；下列著作第三章：Slavoj Žižek, *Enjoy Your Symptom*! (New York: Routledge, 1992)；以及下列著作第四章：Slavoj Žižek, *Tarrying with the Negative* (Durham, N. C. : Duke University Press, 1993)。

5

后现代性这个淫荡客体

现代主义对后现代主义

　　当"后现代主义"这一话题在"解构主义"的圈子里被讨论时，一开始就以否定的口吻，以敬而远之的态度，提及哈贝马斯的名字，是义不容辞的。也可以说，这是有礼貌的标志。在遵守这一习俗时，我们愿意加点新的花样：提议哈贝马斯出任后现代主义者，尽管奇怪的是，他本人对此一无所知。为了坚持这一观点，我们将质疑哈贝马斯建构的现代主义与后现代主义的对立。在哈贝马斯那里，现代主义之为现代主义，是因为它主张"理性的普遍性"（universality of reason），它否定传统的权威性（authority of tradition），它把理性的论证（rational argument）视为保卫信念的唯一方式，它以公共生活（communal life）为理想，但公共生活必须接受相互理解和相互认可（mutual understanding and recognition）的指引，接受无制约（absence of constraint）的指引。后现代主义之为后现代主义，是因为它"解构"了对普遍性的这一主张（自尼采至"后结构主义"，一直都是如此），是因为它努力证明，对普遍性的这一主张是"虚假"的，但又是必要性的、构成性的"虚假"，对普遍性的这一主张掩盖了具体的权力关系网络（network of power relations）。它认为，"普遍的理性"（universal reason）本身是"压抑性"和"极权性"的。它相信，宣称获得的真理（truth-claim），不过是一系列修辞格而已。[注1]

　　这种对立①是完全错误的，因为被哈贝马斯描述为"后现代主义"的东西，只是现代主义规划（modernist project）的先天固有的一面而已。被哈贝马斯描述为现代主义与后现代主义的张力的东西，从一开始就是现代主义之为现代主义才具有的先天固有的张力。个人把自己的生命塑造成一件艺术作品，这种唯美主义的、反普遍主义的伦理学（aestheticist, antiuniversalist ethics）不正是现代主义规划的一部分？对普遍范畴和普遍价值的谱系性的揭露（genealogic unmasking），对理性的普遍性（universality of reason）的质疑，不正是典型的现代主义程序（modernist procedure）？理论现代主义（theoretical modernism）的精华，对隐藏在［意识形态的、道德的、自我（ego）的］"虚假意识"背后的"实际内容"（effective contents）的揭露，不是早已由马

---

　　①　指哈贝马斯建构的现代主义与后现代主义的对立。

克思—尼采—弗洛伊德组成的三巨头所证明？这个颇具讽刺意味的自残姿势（理性藉此在自身之内发现了自己一直都在奋力反抗的压抑和支配），这个从尼采到阿多诺和霍克海默的《启蒙之辩证》一直都在摆的姿势，不正是现代主义的至高无上的行为？不容置疑的传统的权威性（authority of tradition）一旦出现缝隙，普遍理性（universal reason）与避免落入普遍理性之掌的具体内容之间的张力，就是无法避免和不可化约的了。

　　如此说来，现代主义与后现代主义的分界线并不在这里。具有讽刺意味的是，由于哈贝马斯的理论具有某些至关重要的特征，他本人就属于后现代主义阵营：法兰克福学派第一代和第二代的断裂，也就是说，阿多诺、霍克海默、马尔库塞（为一方）和哈贝马斯（为另一方）的断裂，与现代主义和后现代主义的断裂是严格对应的。在阿多诺与霍克海默的《启蒙之辩证》中，[注2] 在马尔库塞的《单向度的人》中，[注3] 在他们对"工具理性"的压抑性潜能（repressive potential）的揭露中，在他们力争促成当代世界这个历史整体性（historical totality of contemporary world）中的彻底革命时，力争对诸种"被异化"生命领域之间的差异、艺术与"现实"之间的差异进行乌托邦式的废黜时，现代主义的自我批判的满足（self-critical fulfillment）达到了顶峰。另一方面，哈贝马斯之所以是后现代性的，恰恰因为他在现代主义眼中的异化形式（form of alienation）中看到了实现自由和获得解放的前提条件：审美领域（aesthetic sphere）的自治，不同社会领域（social domains）的功能性分工，等等。对现代主义乌托邦的放弃，对下列事实接受——只有以某种根本性的"异化"为根基，自由才是可能的——证明我们已经身处后现代主义世界。

围绕着现代主义与后现代主义的断裂所造成的这一混乱，在哈贝马斯那里达到了临界点，哈贝马斯把后结构主义的解构主义诊断为当代哲学后现代主义的主导形式。在"后结构主义"和"后现代主义"这两种情形下，前缀"后"的使用不应该使我们误入歧途。特别是当我们注意到下列至关重要却又常常被忽略的事实时："后结构主义"一词尽管用来指称法国的一个理论品种，却是英语世界和德语世界的发明；该词涉及英语世界认知德里达、福柯、德勒兹等人的理论的方式，以及锁定其方位的方式。在法国，没人使用"后结构主义"一词。解构主义是地地道道的现代主义程序。它或许展示了最激进的版本的"揭露"逻辑，根据这一逻辑，对意义的体验的一致性（unity of the experience of meaning）是符指化机制（Signifying mechanisms）的效果，即只有在它忽视制造它的文本运动（textual movement that produced it）时才会产生的效果。只有拉康，才导致了"后现代主义"的断裂，因为他使某个实在界的、创伤性的内核（a certain real, traumatic kernel）成为主题，而这个内核的身份依旧极其暧昧：实在界抵抗符号化，但它与此同时又是它自身的回溯性的产物（retroactive product）。在这个意义上，我们甚至会说，解构主义者基本上依然是"结构主义者"，唯一的"后结构主义者"是拉康，他断言享受是"真正的元质"（the real Thing），是核心性的不可能性（central impossibility），每种符指化网络（signifying network）都是围绕着它结构起来的。

作为后现代主义者的希区柯克

那么，后现代主义的断裂究竟断裂于何处？让我们从安东尼奥尼①的《放大》（*Blow Up*）说起，或许这是最后一部伟大的现代主义影片。主人公在冲洗自己在公园拍摄的照片时，出现在照片边缘上的一个黑点引起了他的注意。把这个细节放大后，他看到了一具尸体的轮廓。尽管已是子夜时分，他还是急匆匆地冲进公园，在那里真的找到了那具尸体。但第二天他重返犯罪现场后，那具尸体已经消失得无影无踪。这里首先要注意的是，根据侦探小说的一般规则，尸体是典型的欲望客体（object of desire），是激发侦探（和读者）的阐释欲望的成因：事情是怎么发生的？谁干的？只有到了最后一幕，问题的答案才会交给我们。主人公的侦察走进了死胡同，他也接受了这个结果。他去一个网球场附近散步，一群人在那里在没有网球的情况下，

———————

① 米开朗基罗·安东尼奥尼（Michelangelo Antonioni, 1912—2007），意大利新写实主义的导演。他的作品《云上的日子》国人最为熟悉，1966年的作品《放大》获得戛纳电影节金棕榈大奖。1972年来华拍摄一部关于中国的纪录片《中国》。拍摄历时22天，长达220分钟，产生了巨大影响。

假装进行一场网球赛。在这场假想的比赛的框架内，想象中的球被击出了边线，落在了主人公的脚下。他先是犹豫了一下，然后接受了这场比赛：他弯下腰，做了一个把球捡起来并扔回场地的姿态。这一幕当然发挥着隐喻性的功能（metaphorical function）——它把自身与影片的其他部分联系了起来。它暗示我们，主人公认可了"没有客体，比赛照样能够进行"这一事实：正如没有网球，模拟的网球比赛（mimed tennis game）照样可以进行一样，没有尸体，他的探险也可以继续下去。

"后现代主义"恰恰是这个过程的另一面。后现代主义之为后现代主义，并不在于它要表明，没有客体，比赛也能进行下去，游戏是由核心性的缺席（central absence）开启的。后现代主义之为后现代主义，在于它直接展示那个客体，这允许它把它自己的无关紧要的、随心所欲的特性（indifferent and arbitrary character）展现在人们眼前。同一客体，可以成功地充当令人厌恶的废品（disgusting reject），也可以充当崇高的、具有超凡魅力的幻影（sublime, charis-matic apparition）：两者的差异是严格的结构性的差异，这差异与客体的"有效性能"（effective properties）无关，只与它在符号性秩序中占据的位置有关。

我们可以通过分析希区柯克影片制造的恐怖效果来把握现代主义与后现代主义的这一差异。最初的时候，希区柯克似乎完全尊重［已知是由埃斯库罗斯在《奥瑞斯提亚》（The Oresteia）中确立的］古典法则。根据这一法则，我们必须把可怕的客体或事件置于场景之外，在舞台上，只展示它的映像和它产生的效果。如果没有直接看到客体，我们会用幻象投影（fantasy projections）填充其空白。我们觉得客体的幻象投影比客体的实际样子还要可怕。激发恐怖的初级程序，就是只看恐怖客体在它的目击者或受害者那里引起了怎样的反应。

正如我们知道的那样，这也是拍摄过《豹人》（*Cat People*）和《第七个牺牲品》（*The Seventh Victim*）等影片的传奇制作人瓦尔·卢顿（Val Lewton）在20世纪40年代完成的恐怖影片革命的关键轴心（crucial axis）。① 这些影片没有直接展示可怕的怪物（吸血鬼、杀气腾腾的猛兽），怪物的出场是通过画外音、它们的影子等手法加以暗示的，因而益发显得恐怖。不过，真正的希区柯克式的手法是反其道而行之。且以《救生艇》（*Lifeboat*）中的一个小细节为例。这个小细节来自一个镜头，在那里，一群属于盟军的海难幸存者在轮船的甲板上迎接某个德国水手，他来自一艘被摧毁的潜艇。这个细节是，当发现他们拯救的人是敌人时，他们的惊讶之情。拍摄这个镜头的传统方式无外乎

---

① 瓦尔·卢顿执导的恐怖片颇具特色，且以《豹人》为例说明之。《豹人》的故事情节是：前生是豹子的艾莲娜爱上了动物园的管理员，但是性爱不仅会让她变回狮子，而且会让她恢复嗜血的本性。她的豹子哥哥已经吃了很多和他做爱的女人。但是艾莲娜还是无法控制自己的激情，与心上人欢度良宵。之后，她变成了黑豹。她的利爪抓碎了床单，几次企图划向睡着的情人。最后她跳窗而逃，杀了另一个人后又变回了人。她再次回来，更加楚楚动人。她让她的情人和她做爱，说："事后把我杀了，否则，我会杀你。"最后再次变成黑豹的艾莲娜被关进了动物园。

是使我们听到呼救声，展示不明之人的、牢牢抓住船的一侧的一只手，而不展示德国水手，然后把摄影机镜头转向属于盟军的海难幸存者：他们脸上的表情将是不知所措。这会暗示我们，他们把某个出乎意料的东西拉出了水面。到底拉出了什么东西？悬念终于建起后，摄影机最后再展示德国水手。但希区柯克的程序与此截然相反：他没有展示的，恰恰是属于盟军的海难幸存者。他展示的，是德国海员爬上小船，面带友善的微笑，说道："Danke schön!"（非常感谢！）却没有展示属于盟军的海难幸存者的惊讶面孔。镜头一直对着那个德国人。即使他幽灵般的出现激起了恐怖的效果，我们也只能通过他对那些幸存者的反应所做的反应而得知：他的微笑渐渐消失，一脸不知所措的神情。这展示了帕斯卡·波尼茨①[注4]所说的希区柯克的普鲁斯特式的一面（Proustian side of Hitchcock），因为这个程序与普鲁斯特在《斯万之恋》中写到奥黛特（Odette）向斯万坦诚自己的女同性恋经历时遵循的程序如出一辙。普鲁斯特只写了奥黛特。她的故事在斯万那里产生了恐怖的效果，这只是通过她在讲故事时的语调的变化显现出来；她之所以语调有变，是因为她注意到，她的故事产生了灾难性的效果。我们展示一个普通的客体或行为，但是透过周围环

---

① 帕斯卡·波尼茨（Pascal Bonitzer, 1946— ），法国编剧、导演、演员和影评家，自1967年以来，编剧48部，在30部电影中扮演过角色，主演过《悬而未决的职业》（The Suspended Vocation）。代表作有《不羁的美女》（La belle noiseuse）、《六人行不行》［Va Savoir（Who Knows?）］、《幻爱钟情》（Histoire de Marie et Julien）等。

境对该客体或行为的反应（这些反应是在客体那里折射出来的），我们突然意识到，我们正在面对难以言喻的恐怖的源泉（source of an inexplicable terror）。恐怖为下列事实所强化：就其外表而言，这个客体绝对貌不惊人。一瞬间之前还被我们视为极其普通的事物，现在却成了魔鬼的化身。

在我们看来，这样的后现代主义程序似乎比寻常的现代主义程序更具颠覆性，因为现代主义程序通过不展示元质（the Thing）而保留了这样的可能性：在"不在场的上帝"（absent God）的视角下，把握核心性的空洞性（central emptiness）。现代主义给我们提供的教益是，即使缺乏元质，即使机器围绕着空洞性（emptiness）运转，结构这个主体间机器（intersubjective machine）也能正常运转；后现代主义对现代主义的逆转则把元质展示为肉身化的、物质化的空洞性（incarnated, materialized emptiness）。这是通过下列行为完成的：先是直接展现可怕的客体，然后向我们表明，它可怕的效果是它在结构中所占位置产生的效果。可怕的客体本是日常的客体，但它碰巧开始发挥下列事物的功能：该事物填补了大他者（符号性秩序）中的洞穴。现代主义文本的雏形是贝戈特的《等待戈多》。该戏剧的整个空虚、愚蠢的情节都发生于等待戈多到来之时。一旦戈多最后到来，"或许会发生点什么"。但是我们很清楚，"戈多"永远不会到来，因为他只是"空无"（nothingness）代名词，只是核心性不在场（central absence）的代名词。如果对这个故事做"后现代主义"的改写，改写后的故事会是什么样子？我们将不得不把戈多推上舞台：他会是与我们完全一样的人，会和我们一样过着空虚无聊的生活，会享受着愚蠢的乐趣。唯一的区别在于，他自己并不知道他占据了元质的位置，他只是偶然地发现了这一点。他会是我们一直等待的元质的化身。

弗里茨·朗拍过一部不太知名的影片《门后的秘密》(*Secret Beyond the Door*)。这部影片以极其纯粹（我们几乎很想说，以极其纯净）的形式，展示了占据了元质位置的日常客体的这一逻辑。一个年轻的职业女性西莉亚·巴雷特 (Celia Barrett) 在兄长去世后前往墨西哥旅行，在那里邂逅了马克·兰菲尔 (Mark Lamphere)，两人喜结连理并生活在一起。稍后不久，这对夫妻接待了马克的几位密友，马克向他们展示了他的历史房间陈列室 (gallery of historical rooms)，那是在他的豪宅的穹顶重建的。但他禁止他们进入第七号房间，那里锁得严严实实。为这一禁忌所蛊惑，西莉亚配制了钥匙并进入了房间，看到那个房间是对她的房间的精确复制。一旦我们发现，我们最熟的事物出现在另一个地方，出现在"不合适"的地方，它就呈现出离奇的维度。惊悚的效果恰恰来自我们在元质的禁区 (Thing's forbidden place) 中发现的事物所具有的常见的、家常的特征。我们在此得到了一个完美的示例，它展示了弗洛伊德所谓的"离奇"(das Unheimliche) 一词的根本含混性。

因此绝对不能把现代主义与后现代主义的对立化约为简单的历时状态 (diachrony)。我们甚至想说，在某种程度

上，后现代主义先于现代主义。和卡夫卡一样（卡夫卡不
仅在时间上而且在逻辑上都先于乔伊斯），现代主义的凝视
（modernist gaze）回溯性地把大他者的后现代主义的非一致
性（postmodernist inconsistency of the Other）视为自身的不
完备性（incompleteness）。如果说乔伊斯是典型的现代主义
者，那卡夫卡在某种意义上就是后现代主义者了。乔伊斯
是专门描写征兆的作家（writer of the symptom）——像拉康
所说的那样，"征兆乔伊斯"（the symptom Joyce），是专门
描写被推向极致的阐释性精神错乱（interpretive delirium
taken to the infinite）的作家，是专门描写（用以阐释别的什
么东西的）时间的作家［在他那里，每个稳定的时刻都把
自己展示为多元符指化过程（plural signifying proecess）的
"浓缩"］。卡夫卡与乔伊斯完全相反，他是专门描写幻象的
作家，是专家描述令人作呕的惰性在场之空间（space of a
nauseous inert presence）的作家。如果说乔伊斯的文本引发
了阐释，那卡夫卡的文本则阻碍了阐释。

对卡夫卡作品的现代主义解读所误认的，正是非辩
证性、惰性的在场（nondialecticizable, inert presence）的
这一维度，以及它对那难以企及的、不在场的、超验的
动能（inaccessible, absent, transcendent agency）——城堡、
法庭——的强调，它为匮乏、不在场本身保留位置这一做
法。从这个现代主义的视角看，卡夫卡的秘密在于，在官
僚政治机器的核心地带，只有空洞性和空无：官僚政治是
"自动运行"的疯狂机器，如同在《放大》中那样，比赛在

没有身体—客体的情况下进行着。我们可以以两种相反的方式解读这一联系，一种是神学的，一种是内在主义的（immanentist）。尽管如此，两种解读使用相同的理论框架。一种解读把（城堡、法庭）这个核心具有的难以捉摸的、不可企及的、超验的特征，看作"不在场的上帝"的标志。这时，卡夫卡的世界是令人苦恼的世界，是被上帝遗弃的世界。另一种解读把这一超验性（this transcendence）具有的空洞性（emptiness）视为"透视错觉"（illusion of perspective），视为欲望的内在性（immanence of desire）这一幻影的反向形式（reverse form）。这时，难以企及的超验（inaccessible transcendence），核心性的匮乏（central lack），只是欲望的剩余（surplus of desire）这一幻影的否定形式（negative form），是欲望的能产性运动（productive movement）的否定形式。无论是欲望的剩余，还是欲望的能产性运动，全都在作为表征的客体的世界（world of objects qua representations）之上。[注5]

这两种解读尽管相互对立，但都不得要领：这个不在场，这个空洞的位置，总是已经被某个惰性的、淫荡的、令人厌恶的在场所填充。《审判》中的法庭并不是纯粹的不在场，它是通过淫荡法官们的形象出场的。在夜间审讯时，这位法官匆匆浏览了黄色书刊。城堡也是通过卑躬屈膝、淫荡成性、腐化堕落的公务员形象出场的。这也正是"不在场的上帝"之论在卡夫卡那里根本没用的原因。相反，卡夫卡要解决的问题是，在这个世界上，上帝太在场了。

它是在种种淫荡不堪、令人作呕的现象的掩护下在场的。卡夫卡的世界是这样的世界，在那里，上帝——他在此之前一直与我们保持着自信的距离——离我们太近了。卡夫卡的世界是"焦虑的世界"（universe of anxiety），为什么不是呢？不过，这样说的前提是，必须考虑到拉康给"焦虑"所下的定义：引发焦虑的，并非乱伦客体（incestuous object）的丧失，相反，是乱伦客体的过于接近。我们离元质（das Ding）太近了，这是后现代主义为我们提供的神学教益（theological lesson）。卡夫卡笔下疯狂的、淫荡的上帝，这个"恶的至高无上的存在"（Supreme Being of Evil），恰恰就是作为至善的上帝（God qua Supreme Good）。区别仅仅在于，我们离他太近了。

两个法门

为了进一步明确卡夫卡式的淫荡享受（Kafkaesque obscene enjoyment）的身份，让我们从《审判》中与法门有关的著名寓言开始，从教士告诉 K 的一则轶事开始。教士告诉 K 这则轶事，为的是向他解释，他现在面临着与法律抗衡的局势。对这个寓言所做的全部重要阐释显然都失败了。它们的失败在于，它们似乎只是肯定了教士的论点，即"评论则往往不过是反映了评论家的困惑而已"。不过，还可以通过另一种方式洞察这则轶事的秘密：不是直接寻求它的意义，而以列维-斯特劳斯处理神话的方式处理之，是可取的：确立它与一系列其他神话的关系，阐明它在转型时遵循的规则。我们在《审判》中的什么地方，才能找到充当法门寓言之变体、之倒置的另一则"神话"呢？

我们不必上穷碧落下黄泉，上天入地求之遍。在第二章（"初审"）的开篇，约瑟夫·K发现自己站在另一个法门之前（审问室的入口处）；在这里，看门人也是要让他知道，这道门是专为他设计的。洗衣妇对他说，"你进去吧，我得把门关上，不让任何人再进去"。这显然是教士寓言中看门人对乡下人说过的最后一句话的变体，那句话是："除了你以外，谁也不能获准走进这道门，因为这道门是专门为你而开的。现在我要去把它关上了。"与此同时，可以借助一个完整系列的区别性特征，把有关法门的寓言（让我们以列维–斯特劳斯的方式，称之为 m_1）与初审（m_2）对立起来。在 m_1 中，我们站在富丽堂皇的法庭门前，在 m_2 中，我们身处劳工们居住的公寓楼群之中，那里充满了污物，充满了蠢蠢欲动的淫秽行为；在 m_1 中，看门人是法庭的雇员，在 m_2 中，出现的是正给孩子洗衣服的妇人；在 m_1 中，出现的是男人，在 m_2 中，出现的是女人；在 m_1 中，看门人阻止乡下人穿过那道门进入法庭，在 m_2 中，洗衣妇把他推进了审讯室，尽管他有些不乐意。简言之，在 m_1 中，把日常生活与法律的神圣地位（sacred place of the law）隔离开来的边线是无法逾越的，但在 m_2 中，跨越边线易如反掌。

m_2 所处的位置已经表明它至关重要的特征：法庭位于

极其杂乱无章的劳工公寓之中。赖纳·施塔赫①从这一细节中发现了卡夫卡世界的区别性特征，颇有说服力。卡夫卡世界的区别性特征在于，"对把生命领域（vital domain）与司法领域（judicial domain）分割开来的边线的逾越"。[注6]这里的结构当然是莫比乌斯环的结构：我们在向社会底层下滑，如果下滑得太快，我们就会突然发现，自己突然走到了另一面，处在了崇高和高贵的法律中间。从一个领域转向另一个领域所要经过的场所，就是由那位令人心荡神驰的普通洗衣妇把守的那道门。在 m_1 中，看门人憮然无知，而在这里，洗衣妇已经提前知道了些什么。她无视 K 的幼稚的诡计（他以寻找一位名叫兰茨的工匠为借口寻找审讯委员会的地址），使他明白，他的到来已经被期待了很久，尽管 K 只是相当偶然地决定进入她的房间。进入她的房间，是在经过了长期和无益的寻找之后做出的最后一次绝望的努力：

> 他在那间小房子里看到的第一样东西，是时针快要指向十点的大挂钟。"一位名叫兰茨的工匠住在这儿吗？"他问。"请往前走，"一位长着一双活泼黑眼睛的年轻女人答道。她正在水桶中为孩子洗衣服，用一只湿手指着隔壁房间敞开着的门……"我在找一位工匠，他叫兰茨。""我知道，"女人说，"直接进去就行。"如果不是她走到了前面，抓住了门把手，并对他说"你

---

① 赖纳·施塔赫（Reiner Stach, 1951— ），德国作家和出版人，曾为卡夫卡立传。

进去吧，我得把门关上，不让任何人再进去"，他是不会进去的。[注7]

这里发生的情形与在《一千零一夜》中发生的那个著名事件如出一辙：某人很偶然地进入某地，他获悉，他的到来已被期待许久。洗衣妇的悖论性的预知与所谓的"女性直觉"毫不相干，而是基于一个简单的事实：她与法律息息相关。在法律方面，她的地位比小官员重要百倍；是 K 自己发现了这一点，他是在他在法官席前发表慷慨激昂的答辩时突然被淫荡的侵犯（obscene intrusion）打断后才明白过来的：

> 这时 K 被来自大厅那头发出的一声尖叫打断；大厅里烟雾弥漫，灯光昏暗，他只好抬起手来，遮在眼睛上方，想看清楚到底发生了什么。是那个洗衣的妇人，她一进来，K 就知道她是制造骚乱的潜在根源。至于是不是她造成的，还不清楚。K 只看见一个男人把她拽到了门旁的角落里，紧紧搂着她。发出大声尖叫的不是她，而是那个男人；他嘴巴大张，眼睛瞪着天花板。[注8]

那么，这个女人与法庭的关系是怎样的？在卡夫卡的作品中，这个女人作为"心理类型"与魏宁格①反女权主义

---

① 奥托·魏宁格（Otto Weininger, 1880—1903），奥地利哲学家。代表作《性与性格》《最后的事情》已在中国出版。

的意识形态（anti-feminist ideology）是完全一致的：女人是
这样一种存在（being），她没有真正的自我（proper self）；
她没有能力具有伦理态度（即使表面看来她是基于某种伦
理立场采取行动的，但实际上她在算计，她将从自己的行
动中获得多少享受）；她是这样的存在，她丝毫都不能触及
真理之维（dimension of truth）（即使她说的话在字面上真实
可信，她依然在撒谎，这是由她的主体立场所决定的）。谈
论这样的存在，说她装出一副风情万种的样子来诱惑男人，
是不充分的，因为问题在于，在摹拟这个面具（this mask of
simulation）的后面，空无一物……什么也没有，只有某种
黏黏的、污秽不堪的享受，那便是她的实体（her very sub-
stance）。面对这样的女人形象，卡夫卡并没有屈从于寻常
的批判性的女权主义的诱惑（critical-feminist temptation），
证明这个形象是特定社会条件的意识形态性产物（ideolog-
ical product of specific social conditions），拿它与另一种形态
的女性特质（femininity）相对比。卡夫卡以更具颠覆性的
姿态，全盘接受了魏宁格式的女性形象，即把女人视为某
个"心理类型"，同时使之占据前所未闻、史无前例的位
置，即法律的位置（place of the law）。或许正如施塔赫早就
指出的那样，这就是卡夫卡的基本操运（elementary opera-
tion）：使女性的"实体"（"心理类型"）与法律的位置发
生短路。在传统上，法律是纯粹的、中立的普遍性。但现
在，法律被涂上了淫荡的生命力（obscene vitality），呈现出
异质性的、不一致的、渗透着享受的大杂烩（bricolage）才

具有的特征。

荒淫的法律

在卡夫卡的世界里，法庭首先就是无法无天的（law-less），这是就"无法无天"的正式意义而言的：在那里，原因与结果的"正常"联系的链条被悬置起来了，被置于括弧之中了。通过逻辑推理确立法庭的运作模式，每一次这样的尝试都是预先注定必败无疑的。K 注意到，在法官的愤怒与坐在长椅上的听众的爆笑之间，在坐在右侧的欢快听众与坐在左侧的冷峻听众之间，存在着对立。但是，一旦他要把自己的策略置于对立之上，所有的对立（的对立，的对立）就会被证明是虚假不实的。在 K 做了一次寻常的回答后，听众突然开怀大笑起来。

"那么好吧，"预审法官翻动着笔记本，以不容置疑的口吻对 K 说，"你是个油漆匠?""不对，"K 说，"我是一家大型银行的初级助理。"这个回答使坐在右侧的人爆发出活泼的大笑，K 也不由得笑了。那些人双手按膝，弯着身子，浑身抖动，就像一阵咳嗽。[注9]

这种非一致性的另一面（即积极的一面）当然是享受：当 K 的论辩被公开的性交行为打断时，享受公开该场面。因为过于暴露，这个行为很难被人理解（K 不得不"抬起手来，遮在眼睛上方，想看清楚到底发生了什么"）。这个行为标志着创伤性实在界（traumatic real）的喷涌时刻的到来。K 的错误在于，他忽略了这场淫荡的骚乱与法庭之间的友好合作关系。他总是以为，人人都急于恢复秩序，急于把那两个令人讨厌的人驱逐出法庭。但是，当他试图冲过大厅时，人群挡住了他的去路。有人从后面抓住了他的衣领。到了这个地步，比赛结束了：K 大惑不解，晕头转向，一片茫然，不知所措。满怀着无能为力的愤怒，他离开了法庭。

K 的致命错误在于，他在向法庭这个法律大他者（Other of the law）发话，把法庭视为与同质性的实存物（homogeneous entity），认为通过前后一致的论争，可以构成这样的实体。与此同时，法庭却报之以淫荡的微笑，其中也夹杂着窘困的标记（signs of perplexity）。简言之，K 期待着法庭采取行动（法律行为、判决），但他得到的却是一个行为（公开交配）。卡夫卡对"对把生命领域与司法领域分割开来的边线的逾越"的感受力，依赖于他信奉的犹太教（judaism）：犹太宗教（jewish religion）的出现，标志着下列时刻的到来——这两个领域发生了最为彻底的决裂。在以前出现的全部宗教中，我们遇的是神圣享受——比如它采取仪式性狂欢（ritual orgies）的形式——所处的某个位置（a place），所属的某个领域（a domain）。但在犹太教中，神圣的领域消除了活力（vitality），没有留下一丝痕迹，活的实体（living substance）隶属于父亲法律的死字符（dead letter of the Father's law）。卡夫卡逾越了他继承而来的宗教的分类，因而再次用享受浇灌了司法领域。

卡夫卡的世界之所以显然是超我的世界，原因也在于此。大他者作为符号性法律的大他者（the Other as the Other of the symbolic law）不仅已经死去，它甚至不知道自己已经死去（就像弗洛伊德梦中那个吓人的人物那样[①]）：只要它对活的享受实体（living substance of enjoyment）全无感觉，它就无法知道自己已经死去。与此相反，超我展示了法律的悖论（paradox of a law）。在雅克-阿兰·米勒（Jacques-Alain Miller）看来，法律的悖论"发生于大他者尚未死去之时，超我这个当时的幸存残余（surviving remainder）可以为证"。超我的命令"享受！"，以及把死去的法律颠倒为淫荡的超我形象这一过程，暗示了令人焦虑不安的经验：我们突然意识到，一分钟以前我们眼中的死字符还真的活着，嘴在呼吸，心在跳动。让我们回忆一下影片《异形》中的一个场景：一群人正在穿过一个长长的隧道，走向一堵石墙，石墙扭曲得像辫子。突然间辫子开始蠕动，并分泌黏液——僵尸复活了。

所以，我们必须把寻常的隐喻"异化"颠倒过来。凭借着"异化"，死去的、正式的字符，一种寄生物或吸血鬼，把活的、在场的力量（living, present force）吸吮出来。活的主体不再被视为死去的蜘蛛网的囚徒（prisoners of a dead cobweb）。法律这个死去了的、正式的字母（dead, for-

---

① 此梦即前面提及的"死去的儿子的梦"：死去的儿子出现在父亲面前，以责备的口吻对他说道："爸爸，难道你没有看见，我被烧着了？"

mal character），现在成了我们实现自由的必要条件。只有在法律不再想处于死亡状态（stay dead）时，才会出现真正的极权主义的危险。

因此，m_1造成的结果是，并不存在关于真相的真相（there is no truth about truth）。法律的每一个保证都具有伪装（semblance）之身份；法律是必要的，它不必真实。引用m_1中的教士的话说，"不必把一切当成真实的来接受；只需当成必要的来接受。"① K 与洗衣妇的会面也证明了这一点，只是通常被默默忽视了：只要法律不以真相为根基，它就必定渗透着享受。所以说，m_1与m_2是互补性的，分别代表着两种不同的匮乏模式：非完整性之匮乏（lack of incompleteness）与非一致性（lack of inconsistency）之匮乏。在m_1中，法律这个大他者显现为不完整。在它的核心地带，存在着某种裂缝；我们永远无法抵达最后一道法门。提及m_1，等于支持对卡夫卡的一种阐释——把卡夫卡阐释为"专门描述缺席的作家"（writer of absence），也就是说，把他描写的世界做了消极的神学解读（negative theological reading）——把他描写的世界解读为疯狂的官僚机器围绕着不在场的上帝这一核心空白盲目地运转。与此相反，在m_2中，法律这个大他者显现为不一致性：它什么都有，什么都不缺，但是尽管如此，它依然不是"整体/全部"（whole/all）；它依然是不一致的大杂烩（inconsistent brico-

_____

① 这句话是齐泽克根据德文译成英文的，中文世界一般把这句话译为："不必承认他讲的每句话都是真的，只需当作必然的东西而予以接受。"

lage)，是遵循某种侥幸的享受逻辑（aleatory logic of enjoyment）的集合。这给卡夫卡提供了"专门描写在场的作家"（writer of presence）的形象——在场的是什么？是盲目机器的在场——只要它是享受之过量（surfeit of enjoyment），它就什么也不缺。

如果说现代文学是以"难以解读"（unreadable）为特征的，那么卡夫卡则以与詹姆斯·乔伊斯完全不同的方式例证了这一点。《为芬尼根守灵》当然是一部"难以解读"之作：我们无法像解读普通"现实主义"小说那样解读它。为了理清这个文本的线索，我们需要"读者指南"，需要注释，以使我们能够透过由加密典故（ciphered allusions）组成的用之不竭的网络，看清脚下的道路。不过，这种"难读性"（illegibility）恰恰发挥着这样的作用：邀请读者进入无穷无尽的解读过程［回想一下乔伊斯讲过的一则笑话，他希望自己的《为芬尼根守灵》让文学科学家（literary scientists）至少再忙碌 400 年］。与此相比，《审判》相当"可读"。故事的梗概足够清晰。从风格上讲，卡夫卡简洁明快，有着众所周知的纯净。但正是这种"易读性"（legibility）导致了严重的费解（radical opacity），妨碍了每一篇阐释论文的完成。之所以如此，是因为它具有过于暴露的特征（overexposed character）。仿佛卡夫卡的文本是凝结起来的、被污名化的符指链（coagulated, stigmatized, signifying chain），该符指链以黏性的快感之过度（excess of sticky enjoyment）抵抗意义（signification）。

超我知情太多

卡夫卡小说中描述的官僚政治——完全无用的巨大机器、多余的知识、盲目的运转、对不堪忍受的"非理性"罪恶感的激发——发挥着超我知晓（superegoic knowledge）的作用。拉康数学图中，超我知晓用 S_2 来表示。这一事实与我们自发的理解背道而驰。似乎没有什么比超我与拉康的 S_1（主人能指）之间的联系更显而易见了。超我不就是只以自身的阐述过程（process of enunciation）为基础、但求服从而不需更多说明的"非理性"指令吗？不过，拉康的理论与这种自发的直觉南辕北辙：S_1 和 S_2 的对立，即主人能指和知晓链（chain of knowledge）的对立，与下列两者间的对立相互重合：一者是自我理想（ego-ideal），它是"单一特质"（unitary trait），是符号性认同点（point of symbolic identification）；一者是超我。超我站在 S_2 一边，它是知晓链的碎片，知晓链的最纯粹的幻影形式（form of apparition）即我们所谓的"非理性的罪恶感"。我们感到有罪，但不知道为什么会有这种感觉，觉得它是某些行为的结果，但我们确信，我们没有做过那种行为。当然，弗洛伊德对此悖论提出的解决方案是，这种罪恶感的产生是有事实根据的：我们感到有罪，是因为我们被压抑的无意识欲望。关于被压抑的无意识欲望，我们意识性自我（conscious ego）并不知晓，也不想知晓，但超我"无所不见，无所不知"，并因此让主体为他不被承认的欲望（unacknowledged desires）负责："关于无意识的本我，超我比自我知道得更多。"〔注10〕

因此，我们应该摒弃通常的无意识观——无意识是狂野的违法欲望的"蓄水池"。无意识还是（我们甚至想说，首先是）创伤性的、冷酷的、反复无常的、"难以理解"的、"非理性"的法律文本（law text）的碎片，是一套禁令和指令。换言之，我们必须"提出下列悖论性的命题：——正常人（normal man）不仅远比他相信的更不道德，而且远比他知道的更为道德"。①〔注11〕把相信与知晓区分开来，其真正意义何在？仿佛是纰漏（slip）和迷失（lost）造成了相信和知晓的分裂。纰漏和迷失出现在一个注释中，该注释是和上述引语（引语出自《自我与本我》）相伴出现的。在这条注释中，弗洛伊德改述了他的命题。他说，它只是"简单地说，人性的善与恶，比它认为的要大得多，也就是说，比自我通过有意识的知觉所意识到的要大得多"。②〔注12〕拉康

---

① 此语出自弗洛伊德。弗洛伊德是这样说的："如果有人想提出这种矛盾的假设，即正常的人不仅远比他所相信的更不道德，而且也远比他所知道的更道德，那么，该论断的前半是以精神分析的发现为依据的，精神分析对剩下的那后半句则不反对人们提出异议。"车文博主编：《弗洛伊德文集》（第6卷），长春：长春出版社2004年版，第145—146页。这句话的意思是，正常人相信自己不道德，但实际上他的"不道德"远甚于此；正常人知道自己很道德，实际上他远比他知道的更道德。人性之复杂，是超乎人的"相信"和"知晓"的。当然，拉康和齐泽克强调"相信"和"知晓"的分裂。

② 参见中文版："这个假设显然只是个矛盾现象，它只是表现人的本性在好和坏两个方面都比它所想象的具有更大得多的能量，即比通过自我的有意识知觉所意识到的要大得多。"《弗洛伊德文集》，第6卷，第146页。

要我们极端关注这一区分，这一区分过去只是短暂出现过，然后立即被人遗忘了。之所以要关注这一区分，是因为透过它们，我们能够发现弗洛伊德的非凡洞察力，连弗洛伊德本人都没有注意到这个非凡洞察力的完整维度［不妨只回忆一下，拉康从自我理想（ego-ideal）与理想自我（ideal ego）这个同样"油滑"的区分中推导出了怎样的结论］。那么，把相信与知晓短暂地区分开来，其重要性何在？归根结底，只有一个答案是可能的：如果人比他（有意识地）相信的更不道德，比他（有意识地）知道的更道德，换言之，如果他与本我（违法内驱力）的关系就是他与（不）相信的关系，如果他与超我（超我的创伤性禁令和指令）的关系就是他与（非）知晓——也即无知（ignorance）——的关系，那么，我们是否必须得出结论说，本我本质上是由无意识性的、被压抑的相信（unconscious, repressed beliefs）组成的，超我是由无意识的知晓组成的，是由主体一无所知的悖论性知晓组成的？

正如我们已经看到的那样，弗洛伊德本人把超我视为一种知晓（"关于无意识的本我，超我比自我知道得更多"）。不过，我们在何处才能切身把握这种知晓，这种知晓又在何处获得了（姑且这么说）物质性的、外部的存在（material, external existence）？答案是，在妄想狂中。在妄想狂那里，"无所不见，无所不知"，这种动能（agency）现身于实在界，化身为能够"看透我们的心思"的、无所不知的迫害者。关于本我，我们只需记住拉康向其听众发起的那个著名挑战。听众向他展示了某个人，说该人并不无意识地相信他自己长生不老，并不无意识地相信上帝。在拉康看来，无神论的真正公式是："上帝是无意识性的。"还有某种根本性的相信（fundamental belief），即对大他者的基本一致性的相信，它属于语言本身。通过纯粹的言说行为，我们假定，存在着大他者，它是我们所要表达的意义的保证人。即使在最为清心寡欲的分析哲学中，这种基础性的相信还是以唐纳德·戴维森①所谓的"厚道原则"②的形式维持着。戴维森把厚道原则视为成功交流的前提条件。[注13]唯一能够真正摒弃"厚道原则"（charity principle）的主体，即是说，与符号性秩序这个大他者的关系是以根本性的不相信为特征的主体，是精神错乱者（psychotic），是妄想狂。妄想狂会在自己周围的符号性意义网络（symbolic network of meaning）中看到由某个邪恶的迫害者实施的阴谋。

---

① 唐纳德·戴维森（Donald Davidson，1917—2003），美国著名哲学家，在语言哲学方面颇有建树，著作包括《论行动与事件》（*Essays on Actions and Events*）、《对真理和阐释的探究》（*Inquiries into Truth and Interpretation*）、《主体性、主体间性、客观》（*Subjective，Intersubjective，Objective*）、《有关合理性的诸难题》（*Problems of Rationality*）和《真理、语言、历史：哲学论文集》（*Truth，Language，and History：Philosophical Essays*）等。

② "厚道原则"（principle of charity），最早由尼尔·威尔逊（Neil L. Wilson）提出，哲学家威拉德·奎因（Willard Quine）和唐纳德·戴维森做了进一步阐发。"厚道原则"要求以尽可能理性（rational）的方式解读一个说话者的陈述。在发生争论的时候，对方的陈述可能有不同的解读方式，这时候我们使用最好的、最有力的那个解读。戴维森有时将其称为理性调节原则（principle of rational accomodation）。他把这个原则概括为："当我们用最可能达成一致的方式解读别人的话，就能最大程度地理解他人的话语和想法"。

注释：

〔注 1〕 Cf. Jürgen Habermas, *The Philosophical Discourse of Modernity*, *Cambridge*, *Mass.*, MIT Press, 1987.

〔注 2〕 Theodor Adorno and Max Horkheimer, *Dialectic of Enlightenment*, London, Allen Lane, 1973.

〔注 3〕 Herbert Marcuse, *One-Dimensional Man*, Boston, Beacon Press, 1964.

〔注 4〕 Pascal Bonitzer, "Longs feux," in L'Ane 16 （1984）。

〔注 5〕 Cf. Gilles Deleuze and Felix Guanari, *Kafka: Toward a Minor Literature*, Minneapolis, University of Minnesota Press, 1986.

〔注 6〕 Reiner Stach, *Kafka erotiscber Mythos*, Frankfurt, Fischer Verlag, 1987, p. 38.

〔注 7〕 Franz Kafka, *The Trial*, New York, Schocken, 1984, p. 37.

〔注 8〕 Ibid., p. 46.

〔注 9〕 Ibid, p. 50.

〔注 10〕 Sigmund Freud, "The Ego and the Id," in *SE*, vol 19, p. 51. 弗洛伊德的《自我与本我》一文的标题的最佳反讽在于，它忽略了第三个至关重要的概念，该概念包含着这篇论文真正的理论创新。该文的标题应该是《处于自我和本我关系中的超我》（"The Superego in its Relations to the Ego and the Id"）。

〔注 11〕 Ibid., p. 52.

〔注 12〕 Ibid.

〔注 13〕 Cf. Donald Davidson, "Mental Events," in *Essays on Actions and Events*, New York, Oxford University Press, 1980.

6

享受这个林下灌木丛[*]

英语世界对雅克·拉康的接受，至少是占主导地位的
接受，尚未吸纳拉康的突破性成就。这成就是以《精神分
析之伦理》（*Ethics of Psychoanalysis*）（1959—1960）为标志
的，它彻底改变了拉康教学的重点：从对欲望的辩证（dia-
lectics of desire）转向了享受（享受）的惰性，从作为编码
信息的征兆转向了作为浸透了享受的字符的征候①，从"像
语言那样结构起来的无意识"转向了处于无意识核心地带

---

* 原文为"The Undergrowth of Enjoyment"。"Undergrowth"指森林或
树林中处于高树之下的低矮的灌木丛。很显然，齐泽克在此把它视为享受
的隐喻：相对于想象界和符号界而言，享受属于实在界，它隐藏在想象界
和符号界之下，低矮但密集，容易被忽视，但可以保存许多秘密。

① 征候（*sinthome*），来自古法语"*symptôme*"，是拉康精神分析理
论的核心范畴之一。拉康认为，征候（*sinthome*）不同于征兆（symptom）。
征兆是加密的信息，属于符号界；征候是渗透着享受的字符，属于实在
界。征兆需要破解，以破解其意义；征候不需破解，只用于享受。精神分
析的目的不在于破解征兆之谜，而在于认同征候，与之保持一致。

的元质，即转向了抗拒一切符号化的享受的不可化约的内核。[注1] 本文的目的在于，通过解读来自通俗影片与通俗文学的若干叙事，以之为实例，展示拉康理论这一最后阶段的几个关键母题。我在这里要做的，不是某种"实用的精神分析"，即不是对文化产品进行精神分析解读，而是通过运用来自通俗文化（首先是电影）的实例，说明拉康精神分析理论的几个基本概念，包括作为客体的凝视与语音、把现实与实在界隔离开来的边界、"实在界的应答"（answer of the Real）在制造意义的效应（meaning effect）方面发挥的作用、凸显（rendu）与征候。

为什么要以电影为例？把拉康的理论机器（Lacanian theoretical apparatus）运用于电影，是众所周知的事实，而且这在英国一直影响深远，从 20 世纪 70 年代《银屏》（Screen）的缝合理论（suture theories），到女权主义的探索（这尤其要归功于幻象和认同这两个概念），都是如此。不过，被用作这些理论的参照点（point of reference）的拉康，是取得突破成就之前的拉康。过去十多年来①，只有在法国的电影理论中，才出现了与拉康教学后期发生的转向相对应的转移（或许法国电影理论的转移要感谢拉康的转向）。拉康的转向，可以用下列表述来简洁地概括："从能指到客体"。如果说 20 世纪 70 年代是由符号学研究（semiotic approach）主宰的，那么，在最近十年，我们可以观察到重点

① 指20 世纪80 年代。

的转移。重点转向了实在界的那些残余（remnants）的残留（leftovers），这些残余和残留躲避着能指的结构化（structuring of the signifier）。它们便是凝视和语音。在 20 世纪 70 年代，克里斯蒂安·麦茨①的《假想的能指》（*The Imaginary Signifier*）一书的标题，最好地凸显了符号学研究的风貌。符号学研究的目的是消除假想的着迷（imaginary fascination），是展示规制这种假想的着迷的功能的符号性结构。电影理论在过去十多年来的更新，是以作为电影客体（cinematic objects）凝视和语音为核心的：凝视的身份是由帕斯卡·波尼茨阐述的，[注2]语音的身份是由米歇尔·希翁说明的。[注3]

对于精通"解构主义"文本的读者来说，关于"凝视"和"语音"，跃入脑海的第一个联想是，它们是德里达解构事业的主攻目标；因为，如果凝视不是用以把握以呈现为自身的形式（in the form of its presence）或以其形式来呈现（in the presence of its form）的"事物本身"的 *theoria*（观照），还会是什么？如果语音不是表现言说主体的向自身呈现（presence-to-itself of the speaking subject）的纯粹"自我触发"（auto-affection）之媒介，还会是什么？解构的目的

---

① 克里斯蒂安·麦茨（Christian Metz, 1915—1995），法国电影符号学家、电影叙事学家。梅斯认为电影是叙事的艺术，电影的叙事形式和叙事结构是多种多样的，电影符号学应该研究电影叙事的时空，并提出了可用于实践的电影叙事分析方法，名之曰"八组合段理论"。他把镜头分为八种组合段，在这八种组合段里，梅斯详细地分析了镜头在叙事上的种种可能。

恰恰是要证明，凝视总是已经被"下层建筑"① 网络所决定，"下层建筑"网络把可见之物与不可见之物分割开来，不可见之物必然躲避凝视，不被它捕捉；与此类似，语音的自我呈现总是已经被书写之踪迹（trace of writing）所分裂/延异。

然而，在拉康与后结构主义的解构（poststructuralist deconstruction）之间还存在着彻底的不可通约性，因为在拉康那里，凝视与语音的功能几乎截然相反。首先，它们并不处于主体一边，而处于客体一边。凝视指客体（画面）中的一个点位（point），从那里，正在观看的主体已经被凝视：正在凝视我的，正是那个客体。因此，凝视远远不能保证主体和其视境（vision）的自我呈现（self-presence），而是发挥着画面中或画面上的某个斑点（spot）或污渍（stain）的作用，它干扰画面的清晰可视性（transparent visibility），同时引入不可化约的分裂（irreducible split），把我与它割裂开来。它从那里凝视我，但我从来不能从那里观看画面：观看（view）与凝视是构成性的非对称性的②。作为客体的凝视就是一个疵点（blemish），它阻止我躲在安全、"客观"的距离外观看画面，阻止我框定画面，使它成为任由我贪婪观看（grasping view）的某种事物。我们可以

---

① 这里的"下层建筑"（infrastructure）是相对于"上层建筑"（superstructure）而言的。

② 构成性的非对称性的（constitutively dissymmetrical），意谓观看和凝视是非对称的，但正是因为这种非对称性，观看才成了观看，凝视才成了凝视，否则观看不能成立，凝视也不能成立。

说，凝视是这样的点位，在那里，（我的观看的）框架已经刻入画面的"内容"。当然，作为客体的语音也是如此。那个语音，比如超我的语音，即不依附于任何特定的载体就向我发话的语音，自由地漂浮在某个可怕的空隙（interspace）中的语音，再次发挥着污点或疵点的作用，其惰性的呈现（inert presence）像外来躯体那样发挥干扰功能，阻止我获得自我同一性（self-identity）。

为了澄清这一点，让我们以某个经典的希区柯克式手法（Hitchcockian procedure）为第一个实例。某人正在接近某个神秘、"诡异"的客体，希区柯克是如何拍摄这一场景的？他是通过把两个镜头并置一处完成拍摄的。两个镜头，一个是正在接近客体的主观镜头，一个是移动主体的客观镜头。实例很多，我们只说两个，两个镜头拍摄的都是作为诡异客体的房子：在《惊魂记》的结尾处，由薇拉·迈尔斯（Vera Miles）扮演莉拉（Lilah）正在接近贝茨夫人（Mrs. Bates）的房子；在《鸟》的一个著名场景中，由蒂皮·赫德琳（Tippi Hedren）扮演梅兰尼（Melanie）正在接近米奇（Mitch）母亲的房子，雷蒙·贝鲁[①]曾经详细分析过这个场景。[注4] 在这两个例子中，两个镜头交替出现：其一是房子的主观镜头，它是正在走近房子的女人看到的；其二是那个女人的客观镜头，她正在走近那个房子。何以这个形式性的手法（formal procedure）本身会令人焦虑？何

---

① 雷蒙·贝鲁（Raymond Bellour, 1939— ），法国作家、批评家和电影理论家。

以那个被正接近的客体变得 "诡异"？我们在这里得到的，正是前面提到的观看（view）和凝视的辩证关系。主体观看房子，但引发焦虑的，是这样一种令人不安的感觉：不知道怎么的，房子正在凝视她。房子从某个点位（point）凝视她，但这个点位避开了她的观看，并因此使她显得孤苦无助。[注5]

作为客体的语音的相关身份（corresponding status），已由米歇尔·希翁围绕着幻听语音（*voix acousmatique*）这一概念做了精心阐述。幻听语音没有载体，我们无法把它归于主体，它在某种不可名状的空隙中盘旋。它没完没了、不依不饶，因为无法真正确定它的方位，它既不是故事的剧情 "现实" 的一部分，也不是伴音（评论、配乐），而是属于拉康称之为 "两种死亡之间"（*l'entre-deux morts*）的神秘之域。在这里，我们想到的第一个实例还是来自《惊魂记》。正如希翁以其精彩的分析所证明的那样，[注6]《惊魂记》的核心问题要在形式的层面上去寻找。《惊魂记》的核心问题在于某个语音（"母亲" 的语音）与躯体的关系。可以说，语音在寻求发出语音的躯体。语音最终找到了躯体，但它根本不是母亲的躯体，而是诺曼的躯体，它是被人为地添加给母亲的躯体的。

漂浮不定的语音在寻找自己的躯体，由此导致的张力，还可以用来解释，何以一旦 "去除幻听"（*désacousmatisation*），也就是说，一旦语音最终找到了自己的载体，就会产生如释重负的效果，甚至产生诗美（poetic beauty）的效果。在乔治·米勒①的《疯狂的麦克斯之二：公路勇士》(*Mad Max II：The Road Warrior*) 的开始处，我们听到的是一个老人的语音，他在介绍故事，我们看到的是不知道什么人眼中的麦克斯（Mad Max），他独自走在路上。只是到了最后，我们才明白，语音和凝视属于手持回旋镖（boomerang）的小野孩儿，后来他成了自己部落的酋长，现在正给后代讲故事。这个终极翻转（final inversion）之美在于它的出其不意：两个因素，一个是凝视—语音，一个是人，即凝视—语音的载体，从一开始就提供给我们了；只是到了最后，这两个因素的联系才建立起来，凝视—语音才"钉"在了剧情现实中的一个人物的身上。

对于意识形态批判的实践而言，最具深远蕴含的幻听语音的实例，是特里·吉列姆②的《巴西》。"巴西"本是20世纪50年代的一首烂歌，却自始至终回荡在影片中，强迫观众聆听。这首歌的身份从来都不很明确，因为我们不知道，它什么时候是剧情现实的一部分，什么时候只是电

---

① 乔治·米勒（George Miller，1945— ），澳大利亚著名导演、监制和编剧，以前是一名医生。代表作有《冲锋飞车队》(*Mad Max*) 系列、1990年代的《小猪宝贝》(*Babe*)、2006年的《快乐的大脚》(*Happy Feet*)、2015年的《疯狂的麦克斯：狂暴之路》(*Mad Max：Fury Road*) 以及2024年的《疯狂的麦克斯：狂暴女神》(*Furiosa：A Mad Max Saga*)。

② 特里·吉列姆（Terry Gilliam，1940— ），英国电影导演。出生于美国明尼苏达州，后来加入英国国籍。喜剧小组"蒙提·派森"（Monty Python）的一员，电视系列剧《巨蟒剧团之飞翔的马戏团》(*Monty Python's Flying Circus*) 的创始成员之一。曾执导《巴西》(*Brazil*，1984)、《十二只猴子》(*Twelve Monkeys*，1995)、《赌城风情画》(*Fear and Loathing in Las Vegas*，1998) 等影片。

影配乐的一部分。通过聒噪的重来复去，它成了超我的盲目享受指令①的化身。一言以蔽之，《巴西》这首歌既是该片主人公的幻象的内容，也是其幻象的支撑物，是其幻象的参照点，支撑物和参加点结构着他的享受。正是因为这个缘故，我们可以用它表明幻象和享受的基本含混性。在整部影片中，似乎这首歌的突兀得近乎盲目的节奏支撑着极权主义的享受，浓缩了该片描绘的疯狂的极权主义秩序的幻象—框架。但是到了最后，主人公长期忍受的残酷折磨显然消解了他的抵抗意志，这时，他开始吹起"巴西"的口哨，以逃避那野蛮的折磨！尽管充当着极权主义秩序的支撑物，幻象同时还是实在界的溢出物（overspill）和残余物（residue），它能使我们"自我解脱"，与社会符号性秩序保持某种距离。当我们疯狂地沉迷于盲目的享受时，即使极权主义的操控，也奈何我们不得。

最后，关于幻听语音，还能在法斯宾达②的影片《莉莉·玛莲》（*Lili Marleen*）中找到同样模棱两可的实例。在整部影片中，流行的情歌《莉莉·玛莲》（"Lili Marlene"）令人作呕地一播再播，直至无穷无尽的重复把可爱的旋律

---

① 超我的盲目享受指令（superego imperative of mindless enjoyment），意谓超我向我们发出指令，要我们盲目地享受。

② 德国导演、演员和话剧作家，新德国电影最重要的代表人物之一，一生共拍摄了41部电影。主要作品包括《与四季交易的商人》（*Händler der vier Jahreszeiten*，1972）、《玛丽布朗的婚姻》（*Die Ehe der Maria Braun*，1979）、《柏林亚历山大广场》（*Berlin Alexanderplatz*，1980）和《莉莉玛莲》（*Lili Marleen*，1981）等。

转化成了讨厌的寄生物，永远都不放过我们，哪怕只是一会儿。以戈培尔①为化身的极权主义强权想用这首歌填补精疲力尽的士兵们的想象，但它躲开了戈培尔的魔掌。就像从瓶中放出的妖怪，这首歌有了自己的生命。法斯宾达这部影片的至关重要的特征在于，它紧紧抓住歌曲《莉莉·玛莲》的核心含混性不放。它是纳粹的情歌，但又会随时把自己转化成颠覆性因素，突然挣脱意识形态机器的束缚（它是通过这一意识形态机器传播开来的），因此总是处于被禁的危险之中。

这样的能指碎片，无可避免地充斥着盲目享受的能指碎片，就是拉康在其教学的最后阶段称之为征候的东西。征候不是与其发音相同的"征兆"，征兆是要通过阐释过程破解的加密信息。征候是无意义字符这个碎片，解读它会导致直接的"jouis-sense"或"meaning-in-enjoyment"，即"享受中的意义"或"享受中的意义"。

毋庸赘言，一旦我们顾及意识形态结构中的征候之维，我们就会彻底被迫修正意识形态分析的程序。意识形态通常被视为一套话语，被视为若干因素的链接（enchainment of elements），其意义取决于对这些因素的特定说明（specific articulation），取决于"纽结点"（nodal point）或"主人能指"（master-signifier）如何把这些因素融入连贯性的、同质性的领域（coherent and homogeneous field）。比如，我们

---

① 约瑟夫·戈培尔（Joseph Goebbels, 1897—1945），纳粹德国宣传与新闻部长。

完全可以指出拉克劳（Ernesto Laclau）如今对下列问题所做的经典分析：特定的意识形态因素是如何发挥"漂浮的能指"的功能的，这些因素的意义是如何由霸权性的纽结点实例（hegemonic nodal instances）回溯性地固定下来的。[注7]不过，一旦我们考虑到征候这个概念，当务之急便是摆脱这种形式的解构。下列做法，已经远远不够：把意识形态的经验当成人工的经验而声讨；试图表明，被意识形态当做自然的和既定的客体而奉送的客体，其实只是话语建构的产物，只是符号性多元决定网络（network of symbolic overdetermination）的结果；在具体语境中确定意识形态文本的方位，凸显其必然超载的边缘（necessarily overloaded margins）。与此相反，我们必须做的——法斯宾达和吉列姆已经做过的——是把征候从语境中分离出来（正是借助于语境它才能施展其魔力），强迫我们审视它全然的愚蠢性，把它视为实在界的无意义的碎片（meaningless fragment of the Real）。换句话说，我们必须像拉康在《研讨班》第14卷中所说的那样，"把珍贵的礼物转变成一坨大粪"。我们必须促成下列行为：把令人着迷的语音（mesmerizing voice）体验为一堆令人恶心的黏糊糊的排泄物。

或许这种形式的"疏离"（estrangement）甚至比布莱希特的间离（Vefremdung）更为激进，因为它制造了距离化（distanciation）——不过是通过在现象的历史整体性中确定现象的方位，而是通过使我们体验到现象的直接现实的全然无效（utter nullity），体验到逃避历史调停（historical mediation）的物质性呈现（material presence）的愚蠢性，才制造了距离化的。不是添加，而是扣除辩证性的调停（dialectical mediation），即把意义赐予客体的语境。

现实有多实，真实有多真？

《巴西》与《莉莉·玛莲》这两部影片描述的都是极权主义世界，在那里，主体只有通过紧紧抓住超我语音（与标题同名的歌曲）才能幸存下来，因为超我语音使他们避免彻底的"现实的丧失"（loss of reality）。这绝非偶然。正如拉康早就指出的那样，我们的"现实感"从来不是单由"现实检测"（Realitätsprüfung）来支撑的，它总是需要某个超我的命令（superego command），某个"就这样吧!"（So be it!）就身份而论，发出这个命令的语音既不属于想象界，也不属于符号界，而是属于实在界。于是我们抵达了第二个母题，正是这个母题把拉康的最后阶段与先前阶段区分开来。在先前阶段，重点落在了想象界与符号界的分界线上，其目的是打破想象性的痴迷（imaginary fascination），探寻其符号性的成因（symbolic cause），即探寻规制想象性效果（imaginary effects）的符号性的多元决定（symbolic overdetermination）。在最后阶段，重点转向了把实在界与符号性地结构起来的现实（symbolically structured reality）分割开来的栅栏，也就是说，重点转向了实在界的那些残余和残留，这些残余和残留逃避符号性的"调停"。

　　为了说明这一点，我们再次以一个通俗叙事为例。那便是罗伯特·海因莱因①的科幻小说《乔纳森·霍格的倒霉职业》（*The Unpleasant Profession of Jonathan Hoag*）。故事发生在当时的纽约。与标题中的名字相同的主人公——霍格——无法记住他在上班时发生的一切。于是他雇了一个名叫特迪·兰德尔（Teddy Randall）的私家侦探，让他调查清楚，在他进入工作地点后究竟发生了什么。他的工作地点位于尖端公司大厦（Acme Company building）的 13 楼。兰德尔跟着霍格去上班，但在 12 楼与 14 楼之间，霍格失踪了，而兰德尔又无法找到 13 楼。当天晚上，霍格的二重身出现在兰德尔卧室的镜子里，要他穿过镜子跟他走。霍格的二重身向他解释说，他已被"委员会"传唤。兰德尔被领到了一个大会议室，在那里，由十二个委员组织的委员会的主席通知他，他现在身处尖端公司大厦的 13 楼，以后会随时被传唤到这里，接受夜间讯问。

　　故事结束时，霍格邀请兰德尔和他太太去乡下野餐。他告诉他们说，他终于知道了自己的真实身份：他其实是个艺术批评家，尽管是比较奇特的那一种。他说，我们的宇宙只是若干宇宙中的一个，掌管所有宇宙的主人们是神秘的存在，他们创造了不同的世界，包括我们这个世界，

---

　　① 罗伯特·海因莱因（Robert Heinlein，1907—1988），美国硬科幻小说作家，人称"科幻先生"（Mr. SF）。他的作品在科学和工程方面可信度很高，为科幻作品的科学准确性确立了标杆。与艾萨克·阿西莫夫、阿瑟·克拉克并称为科幻小说三巨头。

但这些世界都是实验性的艺术作品。为了保持他们的作品的艺术完美性，这些宇宙设计者们会时不时地把他们中的一员伪装成本地人，送进他们的创造物，充当某种类型的宇宙艺术批评家。传唤兰德尔的神秘的委员会成员是邪恶、低级的神祇（evil and inferior divinity）的代表，他们企图破坏宇宙艺术家的作品。

霍格告诉兰德尔和他太太，他在参加这个宇宙的过程中，发现了一两处小小的瑕疵，他打算在接下来的几个小时里修正这些瑕疵。兰德尔和他太太不会注意到任何变化。但在开车回纽约的路上，他们在任何情形下都不能打开车窗。他们上路了，旅程平静如常，直到他们目睹了一起交通事故。起先他们不予理睬，继续赶路。但他们看到了巡警，义务感顿时占了上风，于是停车，向他报告那起交通事故。兰德尔让妻子稍微打开一点车窗：

> 她照做了，随后猛地倒吸一口气，差点叫出声来。他没有尖叫，但他想尖叫。在打开了的车窗外面，没有阳光，没有警察，没有孩子——什么都没有。只有灰色、无形的雾气，缓慢地有节奏地跳动着，仿佛具有尚不成熟的生命。他们无法透过雾气看见前方城市的影子，不是因为雾气太重，而是因为一无所有。那里没有一丝声音，也没有任何物体移动。雾气开始淹没车窗，开始飘进窗内。兰德尔大叫，"摇上车窗！"她想这样做，但双手麻木无力；兰德尔伸手过去，摇上车窗，再用力把它关紧。其乐融融的场景恢复了；

透过玻璃，他们看到了巡警，看到了喧嚣的嬉戏，看到了人行道，以及远方的城市。辛西娅把一只手搭在他的胳膊上，"开车，特迪！""稍等，"他紧张地说，并转向他身旁的窗户。他小心翼翼地摇下车窗，只开了一条缝，还不到一英寸。但已经够大了，无形、灰色的气流还在那里；透过玻璃，城市交通和明媚的大街依然如故；但透过打开的窗子，一无所有。

如果这种"灰色、无形的雾气"不是拉康所谓的实在界，即前符号性实体（pre-symbolic substance）以其全部的可恶活力（abhorrent vitality）展开的节奏鲜明的跳动，又是什么？不过，在这里，对我们而言，至关重要的是形式，或者确切些说，至关重要的是位置，在那个位置上，实在界开始介入：在"外部"与"内部"的分界线上，实在界突然闯入。在这种情况下，分界线是由车窗来体现的。坐过车的人都能精确地体验到内部与外部之间的不和谐或不均衡所具有的这一现象学意义（phenomenological sense）。尽管从外部看，汽车显得很小，但从内部看，它突然显得很大。坐在里面，我们觉得相当舒适。我们为此变化付出的代价是，内部与外部之间的连续性彻底丧失了。对于那些坐在车内的人来说，外部世界出现在一定的距离之外，以车窗为符号的一道障碍或屏风把他们与外部世界隔离开来。他们把车外的一切视为一种模式的现实（a mode of reality），这现实与内部的现实（reality inside）是不连续的。他们安然端坐在车窗后面，外部客体却仿佛严重失真，外部客体的现实仿佛被置于括号之内，被悬置起来。其实，它是一种电影现实（cinematic reality），被投射到车窗这个屏幕上。

海因莱因这个故事的令人震惊的最后一幕产生的，正是这种现象学体验（phenomenological experience），即对把内部与外部隔离开来的障碍的感受，亦即这样的感觉——把外部视为景观的虚构性再现（fictional representation of spectacle）。仿佛外部世界这个"投影"一瞬间停止了运转，仿佛我们刹那间面对着屏幕本身这个无形、灰色的空洞性（formless grey emptiness），面对着马拉美所谓的"地方，在那里什么都不曾发生，只是地方"。（与此完全相同的内部和外部之间的不和谐、不均衡再现于卡夫卡的小说，小说中的邪恶建筑物——在《审判》中是与法庭相连的公寓楼街区，在《美国》中是叔叔的宫殿——是以下事实为特征的：从外表看，它们貌不惊人，但一旦进去，它们就会发生奇妙般的变形，变成由大厅和楼梯组成的循环迷宫，令人想起皮拉内西①所画的监狱地下迷宫。）

———————

① 皮拉内西（Giovanni Batrista Piranesi，1720—1778），意大利雕刻家、建筑师。1745年开始创作由137幅古代和当时罗马风景铜版组画，为成千上万未到过罗马的人提供了心灵图像。福柯曾在《规训与惩罚》第三部分第三章《全景敞视主义》中提到皮拉内西的监狱画："与在皮拉内西的版画上可以看到的刑具狼藉的监狱废墟相反，全景敞视建筑展示了残酷而精巧的铁笼。事实上，甚至到了我们现代，它还会产生许许多多设计中的或已实现的变种。这就表明了它在近二百年的时间里是多么强烈地刺激起人们的想象力。但是，全景敞视建筑不应被视为一种梦幻建筑。它是一种被还原到理想形态的权力机制的示意图。它是在排除了任何障碍、阻力或摩擦的条件下运作的，因此应被视为纯粹的建筑学和光学系统。它实际上是能够和应该独立于任何具体用途的政治技术的象征。"福柯，《规训与惩罚》，刘北成、杨远婴译，三联书店2003年版，第230页。

好像一旦我们筑墙围住某个既定的空间，其"内部"总是多于从外部看到的。连续性和均衡是不可能的，因为这种不均衡，这种内部对外部的剩余，是把内外分开导致的必然的结构效应（structural effect）；只有拆除把内部与外部分割开来的屏障，让外部吞没内部，才能消除这种不均衡，消除内部对外部的剩余。我想说的是，"内部"的这个过度恰恰在于幻象—空间（fantasy-space），即神秘的 13 楼这个剩余空间（surplus space），它是科幻小说和神秘故事的经久不衰的母题。这同样也支撑着用于避开不幸结局的经典电影技巧。在故事即将抵达其灾难性顶点时，我们以这种电影技巧，经受彻底的视角变化，进而发现，整个近乎悲剧性的一连串事件不过是主人公的噩梦而已。就在这时，这时我们幡然醒悟，如释重负，重返"现实世界"。

明显的例子是弗里茨·朗的《绿窗艳影》（*The Woman in the Window*）。电影开始时，一天晚上，形单影只的心理学教授在一家俱乐部打起了瞌睡。11 点时，服务生把他叫醒；离开那里的途中，他瞅见了一个浅黑肤色的女人的肖像，那肖像就摆在俱乐部隔壁的商店的橱窗中。对他而言，那肖像一直都是魅力之源，但这一次她似乎活了过来：商店橱窗里的肖像与大街上一位年轻女子的映像融为一体，她要与他比翼双飞。教授开始与她有染，并在一场搏斗中杀死了她的情侣。警察局的朋友一直都在向他通报杀人案调查的进展情况；当他获悉自己即将身陷囹圄时，他坐在椅子上服毒自杀，并进入昏迷状态……俱乐部的服务生叫醒了他，因为已经到了 11 点。他起身回家。我们估计，他已经重新认识到，屈从于诱人的浅黑肤色的女人的魔力是危险的。

与第一印象相反，最终的逆转并非这样的妥协——设计这样的妥协，以使叙事适应好莱坞的意识形态惯例（ideological conventions）。这部影片传达的"信息"并不是"谢天谢地，这只是一个梦而已；我并不真的是杀人犯，我和别人一样，是个正常人"。相反，它所传达的"信息"是，在我们的无意识中，在我们欲望这个实在界（the Real of our desire）里，我们全都是杀人犯。弗洛伊德曾经讲过一个故事：一位父亲梦见儿子哭叫着责备他："爸爸，你没有看见，我被烧着了吗？"拉康曾经解读过弗洛伊德的这个故事。我们可以借用拉康的话说，那位教授醒来了，目的在于能够继续做梦（梦想成为和别人一样的正常人），逃避他的欲望这个心灵现实（psychic reality of his desire）。他从梦中醒来，进入日常现实，安慰自己说，"这只是一个梦而已"，而忽略了下列至关重要的事实：在清醒时，他"只是他的梦的意识而已"① （拉康语）。如同在庄周梦蝶的寓言（拉康的另一个参照点）中那样，我们看到的，不是一位文静、友好、正派的中产阶级教授，他做梦，梦见自己成了

---

① "只是他的梦的意识而已"（nothing but the consciousness of his dream），意谓他依然在做梦，但这时的梦是以"意识"的形式，而不是以"无意识"的形式呈现出来的。弗洛伊德告诉我们，我们在睡着时才做梦，梦是无意识的产物；拉康告诉我们，我们在清醒时在做梦，梦与意识并不矛盾。这是他们二人的本质性区别之一。

杀人犯；我们看到的，是一个杀人犯，他在自己的日常生活中做梦，梦想着自己是一位文静、友好、正派的中产阶级教授。

一边是"严峻的现实"（hard reality），一边是"梦幻的世界"（world of dreams），如果我们还在坚守这个朴素的意识形态对立，那么，下列做法，即把"现实"事件回溯性地置于虚构（梦幻）之中，似乎就是"妥协"，即这样的行为——意识形态的墨守成规（ideological conformism）。一旦我们意识到，正是在梦中，也只有在梦中，我们才遭遇了我们欲望这个实在界，那么，整个重点就会发生根本性的转移。我们最普通的日常现实，即这样的社会世界的现实（reality of the social universe），在那里，我们扮演着正派的普通人的寻常角色，原来只是幻觉而已。如此幻觉的成立，依赖于某种"压抑"，即依赖于对我们的欲望这个实在界（the real of our desire）的无知。因此，这一社会现实（social reality）只是变成了脆弱的符号性组织（symbolic tissue），它随时可能因为实在界的入侵而被撕裂。最寻常的日常会话，最熟悉的事件，会突然发生危险的逆转，酿成无可逆转的灾难。借助于循环性的叙事进程，《绿窗艳影》例证了这一点：事件一直按线性方式向前发展，直到突然间，即在灾难性崩溃即将发生的那一刹那间，我们发现自己再次回到了先前的起点。通向灾难的康庄大道，最后变成了虚构性的峰回路转，我们又被带回到我们的出发点。为了实现这个回溯性的虚构化（retroactive fictionalization），《绿窗艳影》两次使用同一场景（教授坐在椅子上睡着了，服务生在十一点时叫醒了他）；但这样的重复，回溯性地把两次醒来之间发生的一切，转化成了虚构。

前面提到了卡夫卡和"内部"与"外部"之间的不均衡的联系，这并非漫不经心之举。可以把卡夫卡笔下的法庭，即那个荒诞的、淫荡的罪恶机构（agency of guilt），精确地定位于内部对外部的这种剩余之中，定位于13楼这个幻象空间之中。的确，在讯问海因莱因笔下的主人公的神秘"委员会"中认出卡夫卡的新版本的特别法庭，认出邪恶的超我律令（evil Law of the superego）的这一经典形象，并不困难。海因莱因最终躲过了卡夫卡式的、由疯狂上帝的代理人来统治的世界视境（vision of a world）；但他为此付出的代价是，他必须求助于世界是一件由身份不明的巨匠造物主（demiurge）创造出来的艺术作品这一妄想狂观念。这种类型的妄想狂故事［另一个例子是艾萨克·阿西莫夫①的《调皮鬼》（"The Jokester"）］的共同特征是，它们暗示了"大他者之大他者"（Other of the Other）的存在。"大他者之大他者"是深藏不露的主体（hidden subject），他在幕后操纵着大他者，即操纵着符号性秩序。深藏不露的主体对大他者的操纵，恰恰发生于这样一些时刻：大他者开始"自主"地发话，大他者借助于无意义的偶然性

---

① 艾萨克·阿西莫夫（Isaac Asimov，1920—1992），出生于苏俄的美籍犹太人作家与生物化学教授，门萨学会会员。美国科幻小说黄金时代的代表人物之一。作品多达500余种，影响巨大。

(senseless contingency) 制 造 了 意 义 效 应 (effect of mean-
ing), 超越了言说主体 (speaking subject) 的有意识的意图
(conscious intention), 如同在梦中或笑话中那样。这个 "大
他者之大他者" 正是妄想狂的大他者 (Other of paranoia),
它通过我们发话, 我们却对此一无所知。它通过笑话显而
易见的自发性 (apparent spontaneity), 通过深藏不露的艺术
家 [该艺术家的幻象创造 (fantasy-creation) 就是我们的现
实], 来控制我们的思想, 操纵我们的行动。这种妄想狂建
构 (paranoid construction) 使我们能够避开下列事实: (再
次引用拉康的话说) 作为一个连贯一致的、封闭的秩序
(consistent, closed order) 的 "大他者根本不存在"。即是
说, 它使我们能够避免面对盲目、偶然的自动主义 (autom-
atism)。对于符号性秩序来说, 这种盲目、偶然的自动主义
是构成性的。

实在界的应答

面对这种妄想狂建构, 我们千万不要忘记了弗洛伊德
的警告, 把它误认为 "疾病"。恰恰相反, 这种妄想狂建构
已经是一种努力, 它要借助于替换—构成 (substitute-forma-
tion), 治愈我们自己, 把我们从真正的 "病态" 中拉出来,
从精神崩溃中拉出来, 使我们不再为 "世界的末日", 为符
号性世界的分崩离析忧心忡忡。

精神崩溃的过程精确地对应于把现实与实在界分割开

来的边界线的崩溃。为了举出一个纯粹到极致的实例，一个不掺杂任何"内容"杂质的实例，我要首先转向马克·罗思科①这位在美国"抽象表现主义"（abstract expressionism）中最具悲剧色彩的倡导者在其一生的最后十年——20世纪60年代——创作的一系列画作。这些画作的"主题"是不变的：它们立足于现实与实在界的关系这一母题，再现了一系列的色彩变异。马列维奇②的著名画作《我们时代赤裸的、无框的肖像》（*The Naked Unframed Icon of my Time*）以其纯粹的几何学抽象凸显了这一母题：在白色的背景上画了个单纯的黑色方块。以这种构成，"现实"［即白色背景平面、"被解放的空无性"（liberated nothingness）、客体得以现身的开放空间］的一致性和意义全都来自位于画作中心的"黑洞"［即拉康所谓的"元质"，它为享受实体（substance of enjoyment）赋予形体］，也就是说，来自把

---

① 马克·罗思科（Mark Rothko，1903—1970），生于沙俄时代的拉脱维亚，1910年移民美国，美国抽象表现主义画家。年轻时当过演员、场记、画家、侍者、兼职教师，后因患病、沮丧、忧郁、酗酒及服用过量镇定剂和抗忧郁药物，于1970年切断静脉自杀身亡。他从20世纪40年代末开始尝试在有色的底子上，画大面积的长方形色块。画中没有视觉焦点，色块边缘松散而不确定，这赋予色彩以运动感和深度感，因而给人无限绵延的巨大感。他在50年代末开始放弃明亮的色彩，选择深沉、暗淡甚至含有悲剧意味的色彩，引人注目。

② 马列维奇，即卡济米尔·谢韦里诺维奇·马列维奇（Kazimir Severinovich Malevich，1879—1935），俄国画家，虽从未曾踏出国门一步，却很早吸收了野兽派和立体派风格，1913年还提出了绝对主义的纯粹抽象绘画的理想。代表作是《一个英国人在莫斯科》（*An Englishman in Moscow*，1914）、《黑方块》（*Black Square*，1915年）和《白色上的白色》（*White on White*，1918年）。

实在界排除在外这一行为，把实在界的身份转化成核心匮
乏（central lack）的身份这一行为。和罗思科的全部晚期画
作一样，这是一场战斗，战斗的目的是维持把现实与实在
界分割开来的分界线，阻止实在界（位于中心位置的黑色
方块）溢向整个领域，不惜以任何代价把黑色方块与背景
区分开来。之所以这样做，是因为，如果黑色方块布满整
个领域，如果方块与背景的差异销声匿迹，我们就会迅速
患上精神自闭症（psychotic autism）。

罗斯科把这种斗争描绘为灰色背景与中央黑块之间的
色彩张力（colour tension）。这种张力从一幅画作延至另一
个画作之中，来势汹汹，势不可挡。在 20 世纪 60 年代晚
期，他早期油画中由红色与黄色显现出来的活泼，开始让
位于黑色与灰色之间的最小限度的对立。如果我们"以运
动学的方式"（kinematically）审视这些画作，即把这些画
作叠放在一起，然后快速翻动，以给人以连续运动之感，
那么我们就能发现一条线索，这条线索会无可避免地走向
必然的终点。在罗斯科即将去世时创作的油画中，黑色与
灰色之间存在的最小程度的张力，最后变成了贪得无厌的
红色与黄色之间的激烈冲突。这或许可以证明，他最后拼
命要获得救赎，但与此同时，这又确凿无疑地证明，末日
就在眼前。几周之后，有人发现他死在了纽约的画室里，
一池鲜血——他割腕自杀了。

因此，把实在界与现实隔离开来的屏障绝非"疯癫"
的标志，而是获得最低限度的"常态"的前提；一旦这道

屏障轰然倒塌，一旦实在界淹没现实，或实在界被现实吞并，疯癫——精神错乱——就会乘虚而入。实在界淹没现实，如在自闭症崩溃（autistic breakdown）中表现的那样；实在界被现实吞并，如在妄想狂中表现的那样，它采取了"大他者之大他者"的形式。就此问题，可从通俗叙事中提取两个实例。第一个是斯皮尔伯格的《太阳帝国》（*Empire of the Sun*）。主人公吉姆（Jim）被囚禁在位于上海附近的一个日本集中营里。从被囚的那一刻起，他面临的基本问题就是活命的问题。这不仅是在生理的意义上说的，而且首先是在精神的意义上说的：一旦他的世界分崩离析，一旦他的符号性宇宙轰然坍塌，他如何防止毁灭性的"现实的丧失"（lost of reality）？在此之前，吉姆的现实是孤立和人工的世界，那是他侨居异乡的父亲的世界。他只能借助屏风与中国人的日常生活保持安全间距，透过屏风感知之。和在《乔纳森·霍格的倒霉职业》中一样，屏风也是车窗。透过他父母的劳斯莱斯的车窗，吉姆把民众的不幸与混乱视为电影的"放映"，仿佛那是梦境，与他的现实风马牛不相及。他面临的问题是，一旦拆除这道屏障，一旦他被抛进这个充满敌意和暴力的世界（在此之前，他一直都把民众的现实悬置起来，进而与之保持距离），他如何活得下去？

面对如此"现实的丧失"，面对如此与实在界的遭遇（encounter with the Real），他所做出的第一个反应，也即不假思索的反应，是重复那个基本的"男根"性的符号化姿势（gesture of symbolization），是把绝对的无能为力（impotence）转化成无所不能（omnipotence），是认为自己要为实在界的入侵承担全部责任。实在界的入侵之时，是以日本军舰发射的一发炮弹为标志的，这发炮弹击中了一家旅馆，吉姆和他的家人当时正在那里避难。为了牢牢抓住现实感（sense of reality），吉姆当即要为这场灾难承担责任。他在自己的房间里看到了日本军舰发出的灯光信号，于是用他的手电筒回应之；片刻之后，炮弹击中了旅馆，他父亲冲进他的房间。吉姆确信，他无意中发错了信号，结果导致了日本人攻击。他绝望地喊道："我不是故意的！我只是开个玩笑而已！"后来，在战俘营里，同样的无所不能再次出现，那时一个英国女人死了，吉姆发疯似地揉捏她的尸体。她的眼皮无意中跳了一下，这令吉姆确信，他已经成功地使她死而复生。我们在此看到，把无能为力转变为无所不能，这种"男根"性的颠倒，总是始终如一地与实在界的应答（answer of the real）联系在一起：必定已经存在着"一小块实在界"（little piece of the real），它的出现和存在完全是偶然的，但尽管如此，它被主体视为证据，它证明，他真的无所不能。[注8]

"实在界的应答"绝不限于所谓的病态现象，它还是主体间交流的基本前提，因为没有"小块的实在界"（bit of the real）来充当抵押物，以保证符号性交换（symbolic exchange）的一致性，就没有符号性交换。那么，对于所谓的正常交流（normal communication）来说，这究竟意味着什么？在何种条件下，我们才能谈论"成功"的交流？

可以把露丝·伦德尔①最近出版的长篇小说《与生人说话》（*Talking to Strange Men*）视为有关这一主题的"论题小说"（thesis novel）。（萨特曾把他旨在论证其哲学命题的戏剧说成"论题戏剧"，"论题小说"一词是就此意义而言的。）这部小说展示了主体间的星群效果（intersubjective constellation），完美地凸显了拉康的下列论点：交流都是"成功的误解"。与伦德尔一贯的做法无异 [参见其《暗黑之湖》（*The Lake of Darkness*）、《杀人玩偶》（*The Killing Doll*）和《手树》（*The Tree of Hands*）]，该小说的情节是建立在两套主体间网络（intersubjective networks）的偶然相遇上的。小说的主人公是一位绝望的年轻人，他绝望，是因为他老婆最近舍他而去，投入了另一个男人的怀抱。纯属偶然，他碰到了一帮人，他相信那是一个特务组织，他们正在通过用密码编写的信息交流，那信息藏在公园一座雕像的手中。他破译了密码，并把自己编辑的加密信息放进雕像的手中，命令其中一个"特工"除掉他太太的意中人。

这位主人公不知道的是，那个所谓的"特务组织"其实只是一群乳臭未干的毛孩子，正在玩特务游戏。他老婆的情人最终还是死去了。其实，这是纯粹的意外事件所致。

---

① 露丝·伦德尔（Ruth Rendell，1930—2015），英国惊悚小说和谋杀悬疑小说的作家。她最著名的小说是《韦克斯福德探长》（*Inspector Wexford*）系列。她擅长描写罪犯和受害者的心理活动，描述他们遭受的精神折磨。

不过，主人却把对手之死视为他成功地渗入特务组织的结果。

这部小说的魅力源自它对两套主体间交流网络所做的平行描述：一边是小说的主人公，他在拼命地寻找自己的老婆；另一边是那些孩子，他们在玩间谍游戏。主人公和这些孩子之间存在着某种互动，但双方都没有正确地理解对方发送的信息。主人公相信，他正在与真实的特务组织接触，他们在执行他的命令；那些孩子丝毫都不知道，一个局外人已在干预他们的信息流通，他们把主人公的介入归之于他们中的一员。"交流"已经达成，但它是这样达成的：参与的一方对已经达成的"交流"一无所知，另一方则完全误解了游戏的性质。交流的两极是不对称的。我们可以说，那群孩子组成的网络是大他者（great Other）的化身，是由代码与密码组成的世界的化身，它有其愚蠢的自动性（senseless automatism）。作为盲目运作的结果，这种机制制造了一具尸体，但主体（主人公）却把这种纯粹任意的结果解读为"实在界的应答"，解读为对成功交流的确认。[注9]

凸显实在界

我们现在已经得出把晚期拉康与早期拉康分割开来的最后一个母题。"标准"的拉康式的能指理论旨在制造悬置，即把上面描述的记号效应（sign-effect）悬置起来。这样做的目的是：使我们看到，符号化过程所依赖的是纯粹的偶然性；通过证明意义效应（effect of meaning）总是由一系列的偶然遭遇来多元决定的，对意义效应予以"去自然化"（denaturalize）处理。不过，在《研讨班》第 20 卷"再来一次"中，拉康出乎意料地重新启用了被认为是与能指（signifier）截然相反的记号（sign）这一概念，认为记号维护了实在界的连续性。假如我们可以对纯粹的理论倒退这种可能性忽略不计，拉康此举意味着什么？

在拉康的早期阶段，能指的秩序（order of the signifier）是根据差异性之恶性循环（vicious circle of differentiality）来界定的。在话语的秩序（order of discourse）中，每个因素的身份都是由其连接（articulation）来多元决定的，每个因素都不过"是"它与其他因素的差异而已，没有实在界的支撑。相形之下，通过重新启用"记号"这一概念，拉康想在其著述的后期阶段指明一个字符的身份（status of a letter）：我们不能化约这个字符，使之成为能指之维（dimension of the signifier），它是前话语性的（prediscursive），依然充斥着享受的实体（substance of enjoyment）。与拉康在1962 年提出的经典的"标准"命题——"对于如此说话的人来说，快感是被禁止的"——相反，我们现在拥有了一个悖论性的字符，它只是被实现的享受（materialized enjoyment）而已。

在电影理论中，字符享受（letter-enjoyment）的身份，即与享受这一实在界（the Real of *jouissance*）保持连续性的字符的身份，是由米歇尔·希翁使用的 *rendu* 概念来界定的。它与（想象性）拟像和（符号性）代码全都截然相反。*Rendu* 是电影再现现实的第三种方式。它既不是通过想象性的模仿（imaginary imitation），也不是通过符号性编码（symbolic codification），而是通过直接"凸显"（rendition）来再现现实的。[注10] 具体而言，希翁使用这个概念时心中所想的，是当代那些录音与复制的技巧，这些技巧不仅能使我们复制"原始"的声音，而且能使我们强化它，并因此凸显能够听到的细节。如果我们身处由画面记录的"现实"中，我们根本就听不到这些细节。这种声音在直接的实在界的层面上（immediate-real level）穿透我们，抓住我们。例如，听到了淫荡的、令人讨厌的黏糊糊的声音，就会令人想起某种无法确定的行为，它介乎于交媾和分娩之间。在菲利普·考夫曼①版本的《人体入侵者》中，这种声音成了人类向其异形克隆体（alien clones）转化的伴音。在希翁看来，同期声的身份（status of the sound-track）的这种转移，导致了缓慢而深远的无声革命（silent revolution），当代电影中正在发生这种革命。因为在这种情形下，说语音为流动的画面"伴奏"，已经不再适宜；恰恰相反，同期声发挥着首要的参照系的作用，它使我们置身于被描述的剧情现实之中。同期声从四面八方滥炸我们，在某种程度上

---

① 菲利普·考夫曼（Philip Kaufman，1936— ），美国著名导演，于1956 年就因执导《人体入侵者》（The Invasion of the Body Snatchers）而名噪一时。代表作有《情迷六月花》《布拉格之恋》《鹅毛笔》等。

接管了一度由定场镜头（establishing shot）发挥的作用。它给我们提供了总体的透视、情形的"地图"，并保证了其连续性。与此同时，银幕上的图像被化约成孤立的片段（isolated fragments），它们仿佛视觉之鱼（visual fishes），在环绕四周的语音水族馆（sound-aquarium）这一媒介中自由地游荡。

为精神错乱发明更好的隐喻，已经十分困难：在"正常"事态中，实在界是匮乏，是符号性秩序中的黑洞（如罗斯科画作中位于中央位置的黑块）；与"正常"事态不同，我们在精神错乱中得到的，是实在界这个"水族馆"，它包围着符号界孤岛（isolated islands of the Symbolic）。换言之，借助于能指的匮乏而驱使能指激增的，发挥核心的"黑洞"功能的［符指化网络（signifying network）就是围绕着这个"黑洞"交织而成的］，不再是享受。相反，被化约成了漂浮的能指岛的，正是符号性秩序。它仿佛法式糕点"漂浮之岛"（Iles Flottantes），沐浴于蛋黄般的享受之海（sea of yolky enjoyment）。[注11]

Rendu 的这一效应当然不限于如今正在电影中发生的"无声革命"。[注12] 稍作仔细分析，不难发现，它早已出现在经典的好莱坞影片之中。比如，它早已出现在 20 世纪 40 年代末和 50 年代初制作的黑色片（film noir）中。在这些影片中，有些影片是建立在禁用某个形式因素的根基上的，而按照惯例，该因素是有声电影叙事的核心。这样的形式因素包括客观镜头、蒙太奇与语音等。例如，罗伯特·蒙

哥马利①拍摄的《湖中女》(*Lady in the Lake*) 就是建立在
禁用客观镜头的基础上的：整个故事都是在回闪中，透过
主观镜头讲述的，我们只能看到侦探本人所能看到的东西
(包括侦探本人，我们只有在他照镜子时才能看到他)。只
有开场和结尾例外，在那里，侦探马洛 (Marlowe) 直视摄
影机，介绍和评论这个故事。与之形成鲜明对比的，是希
区柯克的《夺命索》(*Rope*)。《夺命索》是以禁用蒙太奇为
前提的：整部影片都具有单一的、未经剪辑的、连续不断
的场景才有的效果。即使出于技术上的原因必须加以剪辑
(在 1948 年，最长的电影镜头是十分钟)，也会极力加以遮
掩，以使人无法觉察。最后是拉塞尔·劳斯②的《小偷》
(*The Thief*)。它讲述了某个共产主义特工的故事。这位特工
在道德的重负下最终精神崩溃，向美国联邦调查局投案自
首。这部影片是以禁用语音为前提的。它肯定是一部"有
声影片"，因为我们听到了平常的背景噪音，但是除了来自
远处的几句窃窃私语，我们自始至终都没有听到谁发出过

---

① 罗伯特·蒙哥马利 (Robert Montgomery，1904—1981)，美国导
演、演员、歌手、制片人。1929 年进入影坛，与米高梅签约，迅速受到瞩
目，逐渐被公司培育成一线男星，出演过多部爱情喜剧片。1937 年以心理
惊悚经典《夜深沉》(*Night Must Fall*) 提名奥斯卡男主角，1941 年以幻想
爱情喜剧经典《太虚道人》(*Here Comes Mr. Jordan*) 提名奥斯卡男主角。
二战期间，入军参战。1945 之后离开米高梅，游走于演员、导演之间。

② 拉塞尔·劳斯 (Russell Rouse，1913—1987)，美国编剧、导演和
制片人。他的"另类创造力和独创性"引人注目，他在 1950 年代制作的
黑色电影和电视剧集风靡一时。他在 1952 年创作的《小偷》是一部特工
电影，自始至终没有一句对话。

声音（这部电影避免出现这样的情景，在那里，对话是必不可少的）；这样做的目的，在于传达这位特工痛苦的孤独和与共同体的隔绝。

这三部电影都给我们留下了无可争辩的不满足感，留下了一败涂地的印象；它们予人以幽闭恐惧症式封闭（claustrophobic closure）的感觉，仿佛我们发现自己被困于没有符号性出口（symbolic openness）的精神错乱世界。在《湖中女》中，我们一直期待着从那位侦探凝视的"玻璃屋"中夺路而逃，这样一来，我们就能够对情节进行"自由"、客观的审视了。在《夺命索》中，我们拼命地等待着出现剪辑，以便把我们从噩梦似的持续性（continuity）中解救出来。在《小偷》中，我们始终期待着出现声音，以便把我们从封闭的自闭症世界中拯救出来。在那里，无意义的噪音把基本的沉寂（basic silence）、口头语言的缺席益发清晰地凸显出来。

这三种禁用因而创造了自己特有的精神错乱。以这三部电影为参照系，的确有可能对精神错乱的三种基本形态予以清晰分类。《湖中女》禁用客观镜头，因而创造了妄想狂的效果。因为摄影机的视角从来都不"客观"，所以可见领域持续不断地受到了不可见领域的威胁，而且客体过于接近视觉领域也令人心惊肉跳。所有的客体都具有了潜在的恐怖品格，危险无处不在。（例如，一旦某个女性走近摄影机，我们会把她的出现体验为对我们隐私领域的粗暴干涉。）通过禁用蒙太奇，《夺命索》展示了精神错乱的"诉诸行动"。标题中的"绳索"最终成了把"言词"与"行为"捆在一起的夺命索。和绞刑吏的绞索一样，它指的是这样时刻的到来：符号界跌入了实在界。《小偷》禁用语音，因而凸显了精神自闭症（psychotic autism），凸显了对主体间性之话语性网络（discursive network of intersubjectivity）的致命隔离。因此，我们现在可以看到，*rendu* 之维也在于此：不在这些电影的精神错乱的内容中，而在表现内容的方式中，它不是简单的"描述"，而是以叙事的形式直接"凸显"。在此，可以肯定地说，电影要传达的"信息"直接就是电影的形式。

这些电影"失败"的终极原因在于，它们强制实施的形式禁令（formal prohibitions）既是随心所欲的，又是反复无常的。仿佛导演只是纯粹为形式实验的缘故，才抛弃了正常有声电影的关键性构成因素之一（客观镜头、蒙太奇、语音）。因此，这三部电影都涉及禁止使用某物，而这些被禁止使用之物本来是可以不被禁止的，它不是对本质上已然不可接近之物的禁止［如同在那个基础性悖论中展示的那样（依拉康之见，这个基础性悖论使符号性阉割与乱伦禁忌成为符号性阉割和伦理禁忌），被禁止的享受是根本无法获得的］。它们予人以幽闭恐惧症之感，因为构成符号性秩序的基础性禁令——伦理禁令、"割断绳索"（通过"割断绳索"我们与"现实"保持符号性的距离）——是不存在的，占据基础性禁令之位置的任意性的禁令只是化身为第二性匮乏（second lack），即匮乏之匮乏（lack of lack），只是证明了第二性匮乏、匮乏之匮乏的存在。

爱汝征候，如爱己身

在拉康看来，匮乏之匮乏，即距离之匮乏（lack of distance），真空空间（empty space）之匮乏（这些匮乏"触发"了符号化的进程），构成了精神错乱的特征。因此可以把 *rendu* 界定为精神错乱的基本细胞或原点（cell or zero point）。我们在此触及了把拉康晚期理论与其"标准"版理论分割开来的断裂的最激进维度。"古典"拉康的局限乃话语的局限。那时，精神分析领域被视为话语领域，无意识被界定为"大他者的话语"（discourse of the Other）。到了 20 世纪 60 年代末，拉康通过设定由四种话语组成的方阵，为他的话语理论提供了精确的形式。这四种话语是：主人话语、大学话语、癔症话语、精神分析师话语。拉康认为，它们分别代表着四种可能形态的社会联系，即对四种用来规制主体间关系的网络的说明。第一种话语，也是所有其他三种话语的起点，是主人话语。在主人话语中，某个能指（S_1）为另一个能指代表主体（\$），或者更确切地说，为所有其他能指（S_2）代表主体。当然，问题在于，如果不制造点烦人的、凌乱的、令人不安的剩余，不制造一小块残留或"粪便"，有条不紊的符指化运作就根本无法实现。这样的剩余、残留、粪便，拉康称之为小客体。其他三种话语不过是三种不同的企图而已——它们企图与这种令人讨厌和引起混乱的残余物（residue）——著名的小客体——"达成协议"。

大学话语把残余当成自己的直接客体，当成自己的"他者"，并试图通过把"知识"网络（S_2）加之于它，把它转化成"主体"。这是教学过程的基本逻辑：通过灌输知识，我们把桀骜不驯的客体、"尚未社会化"的儿童制造成主体。关于这种话语，被压抑的真相是，在中性知识的外表下面，总是存在着主人的姿态（gesture of the Master）。

可以说，癔症话语始于与大学话语完全相反的一面。它的基本构成因素是癔症患者对主人的质疑："为什么我是你说我是的那种人？"这个问题是作为对拉康在 20 世纪 50 年代初期提出的"铸词"（founding word）的反应而出现的。"铸词"是把符号性委任授予他人的行为。这种行为通过为我命名，界定和固定了我在符号性网络中的位置。因此，癔症式的质疑表明了对破裂的体验，对下列两者间出现的不可化约的分裂的体验：一者是代表着我的能指，一者是有关我的彼在（my being-there）的非符号化的剩余。癔症患者体现了这种存有论的质疑（ontological question）。他或她的基本问题是，如何证明他或她在大他者眼中的存在是正确的，如何解释他或她在大他者眼中的存在。[注13]

最后，精神分析师的话语是对主人话语的直接倒置。精神分析师占据了剩余客体（surplus object）的位置，并把自己直接等同于话语网络（discursive network）的残余。精神分析师的话语之所以比初看上去更具悖论性，原因就在这里：它试图从极力逃避话语说明的因素出发，从话语的脱落物或排泄物出发，织成一套话语。

我们千万不能忘记的是，拉康的由四种话语组成的方阵是由处于主体间交流网络（intersubjective network of communication）中的四个可能的位置组成的方阵。在这里，我们依然停留在交流即意义（communication as meaning）的领域内，尽管（或者说因为）拉康对这些术语所做的概念化暗含着诸多悖论。交流被认为是作为悖论性循环（paradoxical circle）建构起来的。在这个悖论性循环中，发送者从接收者那里以颠倒（即真实）的形式收回了自己发送的信息。根据这种说法，去中心化的大他者（decentered Other）在事后判定我所说过的话的真正意义［从这个角度说，S_2才是真正的主人能指，它把回溯性的意义（retroactive meaning）授予 S_1］。主体与主体在符号交流中所传递的最终还是匮乏，即构成性缺席（constitutive absence）本身。说它是构成性的，是因为这种缺席开辟了空间，只有在这个空间中，实证性的意义（positive meaning）才能构成自己。所有这些悖论都是作为意义的交流（communication qua meaning）之领域所固有的；能指这个废话（nonsense），即没有所指的能指，即所有其他能指的可能性之条件（condition of possibility of all other signifiers），是无意义的废话（non-sense）。但无论如何，它都处于意义领域之内，并从内部限定意义。[注14]

不过，拉康晚年的全部努力都被置于冲垮交流即意义这一领域。他借助由四种话语结成的方阵，建立了确凿无疑、逻辑清晰的交流结构和社会联系结构，然后，他开始描绘某个空间的轮廓。在这个空间中，能指发现自己处于"自由漂浮"的状态，逻辑上先于其话语的绑定与连接；这个空间是特定的"史前"（prehistory）空间，它先于社会联系的"历史性"（historicity）；这个空间是精神错乱之核（psychotic kernel）的空间，它躲避话语网络（discursive network）。于是在《研讨班》第 20 卷《再来一次》中出现了相当出人意料的转移，即从大他者（the Other）向太一（the One）的转移，它类似于从能指（signfier）向记号（sign）的转移。在此之前，拉康一直竭尽全力地界定先于太一之构成（formation of the One）的异己性（otherness）。首先，在能指即差别（signifier as differential）的理论中，每个太一都被界定为它与其大他者的一组话语性关系。每个太一都被预先视为"他者中的一员"（one-among-others）。于是，在大他者的范围内，在符号性秩序的范围内，拉康设法把"外隐"（L'extimité），把不可能的实在界之内核（impossible-real kernel）分离和隔离出来。于是小客体成了"大他者中的他者"（the other in the midst of the Other itself），成了处于大他者核心地带的外来物。不过在《研讨班》第 20 卷《再来一次》中，我们突然在《存在着太一》（il y a de l'Un）遇到了太一，它不是他者中的一员，也不分享大他者秩序所特有的连接。这个太一当然正是享受这个太一（the One of jouis-sense），是能指这个太一，不过这时的能指尚未被锁定，它依然在自由地漂浮，充满了享受。正是这种享受，阻止它被锁定。

为了指出这个太一的特异性，拉康创造了征候这个新词。征候是主体一致性的终极支撑，是"那就是你"（thou art that）的终极支撑，它标明了"身处主体之内又超乎主体的某物"的维度，因而也标明了"爱自己又不只爱自己"的维度。它既非征兆，亦非幻象。征兆是加密信息（coded message），是主体从大他者那里以颠倒的形式收到的自己发送的信息，它包含着主体的欲望的真相。幻象是想象性场景，它以其迷人的出场，屏蔽了大他者中的匮乏（lack in the Other），屏蔽了符号性秩序的彻底的非一致性。

来自小说家帕特里西娅·海史密斯作品中的两个例子，可以用来阐明拉康的征候概念。海史密斯的短篇小说通常以大自然的病态痉挛或怪异扭曲为母题。它物化了主体内心最深处的享受，成了主体的客观对应物和支撑。在短篇小说《池塘》（"The Pond"）中，一个刚刚离异的女人带着年幼的孩子搬进了乡下的一所房子。房子的花院里有个幽深的池塘，里面疯长着某种奇异的植物。池塘对她的孩子有着奇异的吸引力。一天早晨，母亲发现儿子因被植物的根茎死死缠住，呛水而死。绝望中，母亲雇用了专管除草的工人。工人们来了，在池塘四周撒播除草剂，要根除所有的植物。但这毫无用处，植物的根茎比以前长得更茂盛了。最后她亲自动手，下定决心，清除植物。现在，在她看来，那些植物依然生机勃勃，并对她奋起反抗。她越是要清除它们，它们就越是缠着她不放。最后她放弃抵抗，任其缠绕，在其吸力中听到了死去儿子的呼唤。我们在此看到了征候之形象：它就是作为"大自然的开外伤"的池塘，就是既吸引我们又排斥我们的快感之核（nucleus of an enjoyment）。

同一母题的反向变体（inverted variation）出现在海史密斯的另一个短篇小说《神秘的墓地》（"The Mysterious Cemetery"）中。在奥地利的某个小镇上，当地医院的医生们在生命垂危的病人身上做放射性实验，病人死后就埋在医院后边的墓地里。那里出现了古怪的肿瘤，那是一种红色的、海绵般的赘疣，长势旺盛，不可阻挡。不久，当地人就见怪不怪，习以为常了。那里甚至成了游览胜地，诗人也以诡异的、无法控制的"享受这个林下灌木丛"为题，诗兴大发。

这些在普通现实土壤（soil of common reality）中长出的实在界赘疣（excrescences of the Real）的存有论身份，是极其暧昧的。它们既存在，又不存在。这种暧昧性与拉康使用的"存在"（existence）一词的两种截然相反的意义完全重合。首先，存在意味着符号化，意味着融入话语秩序：只有被符号化了的事物，才能说它存在。正是在这个意义上，拉康坚称"女人不存在"或"不存在性关系"。女人或性关系并不拥有自己的能指，它们抵抗符号化，无法纳入符指化网络（signifying network）。在这里，至关重要的是拉康暗中借用弗洛伊德和海德格尔的话而称之为"原始肯定"

（*primordial Bejahung*）之物，即先于否定的肯定，一种"允许事物存在"（allows the thing to be）的行为，它以"其存在的清澈"（clarity of its being）释放实在界。在拉康看来，正是在这个层面上，我们锁定我们在某种现象的呈现中体验到的著名的"非现实感"（sense of unreality）："非现实感"表明，我们正在关注的客体丧失了它在符号性世界中的位置。

与此相反，还可以把存在界定为"前存在"（ex-sistence），即抵抗符号化的不可能的—实在界的内核（impossible-real nucleus）。这样的存在概念的最初痕迹可在《研讨班》第 2 卷中发现，在下列观念中发现："有些事物的存在是如此令人难以置信，以至于我们事实上必须不断地就其现实（reality）问题质问我们自己。"当然，正是实在界这个前存在，正是体现了不可能的享受（impossible enjoyment）的元质这个前存在，被符号性秩序排除在外。我们可以说，我们总是陷入某个 vel 之中，即陷入非此即彼（either/or）之中；我们总是被迫在意义（meaning）和前存在之间做出抉择，我们为获得意义而付出的代价是把前存在排除在外。照此标准，我们会说，真正"存在"的是女人，女人是超越意义的享受之残余，女人抵抗符号化。之所以如拉康所言，女人是"男人的征候"，原因就在这里。

因此，无论是与征兆还是与幻象相比，前存在的征候（ex-sisting *sinthome*）——海史密斯短篇小说中繁茂的"林下灌木丛"——这个概念要激进得多，因为征候是精神错乱内核，它既不能像征兆那样被阐释，也不能像幻象那样被"穿越"。那我们拿它怎么办？拉康的答案（同时也是拉康对精神分析最终时刻的界定）是认同征候。征候代表着精神分析过程的最边缘，它是使精神分析搁浅的暗礁。与此同时，对征候的彻底不可能性（radical impossibility）的体验，不就是证明精神分析过程已经终结的终极证据？[注15]一旦把不受话语运作模式（operative mode）影响的享受的内核隔离出来，我们就已经抵达精神分析的尽头。这是拉康对弗洛伊德的格言"无论它去何处，我必随之而去"的最终解读①：你必须在你的征兆这个实在界中识别你的存在（your being）的终极基础。征兆在哪里出现，你就必须认同哪里，必须在其"病态"的奇异性（singularity）中识别确保你的一致性的因素。

我们现在明白了，拉康理论的"标准"版与他在最后十年的教学相去何止千里万里。在20世纪60年代，拉康还在把征兆视为"主体令其欲望妥协的手段"，视为妥协—构成（compromise-formation），它见证了下列事实：主体并不固守自己的欲望。之所以说只有通过对征兆进行阐释性分

---

① "无论它去何处，我必随之而去"（Wo es war, soll ich werden），此语出自弗洛伊德的《精神分析新论》（New Lectures on Psychoanalysis），是在谈及本我与自我、无意识与意识的关系问题时提出来的，含意丰富："无论它去何处，我必随之而去。""它前脚走，我后脚跟。""本我在哪里，自我必须去哪里。"弗洛伊德的意思是，自我将代替本我，意识将取代无意识。显然，弗洛伊德此举意在强调"自我"、意识和理性的重要性。拉康的解读则完全相反：归根结底，精神分析对自我、无意识、享受或享受无能为力，只能放任自流。

解（interpretative dissolution）才能获得欲望的真相，原因就在这里。相形之下，在拉康的晚期理论中，一旦我们与幻象保持了一定距离，一旦我们完全认同病态的奇异性（它维持着我们的享受的一致性），精神分析就结束了。

现在我们还豁然开朗了，因为我们能够理解位于《研讨班》第 14 卷最后一页上的命题了："精神分析师的欲望并非纯粹的欲望。"拉康先前所有有关精神分析过程的最终时刻的确定，有关接受精神分析者向精神分析师的"过渡"的确定，都暗示了欲望的净化，暗示了"处于纯粹状态的欲望"取得了突破性进展。精神分析的程式首先是清除作为妥协—构成的征兆，然后是穿越幻象。幻象是一个框架，正是这个框架界定了享受的坐标（co-ordinates of enjoyment）。"精神分析师的欲望"因而是清除了享受的欲望，而接受分析者要想获得纯粹的欲望，就必须付出丧失享受的代价。

不过，在最后阶段，整个视角被颠倒了：我们被迫认同的，正是我们的享受的特定形式（particular form of our enjoyment）。如此说来，对征兆的这种认同与我们通常根据这个术语理解的东西——以癔症的方式退入"疯癫"——又有何不同？

在露丝·伦德尔那篇才华横溢的短篇小说《旋花时钟》（"Convolvulus Clock"）中，老处女特里克茜（Trixie）从古玩店中偷走了一个精致的老式时钟。但一得到它，时钟就持续不断地激发焦虑感和罪恶感，在熟人随口而出的评论中，她都感到那是对她犯罪的影射。一位朋友提到，一个类似的时钟被人从古玩店中偷走了，惊慌失措的特里克茜竟把她推进了正在驶近的一列地铁下面。小说结束时，她再也无法忍受时钟的滴答声，把它扔进一条小溪。但溪水太浅，特里克茜觉得任何从桥上经过的人，一眼就会看到它。于是她跳进水中，捞起时钟，用石头将其砸碎，再把零件抛入溪中。她越是抛撒那些零件，就越是觉得河水里到处都是时钟。过了不久，附近的农夫把她从河中拉了上来，她上下湿透，到处是伤，浑身颤抖，像时钟的指针那样挥动着自己的手臂，口中念念有词："滴答，滴答，滴答。旋花时钟。"

可以通过区分付诸行动（acting out）与拉康所谓的"向行动过渡"（passage à l'acte），把这种认同与标志着精神分析过程的最终时刻降临的认同区分开来。泛泛而言，付诸行动依然是符号性的行动，是诉诸大他者的行动。相形之下，向行动过渡悬置了大他者的维度（dimension of the Other）：行动在此转入了实在界之域。换言之，付诸行动要借助于行动打破符号性僵局（符号化之不可能性或以言语表达之不可能性），它依然充当着编码信息的载体。通过最后认同于时钟，不幸的特里克茜想向大他者证明自己的清白，进而卸下不堪忍受的重负——她的罪恶感；她的"付诸行动"体现了对大他者的某种谴责。

相形之下，"向行动过渡"（passage to the act）需要逃离符号性网络，需要消解社会联系。我们可能会说，通过付诸行动，我们使自己认同这样的征兆：它是拉康在 20 世纪 50 年代设想的征兆，是向大他者发送的编码信息（ciphered message）；通过"向行动过渡"，我们认同征候，即结构我们享受的实在界内核（real kernel）的病态"痉挛"。在赛尔乔·莱翁内的《西部往事》（*Once Upon a Time in the West*）中，主人公这位"口琴人"在面对童年创伤时（他哥哥被人杀害，他不得不充当凶手的帮凶①），通过某种形式的个人"发疯"（nuttiness），来维持着最低程度的连贯性。他特定的"疯癫"（madness）采取的形式是认同自己的征兆（即口琴）。正如他的朋友切尼恩（Cheyenne）所言，"该说话时他吹口琴，该吹口琴时他说话。"用拉康的话说，这位人人都知道他是"口琴"的人经历了"主体性贫困"（subjective destitution）；他没有名字，没有能指来代表他（赛乔尔·莱翁内最后一部西部片题为《我的名字是空无》②，这或许不是偶然的）；只有通过认同自己的征兆，他才能保持其连贯性。

---

① 齐泽克在别处谈到这部影片时说过："年轻时，他目睹了一个创伤性的场景。确切些说，他是那个场景的非自愿的参与者。一伙强盗们把他哥哥吊起来，然后让他哥哥站在他的肩膀上。强盗让弟弟一边支撑哥哥不被吊死，一边吹口琴。由于过度疲劳，他终于体力不支，哥哥则悬在空中，最后惨死。弟弟从此形尸走肉，与'活死人'无异，既无力建立'正常的性关系'，也丧失了普通人的激情与恐惧。唯一允许他保持些许一致性的，唯一阻止能他'发疯'的，阻止他陷入孤独紧张症（autistic catatonia）的，就是他自己的特定形态的'疯癫'，即认同他的征兆——口琴。"

② 《我的名字是空无》（*My Name Is Nobody*），意谓"我的名字不值一提"，"我是个无名小卒"。中文本一般译为《无名小子》。

因为这样的"主体性贫困","口琴人"与真相的关系经历了彻底的变化。在癔症及对癔症的"方言"(即强迫性神经症)中,我们总能看到真相的辩证性运动(dialectical movement of truth)。之所以在癔症危机达到顶峰时出现的付诸行动依然始终受制于真相的坐标(co-ordinates of truth),原因就在这里。可以说,"向行动过渡"则悬置了真相之维。[注16]只要真相依然具有(符号性)虚构的结构,真相与享受这个实在界(Real of *jouissance*)就是不相容的。所以说,《巴西》和《莉莉·玛莲》展示的壮观场面并没有揭露极权主义中被压抑的真相。它并没有以极权主义的内部真相(inner truth)对抗极权主义的逻辑。它只是通过把极权主义的愚蠢享受的残暴内核隔离出来,把它当成实际的社会联系予以消解而已。

注释:

〔注1〕本文中有关拉康著作的引文,全部基于 Jacques Lacan, *Le Séminaire: livre XI* (Paris: Éditions du Seuil, 1973); *livre XX* (Paris: Éditions du Seuil, 1975); *livre II* (Paris: Éditions du Seuil, 1978)。

〔注2〕Pascal Bonitzer, *Le Champ aveugle* (Paris: Gallimard, 1982)。

〔注3〕Michel Chion, *La Voix au Cinéma* (Paris, Éditions del'Étoile, 1982)。

〔注4〕Raymond Bellour, *L'Analyse du film* (Paris: Éditions Albatros, 1979)。

〔注5〕因为这种凝视处于客体一边，所以它是无法被主体化的。一旦我们想添加来自房子的主观镜头（或许是摄影机从莉拉正在接近的窗帘后面战战兢兢地向窗外窥视），我们就会大失水准，使影片成为普通的惊悚片，因为这样的镜头不会代表作为客体的凝视（gaze as object），而只能代表另一个主体的视角。

〔注6〕Michel Chion, *La Voix au Cinéma* (Paris, Éditions del'Étoile, 1982)。

〔注7〕Ernesto Laclau and Chantal Mouffe, *Hegemony and Socialist Strategy* (London, Verso, 1985)。

〔注8〕《太阳帝国》（*Empire of the Sun*）的反讽的和变态的成就（perverse achievement）在于，它以集中营的形式，给我们这些生活在后现代怀旧（postmodern nostalgia）时代的人，提供了一个怀旧客体（nostalgic object）。集中营是一个不堪忍受又无法逃避的实例，代表着我们的历史这个不可能的实在界（impossible-real of our history）。想想这部电影是怎样描述集中营的日常生活的：孩子们愉快地从手推车的斜板上哗哗啦啦地滑下，年长的绅士则乘兴打一轮高尔夫，妇女们一边熨烫每周一洗的衣物，一边开心地闲聊，吉姆（Jim）则在他们之间忙个不停，传送亚麻布，用蔬菜换鞋子，如鱼得水，精力充沛。所有这些活动都伴之以具有传统好莱坞风格的音乐，令人想起了小镇日常生活的生机勃勃的田园景象。这就是这部电影对集中营的描述，而集中营是20世纪的创伤性实在界（traumatic Real），它在所有的社会制度中都"悉数归还"（return as the same）了。集中营是英国人于19世纪末、20世纪初在布尔战争（Boer War）中的发明，不仅为纳粹德国和斯大林的苏联这两个主要极权强国所利用，而且像美国这样的民主栋梁也照方抓药（美国在二战期间曾把日本人隔离起来）。把集中营描述为"相对之物"，把集中营化约为其众多形式之一种，把

集中营视为某个特定的社会环境的产物（比如，偏好"古拉格""大屠杀"之类的术语），所有这些努力总是已经暴露了逃避不堪忍受的实在界之重（unbearable weight of the Real）的企图。

〔注9〕我们在占星术和算命术中碰到了同样的机制。在那里，一边是预言，一边是我们日常生活的细节，两者间纯属偶然的巧合，足以导致移情的效应。一个琐碎的"小块实在界"（bit of the real）足以触发无穷无尽的阐释运作（work of interpretation）。借助这一运作，我们极力把符号界——在此即预言这个符号性网络（symbolic network of prediction）——与生活中的事件联系起来。突然间，一切都有了意义。如果意义还不清晰，那也只是因为，意义尚处于隐蔽状态，等待着被破译。在这里，实在界并没有抵抗符号化，没有成为无法融入符号性结构的无意义残余。正相反，实在界是无意义残余的终极支撑。

〔注10〕Michel Chion, "La Révolution douce", in *La Toile trouée* (Paris, Éditions de l'Étoile, 1988), pp. 25 – 31.

〔注11〕被凸显的实在界就是弗洛伊德所谓的"精神现实"（psychic reality），这可由大卫·林奇的影片《象人》（*Elephant Man*）中的场景的神秘之美来展示。该片"从内部"展示了象人的主观经验。外部声音——"真实世界"发出的噪音——被悬置，或被转换成背景音。我们能听到的，只是来源和身份都不确定的、节奏鲜明的跳动，它是介乎于心跳和机器发出的声音之间的某物。我们在此得到的是最纯粹的*rendu*，即这样的跳动（pulse）：它没有摹仿任何事物或使任何事物符号化，却直接抓住了我们，不经调停就"凸显"了事物。在绘画中，与*rendu*一拍即合的是抽象表现主义的"行动绘画"。观众要近距离地观看画作，这样才能丧失客观距离，直接进入画作；画作本身既不摹仿现实，也不通过符号性代码（symbolic code）再现现实，而是通过"抓住"观众"凸显"实在界。——作者注。

　　大卫·林奇（David Lynch，1946— ），美国著名导演，主要作品有：《象人》《蓝丝绒》《我心狂野》《迷失的高速公路》《斯特雷特的故事》《穆赫兰道》等。"行动绘画"（action painting），一种抽象表现主义艺术创作方式，特点是使用自发技巧（如滴漏、溅泼或涂抹）当场创作。——译者注

　　〔注12〕在希区柯克的作品中，*rendu* 最清晰的例证是《夺命狂凶》（*Frenzy*）中那个著名的向后跟踪镜头（backwards tracking shot）。在那里，摄影机的移动（先是迂回曲折前进，然后是直接后退，复制了领带的形态）告诉我们，公寓楼的门后究竟发生了什么事情（摄影机的移动就是从门后开始的）。弗朗索瓦·勒尼奥（François Regnault）在对希区柯克的研究中，甚至冒险大胆假设：形式和内容的如此关系为理解希区柯克的全部作品提供了线索。在希区柯克的全部作品中，内容总是由具体的形式特征凸显出来的（如《迷魂记》中的螺旋形、《惊魂记》中的交叉线等）。See "Systems formel d'Hitchcock", in *Cahiers du Cinema*, hors-serie 8：b Alfred Hitchcock，pp. 21 – 30.

　　〔注13〕癔症与性变态不同。性变态是由问题之匮乏来严格界定的：性变态者拥有直接的确定性，他相信自己的行为是为他人的享受服务的。癔症及其"方言"——强迫性神经症——在主体试图证明自己存在的正当性方面与众不同：癔症患者把自己作为大他者的所爱之物，提交给大他者，从而证明自己存在的正当性；强迫症患者通过狂热之举，竭力满足大他者的要求。因此癔症患者的回答是爱，强迫症患者的回答是劳作（work）。

　　〔注14〕"交流即意义"，因为两者最终重叠在一起。之所以这样说，不仅因为流通中的"客体"总是意义（尽管这意义是以否定性的废话形式表现出来的），而且因为意义本身总是主体间性的，是通过交流的循环（circle of communication）生成的：回溯性地判定我所

说过的话的意义的,是他人,是接收者。

〔注 15〕这是对拉康的"乔伊斯—征兆"的正确强调。正如雅克－阿兰·米勒所言,"在谈及乔伊斯时提到精神错乱绝不意味着出现了实用的精神分析(applied psychoanalysis)。恰恰相反,只要认同自己的征兆的主体接近自己的诡计(artifice),那么至关重要的就是,借助于乔伊斯—征兆,努力质疑精神分析师的话语。或许并不存在更好的精神分析结局。"Jacques-Alain Miller, "Preface", in Jacques Aubert (ed.), *Joyce avec Lacan* (Paris: Navarin, 1987), pp. 9 – 12, at p. 12。

〔注 16〕最初的癔症立场(hysterical position)是以下列悖论为特征的:"以谎言的形式说出真相"。就"真相"的字面意义而言(词语与事物相符),癔症患者无疑是在"撒谎";不过正是通过这种谎言,他或她的欲望的真相才得以爆发和表述。就强迫性神经症是"癔症的方言"(弗洛伊德语)而论,这暗示了对这种关系的某种颠倒:强迫症患者"以说实话的形式撒谎"。强迫症患者总是"坚持实事求是",竭力抹除自己的主观立场的踪迹。只有最后通过某种无意的口误"成功地撒谎"时,他才"癔症化"了,也就是说,他的欲望才爆发了。

为什么现实总是多重的？

是否存在重拍希区柯克影片的适宜方式？

在美国任何一家大型书店，都能买到独特的系列丛书《莎士比亚简易版》（*Shakespeare Made Easy*）中的几本。[注1]那是莎士比亚戏剧的"双语"版，左页是原来的古体英语，右页则把古体英语译成了普通的当代英语。阅读这些文本获得的满足在于，原来声称只是把它们简单地译成了当代英语，最后证明远非如此：原则上，德班德①试图以日常习语直接概括他认为是莎士比亚以隐喻性习惯用语（meta-phoric idiom）表达出来的思想；实际上，远非如此。结果，

----

① 艾伦·德班德（Alan Durband，1927—1993），英国利物浦教育和艺术界的重要人物。他曾是利物浦男子学院高中的英语系主任，也是利物浦普通人剧院的联合创始人。撰写过一系列名为"英语工作坊"的教科书，在英国各地广受欢迎。

"To be or not to be，that is the question"（生存还是毁灭，这是个问题），变成了"What's bothering me now is：Shall I kill myself or not?"（现在令我心烦意乱的是：我是否要了结自己？）之类的东西。当然，我的意思是，对希区柯克影片的标准重拍，肯定也是"希区柯克简易版"之类的东西：尽管叙事不变，但用以展现希区柯克之独特性的"实体"（substance）、韵味（flair）肯定会损失殆尽。不过，我们应该避免用一口的专业术语来谈论希区柯克的独特格调（unique touch），我们要完成那个的艰难的使命，即弄清楚，究竟是什么为希区柯克的影片提供了独特的韵味（unique flair）。

或者，如果这种独特性只是神话，只是我们这些观众移情的结果，只是我们提升希区柯克的地位，直至使他成为"理应知情的主体"的结果呢？此时，我想到的是过度阐释这种态度：希区柯克影片中的一切都必须具有意义，不存在偶然性，以至于当我们无法发现其意义时，那也不是他的过错，而是我们没有真正发现意义而已。在第二十次观看《惊魂记》时，我注意到一个奇怪的细节，这个细节出现在精神错乱医师做最后一次解释之时：由薇拉·迈尔斯扮演的莉拉专心致志地听他说话，带着深深的满足，点过两次头，而全然没有被下列事实所打动——她姐姐的无谓死亡最终得以确认。这是纯粹的偶然，还是希区柯克想暗示我们，在她们姊妹之间，存在着奇怪的力比多式的含混和力比多的竞争（libidinal ambiguity and rivalry）？

　　还有一个场景，玛利恩（Marion）夜间开车逃离菲尼克斯（Phoenix），在抵达贝茨的汽车旅馆前，冥冥之中她听到了她的老板和买下了那幢房子的富豪说话的声音。对于她的欺诈，他们暴跳如雷。这时，她的表情不再是那么痛苦。我们看到的是奇怪的兴奋的笑容，带着深深的变态的满足。这表情类似于诺曼—母亲在最后出现时的表情，甚是离奇。在诺曼—母亲最后出现后，诺曼—母亲化成了骷髅，汽车也被拉出了沼泽。所以在某种程度上说，甚至在实际遇到诺曼之前，玛利恩就已经变成了诺曼。证实这一点的一个更加深入的特征是，在听到自己头脑中的声音时，她所流露出来的表情与诺曼在其最后一次出场时的表情酷似。

　　还有一个场景可作至高无上的范例，它发生于玛利恩在汽车旅馆登记之时：当诺曼背对着她检查房间钥匙时，她暗中四处观望，琢磨着在登记时把哪个城市当成自己的居住地。她看到了"洛杉矶"的字样，那是一份报纸的大字标题的一部分，于是就把它写上了。在这里，两种犹豫同时发生了：玛利恩犹豫着写下哪个城市（撒什么谎），诺曼则犹豫着给她安排哪个房间（如果是一号房间，那就意味着，他就可以透过窥视孔偷窥她了）。在少许犹豫之后，她告诉他"洛杉矶"，于是诺曼拿起一号房间的钥匙交给了她。他的犹豫只是简单的标记——他正在估量她的性吸引力，然后最终选择追求她，还是情形有变——在更加精致的层面上，他在她的犹豫中觉察到，她要向他撒谎，然后以他自身的非法行径对抗她的谎言，在她轻微的罪过中寻求他自身行为的正当性？（或者情形是这样的——在听说她来自洛杉矶后，他觉得来自这个堕落城市的女子不是他的对手？）尽管编写这个脚本的约瑟夫·斯特凡诺①声称，[注2]创作者们当时心中所想的，只是诺曼在玛利恩那里感受到的逐渐增强的性吸引力，但疑云依然重重——这两种犹豫的同时发生，绝非纯粹的偶然……这就是所谓的理论上的"真爱"（true love）。所以，由于这种真爱，我宣布，存在着独特一无二的希区柯克维度（Hitchcockian dimension）。

希区柯克的征候

我的第一个论题是，这个独一无二的维度不能首先在叙事内容的层面上寻找。它的原始场所必在别的什么地方。但在哪里呢？让我们对来自两部非希区柯克影片的两个场景加以对比，并从这里开始。罗伯特·雷德福（Robert Redford）的《大河恋》（*A River Runs through It*）中有个令人难忘的场景。倘若没有这个场景，整部影片就会显得无聊和造作。在牧师的两个儿子中，我们始终都知道，小儿子[由布拉德·皮特（Brad Pitt）扮演]因为嗜赌、酗酒和沉溺女色，已经踏上了自我毁灭之途，步入灾难之中。使两个儿子与父亲尚能一聚的，是去蒙大拿的野生河流钓鱼。星期天的钓鱼探险是神圣的家庭仪式。那时，来自家庭之

---

① 约瑟夫·斯特凡诺（Joseph Stefano, 1922—2006），美国剧作家，影片《惊魂记》的编剧。

外的生命威胁被暂时悬置起来。所以，他们最后一次去钓鱼时，皮特终于功德圆满——他麻利地钓到一条从未钓到的大鱼；不过，他的功德圆满也面对着持久威胁的阴影：黑暗的河湾（他在那里钓到了大鲑鱼）是否会吞噬他？在滑入湍急的河流后，他能否死里逃生？仿佛这种潜在的威胁预示了稍后不久发生的终极悲剧（因为欠下赌债，皮特被人打死，手指也被打断）。

使得《大河恋》这个场景变得极其普通的是，潜在的威胁之维作为指向最后灾难的索引，已经直接重新刻入主要叙事线索。相形之下，彼得·耶茨①出手不凡的《告别昨日》（*Breaking Away*, 1979）就抵御了这种诱惑。这是一部温和的喜剧/戏剧，讲述了印第安纳州布卢明顿市四个高中生长大成人的故事。在高中生活的最后那个夏季，他们面对着残酷的抉择——究竟是去工作、上大学，还是参军。在一个令人难忘的片段中，名叫戴夫（Dave）的孩子骑着一辆赛车在高速公路上与一辆半挂车比拼。由此造成的令人揪心的效果，与孩子们在废弃采石场中游泳的几个场景造成的效果无异。在那里，孩子们跳进了深深的黑水之中，锐利的石头隐藏在水下——耶茨暗示了灾难突然降临的持久可能性。我们等待着意外事故的发生，等待着戴夫被卡车撞倒、碾死，等待着孩子们在黑水中淹死，或等待着他们跳进废弃采石场时被锐利的石头扎伤。结果什么都

---

① 彼得·耶茨（Peter Yates, 1929—2011），英国导演和制片人，国人熟悉的《墨菲的战争》（1971）就出自他手。

没有发生，不过其中一个暗示（其危险的阴影是由拍摄场景的方式酿成的总体氛围，而不是由直接的心理指涉引发的）使得人物显得不可思议的脆弱。仿佛这些暗示已经为这部影片的结局奠定了基础。影片结束时，我们从银幕上打出的文字得知，后来，一个孩子死于越南，另一个死于另一场事故。这两个层面的张力是我要集中关注的。我要关注的是把下列两者割裂开来的裂缝：其一是外在的叙事线索，其二是几条故事线索传达出来的散乱的危险信息。

不妨在此把它与瓦格纳相提并论。这样做是因为，瓦格纳《尼伯龙根的指环》中的指环不就是古往今来最大的麦格芬①吗？同一个姿势还出现在他最后的两部歌剧中。在《诸神的黄昏》（*Götterdämmerung*）的结尾处，哈根（Hagen）慢慢走近已经死去的齐格弗里德（Siegfried），想撸下他手指上的指环，而齐格弗里德则举起了手；在《帕西法尔》的结尾处，安福塔斯（Amfortas）沉浸在悲哀中并拒绝出席圣杯的揭幕仪式，这时他死去的父亲蒂图莱尔（Titurel）神奇地举起了手。诸如此类的特征证明，瓦格纳是希区柯克

---

① 麦格芬（MacGuffin），电影用语，指影片中可以推进剧情发展的物件、人物、或目标。齐泽克常用"麦格芬"比喻"实在界"。在他看来，实在界本质上"什么都不是，只是空隙，是标志着某种核心不可能性的符号性结构中的空无"；它是"本身并不存在的原因——它只能呈现于一系列的结果之中，但总是以某种扭曲的、位移的方式呈现出来。如果实在界是不可能的，那么，要借助于其结果去把握的，恰恰就是这种不可能性"。

的先声①。在希区柯克的影片中，我们找到了同样的视觉的或别的什么母题。如此母题总是出现在完全不同的叙事语境中，总是通过诡异的强制强行出现，总是一部影片到另一部影片地重复出现。

最著名的母题是弗洛伊德所谓的"*Niederkommenlassen*"的母题，即"自行坠落"的母题，它包含着忧郁的自杀性坠落的潜在蕴含：[注3]一个人拼命抓住另一个人的手，如在《海角擒凶》（*Saboteur*）中，在自由女神像举起的火炬上，纳粹破坏分子紧紧抓住那位善良的美国主人公的手；在《后窗》（*Rear Window*）的最终对决中，腿部受伤的詹姆斯·斯图亚特（James Stewart）挂在窗外，试图抓住追击他的人的手，但追击他的人不仅没有帮助他，反而想把他推下去；在《擒凶记》（*The Man Who Knew Too Much*）（1955年重拍）中，在阳光灿烂的卡萨布兰卡集市上，打扮成阿拉伯人的奄奄一息的西方特工，向不明就里的美国游客（詹姆斯·斯图亚特）伸出了手，想把他拉向自己；在《捉贼记》（*To Catch a Thief*）中，最终被撕下面具的窃贼抓着卡里·格兰特（Cary Grant）的手；在《迷魂记》的开始处，挂在屋顶上的烟囱上的詹姆斯·斯图亚特想拼命抓住警察伸向他的手；在《西北偏北》（*North by Northwest*）的

---

① "先声"直译为"字母之先"（*avant la lettre*），它是德里达创造的新词。德里达不满于逻辑中心论和语音中心论，于是扩大了"书写"范围。他认为"书写"包括"牙牙学语"（babble）和"胡涂乱抹"（scribble），它们统称为"划道道"（*faire des raies*）。它们是"字母之先"。

结尾处，爱娃·玛丽·森特（Eva Marie Saint）抓着挂在悬崖边上的卡里·格兰特的手（接下来的镜头是在火车的卧铺车厢里，她直接跳着去抓他伸出来的手）。只要细看，我们就会明白，希区柯克的影片中充满了这样的母题。在《深闺疑云》（Suspicion）和《西北偏北》中出现了这样的母题——一辆汽车冲到了悬崖边上。这两部影片中，还出现了这样的场景——同一位演员（由卡里·格兰特扮演）驾车并危险地靠近悬崖。尽管这两部影片的拍摄相隔近20年之久，但这一场景是相同的方式拍摄的，包括演员瞥了一眼悬崖这样的主观镜头在内。在希区柯克执导的最后一部影片《大巧局》（Family Plot）中，这个母题在一个长长的片段中爆发了——汽车从山上冲下，因为刹车被恶棍鼓捣坏了。

还有"知情太多的女人"这一母题。"知情太多的女人"聪明伶俐，感觉敏锐，但不性感，戴着眼镜。意味深长的是，她长得像希区柯克的女儿帕特丽夏（Patricia），甚至干脆由她来扮演。《火车怪客》（Strangers On a Train）中的鲁思·罗曼（Ruth Roman）的妹妹、《迷魂记》中的巴巴拉·德尔·格迪斯（Barbara del Geddes）、《惊魂记》中的帕特丽夏·希区柯克（Patricia Hitchcock），甚至还有《爱德华大夫》（Spellbound）中性觉醒之前的英格丽·褒曼（Ingrid Bergman），都是由她扮演的。此外，还有干瘪的骷髅的母题，它最早出现在《风流夜合花》（Under Capricorn）中，最后出现在《惊魂记》中。在这两部影片中，它都在最后的对峙中令年轻女性（英格丽·褒曼、薇拉·迈尔斯）胆战心惊。还有带大楼梯的哥特式房屋的母题，主人公走上了楼梯，进入了房间，那里一无所有，尽管他先前看到一位女性的剪影出现在二楼的窗口中：在《迷魂记》中，这表现在这样谜一般的情节上——斯科蒂看到了马德琳的身影出现在窗口中，但她从那个房子里莫名其妙地消失了；在《惊魂记》中，这表现为母亲的身影出现在窗口中，她的尸体再次来无影、去无踪。此外，《迷魂记》中的这个情节一直没有得到解释，这诱惑我们以某种先将来时①的方式解读它，认为它已经指向《惊魂记》。前者是《迷魂记》中的那位老妇人，她是那所房子的招待，后者是诺曼·贝茨（Norman Bates）和他那也是招待的母亲，而诺曼同时又是那个妇人（母亲）。前者不正是后者的诡异浓缩？前者不正是因此提前为我们了解他们的身份提供了线索，而他们的身份又是《惊魂记》的一大秘密？

《迷魂记》特别引人注目，因为在这部影片中，同一个征候——把我们拉向其深渊的螺旋形——多次重现，并在众多层面上引发共鸣：先是作为抽象形式（abstract form）这个纯粹形式性的母题，在开场镜头中，从眼睛的特写中

---

① 先将来时（futur antérieur）是法语语法的一种形式，一般表示在另一个将来的动作完成之后再去完成的动作，如"等我有了钱，我就周游天下"，"我们一到那里就会大快朵颐"，"如果你到时兑现诺言，我们将提供更多的服务"。齐泽克想在这里表明的是，事物的价值并非"现在"立即生成的，而是要在"将来完成"的；价值是回溯性地实现的，以述行的形式（performatively）实现的。

浮现出来；然后是作为卡洛塔·瓦尔德斯（Carlotta Valdes）肖像中的卷发出现的，并在马德琳的发型中再次出现；再后是作为教会塔楼的楼梯的深深循环出现的；最后出现在围绕着斯科蒂与朱迪/马德琳拍摄的著名的 360 度镜头中——他们在破败不堪的旅馆房间里深情拥抱，身后的背景变成了加利福尼亚州圣胡安包蒂斯塔的天主教堂（Juan Batista Mission）的马厩，然后又回到了旅馆房间。或许，最后的镜头为我们理解"眩晕"的时间之维这个自我封闭的时间圈（temporal loop）提供了关键。在那里，过去与现在浓缩成了同一个永远重复的循环运动的两个方面。正是表层的这个多重共鸣（multiple resonance of surfaces）派生了这部影片的肌质（texture）的特定强度和"深度"。

在此我们拥有了一套（视觉的、形式的、物质的）主题（motives），它跨越不同的意义语境（contexts of meaning）而"始终如一"。我们如何解读这样持久不变的姿态或母题？我们应该抵抗诱惑，不把它们视为具有深刻意义的荣格式原型（Jungian archetypes）——瓦格纳歌剧中的举起来的手表达了死者对生者的威胁，一人抓住了另一人的手，这表达了精神上的堕落与拯救之间的张力。我们这里要处理的是物质记号（material signs）的层面，它抵抗意义，它确立联系，但它确立的联系并不基于叙事性的符号结构（narrative symbolic structures），它们只是以前符号性交互共鸣（presymbolic cross-resonance）的方式相互关联。它们并非能指，也不是著名的希区柯克式污渍（Hitchcockian stains），而是10年或20年前我们会称之为影片书写（cine-matic writing, *écriture*）的因素。在拉康教学的最后岁月，他把征兆与征候区分开来：征兆是密码（cipher），它包含着被压抑的意义；相形之下，征候则没有确定的意义；它只是通过不断地重复，为某个基本的享受母体（matrix of *jouis-sance*），为某个基本的过度享受母体（matrix of excessive en-joyment）提供形体。尽管征候没有意义可言，但它们却能放发射 jouis-sense，发射 enjoy-meant。[注4] 根据斯大林的女儿斯维特兰娜·阿利卢耶娃（Svetlana Alliluyeva）的记载，奄奄一息的斯大林做的最后一个姿势（在此之前他抛出一个邪恶的凝视，"在此之前"四字意味深长），与瓦格纳歌剧中的姿态毫无二致——吓人地举起左手：

> 在似乎是最后的瞬间，（斯大林）突然睁开双眼，瞥过房间里的每一个人。这是可怕、疯狂的或愤怒的一瞥，充满了对死亡的恐惧，对俯身于他的医生们的陌生面孔的恐惧。这一瞥瞬间扫过了每一个人。然后发生了难以理解的可怕事情，直至今日，我都难以忘怀，也无法理解。他突然举起左手，好像要指向上方的某物，要使咒语降临到我们每个人身上。这个动作是难以理解的，充满了威胁的气氛，没有人知道，它要指向何人或何物。在做了最后一番努力之后，灵魂挣脱了肉体。[注5]

那么，这个动作意味着什么？希区柯克式的回答是空无（nothing），不过这个空无并非空洞的空无（empty nothing），它充满了力比多投入（empty nothing），把形体赋予享受之密码（cipher of enjoyment）的痉挛。或许，绘画中与它最接近的对应物是扩展色渍（protracted stains）。这样的扩展色渍"就是"凡·高画作中的黄色天空，或蒙克画作中的水或草：这种的"块状"既不属于色渍（color stains）的直接物质性，也不属于被描绘客体的物质性；它寄身于谢林所谓的"精神性的肉体存在"（*geistige Körperlichkeit*，spiritual corporeality）这个中间的幽灵地带（intermediate spectral domain）。从拉康的角度看，把这种精神性的肉体存在视同物化的享受（materialized *jouissance*），视同"已经变成血肉的享受"，易如反掌。因此，希区柯克的征候并非单纯的形式模型（formal patterns），它们已经浓缩了某种力比多投入。

如此说来，希区柯克的征候决定了希区柯克的创造过程：希区柯克并没有先有情节，然后以电影的视听术语（audio-visual terms）转化情节。相反，他先有一套（通常是视觉性的）母题，这些母题已经萦绕在他的心头，并强行把自身显现为他的征候；然后，他建构了一个故事，这个故事充当着他运用这些征候的借口。这些征候为希区柯克影片的电影肌质（cinematic texture）提供了特定的韵味（specific flair），提供了实体性的强度（substantial density）。倘若没有它们，我们只能得到死气沉沉的形式叙事（formal narrative）。所以，有关希区柯克是"悬念大师"的谈论，有关他的独一无二的复杂情节（twisted plots）的谈论，全都没有抓住关键性的维度。弗雷德里克·詹姆逊在谈及海明威时说，海明威之所以选择自己的叙事，是为了能够写下某种类型的（紧张的、阳性的）短句。这话同样适用于希区柯克：他虚构故事，为的是能够拍摄某种的场景。而且，虽然他影片的叙事对我们的时代做了有趣的通常也富有洞察力的评论，但只有借助于征候，希区柯克才能永生不死。他的影片持续不变地充当我们欲望的客体，征候才是真正的原因。

失踪凝视案

我们下一个关注点是凝视的身份。所谓的后理论家们（即从认知的角度批评精神分析电影理论的那些人）喜欢更改下列母题：后理论的作者们是如何提及诸如（首字母大写的）凝视之类的神话实存物（mythical entity），即没有任何经验的、可观测的事实（如实实在在的电影观众和他们的行为）与之相对应的神话实存物。在戴维·博德韦尔（David Bordwell）与诺埃尔·卡罗尔（Noel Carroll）主编的《后理论：重构电影研究》（*Post-Theory: Reconstructing Film Studies*）中有一篇论文，它的标题就是《失踪观众案》（"The Case of the Missing Spectator"）。[注6] 后理论在此仰仗的是常识性的观众概念：观众即感受银幕上的电影现实的主体，他们拥有自身的情感倾向和认知倾向。一边是主体，一边是电影感知之客体（object of cinematic perception），在两者之间的这种简单对立内部，当然没有凝视的立足之地。这里的凝视是一个点，被观看的客体从那里折返凝视并注视我们这些观众。也就是说，对于拉康的凝视概念而言，至关紧要之处在于，它涉及主体与客体关系的逆转。正如拉康在《研讨班》第11卷中所言，存在着眼睛与凝视的二律背反。即是说，凝视位于客体一方，它代表着可视领域（field of the visible）中的盲点，画面从那里拍摄我们这些观众。或者如他在《研讨班》第1卷的一段话中所言〔这段文字离奇地令人想到《后窗》中的一个主要场景，而这部影片是在拉康举办那期研讨班的那一年（1954年）摄制的〕：

> 我可以亲身感受到，我处在某人的凝视之下，我看不见他的眼睛，更无法细细分辨。必不可少的是，要有某种东西向我表示，可能有人站在那里。这个窗子如果变得再暗一点，而且，如果我有理由认为窗后有人，那它马上就是一个凝视。[注7]

难道这种凝视观没有被下列典范性的希区柯克式场景完美彰显出来——主体在那里正在接近某个离奇的可怕客体（通常是一所房子）？在那里，我们遇到了最纯粹的眼睛与凝视的二律背反：主体的眼睛看见了房子，但那房子

（即客体）不知怎么地似乎要折返他的凝视。难怪后理论家要谈论"迷失的凝视"，抱怨弗洛伊德—拉康的凝视是在观众的经验这一现实性（actuality of the spectator's experience）中无处可觅的神话实存物了。这种凝视实际上早已消失，它的身份是纯粹幻象性的。在更基本的层面上，我们现在要处理的，是某个不可能性之实证化（positivization of an impossibility），正是这个不可能性造就了恋物癖客体（fetish object）。比如说吧，客体/凝视（object/gaze）是如何成为一个恋物（fetish）的？是通过黑格尔式的逆转，即把不可能看见客体这种不可能性（impossibility to see the object）逆转为一个客体，而该客体把形体赋予这种不可能性。因为主体无法直接看见那个真正的迷人客体（true object of fascination），所以他完成了某种向自身的反射（reflection-into-self），借助于这种向自身的反射，令他神魂颠倒的客体变成了凝视本身。从这个意义上说（尽管并非完全对称），凝视和语音是"反射性"客体，这种客体把形体赋予某个不可能性（用拉康的"数学图"表示：= ø/a）。

正是从这个意义上说，真正的幻象并非吸引我们、令我们神魂颠倒的场景本身，而是正在观看这个场景的假想出来的/并不存在的凝视，就像来自上方的不可能的凝视（impossible gaze），为了它，古阿芝台克人（old Aztecs）在地面上创造了飞禽走兽的巨幅图案；或者就像这样的不可能的凝视，为了它，通往罗马的古代高架渠上的雕刻详图被创造出来，尽管根本无法从地面上观测这些详图。简言之，最基本的幻象性场景不是等人观看的迷人场景，而是下列观念——"有人在那儿看着我们"。它不是梦，而是下列观念——"我们是别人梦中的客体。"米兰·昆德拉在《慢》（*La Lenteur*）中，把下列场景展示为如今虚假的、无激情的、伪撩人的性爱之终极标志：在宾馆游泳池的边上，在住在上方房间里的客人们的注视之下，一对男女假装进行交配，装模作样地发出惬意的叫声，但实际上，什么也没发生。他把这种场景与 18 世纪法国舒缓、优雅、亲密的色情游戏对立起来。

在红色高棉，不是发生了与《慢》中这一场景类似的事情吗？在那里，由于太多的人死于清洗和饥荒，政权急于繁殖人口，于是宣布，每月的第一日、第十日和第二十日允许已婚夫妇晚上睡在一起。他们的私人空间是用半透明的竹帘隔开的小隔间；在一排这样的小隔间的前面，游荡着红色高棉的看守，他们要核实，那些夫妇是否真的在过夫妻生活。因为那些夫妻们都明白，不做爱会被视为蓄意破坏，要受到严厉惩罚；但另一方面，在经历了每日 14 小时的劳作之后，他们通常已经疲惫不堪，无法真的发生性行为，于是他们假装做爱，目的在于欺骗那些看守：他们做出虚假的动作，发出伪装的声音。这岂不与来自我们某些尚未放浪形骸的年轻人的经历截然相反？他们不得不和情人悄悄潜入卧室，并尽可能不声不响地做爱，以便使父母（如果他们还醒着的话）不会觉察他们正在进行的性行为。如果献给大他者的凝视（Other's gaze）的景观是性行为的一部分，情形会怎样？即是说，因为根本没有性关系，所以，如果它只是展示给大他者的凝视的，情形会怎样？

最近兴起的建立"网络摄像机"网站的潮流实现了《楚门的世界》（*The Truman Show*）的逻辑：在这些网站，我们可以连续不断地追随某个事件或某个位置，如某人在她公寓中的生活、街上的景色等。这一潮流岂不展示了对幻象性大他者之凝视（fantasmatic Other's gaze）的同样迫切的需要？在这里，幻象性大他者之凝视成了确保主体存在的保证（guarantee of the subject's being）。"只有始终被人观看，我才存在。"克洛德·勒福尔（Claude Lefort）注意到了与此类似的现象——电视机始终开着，即使实际上没人观看，也是如此，它成了确保社会联系存在（existence of social link）的最低保证。这里的情形是对边沁—奥威尔的圆形监狱社会观（notion of panopticon society）的悲喜交加的逆转。在圆形监狱社会中，我们（潜在地）"始终被观察"，面对权力的无所不在的凝视，我们无处逃避。在这里，焦虑来自下列设想——没有始终暴露在大他者的凝视之下，所以主体需要摄像机的凝视，把摄像机的凝视视为确证其存在的存有论保证（ontological guarantee）……

说到无所不在的凝视的这一悖论，我在斯洛文尼亚的一位朋友不久前碰到了一件搞笑的事情。一天深夜，他返回了办公室，要完成某些工作。在开灯之前，他注意到，在院子对面的一间办公室里，一位高级（已婚）经理与秘书正在他的办公桌上野合。因为情欲高涨，他们忘记了院子对面还有一幢大楼，大楼里的人可以清晰地看见他们的一举一动，因为他们的办公室灯火通明，而且窗子很大，没有窗帘。我的朋友给那间办公室打电话，中断了性行为以做短暂的间歇的经理拿起了电话。我的朋友以不祥的口吻对着话筒低声说道："上帝看着你呢！"可怜的经理顿时虚脱，心脏病差点发作。这种无法在现实中直接确定方位的创伤性语音的干预，或许最接近于我们对崇高的体验。

当希区柯克使我们直接面对这个外部的幻象性凝视（external fantasmatic gaze）的视角时，他就最离奇和最令人不安了。标准的恐怖片程序之一就是，通过"再符指化"（resignification），把客观镜头变为主观镜头：被观众最初视为客观镜头的东西（比如一家人在一所房子里就餐），借助于诸如摄影机的轻微抖动或"主体化"的同期声之类的法典化标记物（codified markers），突然间显现为这样的主观镜头——一个杀手正在悄悄靠近他潜在的牺牲品。不过这个程序还需要以它的对立物来补足，即出人意料地把主观镜头转换成客观镜头：在明确地被标记为主观镜头的远景镜头中，突然间，观众被迫承认，在剧情现实的空间里，并不存在占据这个镜头的视点的主体。所以我们在此要处理的不是把客观镜头简单地逆转为主观镜头，而是要为不可能的主体性（impossible subjectivity）建构一个位置。不可能的主体性是这样的主体性，它以某种不可言说的、怪异可怕的邪恶之氛围，玷污了这种客体性。我们可以从中嗅到一种彻底的异端神学，它暗自把造物主等同于魔鬼。

把造物主等同于魔鬼，这早已是法国 20 世纪清洁派异端
（Cathar heresy）的论题。这种不可能的主体性（impossible
subjectivity）的范例，是从杀气腾腾之物（murderous thing）
的角度拍摄的"主观"镜头。《惊魂记》中临终的侦探阿尔
博加斯特（Arbogast）被吓呆的面孔，《鸟》中那个著名的
从上帝的视角拍摄的镜头（它拍的是烈火熊熊的波迪加
湾），都是如此。随着进入鸟的画面，《鸟》中的那个镜头
的视角被再符指化（resignified）和被主体化，成了邪恶攻
击者的视角。

多重结局

不过，为希区柯克影片增加强度的，还有一个方面，
即第三方面。它便是多重结局之间的隐秘共鸣（implicit res-
onance）。最显而易见和证据充分的个案当然在《黄宝石》
（*Topaz*）中：在决定使用我们现在都知道的这个结局前，希
区柯克拍摄了两种可供选择的结局。我的看法是，只说他
简单地挑选了那个最得当的结局，是不够的。在某种程度
上，我们现在看到的这个结局预设了其他两种结局的存在，
这三种结局构成了三段论。那就是俄国特工格兰威尔
（Granville）［由米歇尔·皮科利（Michel Piccoli）扮演］自
言自语的三句话："他们不能证明我做了什么事情，我可以
直接去俄国"（第一个被废弃的结局）；"但俄国人现在不想
要我了，我甚至危及他们的安全，所以他们很可能会杀了

我"（第二个被废弃的结局）；"如果留在法国，我只是一个被抛弃的俄国特工，而俄国又不想要我了，我该怎么办？只能一死了之。"（实际上被挑选出来的结局）。

不过，关于这些可供选择的结局的隐秘在场（implicit presence），还有更多精致的版本。我认为，《美人计》（Notorious）的强劲冲击力，至少要部分归功于下列事实：要把它的收场放到至少两种其他可能的结果这一背景上来领悟，而且这两种结果作为可供选择的历史（alternative history），在影片中发生共鸣。[注8] 在这个故事的第一个概述中，艾丽西亚（Alicia）在影片即将结束时得以营救，但她失去了德夫林（Devlin），德夫林在把她从纳粹那里营救出来时被杀害。当时的想法是，这一牺牲行为理应消解德夫林与艾丽西亚之间的紧张关系（德夫林无法向艾丽西亚承认他爱她，艾丽西亚觉得自己不值得他爱）：德夫林在为了救她的性命而死，等于无言地向她承认，他爱她。到了终场，我们发现艾丽西亚与她那群酒友一道回到了迈阿密：尽管她比以前更加"声名狼藉"，但在内心深处她怀念那个爱她并为她而死的人，而且正如希区柯克在致制片人戴维·塞尔兹尼克（David O. Selznick）的一份备忘录中所言，"对她而言，这与她过上了婚姻美满、开心快乐的生活毫无差异。"

在第二个版本中，结果与此相反。在这里，我们已经知道，塞巴斯蒂安（Sebastian）及其母亲使艾丽西亚慢性中毒。德夫林反抗纳粹，并与艾丽西亚一起逃亡，但艾丽西亚死于逃亡的过程。在尾声中，德夫林独自坐在里约热内卢的咖啡馆里（他以前常在那里遇见艾丽西亚），无意中听到人们议论说，塞巴斯蒂安的水性杨花、背信弃义的妻子死了。不过，他手中握着一封信，那是哈里·杜鲁门（Harry Truman）总统的嘉奖信，里面提到了艾丽西亚的英勇行为。德夫林把信装进口袋，喝光了手中的咖啡。最后的版本，是我们大家都知道已被采纳的版本，它的结尾暗示我们，德夫林与艾丽西亚已经喜结连理。希区柯克后来删除了这个结局，以更具悲剧意味的气氛结尾——真的很爱艾丽西亚的塞巴斯蒂安留下来，面对纳粹的极度暴怒。关键在于，这两个可供选择的结局已经融入这部影片，成了我们在屏幕上看到的故事情节的幻象性背景：如果他们要比翼双飞，那么德夫林与艾丽西亚就必须经历"符号性死亡"。如此一来，幸福的结局就会脱胎于两个不幸结局的结合。即是说，这两个可供选择的幻象性脚本（fantasmatic scenarios）维系着我们实际上看到的收场。

这个特征允许我们把希区柯克列入一系列艺术家的行列——这些艺术家的作品预示了今日数字宇宙（digital universe）的到来。也就是说，艺术史家常常注意到一种现象：旧的艺术形式总在扩展自己的边界，总在使用这样的程序，这些程序至少从我们的回溯性的观点（retroactive view）来看，似乎指向了新的技术；新技术能够用来充当生命经验的更"自然"和更恰当的"客观关联物"（objective correlative），而这样的生命经验，旧形式一直借助于"过度"的实验，努力呈现之。19 世纪长篇小说使用的完整系列的叙事程序（narrative procedures），不仅预示了标准叙事电影的到来［如埃米莉·勃朗特（Emily Brontë）对"回闪"，查尔斯·狄更斯（Charles Dickens）对"交错剪辑"和"特写镜头"的复杂运用］，而且有时甚至预示了现代主义电影的到来（如《包法利夫人》对"off space"的运用），仿佛对生活的崭新感知已经出现，但它还在苦苦寻找适宜的表现方式，直到最终在影片中如愿以偿。我们在此得到的，是某种先将来时的历史性（historicity）：只有等到电影诞生并确立了标准的程序，我们才能真正把握狄更斯的伟大小说的逻辑或《包法利夫人》的叙事逻辑。

如今我们不正在接近类似的开端？一种新的生命体验正在流行开来，那便是对这样一种生命的感知——它打破了线性的、核心化的叙事形式（linear, centered narrative），把生命显现为多种形式的流动（multiform flow）。甚至在"硬"科学领域，也是如此。如量子物理学及其对多重现实（multiple reality）的阐释。如为地球生命的实际进化提供了另类说法的全然偶然性（utter contingency）——这一点，斯蒂芬·杰伊·古尔德[1]在其《奇妙的生命》（Wonderful Life）中已经证明。[注9] 还有伯吉斯页岩（Burgess Shale）化石。这种化石证明，进化原本可能转向完全不同的方向。我们似

---

① 斯蒂芬·杰伊·古尔德（Stephen Jay Gould, 1941—2002），美国古生物学家、进化生物学家、科学史学家与科普作家，多年在哈佛大学担任教职，也曾在美国自然史博物馆工作。主要科普作品有《千禧年》《自达尔文以来》《熊猫的拇指》《奇妙的生命》等。

乎在为生命的偶然性，在为其他版本的现实（alternate versions of reality）感到忧心忡忡。要么生命被体验为一系列多重的并行的命运（parallel destinies），这些命运相互作用并受到了无意义的偶然遭遇（contingent encounters）的影响，以至于一个系列与另一个系列相互交叉，或一个系列介入另一个系列［参见罗伯特·奥特曼①的《人生交叉点》（*Short Cuts*）］；要么相同情节的不同版本/结果反复上演［即"平行宇宙"或"可供选择的可能的世界"的脚本——参见克日什托夫·基耶斯洛夫斯基②的《机遇》《薇罗尼卡》和《红》。即使"严肃"的历史学家也写了一本《虚拟历史》（*Virtual History*）〔注10〕，对近代以来极其重要的历史事件（从奥利弗·克伦威尔战胜斯图亚特王室到美国革命战争，再到共产主义的解体）进行解读，认为这些事件全都依赖于不可预知的、有时甚至不大可能的偶然。］把我们的现实视为一种"开放"情形的可能的——通常甚至不是最有可能的——结果之一，认为其他可能的结果并没有被

---

① 罗伯特·奥特曼（Robert Altman，1925—2006），，美国电影及电视导演，曾经5次入围奥斯卡最佳导演奖，于2006年获得奥斯卡荣誉奖。代表作有《陆军野战医院》与《纳什维尔》等。

② 克日什托夫·基耶斯洛夫斯基（Krzysztof Kieslowski，1941—1996），波兰著名导演，以拍摄纪录片起家，后改拍剧情片。1976年完成了《疤痕》（*The Scar*）、《机遇之歌》（*Blind Chance*），1988年以短剧集《十诫》（*The Decalogue*）震惊影坛，之后又推出了《双面薇罗尼卡》（*The Double Life of Veronique*），以及《红》（*Red*）、《白》（*White*）、《蓝》（*Blue*）三部曲。这里的《机遇》（*Chance*）、薇罗尼卡（*Veronique*）分别是《机遇之歌》《薇罗尼卡的双重生命》的简称。

一笔勾销,而是作为本来可以发生的事情这个幽灵继续缠扰我们"真正"的现实,同时把极端的脆弱性和偶然性(extreme fragility and contingency)之身份授予我们的现实,这与我们的文学和电影占主导地位的"线性"叙事形式暗中冲突,而且这些叙事形式似乎在呼唤新的艺术媒介,有了新的艺术媒介,它们不会再是古怪的过度(eccentric excess),而是"真正"的运行模式(mode of functioning)。有关创作(creation)的概念也随着对世界的这种新体验的出现而变化:创作不再指这样的积极行为(positive act)——强制实行新的秩序,而是指这样的消极姿态(gegative gesture)——选择、限制各种可能性,赋予一个选项以优先权,同时牺牲其他的选项。你可以说,赛博空间的超文本(cyberspace hypertext)就是一种新媒介,在这种媒介中,生命体验找到了它"自然"的、更加适宜的客观关联物。如此说来,只有借助于赛博空间超文本的出现,我们才能有效地把握奥特曼与基耶斯洛夫斯基(其实还有希区柯克)实际上想要表达的东西。

理想的重拍

希区柯克影片的真正重拍是怎样的?这或许指明了方向。尝试和摹仿希区柯克的征候,是事先注定失败的做法。重拍相同的叙事会造成"莎士比亚开蒙版"那样的结果。所以只剩下两种方法可供选择。一种方法已由格斯·

范桑特①重拍的《惊魂记》所表明。这样说或许有些自相矛盾，但我还是倾向于认为，桑特重拍的《惊魂记》是一部失败的杰作，而不是简单的败笔之作。一帧一帧地精确重拍，是颇有创意的想法。在我看来，问题在于，这部影片沿着这个方向走得还不够远。在理想的层面上，这部影片应该努力获取离奇的二重身效果（uncanny effect of the double）：亦步亦趋地拍摄同一部影片，差异就会变得更加具体可感。这样做，一切都会一样，一样的镜头，一样的角度，一样的对话。

但是尽管如此，正是由于这种一样性（sameness），我们会更加强烈地感受到，我们现在面对的是全然不同的影片。这种分裂本来可以通过几乎无法觉察的细微差异暗示出来。这样的细微差异可以表现在表演的方式、演员的挑选、色彩的运用等方面。范桑特的重拍片中的某些因素已经指向这个方向：诺曼、莉拉（被描绘成了女同性恋）和玛利恩［缺乏女人味的、沉默寡言的、冷若冰霜的泼妇，与乳房丰满的、有女人味的珍妮特·利（Janet Leigh）形成了对比］的角色，甚至包括阿尔博加斯特、萨姆（Sam）的角色，都令人满意地指明了从20世纪50年代末向现在的转变。某些新增的镜头是可以接受的（如那个谜一般的主观

---

① 格斯·范桑特（Gus van Sant, 1952— ），美国电影导演、编剧、摄影师、音乐家与作家，以翻拍希区柯克的《惊魂记》而闻名。其《心灵捕手》与《米尔克》入围奥斯卡最佳导演，其《大象》于2003年在戛纳电影节上获得金棕榈奖。

镜头，它拍摄的是在两次谋杀之间出现的多云天空），但问题随着更加冷酷的改编而重新出现（如诺曼在偷窥玛利恩时自慰，然后杀害了她，我们不禁要提出一个极其明显的看法——如果能以这种方式获得性的满足，他就不必杀害她，不必完成暴力性的"付诸行动"了）。更糟的是，通过改变希区柯克的精确取景（比如那个关键场景，在那里，玛利恩带着钱离开办公室后回到家中，准备逃离），某些场景被彻底糟蹋了，它们的冲击力完全丧失了。希区柯克本人的重拍（两个版本的《擒凶记》以及《海角擒凶》和《西北偏北》）就指向了这个方向：尽管叙事非常相似，潜在的力比多机体（libidinal economy）在随后的每个重拍片中都完全不同，仿佛一样性（sameness）是用来达到这样的目的的——标明差异。[注11]

第二种方式是，以精心策划的战略步骤，把两个可供选择的脚本（这两个脚本支撑着希区柯克实际上拍摄出来的影片）中的一个搬上银幕，就像《美人计》的重拍那样。在《美人计》中，英格丽·褒曼独自生还了。这是尊重希区柯克的方式——把他视为我们这个时代的艺术家。与布赖恩·德帕尔马①等人向希区柯克直接表示敬意不同，那些据称已经做了这样的正确重拍的场景，要到出人意料的地

① 布莱恩·德帕尔马（Brian de Palma, 1940— ），美国编剧、导演，主要以拍摄悬疑电影和犯罪惊悚电影而知名，其《凶灵》《剃刀边缘》《疤面人》《铁面无私》和《碟中谍》等作品均表现不俗，为世人称道。

方去寻找。弗朗西斯·福特·科波拉①的影片《窃听大阴谋》中的一个场景就是这样的场景。科波拉肯定不是希区柯克式的导演。在《窃听大阴谋》中，探员以希区柯克式的凝视检视旅馆房间（犯罪现场），如同《惊魂记》中的莉拉与萨姆在玛利恩住过的汽车旅馆房间中所做的那样，从主卧室到洗手间，并把焦点落在便池和花洒上。从花洒（那里没有犯罪的蛛丝马迹，一切都干干净净）向便池的转移，提升了便池的地位，使之成为吸引我们的凝视的希区柯克式客体，以其不祥之感（它使我们产生了这样的预感——即将出现难以言表的恐怖事件）令我们着迷。在这里，从花洒向便池的这一转移至关重要（不妨回忆一下希区柯克与审查机关为了展示便池的内景而展开的斗争。在《惊魂记》中，萨姆拣起了撕碎的纸片，玛利恩在那上面记录了花钱的数目，这证明她曾经在那里住过）。在对《惊魂记》中的洗手间做了一系列指涉之后（迅速拉开帘布，检视下水口），《窃听大阴谋》中的探员把注意力集中于（据称洁净的）便池上，放水冲洗之，然后一团污物莫名其妙地喷涌而出——血液等犯罪踪迹溢出了便池。这个场景，其实是通过《艳贼》（Marnie）对《惊魂记》的重新解读（《艳贼》中的红色污物占满了整个屏幕），它包

① 弗朗西斯·福特·科波拉（Francis Ford Coppola, 1939— ），美国著名导演，《教父》《现代启示录》是其代表作。1974 年执导的《窃听大阴谋》（The Conversation）巧妙地渲染了令人不安的气氛，反映了美国公众当时的不安情绪。

含希区柯克世界的主要元素：它有着希区柯克式的客体，该客体物化了某个不明确的威胁，成了通往另一个深渊之维（abyssal dimension）的洞穴（在这个场景中，按动便池的放水按钮，与科幻小说中因为按错了按钮而融化了整个世界的场景，岂不相似?）；这个客体同时既吸引主体又排斥主体，可以说，它是这样的位置，在那里，被检视的场景折返了凝视（主人公不是也莫名其妙被便池注视了吗?）；最后，科波拉实现了便池的替代脚本（alternative scenario），使之成为散发神秘魅力的终极场所（ultimate locus of mystery）。

这是对一个场景的微型重拍（mini-remake）。使它发挥如此功效的，是科波拉的下列做法——他悬置了在《惊魂记》中施展威力的禁令：威胁真的来了，摄影机真的展示了《惊魂记》没有展示的危险。一团乱糟糟的血腥污秽从便池中喷涌而出。[注12] [在《惊魂记》中，诺曼把汽车连同受害者的尸体一起推进了房子后面的沼泽。那沼泽不就是容纳排泄物的大粪池，以至于我们可以说，他在某种程度上把汽车冲下了便池？在影片稍早的一个著名时刻，诺曼带着一脸的忧郁表情，看着玛利恩的汽车。那时，玛利恩的汽车停了几秒钟，才沉入了沼泽。这个著名时刻实际上表明了一种担忧——担心便池不能吞没犯罪的踪迹。我们在《惊魂记》最后一个镜头里看到玛利恩的汽车被拉出沼泽，这个镜头是从便池中再次涌出的那团血污的希区柯克

式等价物①。简言之，在一系列进入前存有论地下世界
（preontological netherworld）的入口中，这个沼泽是其中的
另一个入口。]

对前存有论冥府的同样指涉不也出现在《迷魂记》最
后的场景中吗？在前数字化时代，当我十几岁时，我记得
看过拷贝已被损坏的《迷魂记》。它最后的几秒钟缺失了，
所以影片似乎以幸福的结局告终：斯科蒂与朱迪断钗重合，
他原谅了她，并把她视为伴侣接受下来，两人激动地拥抱
在一起。我的看法是，这样的结局并不像人们想象的那样
矫揉造作：相反，在影片的实际结局中，从楼梯下面突然
出现的女修道院院长充当着某种消极的解围之神（deus ex
machina），充当着突如其来的侵入（绝对没有正确地以叙
事逻辑为根基），阻止了幸福结局的出现。[注13] 这个女修道
院院长来自何处？来自前存有论的阴影之域（preontological
realm of shadows）。在花店里，斯科蒂也是从这个前存有论
的阴影之域，秘密观察马德琳的。[注14] 正是对这种前存有论
领域的指涉，允许我们接近从来没有拍摄过的典型的希区
柯克式场景。之所以说这个场景是典型的希区柯克式场景，
是因为它使希区柯克的作品的基本母体（basic matrix）直接
显现出来，真的拍摄出这样的场景就会造成粗俗、乏味的
效果。这里有一个场景，希区柯克想把它插进《西北偏北》

---

① 这句话的意思是，玛利恩的汽车被拉出沼泽，等于那团血污从便
池中喷涌而出。希区柯克虽然没有拍摄"血污从便池中喷涌而出"的镜
头，但拍了"汽车被拉出沼泽"的镜头，两者在功能上是相同的。

之中。这是特吕弗①在与这位大师谈话时透露出来的：

> 我想让卡里·格兰特与某个工人（在福特汽车制造厂）一边沿着装配线步行，一边进行一次长长的谈话。在他们身后，一辆汽车正在一点一点地装配起来。最后，那辆他们亲眼看着从螺丝帽和螺丝钉装起的汽车终于完成了，并加满了汽油。万事俱备，就等着开下生产线了。两人相互看了一眼，说道："是不是很棒呀！"然后他们打开车门，一具尸体掉了下来。[注15]

这具尸体来自何处？是从哪里落下的？还是来自那个空白（void），斯科蒂在花店里就是从这个空白中观察马德琳的，《窃听大阴谋》中的那团血污也是从这个空白中涌现的。〔我们还应该记住，我们本来要在这个长镜头中看到生产过程的基本统一性（elementary unity）；不知来自何处神秘落下的尸体岂不是在生产过程中"不知道从哪里"（out of nowhere）创造出来的剩余价值的完美替身吗？〕提升荒谬可笑的最低级之物（即"彼岸"，排泄物从那里遁于无形），使之成为形而上学的崇高（metaphysical sublime），这个惊人的举动或许是希区柯克艺术的一大奥秘。这种崇高有时

---

① 弗朗索瓦·特吕弗（François Truffaut，1932—1984），法国导演、影评人，新浪潮运动的主将之一，"电影作者论"的提倡者，与法国另一名导让–吕克·戈达尔（Jean-Luc Godard）齐名，在国际影坛享有盛誉。执导过《四百击》和《偷吻》等著名影片。

不也是我们最普通的日常经验的一部分吗？当完成一项简单任务（如爬一段长长的楼梯）时，我们会被出乎意料的疲倦累垮，这时候，突然间，仿佛一道高不可攀的障碍，把我们与我们想达到的那个简单的目标（爬到楼梯的顶部）隔离开来，把那个简单的目标变成我们永远不可企及的形而上学客体（metaphysical object），仿佛有种什么东西，永远阻止我们实现那个目标。

那个领域（一旦我们冲了便池，排泄物就从那里遁于无形）实际上是可怕的崇高"彼岸"的隐喻，即原初的、前存有论的混沌（primordial, preontological chaos）的隐喻，万事万物从那里遁于无形。尽管我们在理性上知道排泄物去了哪里，但想象的奥秘（imaginary mystery）依然挥之不去：粪便依旧是与我们的生活格格不入的过度（excess），而且拉康这样说是对的——一旦如何处理自己的粪便的问题成为难题，一旦那堆污物成了令了扫兴的过度，我们就从动物变成了人。[注16]

《窃听大阴谋》那个场景中属于"实在界"的东西，主要还不是从便池中重新出现的令人恐怖和恶心的污物，而是便池的排水孔，即充当着通向不同的存有论秩序（ontological order）的排水孔。一边是谋杀案的残留物尚未再次出现时的空便池，一边是卡兹米尔·马列维奇（Kasimir Malevich）的《白平面上的黑方块》（*The Black Square on the White Surface*），两者间的相似性意味深长：从便池上面俯视便池，难道没有再现几乎完全相同的极简主义的视觉图式

（minimalist visual scheme）——黑色（或者至少是深色）的水方块被镶嵌在便池这个白色平面之上？再说一遍，我们当然知道，排泄物被冲到了污水处理网的某处。这里属于"实在界"的，是拓扑学的洞穴（topological hole）或拓扑学的扭转（torsion），它弄弯了我们现实的空间，以至于我们对排泄物做了这样的感知或想象——它消失于备选维度（alternative dimension），而该备选维度并非我们日常现实的一部分。

希区柯克痴迷于清洗用过的洗手间或厕所，这是众所周知的。意味深长的是，在玛利恩被谋杀后，他想把我们的认同点转移到诺曼那里，这时，他用了很长的镜头，渲染清洗洗手间的详细过程。这或许是这部影片的关键场景，它提供了对下列行为或状态的离奇的、深切的满足：正确地完成了工作，事情恢复了常态，局势再次得到了控制，可怕的地下世界的踪迹已被清除。我们不禁要以圣托马斯·阿奎那（Saint Thomas Aquinas）的那个著名命题为背景来解读这个场景。根据那个命题，美德（美德在此被界定为以正确的方式完成某个行为）也可以用来达到邪恶的目的：我们可以是完美的盗窃犯、杀人犯、勒索者，因为我们在以"合乎美德"的方式完成一桩邪恶的行为。

《惊魂记》中这个清洗洗手间的场景表明，"低级"的完美可以神不知鬼不觉地影响"高级"的目的：诺曼在清洗洗手间时表现出来的美德上的完美，当然用来达到清除犯罪痕迹这个邪恶的目的；不过，他的行为的这种完美，这种敬业，这种彻底，会诱使我们相信，如果某人以这样的"完美"方式采取行动，他应该是个彻头彻尾的好人，是个极富有同情心的人。

简言之，如此彻底地清洗洗手间的人，不可能是真正的坏人，尽管他可能有其他微不足道的怪癖。（或者说得更加尖锐一些，在一个由诺曼统治的国家，列车肯定准点！）在最近看到这个场景时，我无力自拔，近乎神经质一般地注意到，洗手间并没有清洗干净——浴盆一侧还有两个污渍！我几乎要大喝一声：嘿，还没洗净呢，把活漂亮地干完！这岂不是说，《惊魂记》在此指向了当今的意识形态感知（ideological perception），在这种意识形态感知中，成为避开公众眼睛的淫荡下流（obscene indecency）之场所的是劳作（与"符号"行为相反的体力劳动），而不是性（sex）？

这种传统可以追溯至瓦格纳的《莱茵的黄金》和弗里茨·朗的《大都会》，在那里，劳作的过程被置于地下，被置于黑暗的洞穴。这种传统如今达到了顶峰，因为数以百万计的无名工人在第三世界的工厂里挥汗如雨，从某国的古拉格到印尼或巴西的装配线，莫不如此。因为他们处于隐匿状态，西方才能滔滔不绝地奢谈什么"正在消失的工人阶级"。不过，在这个传统中，至关重要的是把劳动等同于犯罪，至关重要的是这样的观念：劳动（labor）——艰辛的劳作（hard work）——原本是不体面的犯罪行为，需要躲避公众的眼睛。

在好莱坞的影片中，我们只能在一个地方看到强度最高的生产过程，那便是，动作片主人公渗透到了主犯的神秘王国，并确定那里就是密集劳动的场所（毒品的制造与包装、即将摧毁纽约的火箭的制造）。在詹姆斯·邦德（James Bond）的影片中，主犯在抓获邦德后通常要带他参观自己的非法工厂，这时的好莱坞岂不最为接近社会主义现实主义对工业生产的自豪再现？[注17]邦德的干涉所发挥的功能，当然是炸掉这个生产场所，允许我们恢复我们生活的日常伪装（daily semblance of our existence），置身于"工人阶级正在消失"的世界。

附带提一句，违背自己的意愿，强行认同，这种态度在那些左翼电影理论家那里不是一清二楚的吗？这些理论家以类似的方式，被迫喜欢希区柯克，在力比多的层面上认同他，尽管他们很清楚，用"政治正确"的标准来衡量，希区柯克的作品会被解读为罪恶大全（痴迷于整洁与控制、根据男人的形象创造女人，等等）。我从来不觉得那些不得不喜爱希区柯克的左翼理论家做出的标准解释令人信服。他们的标准解释是：是的，他的世界是男尊女卑主义（male chauvinist）的世界，但是与此同时，他凸显了男尊女卑主义世界的裂缝，甚至可以说，从内部颠覆了它。我认为，希区柯克影片的社会—政治维度要到别的什么地方寻找。

且以《惊魂记》结束时的两个了结（closures）为例：先是精神错乱医师总结这个故事，后是诺曼—母亲本人做最后的独白，"我甚至不会伤害一只苍蝇！"关于当代主体性陷入的僵局，这两个了结之间的分裂告诉我们的东西，比十几篇文化批判论文还要多。也就是说，似乎我们正面对着下列两者间的分裂：一者是专业知识（expert knowledge），一者是我们私人的唯我独尊的世界（private solipsistic universes）。如今许多社会批判者都为此深感悲哀：常识，即一套共享的涉及伦理预设（ethically engaged presuppositions），正在缓慢解体。一方面，我们得到的是专家和科学家的客观化的语言（objectivized language），这套语言不再能转译成妇孺皆知的共同语言，而以无人真正理解的恋物癖套语的模式呈现出来，但它塑造了我们的艺术的和流行的想象（黑洞、大爆炸理论、超弦、量子振动等）；另一方面，我们得到的是五花八门的生活方式，我们无法把它们相互转换：我们力所能及的，就是为它们在多元文化社会中的宽容共存（tolerant coexistence）提供条件。当今主体的肖像或许是印度电脑程序员的肖像，白天，他在专业技术领域里驰骋，但到了晚上，回到家中，他会给印度之神点上蜡烛，并尊重牛的神圣性。

不过，仔细看看，就会很快发现，对立的双方已在《惊魂记》的末尾被转换了：以积极主动的、近乎温情脉脉的方式说话的，正是那个精神错乱医师，他对事件的解释充满了个人的口头禅，更不乏表示同情的姿势；已经退回自己私人世界的诺曼，恰恰不再是他自己，他完全被另一个精神实存物（母亲的鬼魂）所附身。诺曼这个最后的形象令我想起了墨西哥拍摄肥皂剧的方式：因为日程极其紧张（制作室必须每天拍摄出半小时的系列剧节目），演员们没有时间提前记熟台词，于是干脆在自己的耳朵里藏个微型话频接收机，有人藏在布景后面的小屋里向他们发号施令，告诉他们该如何做（说什么话，完成什么动作）。演员们立即执行那些指令，毫不迟疑，训练有素。这就是《惊魂记》结尾处的诺曼，也是给那些新纪元人（New Agers）提供的良好教益。那些新时代人声称，我们应该摘下社会面具，释放我们"内心深处的真实自我"。我们在诺曼那里看到了最后的结果。在《惊魂记》的结尾处，诺曼真的实现了他的真实自我，并遵循了阿蒂尔·兰波（Arthur Rimbaud）在致保罗·德梅尼（Paul Demeny）的信中引用的名言："因为我是另一个人。如果青铜唤醒铜号，这不是它的错。"① 也就是说，如果诺曼开始以他母亲的怪声说话，这不是他的过错。为了成为"真正的自我"，成为未曾分裂的主体，他必须付出代价。这代价就是彻底的异化，成为自己的大他者（Other with regard to himself）。阻碍实现充分的自我同一（self-identity）的障碍，正是获得自我性（self-hood）的前提条件。

这个对抗的另一个方面涉及建筑。我们还可以把诺曼视为被两个建筑物割裂的主体。两个建筑物，一个是现代的、处于水平位置的汽车旅馆，一个是他母亲的、处于垂直状态的哥特式住宅。他永远在两个建筑物之间奔波，找

---

① 原文为：Car je est un autre. Si le cuivre s'éveille clairon, il n'y a rien de sa faute.

不到自己的安身立命之所。从这个意义上说，这部影片的结尾的 unheimlich① 特征意味着，在彻底认同母亲时，他最终找到了自己的 heim，即自己的家。在诸如《惊魂记》之类的现代主义作品中，这种割裂依然清晰可见，而当今后现代建筑的主要目标是淡化这一割裂。在这方面，只要回忆一下"新都市主义"（new urbanism）就足够了。它要重返小城镇的小家庭住宅，这样的住宅带有门廊。这重新创造了地方社区的舒适气氛。很显然，这就是建筑乃最纯粹的意识形态（architecture as ideology at its purest）的例证，它为真正的社会僵局提供了想象性的（尽管它是"真实的"，是以房屋的实际布局实现的）解决方案。真正的社会僵局与建筑无关，与晚期资本主义动力机制（dynamics）密切相关。

有关这一对抗的更加暧昧的个案，是弗兰克·盖里②的作品：何以他如此风靡一时，成了为人顶礼膜拜的人物？他以对抗两极中的一极（或者是老式的家庭住宅，或者是现代主义的混凝土加玻璃的楼房）为基础，或者使它屈从于某种立体主义的变形失真（墙与窗子的曲角等），或者把老式的家庭住宅与现代主义补充物（modernist supplement）混合起来。在这个例证中，正如弗雷德里克·詹姆逊指出

---

① 在德语中，heim 的意思是家，unheimlich 即不在家的，引申为令人不安的、感到陌生和怪异的，一般译为诡异。
② 弗兰克·盖里（Frank Gehry, 1929— ），美国后现代主义及解构主义建筑师，曾获得普利策克奖。他设计的建筑，包括其私人住宅，已经成为观光胜地，《名利场》杂志称之为"当代最重要的建筑师"。

的那样，焦点是处在两个空间的交叉点上的位置（房间）。简言之，盖里在建筑中所做的，不就是巴西的卡杜维奥印第安人（Caduveo Indians）——列维-斯特劳斯在其《热带的忧郁》中对他们做过精彩的描述——试图以文面（tatooed faces）得到的东西？即通过建构一个乌托邦式的解决方案，通过对两极做出调停，以一个符号性的行为，解决社会对抗这一"实在界"？

所以，这是我最后的猜想：如果贝茨汽车旅馆由盖里来设计，即把母亲的旧式住宅与处于水平面的现代汽车旅馆相结合，使之成为新的混合性实存物，那诺曼就不再需要杀害其受害者了，因为那样的话，他会解除不堪忍受的张力，正是这种张力迫使他在两个地点之间不停地奔波——他会在两个极端之间获得一个调停之地（place of mediation）。

《黑客帝国》①，或变态之两面

如果说希区柯克的《惊魂记》使我们面对现代性之对抗（antagonisms of modernity），那么在我们后现代，这些对抗是如何被推翻的？安迪与拉里·沃切斯基兄弟（Andy and Larry Wachowski）的《黑客帝国》无意间为此提供了答案。我在斯洛文尼亚的一家地方电影院里观看这部影片时，有

---

① 《黑客帝国》英文名是"The Marix"，"matrix"的含义异常丰富，除了这部影片的名称，一律译为"母体"。

了一个独一无二的机会，紧挨着坐在了这部影片的理想观众（即白痴）的身旁。那位将近而立之年的男子坐在我的右侧，他如此地陶醉于这部影片，以至于始终都在大喊大叫地打扰其他观众："我的天呢，哇，所以说，根本不存在什么现实嘛！"与故作高深的唯智主义的解读（intellectualist readings）相比，我绝对更喜欢这样天真的陶醉，那样的解读常常把精致的哲学的或精神分析的概念区分（conceptual distinctions）注入影片。[注18]

　　尽管如此，理解《黑客帝国》对智性的诱惑（intellectual attraction），还是很容易的。《黑客帝国》不就是充当着某种罗夏测试①的影片之一吗？它开启了通用化的识别过程（就像那幅众所周知的上帝画像那样，无论你从哪个角度看，它似乎永远都在盯着你），任何一个取向（orientation）几乎都能从中看到自己的存在。我的拉康派朋友们告诉我，该片的编剧肯定读过拉康的著作；法兰克福学派的党徒在《黑客帝国》中看到了文化工业的外挂化身（extrapolated embodiment），发现已被异化—物化的（资本的）社会实体直接接管了我们的内在生命，对我们的内在生命进行殖民，

---

　　① 罗夏测试（Rorschach test），即罗夏墨迹测试（Rorschach inkblot test），是由瑞士精神错乱医师罗夏（Hermann Rorschach，1884—1922）设计的，用以识别不同的人格类型。在这项测试中，在白纸上洒下不规则的斑斑墨迹，接受测试者因性格、人生经验与文化背景的差异，看到的图像亦不相同，因而可以根据他们看到的不同事物的图像，区分不同的人格类型。尽管没有任何具体的科学研究证明它是坚实可靠的，但还是被广泛应用于心理测试之中。

把我们当成能源来利用；新纪元人（New Agers）在思辨的源泉中看到了它的身影，在他们看来，我们的世界只是一个幻景（mirage），该幻景是由一个全球性心灵（global Mind）派生出来的，而全球性心灵又以万维网为化身。

这个系列的影片回到了柏拉图的《理想国》那里：《黑客帝国》不正重复了柏拉图的洞穴装置（dispositif of the cave）？在那里，常人成了囚犯，被紧紧地捆在座位上，被迫观看被误认为现实的影子表演（shadowy performance）。重要的差异当然在于，一旦某些人逃离了自己的洞穴困境，回到地面，他们看到的不再是由太阳——至善（the supreme good）——的光线照耀的明亮地面，而是荒无人烟的"实在界这个大荒漠"（desert of the real）。法兰克福学派与拉康的主要对立在于：我们应该把《黑客帝国》历史化，使之成为资本（资本对文化和主体性进行殖民）的隐喻呢，还是说，它就是符号性秩序本身的物化（reification of the symbolic order）？不过，如果这种非此即彼的选择也虚假不实呢？如果符号性秩序自身的虚拟性正是史实性（historicity）得以成立的前提条件呢？

抵达世界的尽头

让主人公生活在完全被操纵和控制的人工世界，这个想法几乎没有什么原创性可言：《黑客帝国》不过是通过引入了虚拟现实（VR），把这个念头激进化了而已。在这里，关键在于，面对反传统观念这一问题（problematic of icono-clasm），虚拟现实是极其暧昧的。一方面，虚拟现实标志着彻底的化约，它把我们丰富的感官经验不仅约化成了字母，而且化约成了 0 和 1 这样最小的数字序列，化约成了电子信号的传递与不传递。另一方面，这个数字机器派生了"仿造"的现实经验，这种现实往往与"真正"的现实真假难辨。由此带来的结果是，有关"真正"现实的概念土崩瓦解。与此同时，虚拟现实最为彻底地肯定了图像的诱人力量。

某人生活在田园诗般的佛罗里达小镇上，生活在消费主义的天堂里。突然间，他开始怀疑，他身居其间的世界是假的，是用来让他相信他生活在真实世界里的人造景观，而他周围的所有人实际上是一个巨型节目的专业演员和临时演员。这不正是最彻底的美式妄想狂幻象（American pa-ranoiac fantasy）？在这方面，最新的例证是彼得·威尔①的《楚门的世界》（1998），金凯利（Jim Carrey）在里面扮演了一个小镇职员，他渐渐发现，他是全天候直播的电视系列节目的主角。他的家乡是在巨大的摄影布景上搭建的，众多摄影机始终都在追踪拍摄他。彼得·斯劳特戴克②的

---

① 彼得·威尔（Peter Weir, 1944— ），生于悉尼，是一位在澳大利亚和好莱坞同样享有盛誉的导演。代表作有《死亡诗社》、《楚门的世界》和《怒海争锋：极地征伐》。四次获奥斯卡最佳导演提名，四次获金球奖最佳导演提名。《楚门的世界》和《怒海争锋：极地征伐》两次使他荣获英国电影学院奖最佳导演奖。2023 年荣获第 95 届奥斯卡终身成就奖。

② 彼得·斯劳特戴克（Peter Sloterdijk, 1947— ），德国哲学家和文化理论家，代表作为《资本的内部：全球化的哲学理论》。

"球体"（sphere）在此真的以巨大金属球体的形式实现了，这个金属球体把楚门生活的整个城市包围和隔离起来。《楚门的世界》的最后一个镜头似乎展示了这样的解放性经验（liberating experience）——逃离了这个与外界隔绝的世界这个意识形态的缝合（ideological suture），走到了它的外面，从意识形态的内部（ideological inside）是看不到这个外面的。影片有个"幸福"收场（我们不要忘了，来自世界各地的数以百万计的观众在观看这场演出的最后几分钟时全都拍手称快），那时候，主人公逃离了封闭的世界，并如我们被引导着相信的那样，很快会获得真正的爱情［这样一来，我们就再次见到了人造爱情（production of the couple）的俗套］。不过，如果这个"幸福"的收场就是最纯粹的意识形态呢？如果意识形态之为意识形态，就在于这样的信念呢：在有限世界的封闭圈之外，存在着某个等待我们进入的"真正的现实"？[注19]

在持有这种观念的众多先驱中，菲利普·迪克的《阴差阳错》（1959）是值得一提的。那里面的主人公居住在20世纪50年代末田园诗般的加利福尼亚小镇上，过着普普通通的日常生活。他渐渐发现，整个小镇都是假的，是用来让他心满意足的。《阴差阳错》和《楚门的世界》提供的潜在经验是，因为过度真实（hyperreality），晚期资本主义的消费主义天堂反而是不真实的、非实体性的，是丧失了物质惰性（material inertia）的。所以说，不仅好莱坞展示了丧失了物质性之重量与惰性（weight and inertia of materiality）的真实生活这一假象（semblance），而且在晚期资本主义的消费主义社会中，不知怎么的，"真实的社会生活"本身也获得了人工伪造（staged fake）的特点，我们的邻居在"真实"生活中的言谈举止都俨然舞台上的专业演员或临时演员。关于资本主义的、功利主义的、去精神化的世界（despiritualized universe），终极真相是"真实生活"本身的去物质化（dematerialization），是它被逆转成了幽灵般的表演（spectral show）。

在科幻小说领域，我们还应该提到布赖恩·奥尔迪斯①的《星际飞船》（*Starship*）。在那里，某个部落的成员生活在一个巨大恒星飞船的隧道这个封闭世界里，植被把它们与星际飞船的其他部分隔离开来。他们不知道，在他们的世界之外别有洞天。最后，几个孩子穿过灌木丛，来到外部世界，那里居住着其他的部落。在更老派、更"幼稚"的先驱中，我们应该提到乔治·西顿②的《三十六小时谍报战》（*36 Hours*）。那是一部 20 世纪 60 年代初期摄制的影片，讲述的是一位美国军官［由詹姆斯·加纳（James Garner）扮演］知道了诺曼底登陆作战的全部计划，但在盟军登陆作战前几日，他意外地被德国人捕获。因为在被俘时

---

① 布赖恩·奥尔迪斯（Brian Aldiss, 1925—2017），英国科幻作家，曾获得雨果奖、星云奖、坎贝尔奖等科幻界大奖。他的《玩转整个夏天的超级玩具》（*Super-toys Last All Summer Long*）曾被库布里克改编成电影《人工智能》。

② 乔治·西顿（George Seaton, 1911—1979），美国编剧、导演、制片人。

发生了爆炸，他失去了意识，于是德国人飞快地为他搭建了一个仿制品，仿制的是一个小型的美国疗养度假村，试图让他相信，他现在生活在 1950 年，美国已经赢得这场战争，而他丧失记忆也有六年之久了。德国人的如意算盘是，他现在可以安然说出登陆作战计划，这样德国人就会做好战斗准备。但这个精心建构起来的大厦很快出现了裂缝。

在背景中潜伏的，当然是"抵达世界尽头"这一前现代的观念：在那幅著名的版画①中，惊讶不已的流浪汉们接近了天堂的屏幕/帷幕，那是一个平整的画面，上面画着繁星，他们刺穿屏幕/帷幕，走到它的外面。这正是《楚门的世界》结束时发生的事情。在该影片的最后一幕，楚门走上了靠在墙上的梯子，墙上画着蓝天地平线，还开着一道门。难怪这一幕具有独具一格的马格里特式格调（Magrittean touch）。今天，同样的感性（sensitivity）不正在猛烈地回归？诸如汉斯·于尔根·西贝尔贝格②的《帕西法尔》之类的作品（在那里，无限的地平线也受阻于明显的"人工"背面投影）不正标志着笛卡尔式无限透视（Cartesian infinite perspective）的时代正在失效，标志着我们正在重返再次兴起的中世纪的前透视世界（preperspective universe）。弗雷德

---

① 这里所谓的版画，可能指弗拉马里翁（Nicolas Camille Flammarion，1842—1925）在 1888 年出版的《大气：流行气象学》（L'atmosphère : météorologie populaire）中的一幅版画。
② 汉斯·于尔根·西贝尔贝格（Hans Jürgen Syberberg, 1935— ），德国导演。《希特勒：一部德国电影》是其代表作，被视为新德国影片运动遗留下的艺术珍宝。

里克·詹姆逊显然在雷蒙德·钱德勒的长篇小说和希区柯克的影片中看到了同样的现象：《别了，我的美人》（*Farewell, My Lovely*）中的太平洋海岸充当着世界的尽头/极限，在它之外，是不为人知的深渊；它类似于在总统山的总统们的头部前面伸展出来的辽阔山谷，那时在逃离追击者的路上，爱娃·玛丽·森特和卡里·格兰特抵达了总统山的顶部（爱娃·玛丽·森特差点掉下去，卡里·格兰特把她拉了上来）；而且我们不禁要给这一系列的实例加上《现代启示录》中那个著名的战斗场景。战斗发生于横跨越南和柬埔寨边境的一座桥上，在那里，桥外的空间被体验为"我们这个已知世界的彼岸"。我们以前曾经有过这样的观念：我们的地球并非漂浮在无限空间中的行星，而是一个圆形的开口，一个洞穴，它处在无限的、坚实的永恒冰块（mass of eternal ice）之内，居于冰块的中央的是太阳。我们怎能不会想到，这样的观念正是纳粹心爱的伪科学幻象之一［根据某些报道，他们甚至考虑在德国的叙尔特群岛（Sylt Islands）上架设些望远镜，以观察美国的一举一动］？

"实际存在"的大他者

那么何谓"黑客帝国"？简单地说，它是拉康所谓的"大他者"（big Other），是虚拟的符号性秩序（virtual symbolic order），是为我们构建现实的网络。"大他者"的这个维度是处于符号性秩序中的主体的构成性异化的维度①：大他者在幕后操纵，主体并不说话，而是被符号性结构（symbolic structure）"说"（is spoken）。简言之，这个"大他者"是对社会实体（social substance）的称谓，是对所有下列事物的称谓：由于这些事物的存在，主体从来都不能完全支配他的行为的结果。也就是说，由于这些事物的存在，主体行为的最终结果总与他试图获得或预期获得的结果不相符。不过，在这里，注意到下列一点至关重要：在《研讨班》第 11 卷的关键章节中，拉康努力描述异化之后的运作及其——从某种意义上说——它的对位点（counter-point），即分裂之后的运作：紧随大他者中的异化（aliena-tion in the big Other）而来的，是与大他者的分裂。分裂发生于下列时刻：主体注意到，大他者本身是不一致的，是纯粹虚拟性的，是"被划了斜线"的，是丧失了元质的。幻象努力填补的是大他者的这一匮乏，而不是主体的匮乏。即是说，幻象努力（重新）构成大他者的一致性。为了这个缘故，幻象与妄想狂是天然联系在一起的。最基本的妄想狂是对"大他者之大他者"（Other of the Other）的深信不疑，是对另一个大他者的信仰，这个大他者隐藏在外在社会肌质（explicit social texture）这个大他者的后面，规划

---

① 齐泽克在这里强调虚拟的符号性秩序对主体的重要性。符号性秩序是对主体的异化，但这种异化发挥着构成性的作用：没有异化，就没有主体；不被异化，就不成主体。所以"构成性异化"（constitutive aliena-tion）一语，是理解这句话的关键。

着在我们看来属于社会生活的无法预料的结果，因而保证了它的一致性：在市场的混沌状态的下面，在道德沦丧的下面，隐藏着犹太阴谋这个蓄意的策略。借助于我们如今日常生活的数字化，这种妄想狂立场（paranoiac stance）得到了进一步的提升：当我们全部的（社会）存在在计算机网络这个大他者中被逐步外化/物化（externalized/material-ized）时，想象出这样的邪恶程序员易如反掌：他能消除我们的数字身份，剥夺我们的社会存在，把我们由人变成非人。

　　顺着这一妄想狂扭曲（paranoiac twist），《黑客帝国》要提出的观点是，这个大他者在实际存在的百万次计算机（really existing megacomputer）中外在化了。因为"事情有点不对劲儿，机会已经失去，始终都在闹毛病"，所以才存在（也必须存在）母体。也就是说，这部影片的想法是，之所以如此，是因为存在着母体，它模糊了隐藏在它身后的"真正"现实。结果，这部影片的问题在于，它还不够"疯狂"，因为它假定，在我们的由母体支撑的日常现实的后面，存在着另一个现实，即"真正"的现实。不过，应该避免下列致命的误解，要知道，与之相反的观念仍然是意识形态性的。与之相反的观念是："存在着的一切，都是由母体派生出来的"，根本没有什么终极现实，只有无穷无尽的虚拟现实，这些虚拟现实彼此之间相互映射。（在《黑客帝国》的续集中，我们大概会获知，"实在界这个大荒漠"是由另一个母体派生出来的。）比虚拟世界的这一大量繁殖更具颠覆性的，本应是现实的大量繁殖。现实的大量繁殖会再次导致某些物理学家在近期的高能加速器实验中已经看到的悖论性危险（paradoxical danger）。众所周知，科学家们现在正在试图建造能以接近光速的速度撞击并粉碎重原子的原子核的加速器。他们的想法是，这样的撞击不仅能把原子核粉碎成它的构成因素——质子与中子，而且能击碎质子与中子，留下"等离子体"（plasma），即由松散的夸克和胶子粒子组成的能量汤（loose quark and gluon particles），一种物质积木（building blocks of matter）。这种状态的物质先前从未研究过，因为这种状态只在大爆炸后短暂地存在过。不过，这种前瞻已经导致梦魇般的场景：如果这一实验的成功最终导致了末日机器①的出现呢？末日机器是吞噬世界的怪物，它将以不可阻挡的必然性根除它周围的普通物质，进而彻底毁灭我们熟知的世界。这一实验的讽刺意味在于，世界的这一终结，宇宙的这一瓦解，会成为最终的无可辩驳的证据。它证明，被测试的理论是正确的，因为它会把所有的物质吸入黑洞，然后生成新的宇宙，完美地再现大爆炸的场景。

所以，悖论在于，下列两个版本都是错误的，它们都遗漏了实在界：（1）主体从一个虚拟现实自由地漂向另一个虚拟现实，他是纯粹的鬼魂，知道每个现实都虚假不实；（2）妄想狂式的假设，即假设在母体之下，存在着真正的

---

① 末日机器（doomsday machine），幻想出来的机器，据说一旦触发，它会毁灭世界，无人能够阻止。

现实。这部影片的错误并不在于，它认为在虚拟现实的模拟（VR simulation）之下存在着实在界（a real）；正如孟斐斯向尼奥展示已被毁灭的芝加哥的风光时所言，"欢迎来到实在界这个大荒漠"。不过实在界并非处于虚拟模拟（virtual simulation）之后的"真正现实"，而是使得现实不完整/不一致的空白（void），任何符号性母体（symbolic matrix）的功能都是掩藏这种不一致性。完成这种掩藏的方式之一就是宣称，在我们所知的不完整/不一致的现实之后，存在着另一种现实，任何不可能性之僵局（deadlock of impossibility）都无法将它纳入结构。

大他者并不存在

"大他者"还代表着常识之域，人们在经过自由的思虑（free deliberation）后可以抵达那里。在哲学上，它最新的重要版本是哈贝马斯的交流共同体（communicative community），该共同体有着看法一致这个规制性的理想（regulative ideal of agreement）。如今逐渐土崩瓦解的，正是交流共同体这个大他者。专家的行话（expert jargon）被展示为客观的洞识，任何人都不能与之争辩，同时无法把它转化成我们的共同经验。简言之，科学洞识与常识之间的缝隙是无法弥合的。也正是这道缝隙，把科学家提升到了"理应知情的主体"的高度，使之成为流行的崇拜偶像（斯蒂芬·霍金现象）。这种客观性的严格对立面，则是在文化问题上，我们面对着大量的生活方式，这些生活方式彼此之间无法相互转化。这种分裂完美地表现于赛博空间现象。

赛博空间本应使我们全都进入地球村，但实际情况是，我们正被众多信息狂轰滥炸，这些信息属于各个不一致、不兼容的世界；我们得到的不是地球村，不是大他者，而是供我们选择的众多的"小异己"（small others），不同的部落性的特定标识（tribal particular identifications）任由我们选择。千万不要误解，拉康远远没有把科学相对化，使之成为一个随意的叙事（arbitrary narrative），并最后使之与"政治正确"之类的神话平起平坐。科学的确"触及了实在界"（touch the real），科学知识是"实在界中的知识"（knowledge in the real）；僵局仅仅在于，科学知识无法充当符号性的"大他者"。在这里，现代科学与亚里士多德式的常识性的哲学存有论之间的缝隙是不可逾越的，它早已伴随着伽利略的到来而形成，在量子物理学中登峰造极。在量子物理学中，我们面对着这样的规则/定律（rules/laws）：尽管无法把它们转化为我们对可再现现实（representable reality）的体验，但它们依然在正常运转。

风险社会理论及其全球性反身化（global reflexivization）在这样做时是对的：它强调，在今天，我们处于与古典启蒙运动的普世主义意识形态（classical Enlightenment universalist ideology）的相反的一端。普世主义的意识形态预先假定：从长远的观点看，可以通过引证专家们的"客观知识"来解决根本性的问题。我们在面对围绕着某个新产品（如转基因疏散）的环境后果产生的不同意见时，寻找最终的专家意见是徒劳的。关键不仅在于，科学因为在财政上依赖于大公司和政府机构而被腐败，因此真正的问题已被搅得一片模糊，即使就科学本身而论，科学也不再能够提供答案。可以通过引证专家的"客体知识"，一劳永逸地解决所有的基本问题。关于某个新产品（比如基因改良蔬菜）造成的环境后果，专家们的意见也不尽一致。我们面对着相互冲突的意见，想要找到最终的专家意见是徒劳的。生态学家15年前预测了森林的灭绝，而现在的问题却是树木过多的增加。

风险社会理论的不足之处在于，它特别强调我们这些普通的主体深深陷入的非理性困境：我们一次又一次地被迫做出决定，尽管我们很清楚，我们没有资格做出决定，我们做出的决定将是随意性的。乌尔里希·贝克①及其追随者在这个问题上主张，对所有选项展开民主讨论，凝聚共识。不过这也无法解决固化的进退两难之境：从认知的角度看，多数人的无知保持不变，这时，由多数人参与的民主讨论怎么能够产生较好的结果？因此，多数人的政治挫折感是可以理解的：他们被要求做出决定，与此同时，他们又收到了这样信息，他们实际上没有资格做出决定，没

---

① 乌尔里希·贝克（Ulrich Beck，1943—2015），德国著名社会学家、风险社会学大师，《何谓全球化？》（*Was ist Globalisierung?*）、《风险社会：走向新的现代性》（*Risk Society: Towards a New Modernity*）是其代表作。

有资格客观地权衡利弊。求助于"阴谋理论"是摆脱僵局的一种绝望方式，是重获最小程度的弗雷德里克·詹姆逊所谓的"认知图绘"（cognitive mapping）的一种努力。

乔迪·迪安[注20]使我们注意到一个奇怪现象，该现象可在官方科学和所谓伪科学的"哑巴对话"中清晰看到。官方科学是"严肃的"、在学术上已经制度化的科学。所谓的伪科学是一个广泛的领域，包括幽浮学（ufology），还包括那些想破译金字塔秘密的人。官方科学家以自以为是、不屑一顾的方式行事，而伪科学家则旁征博引，以理服人，完全没有普通的偏见。我们不得不为此感到震惊。当然，这里的答案肯定是这样的：功成名就的科学家以科学制度这个大他者的权威自居。但是问题恰恰在于，这个科学大他者被再三揭露，它只是达成共识的符号性虚构（consensual symbolic fiction）。所以，我们在面对众多的阴谋理论时，应该以与正确解读亨利·詹姆斯的《螺丝在拧紧》的方式完全相同的方式行事：既不应该接受鬼魂的存在，把鬼魂视为（叙事性）现实的一部分，也不应该以伪弗洛伊德式的方式，把它们化约成女主角的癔症性的性挫折（hysterical sexual frustrations）的"投影"。当然不能把阴谋理论当成"事实"来接受。不过，也不应该把它们化约成现代大众癔症（modern mass hysteria）现象。把它化视为现代大众癔症现象，这观念依然依赖于"大他者"，依赖于对共有社会现实（shared social reality）的"正常"感知这一模型，没有考虑到，如今土崩瓦解的，正是这种现实观。

　　问题并不在于，幽浮学家与阴谋理论家都退化了，有了偏执狂的心态，无法接受（社会）现实。问题在于，这种现实本身正在变成偏执狂式的现实。当代的经验一次接一次地使我们面对这样的情形：我们被迫注意到，我们对现实的感受，以及对现实的正常态度，是以符号性的虚构为根基的；我们被迫注意到，决定什么才算作正常的、可以接受的真理（normal and accepted truth）的，决定什么才是特定社会的意义视域（horizon of meaning）的，是大他者，但大他者绝不直接立足于由"实在界中的科学知识"彰显出来的"事实"。

　　且以尚未将科学提升为主人话语（master discourse）的传统社会为例：在它的符号空间（symbolic space）中，如果某人倡导现代科学的命题，他就会被当成"疯子"，被人嗤之以鼻。关键在于，只说他并没有"真疯"，只说是那个狭隘无知的社会将他置于这一位置，是不够的。在某种意义上，被视为疯子，被排除在社会大他者之外，就等于疯了。"疯癫"并不是这样的称谓——可以通过直接引证"事实"而使之立足（从这个意义上说，疯子无法感知事物本来的样子，因为他已经陷入自己的幻觉性的投影），它只涉及人与"大他者"发生关联的方式。拉康通常强调这一悖论的对立面："疯子不仅是把自己视为国王的乞丐，而且是把自己视为国王的国王"；疯癫指的是符号界与实在界之间的距离的坍塌，指的是对符号性委任（symbolic mandate）的直接认同。

或以拉康的另一个典范性陈述为例：如果一位丈夫充满妒忌，已成病态，痴迷于下列想法——他的太太跟许多男人睡觉，即使事实证明他是对的，他的太太真的跟许多男人睡觉，他的痴迷依然是病态性的。如此悖论给我们提供的教益是，病态的嫉妒与事实的真假无关，而与这些事实融入主体的力比多机体（integrated into the subject's libidinal economy）有关。不过，我们应该断定，这一悖论还会沿着完全相反的方向上发生：社会［它的社会性—符号性领域（socio-symbolic field），大他者］是"健全"和"正常"的，即使事实证明它是错误的，也是如此。或许正是这个意义上，拉康把自己称为"神经病"（psychotic）：只要他的话语无法融入大他者领域，他实际上就是"神经病"。

我们不禁要以康德的模式宣称，不知道为什么，阴谋理论的错误类似于"纯粹理性的谬误推理"（paralogism of the pure reason），类似于下列两个层面的混淆：其一是作为形式性的方法论姿态（formal methodological stance）的怀疑，即对一致认可的科学常识、社会常识等常识的怀疑；其二是对这种怀疑的实证化，这种实证化是借助于另一种理论，即可以解释一切的全盘性的副理论（all-explaining global paratheory）完成的。

屏蔽实在界

从另一个角度看，《黑客帝国》发挥着"屏障"

（screen）的作用，把我们与实在界隔离开来，使"实在界这个大荒滩"变得可以忍受。不过，正是在这里，我们不要忘了拉康式实在界的极端暧昧性：它不是要被幻象这道屏障（screen of fantasy）掩盖/绅士化/驯化的终极指涉物（ultimate referent）；实在界也是——而且主要是——作为障碍物的屏障本身（screen itself as the obstacle），它总是已经扭曲了我们对指涉物的感知，对"摆在那里"的现实的感知。用哲学术语说，康德与黑格尔的差异就在于此：在康德看来，实在界是本体领域（noumenal domain），透过超验范畴（transcendental categories）这道屏障，我们的感知已使它"图式化"；与此相反，在黑格尔看来，如果我们从元质中剔除屏障的扭曲，我们就会失去元质本身（用宗教术语说，基督之死即上帝之死，而不仅仅是他的化身之死）。拉康之所以（紧随黑格尔之后）认为元质本质上就是凝视（gaze），而不是被感知的客体，原因就在这里。所以，回到《黑客帝国》那里：母体本身就是实在界，它扭曲了我们对现实的感知。

提及列维-斯特劳斯在《结构人类学》中对北美五大湖部落（Great Lake tribes）之一的温贝尼戈人的建筑空间布局所做的杰出分析，或许是有所裨益的。该部落被划分成两个子群（subgroup）或"半族"（moieties）："来自上层的人"与"来自下层的人"。当我们要某人在纸上（或沙上）画出他或她所在的村庄的平面图（即寨子的空间布局）时，我们会得到两种完全不同的平面图。究竟是哪种平面图，取决于他或她属于哪个子群。来自两个子群的成员都会把村庄体验为圆圈。对于某个子群来说，在一个圆圈之内，还有另一个圆圈，这个圆圈即中央房舍，所以我们得到了两个同心圆。但对于另一个子群来说，圆圈被一条清晰的分界线一分为二。换言之，第一个子群——我们姑且称之为"保守的—社团主义"（conservative-corporatist）子群——的成员把这个村庄的平面图视为由房子组成的圆圈，它是围绕着中央神殿，对称性地布置起来的。第二个子群（"革命—对抗"的子群）的成员则把自己的村庄理解为由一条看不见的边界线隔离开来的两片不同的房屋区域。①[注21]

列维-斯特劳斯的核心观点是，这个实例无论如何都不应该诱惑我们，使我们接受文化相对论（cultural relativism）。根据文化相对论，对社会空间做怎样的感知，取决于观察者从属于哪一个子群：两种"相对"感知的分裂，意味着对一个常数的隐秘参照。这个常数不是建筑物的客观的、"实际"的布局，而是一个创伤性的内核（traumatic kernel），是村庄居民无法符号化、无法解释、无法"内在化"、无法与之妥协的根本性对抗（fundamental antagonism），是社会关系中阻止共同体成为和谐整体并长期稳定的不平衡。对平面图的两种感知，只是两种相互排斥的努力而已——努力应付这一创伤性对抗，努力通过强制实施

---

① 这段文字在本书第4章第8节中出现过。

平衡的符号性结构（balanced symbolic structure）医治伤口。理已至此，还有必要再说什么，在两性差异方面，事情也是完全如此，"阳性"与"阴性"俨然列维-斯特劳斯分析的村庄中的房屋的两种布局吗？有人认为，我们这些"发达"地区不受这一逻辑的支配。要消除这一幻觉，只要回顾一下我们的政治空间被分割成左翼和右翼的现实，就足够了：左派和右派的言行举止，与列维-斯特劳斯分析的村庄中相互对立的两个子群的成员酷似。他们不仅在政治空间中占据着不同的位置，而且对政治空间布局的感知也完全不同：在左派眼中，某个根本性对抗已经先天地撕裂了这个领域；在右派看来，这个共同体是有机的统一体，只是被外部入侵者搞得寝食不安而已。

　　不过，列维-斯特劳斯在此提出了更加生死攸关的看法：尽管两个子群组成了同一个部落，生活在同一个村庄，但不知道为什么，这种同一性（identity）必须要象征性地铭刻下来。但是，如果这个部落的全部符号性阐明（symbolic articulation）、全部的社会制度，都不是中立的，而是由基础性的、构成性的对抗性分裂（fundamental and constitutive antagonistic split）多元决定的，那这种同一性又如何象征性地铭刻下来？列维-斯特劳斯对此问题的回答是他颇具创意地称之为"零制度"（zero-institution）的东西。"零制度"是著名的超自然力（mana）的制度对应物，是没有确定意义的空洞能指，因为它仅仅意味着与意义的缺席截然相对的意义的出场：它是一种不发挥任何积极性的、确定性的功能的特定制度。它唯一的功能就是纯然消极性的——标明社会制度本身的出场与存在（actuality），而不是它的缺席，不是前社会性的混沌（presocial chaos）。一提起这样的零制度，就能使部落的所有成员把自己体验为同一部落的成员。

如此说来，难道这种零制度不是最纯粹的意识形态吗？要知道，零制度是下列意识形态功能（ideological function）的直接化身——提供中立的无所不包的空间，在那里，社会对抗被直接抹除，社会的全体成员都能从中看到自己。争夺霸权（hegemony）的斗争不正是这样的斗争吗：这种零制度将被某个特定的符指化（particular signification）多元决定和歪曲？举个具体的例子吧：难道现代的国家观（notion of nation）不就是这样的零制度？要知道，现代国家是随着立足于直系亲属或立足于传统的符号性母体（traditional symbolic matrixes）的社会连接（social links）的解体出现的。也就是说，由于现代化的冲击，社会制度越来越少地立足于自然化的传统（naturalized tradition），越来越多地被体验为"契约"的问题。[注22] 在这里，特别重要的是，国家的同一性（national identity）被体验为至少是最低限度的"自然的"同一性，被体验为立足于"血统与土地"（blood and soil）的一种归属（belonging），因而与"人工"的归属截然相反，与真正的社会制度（国家、职业等）截然相反：前现代制度发挥着"自然化"的符号性实存物的功能（如立足于无可置疑的传统的制度），一旦制度被视为社会性人造物（social artifacts），对"自然化"的零制度的需求就会出现。"自然化"的零制度会被用作他们的中立的共同基础。

回到性别差异的问题上，我不禁要冒险提出下列假说：或许，不仅要把与零制度完全相同的逻辑应用于一个社会的统一（unity of a society），而且要把它应用于该社会的对抗性分裂。如果性别差异归根结底是有关人类的社会性分裂（social split of humankind）的零制度，是自然化的、最低程度的零差异（zero-difference），即在标示任何确定的社会差异之前就已经标示了这种差异本身的分裂呢？① 倘若真的如此，争夺霸权斗争会再次成为这样的斗争：这种零差异将被任何其他的、具体的社会差异多元决定和歪曲。我们应该以此为背景，解读拉康能指图（schema of the signifier）的一个重要——尽管常常被人忽视——的特征。拉康以自己的能指图取代了标准的索绪尔能指图：在索绪尔那里，横线上面是单词 arbre（树），横线下面画了一棵树；在拉康那里，横线上面写了两个单词 homme（男）与 femme（女），横线下面是两幅完全一样的图形，画的全是门。为了强调能指的差异性特征（differential character），拉康首先用一对能指，用男/女的对立，用性别差异，取代了索绪尔

① 这句话的意思是：性别差异也是一种零制度，但它是有关人类的社会性分裂的零制度，而不是有关人类的社会性统一的零制度，它是自然化的零差异，是最低程序的零差异，也是分裂，而且这种分裂出现得最早，因为它是最先出现的社会差异。

的单一图解；不过真正令人吃惊的是：在想象性指涉物（i-maginary referent）的层面上，根本就不存在指涉（reference）；我们没有得到有关性别差异的某个图解索引（graphic index），即有关一个男人与一个女人的简图，如同在今天大多数卫生间的门上常常见到的那样，而是被画了两次的同一道门。以更为清晰的术语做出下列陈述，是否可能：性别差异并不指基于"真实"属性的任何生理学对立，而是指纯然的符号性对立，在指定的客体（designated objects）中，没有任何东西与这种符号性对立相符，只有某种尚未限定的未知数这个实在界与之相符，但这个未知数又从来都不能被所指之形象（image of the signified）捕获？①

让我们回到列维-斯特劳斯的一个村庄、两个平面图的例子上来。正是在这里，我们可以看到，实在界究竟是在何种确定的意义上通过变形进行干预的。我们首先得到的是房屋的"实际"的、"客观"的排列，然后得到的是两种不同的符号化，它们全都以变形的方式扭曲了房舍的实际排列。不过在这里，"实在界"并非房舍的实际排列，而是社会对抗这个创伤性的内核，它扭曲了部落成员对实际对

---

① 这句话的意思是：男女两性之间性别差异与男女两性的生理学解剖特征无关，男女之间的对立只是纯粹的符号性对立，而且这种对立在男人和女人那里找不到直接的对应之物。但男女肯定有别，只是这个"别"到目前为止还是个未知数，因为它未知数，所以属于"实在界"之域；男人和女人作为所指，人们为之勾画过诸多形象，但任何一种形象都与那个未知数不符。总之，男女之别是个难题，更是解决更大难题的方案；把人分成男女，固然是个问题，但人不分男女，将会带来更大的问题。

抗的看法。因此，实在界就是被否认的未知数，由于它的存在，我们对现实的审视（vision of reality）被扭曲了，失真了。[顺便说一句，这个三级装置极其类似于弗洛伊德有关梦的阐释的三级装置：梦的真正内核不是梦的潜在思想（latent thought），梦的潜在思想被置换/转化为梦的外在肌质（explicit texture），梦的真正内核是无意识欲望，它扭曲潜在思想，使之变成外在肌质，从而将自己铭刻下来。]

今天的艺术界也是如此：在那里，实在界并没有主要以排泄物、残缺不全的尸体、大便等令人震惊的野蛮入侵为掩护回归。毫无疑问，这些东西出现在不该出现的地方（out of place），但是，要想使它们出现在不该出现的地方，必须已经存在着某个（空洞）位置，始于马列维奇的"极简主义"艺术推出了这个位置。鼎盛时期的现代主义（high modernism）的两个截然相反的偶像之间的共谋关系也在于此。两个偶像，一个是马列维奇的《白平面上的黑方块》，一个是马塞尔·杜尚的杰作——把现成物当成艺术作品来展览。杜尚提升日常的普通客体，使之成为艺术作品，这种做法的潜在观念是，艺术作品之为艺术作品，并不在于客体的天生的、固有的特性；使之成为艺术作品的，是艺术家，艺术家是通过优先占有这个客体（或者说任何客体），把它放在某个地方，才使之成为艺术作品的。成为艺术作品，不是"为什么"的问题，而是"放在哪里"的问题。马列维奇的极简主义的布置所做的，只是凸显——隔离——这个位置，即具有这样的原魔力特征（protomagic property）的空位（或框架）——能把在其范围内能够找到的任何客体转化为艺术作品。简言之，没有马列维奇，就没有杜尚：只有在艺术实践隔离了这个框架/位置，腾空了它的全部内容后，我们才能沉浸于现成的程序（ready-made procedure）。在马列维奇之前，尿壶会依然是尿壶，即使把它放进最著名的美术馆中展出，也是如此。

"出现在了不该出现的地方"的排泄物的出现，与其中没有任何客体的空位的出现，即空洞（empty）本身的出现，是密切相关的。结果，当代艺术中的实在界具有三个维度，这三个维度不知何故在实在界内重复了想象界/符号界/实在界这个三元组。在这里，实在界首先是作为变形的污渍（anamorphotic stain）出现的，作为对直接的现实形象（direct image of reality）的扭曲出现的——它使直接的现实形象成为被扭曲的形象，作为使客观现实"主观化"的纯粹伪装出现的。其次，实在界是作为空洞位置出现的，作为结构出现的，作为建构出现的，这样的结构、建构从来没有出现过，也没有被体验为结构、建构，因而只能被回溯性地建构起来，也不得不被预先假定为结构、建构。总之，实在界即符号性建构。最后，实在界是出现在不该出现的地方的淫荡排泄物，是实在界"本身"。如果把它隔离开来，这个最后的实在界就是纯粹的恋物（fetish），它迷人/惑人的出场掩盖了结构性的实在界（structural real），其掩盖结构性实在界的方式与纳粹的排犹主义无异。在纳粹的排犹主义那里，犹太人就是的实在界，它掩盖了难以忍受的社会性对抗这个"结构性"实在界。实在界的这三个维度，来自与"普通"现实保持距离的三种模式：一种是使这一现实服从于失真的扭曲，一种是引入原本没有其位置的客体，一种是扣除/抹除现实的全部内容（客体），如此一来，最后剩下的是空洞位置，这些客体就是用来填充这个空洞位置的。

弗洛伊德式的格调

或许可以在把尼奥叫做"救世主"的称谓中，最为直接地发现《黑客帝国》的虚假性。谁是"救世主"？"救世主"是这样的人：他能看到，我们的日常现实是不真实的，我们的日常现实只是被编码的虚拟现实；因此，他能够拔它的插头，操纵和悬置它的规则（空中飞翔、挡住子弹）。对于这位救世主的功能而言，至关重要的是他对现实的虚拟化：现实是人工建构物，它的规则是可以悬置的，至少也是可以改写的。下列真正的妄想狂观念（paranoiac notion）就在于此：救世主可以悬置实在界的抗拒（resistance of the real）（"如果我真的决定穿过一堵厚墙，我就能够做到"，也就是说，对于我们大多数人而言，我们做不到这一点，这种不可能性被化约成了主体意志的失败）。不过，正是在这里，这部影片功亏一篑：影片中有个令人难忘的场景，那时尼奥坐在女先知的等候室里（女先知将断定，尼奥究竟是不是救世主），他看见一个孩子只凭着意念把勺子弄弯了,尼奥大感惊讶;这个孩子告诉尼奥,要想做到这一点,不能使自己相信,自己也能弄弯那个勺子,而要使自己相信,根本就没有勺子。但是,我们自己呢? 这岂不是说,我们应该百尺竿头,更进一步,接受下列佛教命题:我们自己,我们这些主体,根本就不存在?

为了进一步具体说明《黑客帝国》的虚假性,我们应该把简单的技术上的不可能性(technological impossibility)与幻象性的虚假(fantasmatic falsity)区分开来:时空穿梭(大概)是不可能的,但有关它的幻象性场景是"真实"的,因为它凸显了力比多僵局(libidinal deadlocks)。最不大可能的叙事性扭曲(narrative twists)通常是力比多投入最强烈的叙事性扭曲。比利·怀尔德①被低估的《丽人劫》(Fedora)讲述了这样的故事,一位年长的好莱坞明星神秘地保持着青春靓丽的外貌。一位年轻演员爱上了她,但最后发现了她永葆青春的秘密,原来以费多拉(Fedora)的名义出现的那位女性,实际是长相与她相似的女儿。在某个时候,她女儿取代了她,而真正的费多拉则在一个孤零零的别墅里过着离群索居的生活。费多拉策划了这种取而代之(这使女儿注定完全认同母亲的形象),这样一来,即使她呜呼哀哉,她的明星意志(stardom will)还会存在,即使她年迈体衰,她也会继续星光闪闪。因此,无论是母亲还

---

① 比利·怀尔德(Billy Wilder, 1906—2002),犹太裔美籍电影导演,曾两度获得奥斯卡最佳导演奖,代表作为《日落大道》《热情如火》《七年之痒》等。

是女儿，都被彻底异化了：母亲被排除在公共空间之外，因为她公开的自我（public self）是由她女儿来体现的；女儿被允许现身于公共空间，但被剥夺了符号性身份。这部影片令人不快和不安的味道，不正来自它过于接近幻象这个事实吗？我们在这里得到的，不正是奠定了迈克·尼科尔斯①远较成功的《毕业生》之根基的纯粹幻象性情景吗？在《毕业生》中，一边是母亲（鲁宾逊太太），一边是她的女儿，主人公在力比多方面被她们撕裂了。[注23]

因此，《黑客帝国》的问题并不在于，从科技上讲，它所玩弄的花招实在天真：通过电话从现实进入虚拟现实，这种想法是讲得通的，因为我们全部需要的，只是用来逃跑的一条裂缝或一个洞穴。（更好的解决方案或许是厕所，见前述。）它的问题在于，它具有更为严重的幻象性非一致性（fantasmatic inconsistency）。当孟斐斯（抵抗团体的非裔美籍领袖，他相信尼奥是救世主）试图向依然困惑不解的尼奥解释母体是什么，并把它与世界结构中的失败（failure in the structure of the universe）联系起来时，这种幻象性非一致性最为明显不过地爆发了：

孟斐斯：这是你一生中都有的那种感觉。觉得世界什么地方出了毛病的那种感觉。你不知道那是什么毛病，但真的出了毛病，就像你心头扎进了一根刺，

---

① 迈克·尼科尔斯（Mike Nichols，1931—2014），美国著名导演，《毕业生》是其代表作。

令你发疯……母体是无所不在的，它弥漫在我们周围，甚至就在这个房间……蒙蔽了你的双眼，使你看不到真相的，正是这个世界。

尼奥：什么真相？

孟斐斯：真相就是，你是奴隶，尼奥。真相就是，你和我们每个人一样，生来就受奴役……被关进了监狱，但你闻不到它的气息，尝不出它的味道，摸不到它的墙壁。那是你心灵的监狱。

影片在这里遇到了它的终极非一致性（ultimate inconsistency）：对匮乏/非一致性/障碍的体验，应该见证了下列事实——被我们所体验为现实的东西是赝品。不过，在影片即将结束时，母体的特工史密斯（Smith）提供了完全不同的、更具弗洛伊德格调的解释：

你可曾知道，母体在第一次被设计时，是要被设计成一个完美的人类世界的？在那里，没人受苦受难，个个开心快乐？真的设计成那样，就是一场灾难。没人会接受这样的程序。整整一批［充当电池的人］已经死去。有人居然相信，我们缺乏编程语言，无法描述你们的完美世界。但我相信，人类作为物种，是通过痛苦和不幸来界定其现实的。完美的世界只是梦想，你们的原始大脑一直想从从中醒来。母体之所以被设计成这样，设计成你们文明的顶峰，原因就在这里。

因此，我们世界的不完美，既是我们世界具有虚拟性的标志，又是我们世界具有现实性的标志。实际上，我们可以断言，特工史密斯（我们不要忘了，他不是我们这样的普通人，而是母体的直接的、虚拟的化身，即大他者本身的直接的、虚拟的化身）是电影世界中的精神分析师这个人物的替身。他给我们提供的教益是：对无法逾越的障碍物的体验，是我们这些人类把某物理解成现实的积极条件。归根结底，现实是抵抗之物。①

展示基本幻象

更深的非一致性涉及死亡：为什么只有在由母体管制的虚拟空间里死去，才会"真的"死去？该片提供了蒙昧主义的答案（obscurantist answer）：

> **尼奥**：如果你在母体里被杀，你会死在这里（即是说，不仅死于虚拟空间，而且死于现实生活）？
>
> **孟斐斯**：没有心灵，肉体难以存活。

————————

① 这句话的原文是："Reality is ultimately that which resists."它的意思是，现实在抗拒我们：抗拒我们的认识、体验、体悟、理解等，因为其中包含着实在界。正是因为它抗拒我们，它成为我们无法逾越的障碍物，我们才意识到了现实的存在，才把某些事物理解成现实。现象并不像英美经验主义所说的那样，就"摆在那里"，等着我们如同白板一样的心灵去认识。

这个答案遵循的逻辑是，你的"真实"肉体只有与头脑（mind）连在一起，也就是说，只有与你沉浸其间的精神世界（mental universe）连在一起，才能存活（运转）。所以说，如果你身处虚拟现实，并在那里被杀，这种死亡也会影响到你真实的肉体。与此明显相反的答案（你只有在现实中被杀，才能真的死去）显然也是不够的。喜忧参半的是，主体是否全然沉浸于由母体支配的虚拟现实，或者，他是否知道或至少怀疑存在着事物的现实状态（actual state of things）？如果答案是肯定的，那么简单地退回到堕落前（prelapsarian）的遥远的亚当状态，会使我们在虚拟现实中不朽；结果，已经从虚拟现实中解放出来、不再沉浸于虚拟现实的尼奥理应赢得与特工史密斯的斗争，他们的斗争发生于由母体控制的虚拟现实中［既然他能挡住子弹，那么他也应该能够使伤害其身体的爆炸去现实化（de-realize blows that wound his body）］。

大多数电梯中的"关门"键是彻底失灵的安慰剂，摆在那里只是为了给人这样的印象，他们参与并提高了电梯运行的速度。这是尽人皆知的事实。我们按下这个键，电梯门关闭了。电梯门关闭使用的时间，与我们只是按下楼层键，没有通过按下"关门"键而"加快"进程使用的时间，是完全一样的。这个极端的、明显的虚假参与的个案，是个人参与我们的"后现代"政治过程的恰当隐喻。我们一直都在按动这样的按钮，而在这些按钮与随后发生的事件（电梯门关闭）之间发挥协调作用的，是母体的不停的活动。但我们认为，我们按动那些按钮，才导致了事件的发生。

尼奥在最后一个场景中宣布，人类即将获得解放。最终的非一致性涉及这一"人类解放"的暧昧身份。作为尼奥干预的结果，在母体中，"系统失灵"了；与此同时，尼奥向依然困于母体的人们发话，仿佛他是救世主，会告诉他们，如何摆脱母体的束缚，把自己解放出来——他们将有能力打破自然的法则，弄弯金属，在空中飞翔。不过问题是，只有当我们依然处于由母体维持的虚拟现实中，并只能屈服或改变其规则时，这些"奇迹"才是可能的。就"真实"身份而论，我们依然是母体的奴隶；可以说，我们只是获得了改变我们的精神监狱的规则（mental prison rules）的附加力量而已。彻底逃离母体，进入"真正的现实"（在那里，我们是生活在被毁灭的地球表面的凄惨的可怜虫），又会怎样？

应该以阿多诺的方式宣布，这些非一致性[注24]是该影片的关键点（moment of truth）：它们预示了我们晚期资本主义社会经验中存在着的对抗，这些对抗涉及诸如现实与痛苦（reality and pain）、自由与体制（freedom and system）之类的基本存有论搭配（ontological pairings）。就现实与痛苦而言，现实扰乱快乐原则的统治。就自由与体制而论，自由只有在阻碍其全面展开的体制中才是可能的。不过，尽管如此，该影片的终极力量还要到不同的层面上寻找。若干年前，包括《萨杜斯》（Zardoz）、《逃离地下天堂》

（Logan's Run）在内的一系列科幻片，预示了当今的后现代困境：一个生活在偏远地区的与世隔绝的群体，过着与世无争的日子，却渴望体验一下人欲横流的现实世界。在后现代主义之前，乌托邦是挣脱历史时间（historical time）这一实在界，进入不受时间限制的他者之域（timeless othcr ness）的努力。现在，"历史的终结"（end of the history）与彻底地随意使用过去（full disposability of the past）在数字化记忆中实现了后现代性的交叉重叠（postmodern over-lapping）。随着这种互有重叠的出现，在我们这个把不受时间影响的乌托邦当成日常意识形态经验的年代，乌托邦成了对历史本身这个实在界、对记忆、对真实的过去留下的痕迹（traces of the real past）的渴望，成了这样的努力——挣脱封闭的穹顶（closed dome），进入腐臭不堪的原初现实（raw reality）。《黑客帝国》为这一逆转提供了最终的花样，把乌托邦与非托邦（dystopia）结合了起来：我们置身其间的现实，在此展示的不受时间影响的乌托邦，均已就位；如此一来，我们能够被有效地化约，进入被动的状态，成为为母体提供能量的活电池。

因此，这部影片独一无二的冲击力并不在于它的核心论点：被我们体验为现实的东西，只是由母体派生出来的人工的虚拟现实，而母体是百万次计算机，它直接依附于我们的心灵；而在于它的核心形象：数以百万计的人生活在灌满水的摇篮里，过着幽闭恐怖的日子，为了给母体提供能量（电力）而苟延残喘。所以，在（某些）人不再沉

浸于由母体控制的虚拟现实，从中"醒来"时，这种醒来
并没有使人走向外部现实这一广阔空间，而是首先恐怖地
意识到了这个封闭空间的存在，在那里，每个人实际上都
只是胎儿般的有机体，浸泡在羊水中。在这里，影片首先
令我们想到的，当然是人类的悲惨处境，它是影院观众的
处境的自我反射性的寓言（self-reflective allegory）：我们坐
在影院里，被拴在椅子上，沉浸于机器制造出来的景观，
这时，我们的处境不就是《黑客帝国》中的人的处境吗？
不过，更恰当的寓言是有关观众的寓言。我们在保持安全
距离的前提下"观看"（just look）感知对象（perceived ob-
jects），随之自由地移动。这是错觉。在这个错觉的下面，
是这样的现实：不可胜数的纽带把我们与我们感知的东西
绑在一起。在观看时，我们总是要在客体中狩猎，寻找我
们的欲求之物或恐惧之物，竭力从中发现规律；另一方面，
客体也总在"凝视回望"①，争夺我们的注意力，总在把诱
饵抛给我们，努力使我们落入它的陷阱。正如詹姆斯·埃
尔金斯②解释的那样：

> 关于"观看"，还存在着悄无声息的催眠之物，此
> 物不像是狩猎，更像是做梦。观看者（looker）俨然格

---

① "凝视回望"（stare back），以同样的方式凝视对方，通常表示不
屈服或挑战。
② 詹姆斯·埃尔金斯（James Elkins，1955— ），美国艺术史家，艺
术批评家。其代表作《如何用你的眼睛》《视觉研究》《艺术是教不出来
的》等已在国内出版。

列佛（Gulliver），他被小人国人（Lilliputians）绑在海滩上，却依然梦想着自己身居英国，享受着美好时光，也许是外去散步，但又有些无聊，于是开始注意到，他想移动半步都很困难——想步行在伦敦的大街上，想伸出手去，转动门的把手，是极其困难的 ——然后他醒来了，发现自己身处更加糟糕的梦魇之中。但与格列佛不同，我从来没有真正醒来过。观看就像做梦，但只是断断续续地做梦，辗转反侧，不知道究竟发生了什么事情。[注25]

对"观看"姿势的这一现象学描述，不正是《黑客帝国》中的人的装置（dispositif of humans）的离奇回响吗？

不过，我们不禁要颠倒这种描述暗含的"错觉"与"现实"的关系，并宣布，《黑客帝国》中的人的全然被动性（utter passivity）展示了被排除在外的幻象（foreclosed fantasy），正是这种幻象支撑着我们，使我们有意识地把自己体验为积极、自我设置的主体（self-positing sub-jects）——它凸显了终极的性变态幻象（perverse fantasy），即这样的观念：归根结底，我们是大他者（母体）的享受的工具，大他者（母体）吮吸我们的生命实体，我们充当它的电池。这种装置的真正力比多之谜也表现在这里：为什么母体需要人力能源？纯粹的能量解决方案（energetic solution）当然是毫无意义的：母体本可以轻而易举地找到另一种更可靠的能源，这种能源本不需要对虚拟现实进行极端复杂的配置，而现在这种配置需要对数以百万计的人类单元（human units）进行协调。（可以在此发现另一个非一致性：何以母体不使每个人沉浸于她自己的唯我主义的人工世界？为什么要使事情变得复杂，而不协调程序，使全人类居于同一个虚拟世界？）唯一具有一致性的答案是，母体以人的享受为食。所以，我们在此回到了拉康的那个基本命题：大他者绝非匿名的机器（anonymous machine），它需要有源源不断的享受流入（influx of *jouissance*）。

性变态与赛博空间的亲密关系在今天已经妇孺皆知。根据标准的看法，性变态场景展示的是"对阉割的否认"（disavowal of castration）：可以把性变态看做对死亡与性（death and sexuality）这个母题的抵制，看做对必死无疑这一威胁（threat of mortality）以及对把性别差异偶然地强加于人①的抵制。性变态展示的世界是这样的世界，在那里，和在卡通的世界里一样，人类可以逃过任何灾难，幸免于难；在那里，成年人的性行为被化约为幼稚的游戏；在那里，人们不必被迫死去，或在两种性别之中选择一种性别。如此说来，性变态者（pervert）的世界是纯然的符号性秩序的世界，是按常规进行的能指游戏（signifier's game）的世界，它不受人类的有限性这个实在界（the real of human finitude）的妨碍。初看上去，似乎我们对赛博空间的体验完美

---

① "把性别差异偶然地强加于人"（contingent imposition of sexual difference）一语的意思是，男女两性之间的性别差异是被强加于人的，而且这种"强加于人"具有很强的偶然性、随机性或随意性。

地适用于这个世界：赛博空间不也是不受实在界的惰性（inertia of the real）妨碍、只受自愿接受的规则制约的世界？《黑客帝国》中的虚拟现实不也这样吗？在那里，我们置身其间的"现实"失去了它不可动摇、无可更改的特征，成了（由母体强行实施的）随意性规则之域（domain of arbitrary rule）。如果人的意志足够坚强，他就可以违反这些规则。不过，在拉康看来，这个标准的看法所没有顾及的，是性变态行为中的大他者与享受之间的独一无二的关系。这究竟是什么意思？

在《启蒙之辩证》结尾处一则题为"进步的代价"的札记中，阿多诺与霍克海默引用了 19 世纪法国生理学家皮埃尔·弗卢朗①的论点——他反对用三氯甲烷进行医疗麻醉。弗卢朗声称，可以证明，麻醉剂只对我们的记忆神经网络有效。简言之，我们躺在手术台上，活生生地任人宰割，这时，我们真真切切地感到了剧烈的疼痛，但不久从麻醉中醒来后，我们并不记得这段经历。在阿多诺和霍克海默看来，这当然是基于压抑自然的理性之命运②的完美隐喻：他的身体，即主体中的自然的一部分，真真切切地感

---

① 皮埃尔·弗卢朗（Pierre Flourens, 1794—1867），法国生理学家，他在 1814—1822 年间曾用兔脑、鸽脑做过大量实验（比如切除一部分脑子后观察动物在行为上的变化），最终搞清了大脑主要区域的功能。

② "基于压抑自然的理性之命运"（fate of reason based on the repression of nature）中的"自然"亦为"天性"。这句话大意谓，理性之为理性，在于它压抑感性，压抑自然的、自发的天性，但对它自然的、自发的天性的压抑，不过是设法将其忘却而已。说来可悲，这就是理性的功能，也是理性的宿命。

到了这份疼痛；只是由于受到了抑制，主体没有记住这份疼痛而已。我们主宰着自然，自然因此报复我们。自然对我们的完美报复就表现于此：不知不觉地，我们成了自己最大的受害者，我们活生生地宰割自己。把这种报复解读为展示交互被动性（interpassivity）的完美幻象场景，解读为这样的大他者场面——在那里，我们为积极干预世界付出了代价，不同样是可能的吗？没有这个幻象性的支撑（fantasmatic support），没有这样的大他者场景——在那里，我们完全听从大他者的摆布，就没有积极的、自由的能动者。[注26]施虐受虐狂（sadomasochist）自愿接受了这份苦难，把它视为获取存在（access to being）的必由之径。

或许沿着这条路线，我们还能解释希特勒的传记作者对希特勒与其外甥女格丽·劳巴尔①的关系的痴迷。1931年，格丽·劳巴尔被发现死于希特勒在慕尼黑的公寓里。仿佛希特勒的所谓性变态会提供"隐含变量"（hidden variable），提供个人隐秘的必要环节，提供幻象性支撑，这些因素能够对他公开的人格做出解释。

在这里，至关重要的是希特勒在这一场景中扮演的角色的彻底被动性，它是幻象性的支撑；正是这一幻象性支撑，使希特勒开始了他的狂热破坏性的公开政治活动。难怪格丽·劳巴尔感到绝望并厌恶这些仪式。

---

① 格莉·劳巴尔（Geli Raubal, 1908—1931），是希特勒的外甥女（希特勒同父异母的姐姐的女儿），1928年起与希特勒同居。1931年9月17日，她在发现了希特勒的情人夏娃写给希特勒的信后饮弹自杀。

　　《黑客帝国》的准确的洞察也在于此，即是说，在于把性变态的下列两个方面并置一处：一方面，是把现实化约为虚拟领域，虚拟领域由随意性规则调节，随意性规则可以被悬置；另一个方面，揭露被上述自由①遮蔽的真相，即把主体化约成了彻底的工具化的被动性（instrumentalized passivity）。换言之，《黑客帝国》把事情做对了，但它做事情的方式却是错误（倒置的）。也就是说，我们只需要把用语颠倒过来，就能抓住事物的真实状态：影片展示的场景是，我们终于醒来，进入了真实的情景（true situation），但实际情况与此完全相反，我们进入的是根本性的幻象（fundamental fantasy），但它维持着我们的存在。不是说，我们生活在虚拟现实中，梦想着自己是日常的、普通的现实中的自由能动者（free agents），其实呢，我们只是被动的囚徒，泡在羊水中，被母体盘剥。而是说，我们的现实是自由能动者的现实，自由能动者生活在我们熟知的社会世界里，但为了维持这种情形，我们不得不用被否认的、可怕的、迫近的幻象（即"被动的囚徒，泡在羊水中，被母体盘剥"这一幻象）来补足这个现实。当然，人类生存状况的神秘之处也在于，何以主体需要这种淫荡的、幻象性的支撑物来支撑其存在？

---

① 上述自由，即自由地把现实化约为虚拟领域。

注释：

〔注 1〕 *The Shakespeare Made Easy*, edited by Alan Durband, published by Barrons Educational Series publishers.

〔注 2〕 来自希区柯克百年诞辰研讨会上的公开讨论，这次会议由纽约大学组织，于 1999 年 10 月 12—17 日召开。

〔注 3〕 See Sigmund Freud, "The Psychogenesis of a Case of Homosexuality in a Woman," *The Pelican Freud Library*, vol. 9: Case Histories H (Harmondsworth, U. K. : Penguin, 1979), p. 389.

〔注 4〕 关于这个希区柯克式征候，更为详尽的说明见：Slavoj Žižek, ed. , *Everything You Always Wanted to Know About Lacan* (*But Were Afraid to Ask Hitchcock*) (London: Verso, 1993)。

〔注 5〕 Svetlana Alliluyeva, *Twenty Letters to a Friend* (New York: Simon and Schuster, 1967), p. 183.

〔注 6〕 David Bordwell and Noel Carroll, eds. , *Post-Theory: Reconstructing Film Studies*, Madison: University of Wisconsin Press, 1996)。

〔注 7〕 Jacques Lacan, *The Seminar*, book 1: *Freud's Papers and Technique* (New York: Norton 1988), p. 215. 我在这里依靠的是：Miran Božovič, "The Man Behind His Own Retina," in Slavoj Žižek, ed. , *Everything You Always Wanted to Know About Lacan* (*But Were Afraid to Ask Hitchcock*)。

〔注 8〕 见下列著作中的迷人报告：Thomas Schatz, *The Genius of the System* (New York: Henry Holt, 1996), pp. 393 – 403.

〔注 9〕 See Stephen Jay Gould, *Wonderful Life: The Burgess Shale and the Nature of History* (New York: Norton 1989)。

〔注 10〕 See Niall Ferguson, ed. , *Virtual History*（London：MacMillan 1997）。

〔注 11〕 或许范桑特（van Sant）重拍片的最大成就是在最后出现演职员表时出现的一个场景。这个场景出现在希区柯克原片结束之后，并延续了若干分钟之久——连续的升降镜头表现了正被拖出沼泽的汽车的周围发生的一切，无聊的警察站在拖吊卡车周围，轻柔的古他声以即兴表演的方式重复着伯纳德·赫尔曼（Bernard Herrmann）配乐的主要母题，为之伴奏。这个特写以 20 世纪 90 年代的独特格调补足了这部影片。——作者注。

这里的"补足"（supplements）是雅克·德里达意义上的"补足"。它意味着，没有这个镜头，影片就是不完整的。因此，它不是一般意义上的、可有可无的"补充"。——译者注

〔注 12〕 希区柯克在接受采访时曾经自夸说，他用过厕所后总是冲洗得一干二净，以至于没人会想到（即使在检查之后也是如此），他使用过厕所。这种痴迷（obsession）还可以说明，希区柯克在小小的污秽细节（filthy details）中找到了恶心中的快乐（pleasure-in-disgust）。这使影片《黄宝石》（*Topaz*）中住在哈莱姆（纽约黑人住宅区）的古巴使团具有了鲜明的特征。三明治中流出的黄油污损了官方外交文件，就是这样的污秽细节。

〔注 13〕 这种突然的现身岂不类似于瓦格纳的特里斯坦（Tristan）？就在《特里斯坦与伊索尔德》（*Tristan und Isolde*）即将结束时，特里斯坦死去了。特里斯坦死后，伊索尔德来到了现场，并陷入了死亡的恍惚（death trance）。这时，随着另一艘（即第二艘）船的到来，突变出现了：缓慢的进程以近乎喜剧的方式突然加速。五分钟内发生的事情多于整部歌剧先前发生的事情的总和。这类似于朱塞佩·威尔第（Giuseppe Verdi）的《游吟诗人》（*Il Trovatore*）。在《游

吟诗人》中，最后两分钟内发生了一大堆事情。对于解读某个叙事的潜在张力而言，在马上就要结束之前出现的如此出人意料的侵入（intrusions）是至关重要的。——作者注。

居塞比·威尔第（Giuseppe Verdi，1813—1901），意大利歌剧作曲家。一生创作 26 部歌剧，包括《弄臣》《游吟诗人》《茶花女》《假面舞会》《奥赛罗》及《法尔斯塔夫》等。——译者注

〔注 14〕莱斯利·布里尔（Lesley Brill）宣称，在《风流夜合花》（Under Capricorn）中，一种来自地下世界的生物想把英格丽·褒曼拉回地狱。这时，我们不禁要说，在《迷魂记》的结尾处出现的那位修女属于同一个邪恶的地下世界。当然，悖论在于，正是这位修女，正是这位虔诚的女人，成了邪恶力量的化身，她拉住了主体，阻止她获救。

〔注 15〕François Truffaut, *Hitchcock*（New York：Simon and Schuster 1985），p. 257.

〔注 16〕这与唾液相仿佛：我们都知道，尽管我们可以毫不困难地咽下自己的唾液，但我们发现，要重新咽下已经从我们身内吐出的唾液，是极其令人厌恶的。这是破坏内/外界限的又一个实例。

〔注 17〕我把这一观察归功于鲍里斯·格罗伊斯（Boris Groys）。

〔注 18〕如果拿最初的剧本（可在互联网上寻获）与影片本身相比较，我们就能看到，导演（沃切斯基兄弟，他们也参与了剧本的编写）相当明智地删去了过于直接的吊书袋似的指涉（pseudo-intellectual references），包括在下列对话中出现的指涉："瞧它们啊。机器人。不要想它们在做什么，或为什么做。电脑告诉它们做什么，它们就做什么。""平庸之恶"。这种炫耀式地暗指汉娜·阿伦特，是完全不得要领的：与执行大屠杀的刽子手相比，沉浸于母体的虚拟现实的人们处在截然不同甚至完全相反的位置上。另一个类似的明智改动

是，不再过于明显地提及东方技艺（Eastern techniques）——虚其心，以之为逃避母体控制之途："你必须学着释放那份愤怒。你必须放下一切。你必须掏空自己，这样才能解放你的心灵。"

〔注19〕同样至关重要的是，使得《楚门的世界》中的主人公能够看穿并逃离他那个被人操控的世界的，是他父亲的始料不及的干预。该片中有两个父亲一般的形象，一个是实际的符号性—生物性的父亲，一个是妄想狂般的"真正"父亲，即这个电视节目的、由埃德·哈里斯（Ed Harris）扮演的导演。在那个封闭的环境中，他完全操控了楚门的生活，也保护了他。

〔注20〕我大量地依赖于乔迪·迪安，见 Jodi Dean, *Aliens in America: Conspiracy Cultures from Outerspace to Cyberspace* (Ithaca, NY: Cornell University Press, 1998)。

〔注21〕Claude Lévi-Strauss, "Do Dual Organizations Exist?" in *Structural Anthropology* (New York: Basic Books 1963), pp. 131 – 163; the drawings are on pages 133 – 34.

〔注22〕SeeRastko Močnik, "Das 'subjekt, dem unterstellt wird zu glauben' und die Nation als eine Null-Institution," in *Denk-Prozesse nach Althusser*, edited by H. Boke (Hamburg: Argument Verlag, 1994)。

〔注23〕《毕业生》的最后一个场景是，本（Ben）与伊莱恩（Elain）——罗宾逊太太的女儿——弄乱了婚礼并私奔了。这绝非对普通资产阶级道德的逾越，恰恰相反，它代表着正常异性恋婚恋的构成，而真正的逾越性的性联系是本与罗宾逊太太之间的性联系。

〔注24〕与此更为相关的非一致性，还涉及由母体操控的世界中的主体间性（intersubjectivity）的身份：所有的人都分享同一个虚拟现实？为什么？为什么不能每个人拥有自己喜爱的虚拟现实？

〔注25〕James Elkins, *The Object Stares Back* (New York: Harvest

1996），p. 20.

〔注 26〕黑格尔所做的，就是通过展示幻象的功能，来"穿越"这一幻象。幻象的功能是：填充自由这个前存有论的深渊（preontological abyss of freedom），即是说，重新构成一个积极的场景，在那里，主体被嵌入一个积极的本体秩序（positive noumenal order）。换言之，在黑格尔看来，康德的看法是无意义的，也是不一致的，因为它偷偷地重新引入了在存有论上充分构成的神圣整体（ontologically fully constituted divine totality），即仅仅被视为实体（substance），而没有同时被视为主体的世界。

〔注 27〕引自 Ron Rosenbaum, *Explaining Hitler*（New York：HarperCollins 1999），p. 134.

在赛博空间中穿越幻象，可能吗？

一

近来的意识形态理论和艺术理论关注交互被动性（interpassivity）这种陌生现象。[注1]"交互被动性"其实是"交互主动性"（interactivity）的对立面。交互主动性之为交互主动性，是在下列意义上说的——透过另一个替我工作的主体而主动。它就像黑格尔的理念（Idea），理念通过操控人类的激情，来达到自己的目标（"理性的诡计"）。或许对交互被动性的第一个含蓄概括（implicit formulation），是由拉康在评论古希腊悲剧中的合唱队的作用时提出的：

何谓合唱队？有人会告诉你，合唱队就是你。或许它不是你。但这是问题的实质。这里涉及手段，即情感手段。依我看，合唱队是被感动的人。

[……] 你晚上去了剧院，满脑子想的都是当天处理过的事务，想的是你丢失的那支钢笔，是你明天要签字的那张支票。你不应该过度赞美自己。你的情感由舞台上表演的良好秩序来看管。合唱队照料着这些情感。充满情感的解说词已经为你准备就绪……只是够傻的；也并非不坚定；这或多或少是符合人性的。

因此，你不必着急；即使你什么也感受不到，合唱队会代你感受。为什么不可以想象，对你的影响已经产生？至少产生了少量的影响，尽管你颤抖得没有那么厉害？[注2]

为了避开诸如所谓罐头笑声（笑声录制在音轨上，这样一来，电视机代替我们笑，也就是说，它实现、接管了观众对表演的被动体验）之类的交互被动性的标准当代例证，让我们引用另一个例证[注3]——一味收集绘画或电影录像带而没有时间（或真正的癖好）去欣赏它们的收藏者。对他而言，重要的是占有它们，是知道它们就在那里，随时听从支配。此人与帕斯卡尔/阿尔都塞所谓的无信仰者何其相似乃尔！无信仰者只需跪下，盲目地重复仪式动作，信仰就会不期而至。问题的关键是，要按照收藏者的逻辑，重新阐释一味摹仿外部仪式的无信仰者：他并不等待充满魔力的信仰时刻的到来，对他而言，一味地摹仿宗教信仰的动作，为宗教信仰奠定基础，足矣。至关重要的是强迫症机体（obsessional economy），它推迟终极事件（final event）的到来，即是说，重要的是，把自己局限于纯粹为它奠定基础上。真正的基督教陈述并非"我不需要摹仿外在仪式，我只在心中深深地信仰，这才是最要紧的事情"；真正的基督教陈述与此相反，"我摹仿信仰的仪式，但我从来都不知道，我相信什么……"

交互被动性的另一个范例是这样的尴尬场面：某人讲了个粗俗笑话，四周无人回应，倒是他自己捧腹大笑，口中念念有词，说着"太好笑了！"之类的东西。他本人做出了本应由听众做出的反应。从某种意义上说，这种情形与古希腊合唱队截然相反：我们这些观众疲惫不堪，心事重重，无法释放自己，不能体验适当的被动情绪（passive e-motions），因而什么也感受不到，但合唱队为我们感受。在这里，扮演被动角色的正是能动者（agent），即讲笑话的人，他代我们（他的听众）为他讲的笑话发出笑声。如果把这种情形与电视上的罐头笑声两相比较，反差就会更加强烈：代我们而笑的能动者（也就是说，我们这些倦怠和尴尬的公众通过他发出笑声）并不是无形的人造公众（in-visible artificial public）这个"大他者"，而是讲笑话的人。他这样做，是为了确保把他自己的行为铭刻在"大他者"这个符号性秩序上。也就是说，他情不自禁地发出的笑声与"糟糕！"之类惊叹并无不同。一旦我们有了过错或做了什么蠢事，我们就会被迫发出这样的惊叹。这个最新案例的秘密在于，目睹了我们出洋相的人替我们发出"糟糕！"之类的惊叹也是可能的。所以，在所有这些例证中，我之所以主动，是为了确保代表着我的真实地位的大他者被动。

因此，与交互主动性一样，交互被动性颠覆了主动性与被动性之间的标准对立：如果说，在（“理性的诡计”）这个交互主动性中，我是被动的，但我又通过另一个人而主动，那么可以说，在交互被动性中，我是主动的，但我又通过另一个人而被动。更确切地说，“交互主动性”一词目前是在两种意义上使用的：（1）与媒介互动，即不只是被动的消费者；（2）通过另一个能动者而主动，如此一来，我已万事大吉，同时又毫不费力，依旧被动，只是袖手旁观而已。与第一种交互主动性模式相对立的，也是某种“交互被动性”，即两个主体的相互被动性（mutual passivity），就像一对情人彼此被动地凝视对方，享受着由对方的到来所带来的喜悦之情。与此不同，真正的交互被动性则旨在颠覆交互主动性的第二种意义：交互被动性的区别性特征在于，主体不间断地（甚至是狂热地）主动着，同时将其存在（his or her being）的根本被动性（fundamental passivity）转移到另一个人身上。

当然，主动和被动是密不可分的，因为被动感（passive feeling）——真正的被动感——在某种程度上是会付诸现实的（acquires actuality），因为它要以已为社会认可的行为，适当地外在化，适当地“表现出来”（最明显的例证是，在日本，笑声代表着我们东道主的充满敬意的尴尬；但对我们而言，如果某人用笑声回应我们的询问，那就意味着咄咄逼人的蔑视……）。这种最低程度的分裂不仅为伪造纯真的情感大开方便之门，而且为诱发纯真的情感开辟了道路。诱发纯真的情感，是通过使从外部屈从于仪式化的表情实现的（以这种方式，某人可以"使自己放声痛哭"）。所以，尽管开始时它是作为赝品出现的，但最终我们"感同身受"。在强迫症机体中被唤起的，正是这最低程度的分裂：强迫症仪式恰恰是"空洞"的仪式，在这种仪式中，我们（且是以我们为例）做出了悲恸的姿态，目的恰恰在于，面对我们正在为之悲恸的同侪之死，不去体验真正的悲痛之情。

电子宠物（tamagochi）这个近来在儿童中间极其流行的新兴日本玩具，不就是赖此分裂而存在的吗？电子宠物是虚拟宠物，是带有屏幕的圆形小物体，其行为俨然儿童（或小狗、小鸟，或其他需要照料的玩赏动物）。它会发出噪音，向拥有它的孩子提出要求（这才是它的关键性特征）。一旦它发出嘟嘟声，它的拥有者就要查看屏幕，读取那个物体提出的要求——无非是吃饭喝水之类——并按动屏幕下方的正确按钮，满足这些要求。那个物体也可能要我们跟它玩耍。如果它要求太多，就要按动相应的按钮惩罚它。各种各样的信号（如显示器上展示出来的小心脏的数目）甚至可以告诉我们，那个物体的快乐指数。如果多次不满足这些要求，那个物体就会"死去"。它只有两条命，一旦我们再次无法满足它的要求，它就会永远死去，即停止运作。如此一来，我们当然不得不再去买个新的……（顺便说一句，坏孩子要想修理忘乎所以地沉溺于照料电子宠物的小伙伴，通常的一个做法是，在电子宠物在短时间内无人照料时，把这个玩具乱搞一通，以制造灾难性的后果。比如，大量喂食，把屏幕后面的虚拟动物噎死。因此，电子宠物也在儿童中培养了众多的虚拟杀人犯，在赛博空间中派生了虐待狂儿童，他们对小猫或蝴蝶施以酷刑。[注4]）

因为宠物的终极"死亡"在拥有这些宠物的儿童中导致了不胜枚举的神经崩溃和沉重的精神创伤，最新版本的电子宠物拥有了无穷无尽的复活可能性。也就是说，在宠物客体死后，游戏只是暂时结束，它还可以重新开始。当然，此举淡化了原版电子宠物造成的刺激性和创伤性，即弱化了下列事实：它的（第二次或第三次）死亡是最终的，无可挽回的。[注5] 在这里，有趣的是，我们应对的是一个玩具，一个机械物体，它恰恰是通过表现得像一个不服管教的孩子，一个对我们提出各种要求的孩子，给我们提供的满足的。这份满足是这样获得的：不论何时何地，它想要什么，我们就得给什么，也就是说，我们不得不满足它提出的要求。就"强迫症的欲望客体乃他者对他提出的要求"（the obsessional object of desire is the others demand）而论，我们在这里看到的，不就是强迫症客体（obessessional's object）的终极范本？电子宠物使得我们拥有他者，而他者满足了我们的欲望。它满足了我们的欲望，是因为它被化约成了一系列的纯粹的要求。

所以说，这个他者是纯粹虚拟性的：不是真实的、活的、主体间性的他者（intersubjective other），而是无生命的屏幕，是根本就不存在的玩赏动物的替代物，它只是发出了动物的信号，向我们提出了动物的要求而已。换言之，我们在此看到的东西，怪异地实现了约翰·塞尔①在其著名的汉语屋心理试验中描述过的场景。约翰·塞尔设计这个试验，是要证明机器是无法思维的：我们知道，并不存在"真正"的交流搭档，谁也不能真正"理解"提出的要求，存在的只是数字电路。当然，诡异的难解之谜在于，我们完全感受到了适当的情感，尽管我们一清二楚，除了屏幕，一无所有。也就是说，我们的游戏伙伴是电子信号，它没有任何指涉物（referent）可言：游戏被化约成了符号性秩序，化约成了信号的交换，在它之外，别无指涉物。

与单纯的、直接的唯我主义式的无视他人（egoistical ignorance of others）相比，对电子玩具的虚假同情和照料岂不更加变态？之所以这么说，是因为不知道怎么搞的，它模糊了利己主义与利他同情（altruistic compassion）之间的

---

① 约翰·塞尔（John Searle，1932— ），美国语言学家，在心智哲学、语言哲学上颇有建树。曾对唯计算机主义（computationalism）进行了批判，提出自己的意图性理论（theory of intentionality），并对意识问题展开研究。他的"汉语书屋心理试验"（Chinese room mental experiment）是针对"图灵测验"提出的。图灵认为，如果某人向两个他看不见的对象（一个是正常思维的人，一个是机器）提出任何问题，而不能将它们区别开来，那么机器就具备了人的"智慧"。约翰·塞尔则认为，假如某人被关在书屋里，书就是机器，书上的文字就是计算机的编码，外面的人递进中文纸条，即使此人不认识汉字，也能按图索骥般地找到外面人所需要的信息。这说明，此人并不具有人的"智慧"。因此机器不可能具有人的智慧。

差异。然而，这道理不同样适用于儿童和成人在玩游戏时使用的无生命物体，包括儿童的洋娃娃，包括成人的充气娃娃？儿童和成人是在下列恋物性否认（fetishist disavawal）的前提下耍弄那些物体的："我很清楚，它只是无生命之物，但我依然表现得仿佛我相信它是有生命的存在。"有两个特质把电子宠物与寻常的无生命的玩具区别开来：（1）与洋娃娃相比，电子宠物不再旨在（尽可能真实地）摹仿它所取代之物的外貌。它并不"看起来像"小宝宝、裸女或木偶。我们面对的，是把想象性的相像（imaginary resemblance）彻底化约到了符号性的层面，化约成了信号的交换。也就是说，电子宠物这个物体仅以信号的形式提出要求。（2）洋娃娃是被动的、可任由我们摆布的物体，对她我们可以为所欲为，电子宠物与洋娃娃不同，它完全是主动的。也就是说，这个游戏的全部要义在于，它总是提出倡议，它控制着游戏，并对我们提出种种要求。

这使我们回到了那个问题，即以交互被动的方式把我们的隐秘情感（归根结底，我们的享受）托付给他人的问题。如果在我们的情感中，我们总是最低程度地摹仿假想中的他人所感受到的东西——看到邻居哭我们也哭，看到邻居笑我们也笑，那么，谁是这个链条中的第一环？如果没有第一环，情形会怎样？如果托付给不存在的他者是最初的一环，情况又会怎样？如果不存在第一环，整个链条就有崩溃的危险，就会像纸牌屋或多米诺骨牌那样坍塌。于是我们有了电子宠物。也就是说，我可以用机械玩具代替我们的亲密伙伴，该玩具由纯粹的信号组成，而信号代表着我们的伙伴的情感。就交互被动性这一概念而论，它与强迫性精神官能症（obsessional neurosis）的联系至关重要，因为强迫性精神官能症的关键问题在于，如何推迟与享受的相遇（因而维持对享受的可能性的信念）：如果我不看电影，只是无休止地把它们录制在录像带上，这种推迟就维持了下列信念：拖到最后再看这些影片，就能真正享受"它们"。

电子宠物从这种强迫性推迟（obsessional postponing）中得出了合乎逻辑的结论：如果我从来都不真正渴望与大他者（the Orther）相遇，那又何必为实在界大他者（a Real Other）而操心费力？有了控制和编制大他者发出的非实体性信号（substanceless signals of the Other）的机器，不是已经很好了吗？归根结底，这个玩具本身，这个小小的圆形物体，依照强迫症的策略（obsessional strategy），成了我们为之焦虑的客体（object of our worry）。这样的强迫症策略包括抹除大他者［即作为分裂主体或欲望主体（split/desiring subject）的"真人"］，包括把他或她化约为供人玩乐的局部客体——即电子宠物，它是拉康所谓的小客体的终极例证。

而且，不妨冒险提出一个胆大包天的假说：对于相信上帝即终极电子宠物的唯物主义者而言，所以这一切的终极结果不正是由我们的无意识构成的吗？它不正在不依不饶地给我们提出种各要求？也就是说，电子宠物不就是这样的虚拟实存物：它本身并不存在，但我们还是要与它交换信号，满足它提出的种种要求？电子宠物的非想象特征（non-imaginary character）——不再致力于与它所代表的宠物类似——不是特别适用于禁止制造上帝形象的犹太传统吗？再说了，难怪在某些神学家看来，电子宠物就是撒旦的化身：可以说，它展示了信徒与上帝对话的机制，因为它表明，如何与一个纯粹虚拟的实存物［它只是作为界面拟像（interface simulacrum）而存在］进行热情和体贴的符号交换。

换言之，电子宠物是一个机器，它允许你满足自己的下列需要——爱你的邻居。你有这样的需要，即沉湎于对邻居、儿童、宠物的关爱？没问题，电子宠物能满足你的这一需要，而无须以你烦人的同情心干扰现实中的邻居——电子宠物可以满足你的这一病态需要。这个解决方案的迷人之处在于，照料另一个生命，这样的温馨需要，曾被传统伦理学视作你的仁慈的最高表现形式，现在被视为肮脏、古怪的病态行为，但可以在私下里满足这一需要，而不必打扰现实中的同类。

因此，电子宠物给交互被动性提供了最终的扭曲：它是纯粹虚拟的和被动的他者，向我们提出种种要求，促使我们采取狂热的行动，以使它心满意足，也就是说，使它平静、安稳，最后进入梦乡。每个孩子都知道，一旦电子宠物独立自处，能"睡"上几个小时，拥有它的人就会感到深深的满足。因此，电子宠物是实现交互被动性的工具，因为它与标准的宠物玩具（洋娃娃、小狗等）截然不同，标准的宠物玩具是供我们操控（照料、爱抚等）的被动客体。对待电子宠物，我们也是如此，但两者间存在着生死攸关的差异：在照料和爱抚电子宠物时，我们不能随心所欲，任意妄为，而要满足它的要求。提及交互被动性客体（interpassive object），不是还能够解释，在何种意义上，精神分析师是主体—患者的小客体？或者说得更确切些，在何种意义上，患者想把精神分析师化约成某种电子宠物，患者持续不断的、充满诱惑力的胡言乱语使精神分析师兴高采烈？在这两种情形下，我们面对的都是抹除大他者的欲望之维这一企图：强迫症一般地满足大他者的要求，目的在于阻止大他者欲望的出现。① 就电子宠物而言，我们拥有的是一个机械大他者（mechanical Other），尽管它从不间断地提出要求，却没有真正的欲望。正是这一点，使得它成了强迫症患者的完美搭档。强迫症患者在面对他的精神分析师时，情形亦复如是：强迫症患者不间断地采取行动，目的在于避免（或者说无限推迟）面对大他者欲望这一深渊（abyss of the Other's desire）。

---

① 请留意"要求"（demand）与"欲望"（desire）之间的差异。齐泽克曾经多次阐释两者的差异：如果在满足要求时只满足要求中包含的"需求"（need），那就不仅无法满足欲望，而且避开了欲望。比如婴儿要喝奶，这是他提出的要求，如果母亲单纯地满足这一要求中的需求，即给他奶喝，那就没有满足他的欲望，因为他不仅要奶喝，而且渴望母亲的爱抚（在这里，要求＝需求＋爱抚），仅仅喂奶，没有给予爱抚，就没有满足他的欲望，就是避开了他的欲望。

　　这里要做的第一件事情，当然是把精神分析师置于所谓"捧场"这种戏剧实践的对立面。所谓"捧场"是指由艺术家或其赞助者出资雇人拍手喝彩，为艺术家的表演组织盛大欢迎会。就"捧场"而论，有人出资聘请大他者，使之摆出认可（艺术家的努力）的姿态，以满足艺术家的自恋；与此不同，患者出钱聘请精神分析师却是出于完全相反的原因：不是直接认可患者的浅薄的自我感知（self-perception），而是挫败他在获得认可和满足自恋方面提出的要求。在精神分析治疗的过程中，真正的交互被动性要在更加激进的层面上去识别。此时，我们心中所想的，并非下列显而易见的事实：患者为了避免面对自己欲望的真相，避免把自己的欲望符号化，把自己奉献出来，把自己变成满足精神分析师的欲望的被动客体，试图引诱他，与他发生暧昧关系。相反，在治疗的过程中，主体不间断地处于主动状态，不间断地讲故事，说记忆，哀叹自己的命运，谴责精神分析师，努力抚平由"精神分析师想从我这里得到什么？"这一问题带来的创伤，努力处理精神分析师的欲望这一黑斑（dark spot）；而精神分析师则泰然处之，以迟钝、惰性的在场为伪装。这时，交互被动性介入了。关键不只在于，精神分析师的令人困惑的沉默把我这个患者弄得烦躁不安、垂头丧气；关键还在于，我处于主动状态，恰恰是要使他人（精神分析师）保持沉默。也就是说，这样一来，什么都不会发生，那样他就不会说出那个词语（或做出其他姿势），揭露我连篇累牍的胡言乱语的无效性。

这个例子非常清楚地表明，就交互被动性的关键特征而论，交互被动性并非指下列情形：在那里，他者代替了我，为我做事。它指的情形与此截然相反：我一直处于主动状态，我以他者的被动性维持我的主动性。职是之故，把交互被动性与驱力（drive）作等量齐观，依然问题重重：患者与精神分析师的关系（在这种关系中，精神分析师为患者处于被动状态）的全部要义在于，主体—患者依然对精神分析师持有移情的态度，也就是说，主体—患者依然千真万确地受制于欲望，依然为他者的欲望这个难解之谜而烦恼。只有在治疗终结（移情消解）后，我才不再需要依赖于为我而处于被动状态的他者。也就是说，即使要处于主动状态，我也不再需要下列场景中的幻象性支撑：在那里，我被化约成了被动的客体。我们的观点是，交互被动性这一概念［即下列诡异的情景，在那里，我是主动的，我把我的存在这一无法承受的被动性（unbearable passivity of my being）转移到大他者那里］为理解新兴的数字媒介的艺术潜能提供了秘诀（至少是秘诀之一）。

二

作为一个以精神分析为取向的（拉康派）哲学家，我首先要提出大家期待由精神分析师提出的问题：对于俄狄浦斯而言，即对于主体化模式（mode of subjectivization）——精神分析把主体化模式概括为俄狄浦斯情结及其解体——而言，赛博空间的到来会造成什么后果？当今流行的看法是，赛博空间破除（至少是潜在地瓦解）了俄狄浦斯的统治：它涉及"俄狄浦斯的终结"，因为在那里发生的，是从符号性阉割的结构（structure of symbolic castration）向某种新兴的后俄狄浦斯力比多机体（post-oedipal libidinal economy）的过渡。符号性阉割即第三种动能（Third Agency）的干预，第三种动能禁止/扰乱乱伦的二元组（incestuous dyad），并因此能使主体进入符号性秩序。当然，以何种模式感知这种"俄狄浦斯的终结"，取决于理论家采取何种立场。首先，有这么一些人，他们从中看到的是反乌托邦的前景（dystopian prospect）：人类退化，进入了前符号性的精神错乱沉浸（psychotic immersion），丧失了符号性的距离，而正是符号性的距离，维持着最小程度的批判性/反思性态度。这一前景即这样的想法：电脑发挥着母性元质（maternal Thing）的作用，它吞没了主体，想对主体进行乱伦性的融合（incestuous fusion）。简言之，如今在数字化的模拟世界（digitalized universe of simulation）中，想象界与实在界重合起来了，为此付出的代价是符号界的丧失（参见让·鲍德里亚[1]、

---

[1] 让·鲍德里亚（Jean Baudrillard, 1929—2007），法国社会学家和哲学家，以对媒体、当代文化、技术传播和超现实的分析闻名于世，人称"知识的恐怖主义者、后现代主义牧师、后现代大祭司"。"现实的消失"（disparition de la réalité）乃其全部著作的"母题"。其代表作包括《诱惑》（*Seduction*, 1978）、《拟像与模拟》（*Simulacra and Simulation*, 1981）和《海湾战争没有发生》（*The Gulf War Did Not Take Place*, 1991）。

保罗·维威里奥①的著作）。

在它强调表象（appearance）与拟像（simulacrum）的不同时，这种立场表现得最为坚决："表象"与下列后现代观念丝毫没有共同之处——我们正在进入拟像泛滥的时代，在这个时代，现实与模拟现实之物已经难以区分。对迷失于拟像洪水中的存在的本真体验的怀旧式渴望（可以在维利里奥那里觉察），后现代的断言——拟像泛滥的勇敢新世界标志着我们终于摆脱了对本真存在的形而上学迷恋［可以在吉安尼·瓦蒂莫②那里觉察]③，都没有意识到拟像与表象的区别：如今迷失在数字的"模拟瘟疫"（plague of simulations）中的，并非坚固、真正、非模拟的实在界，而是表象本身。

---

① 保罗·维利里奥（Paul Virilio，1932—2018），法国文化理论家、城市规划师、美学家，代表作有《领土的不安》《速度与政治》《消失的美学》《战争与电影》《解放的速度》《事件的风景》等。

② 吉安尼·瓦蒂莫（Gianni Vattimo，1936—2023），意大利哲学家和政治家。他强调"弱思想"（*pensiero debole*）的重要性，主张放弃现代性的基本确定性，放弃以理性单一主体为根基的客观真理。他认为这并不意味着真理的丧失，而是对真理的重新解释，是视野的开放。代表性著作有《现代性的终结》《差异的冒险》《超越阐释》《虚无主义与解放》《弱思想》等。

③ 这两句话的意思是：一方面，因为拟像泛滥成灾，我们对存在的本真体验（authentic experience of being）已经丧失，而我们怀念这种体验，对它充满渴望，这一点可以维利里奥里感受到；另一方面，后现代主义者认为，拟像泛滥成灾使我们进入了美丽的新世界（Brave New World），标志着我们终于摆脱了对本真存在（authentic Being）的迷恋，而这种痴迷充满了形而上学的色彩，因而值得庆幸，这一点可以在吉安尼·瓦蒂莫那里感受到。

那么何谓表象？有孩子问牧师，上帝长什么模样？牧师动情地回答说，无论何时，只要这个孩子看到流露出仁慈和善良的人的面孔，无论这张面孔属于谁，他都目睹了上帝的面孔。这个充满感情的陈词滥调包含的真理是，超感官之物（上帝的面孔）只能显现为世俗面孔这个稍纵即逝的表象，这个"鬼脸"。可以说，正是"表象"这一维度使一块现实（a piece of reality）发生了质变，使它变成了瞬间放射出超感官之永恒（supra-sensible Eternity）的某物，而超感官之永恒正在迷失于拟像的逻辑（logic of the simulacrum）。在拟像中（拟像已经无法与实在界区分开来），一切皆在于此，此外别无他物；超验之维实际上在它那里"显现"出来，或通过它"显现"出来。在此我们又回到了康德提出的崇高问题上。法国大革命在全欧洲已获启蒙的公众中激起了热情，康德对此热情做了著名的解读。在他的解读中，革命事件成了标志，超现象的自由（trans-phenomenal Freedom）之维度，自由社会（free society）之维度，通过这个标志显现了出来。因此"表象"（appearance）不只属于现象（phenomena）的领域，它还属于那些"神奇时刻"（magic moments）的王国。在"神奇时刻"，另一个维度，即本体的维度（noumenal dimension），在某些经验的/偶然的现象（empirical/contingent phenomenon）中显现出来，"闪耀出来"。

赛博空间与虚拟现实的问题也在于此：受到虚拟现实威胁的不是"现实"，因为"现实"已经消融于对"现实"

的众多拟像之中；受到虚拟现实威胁的是表象本身。用拉康的话说，拟像属于想象界（幻觉），而表象属于符号界（虚构）；一旦符号性表象（symbolic appearance）的特定维度开始解体，想象界与实在界就会越来越难以区分。在当今的拟像世界（universe of simulacra）中，实在界越来越难以与对它的想象性模拟（imaginary simulation）区分开来。当今拟像世界的关键在于"符号性功效"（symbolic efficiency）的降低。拟像（与实在界重合）与表象的此一重要区别，可以轻而易举地在性的领域（domain of sexuality）中发现，它以淫秽作品（pornography）与诱惑（seduction）的区别为伪装：淫秽作品"尽情展示""真正的性"，并因此制造了纯粹的性拟像（simulacra of sexuality），而诱惑的过程则完全寄身于表象、暗示和承诺的嬉戏，因而展示了超感官的崇高元质（supra-sensible sublime Thing）这个微妙之域。

另一方面，还有一些人，他们强调赛博空间具有的解放性潜能：赛博空间开辟了一片天地，改变了众多的性身份（sexual identities）和社会身份（social identities），这至少潜在地把我们从父权律令（patriarchal Law）的掌控中解放出来；仿佛它在我们的日常实践经验中实现了对古老形而上学二元对立——如"真实自我"与"人工面具"的二元对立——的"解构"。在赛博空间中，我不得不宣布放弃任何固定化的符号身份，即独一无二的自我（Self）这个法律的/政治的虚构。独一无二的自我是由我在社会符号结构

（socio-symbolic structure）中所处的位置来保证的。简言之，根据这第二个版本（桑迪·斯通、谢里·特克尔①的版本），赛博空间宣告了作为"思维实体"（thinking substance）的笛卡尔式我思（cogito）的寿终正寝。

当然，从这第二个视角看，预言俄狄浦斯情结将在拟像世界中终结的悲观主义的先知们暴露了他们的无能为力：他们无力想象取代俄狄浦斯的替代物。我们在此拥有的，是另一个版本的标准的后现代解构主义叙事，根据这种叙事，在邪恶、古老的父权制秩序中，主体的性身份是由他或她在固定化的符号性俄狄浦斯框架（fixed symbolic oedipal framework）中所处的地位或所扮演的角色预先确定的："大他者"照料着我们，并把"男人"或"女人"的身份授予我们，而主体的伦理义务只限于努力成功地占据他或她命中注定的符号性地位（同性恋和其他"变态"只被视为主体失败的标志——主体没能沿俄狄浦斯之路前行，因而没有获得"正常"／"成熟"的性身份）。

不过在今天，正如据说福柯已经证明的那样，暗中破坏性的俄狄浦斯式运作（oedipal functioning of sexuality）的合法的／被禁止的权力这个母体（matrix of Power）正在消

---

① 桑迪·斯通（Sandy Stone, 1936— ）、谢里·特克尔（Sherry Turkle, 1948— ）均为当代杰出的网络女性主义者。她们认为，网络已成为社会实验室，人们可以透过网络的虚拟现实进行自我塑造，创造新的自我身份。自我不再受身体的羁绊，因此，人人都能任意跨越与玩弄身份，释放和满足自己的欲望。但在另一方面，此自我还是与身体存在某种联系，否则自我无法产生愉悦感。

退。如此一来，主体并没有通过被呼唤去占据他在社会符
号秩序中命中注定的地位，而是获得了自由（或者至少是
承诺，是自由的前景），可以在不同的社会符号性的性身份
之间转换，把他的自我建成美学作品（aesthetic oeuvre）。
把自我建成美学作品，这个母题从晚期福柯的"爱护自己"
（care of the Self）这一观念，到解构主义女权主义对性别的
社会构成（social formation of gender）的强调，绵延不绝。
提及赛博空间，可以为审美的自我创造（aesthetic self-crea-
tion）这种意识形态提供额外的动力。感受到这一点易如反
掌。根据上述意识形态，赛博空间使我摆脱生物的约束
（biological constraints）这一残迹，提高了我的能力，由此我
可以自由地建构我的自我（my Self），在众多变化的身份
（shifting identities）中自由穿梭。

　　不过，与这两个版本的"作为俄狄浦斯之终结的赛博
空间"（cyberspace as the end of Oedipus）相比，还有为数不
多却思想敏锐的理论家。他们断言，赛博空间延续了俄狄
浦斯的主体化模式（oedipal mode of subjectivization）。[注6] 赛
博空间保留了干预性第三秩序（intervening Third Order）的
基本俄狄浦斯结构。第三秩序以其作为调停/调解（media-
tion/mediatization）之代理具有的力量，维持着主体的欲望，
同时又充当着禁令的代理（agent of prohibition），阻止主体
的欲望获得直接、充分的满足。多亏了这种干预性第三者
（intervening Third），任何局部性的满意/满足都被打上了根
本性的"这不是那个!"（This is not that）的烙印。有人认

为，赛博空间作为超现实之媒介（medium of hyper-reality），悬置了符号性功效（symbolic efficiency），导致了虚假的全然透明性，即想象性拟像（imaginary simulacra）与实在界的重叠。借用阿尔都塞的话说，这其实只是传达了某种"自发的赛博空间意识形态"（spontaneous ideology of cyber-space），隐藏了赛博空间的实际功能。赛博空间不仅继续依赖符号性律令的基本部署（elementary dispositif），甚至把它更加清楚地显现于我们的日常经验。

只要回忆一下我们在互联网上冲浪或参加虚拟社群的情形就完全可以了：首先，"阐述主体"（subject of enuncia-tion）与"被阐述主体/陈述主体"（subject of the enuncia-ted/of the statement）是分裂的。"阐述主体"是匿名的未知因素，他做事，他说话；"被阐述主体/陈述主体"是我在虚拟空间中采纳的符号身份，它可以是——在某种意义上说也总是——被"发明出来"的，它在赛博空间中代表我的身份，但从来都不直接是"我本人"。另一方面，我在赛博空间中与之交流的伙伴，也是如此。在这里，不确定性是彻底的：我从来都无法确定他们是谁，他们是否"真的"就是他们自己所描述的样子，在屏幕假面（screen-persona）背后是否存在"真"人，屏幕假面是否为多人共用，同一个"真"人是否拥有、操控众多的屏幕假面，我是否只面对着一个并不代表任何"真"人的数字化实存物（digital-ized entity）。

因此，赛博空间似乎直接物化了所谓的图表 L（schema

L)。该图表由拉康在 20 世纪 50 年代初提出，他以之解释交流的结构（structure of communication）：在赛博空间里，两个屏幕假面——一个是我自己（a），一个是我的镜像伙伴（a′）——沿着想象轴（imaginary axis）互动；在它的下面同时又穿越它的，是符号轴。符号轴代表着我自己与大他者的关系。我自己是阐述主体（$），大他者永远是处于"语言墙"（wall of language）之外的难解之谜，是永远不曾回答的他或她的"*Che vuoi*?"——他或她向我发送了这个信息，但在这个信息的后面掩藏着什么？他或她想借此得到什么？简言之，界面恰恰意味着，我与他者的关系从来都不是面对面的，它总是由介于其间的数字机械（digital machinery）来调停的，而介于其间的数字机械代表着拉康所谓的"大他者"（big Other），即匿名的符号性秩序，其结构正是迷宫（labyrinth）的结构。我在这个无限空间中"浏览"、游荡，信息在那里自由流通，没有固定的目的地，与此同时，信息的总和——这个巨大的"嘟哝"（murmurs）电路——是我永远无法领悟的。［正是在这个意义上，我们不禁要提出原康德式的"赛博空间的崇高"（proto-Kantian notion of the 'cyberspace Sublime'）概念："赛博空间的崇高"即海量信息及其循环，我即使穷尽自己的综合型想象力（synthetic imagination），也无法囊括它、领悟它。］

此外，可能存在着使虚拟世界土崩瓦解的病毒，这种先验的可能性（a priori possibility）岂不是指出了下列事实：

即使在虚拟世界里，也不存在"大他者之大他者"①，虚拟世界具有先验性的非一致性（a priori inconsistent），没有什么东西能够保证它能连贯一致地运作？由此得出的结论似乎是，赛博空间有其真正的"符号性"运作：赛博空间依然是"俄狄浦斯"式的。这是在下列意义上说的：为了在赛博空间中畅通无阻，我们必须假定，存在着根本性的禁令和/或异化（fundamental prohibition and/or alienation）。不错，在赛博空间中，"你可以成为你想成为的一切"，你可以自由选择符号身份（屏幕假面），但你必须选择这样的屏幕假面：在某种程度上，它总是背叛你，总是不完全合乎你的需要。在赛博空间中，你必须借助于一个符指化因素（signifying element）来接受表征（representation），而这个符指化因素作为你的替身在电路中东奔西跑。不错，在赛博空间中，"一切都是可能的"，但要为此付出的代价是，接纳一种根本性的不可能性（fundamental impossibility）：你无法逃避界面的调停，你不能绕道而行，界面永远把（作为阐述主体的）你与你的符号性替身隔离开来。

不过，还可以在另外一种意义上看待这个问题："俄狄浦斯在线"（Oedipus on-line）不再能够发挥真正的俄狄浦斯的功能。要想彻底搞清这一点，必须牢记拉康对下列两者所做的严格区分：其一是俄狄浦斯神话，它是故事，内容涉及弑父和乱伦；其二是符号性禁令（symbolic prohibi-

①　所谓"大他者之大他者"（Other of the Other），指大他者后面还有另外的大他者来支撑，类似于国人所谓的"人外有人"、"天外有天"。

tion）这个潜在的纯粹形式结构，它是为了进入符号性秩序必须付出的代价。父亲之"不!"只是下列纯粹正式事实（formal fact）的替身、假想化身："如此发号施令者禁止获得享受"（拉康语）。一旦我的需求被表述为向大他者发出符号性要求，我就会卷入扭曲和僵局，就不可能获得充分的满足，因为下列两者存在着分裂：其一是满足我的需求的物质客体，其二是我的欲望指向的深不可测的"它"。我的欲望经由他者调停，也就是说，经由令我心神不宁的根本性的难解之谜（fundamental enigma）调停。这个难解之谜是："作为他者的欲望客体，我是什么？""他者在我身上究竟看到了什么，使我值得他或她来欲望？"等等。所以说，尽管赛博空间的确涉及根本性的禁令/异化，但我们在赛博空间里遇到的却是符号性禁令的纯粹的形式结构，而没有"一小块（父性）实在界"——父性形象——来支撑它的存在。

这岂不是为调停对赛博空间所做的两种解读（后俄狄浦斯式解读和俄狄浦斯式解读）打开了方便之门？如果涉及作为神话故事的俄狄浦斯，赛博空间就是后俄狄浦斯式的；如果涉及作为禁令/调停的形式结构的俄狄浦斯，赛伯空间就不是后俄狄浦斯式的。换言之，"超越俄狄浦斯"的——俄狄浦斯在此是历史上某个特定的故事/神话——是作为纯粹形式结构的俄狄浦斯自身，而纯粹的形式结构与符号性秩序这一事实是同体共存的。[注7]自相矛盾的是，赛博空间指的是精神错乱的潜在"复发"，指的是符号性调停的崩溃。之所以如此，是因为它实现了禁令/调停的纯粹结构，却缺乏使之得以实现的那个形象这"一小块实在界"。①

不过，无论表面看来如何一目了然，作为神话故事的俄狄浦斯与作为形式结构的俄狄浦斯之间的这一差异，还是留下了一个至关重要的问题没有回答：要对形式结构进行叙事性的补足（narrative supplement），这种需要来自何处？何以形式结构不能自行其是，何以它要糊里糊涂地认同那个使它得以存在的、经验上的"病态"因素（父性形象）？为什么我们不能直接进入符号性秩序，并直接接受由于进入符号性秩序而造成的损失？毋庸说，我们由此遇到了一个难解之谜，即禁止做不可能之事（prohibition of the impossible）之谜：如果享受本来就是不可能的，为什么我们还要摆出一个多余的姿态，正式禁止它？也就是说，符号性禁令的基本悖论并不在于人类这种动物接受并"内化""非理性"的断然放弃（harsh renunciation）；恰恰相反，符号性禁令的基本悖论在于它归根结底的多余特性（superfluous character）。不妨回忆赛尔乔·莱翁内《西部往事》中的那个小场景，在那里，亨利·方达（Henry Fonda）射杀了卑鄙的告密者。事前告诉告密者，他无法信任他——你

---

① 这句话的意思是：俄狄浦斯分两个层面，一个是符号界的层面，一个是实在界的层面。在符号界层面，它表现为禁令/调停，是纯粹的符号性的结构。在实在界层面，它表现为"一小块实在界"（little piece of the real），即"父亲"这个形象，正是因为这个形象的存在，符号界层面上的禁令/调停才得以存在。赛伯空间可能会导致精神错乱，因为它只运行于符号界，缺乏实在界的支撑。

怎么会信任一个连自己的腰带都不信任的人呢（为了不使裤子掉下来，告密者不仅系了腰带，还用了肩带）?[注8] 癔症性的抑制（hysterical inhibition）与此多少有些类似：从一个人的表现看，仿佛语言中的阻碍/障碍已经消除，于是他把额外的经验性禁令（empirical prohibition）——或伤口、重负（cut or burden）——强加于己。这样做，当然要借助于下列幻觉：如果避开这个额外的禁令，他就会如愿以偿。或许正是这个幻觉，为倘非如此就毫无意义的、多余的禁止姿态——禁止本质上本不可能之事——提供了原因。柏林人常常把 1989 年之前把柏林分成东部和西部的那堵墙视为一种努力——努力"稳定本不可能之物"（stabilize the impossible）。每个符号性禁令都是一堵墙，"稳定本不可能之物"不正是这堵墙的基本功能吗?[注9]

　　同样的悖论也可以用来解释移情这个精神分析概念的基础含混性。在拉康那里，"移情"并不是指"私人"关系，移情是语言中所固有的，是"大他者"中所固有的。语言本身"理应知情"（supposed to know）。只有预先假定大他者是一个完整的整体，预先假定自己说出的语句的意义已在大他者中得到了保证，或者已由大他者来保证，主体才会说话。如此说来，移情即戴维森所谓的"厚道原则"的别名，即一种基本态度——信任大他者。尽管如此，这种信任依旧必须由 le peu de réel 来维系，即由实在界的残余来维系。比如说吧，一边是父亲的符号功能—地位，一边是发挥这一功能、占据这一地位的某人，因为两者存在分裂，所以，倘若没有阻止父亲完全发挥父性功能（paternal function）的某个"*le peu de réel*"，某个污渍，某个纯属怪癖的特质，就不会有对父亲的移情。换言之，我们对父性权威人物的标准态度与基础性误认（fundamental misperception）有关：通常我们会说，"虽然他一身的怪癖，我依然相信，他很有权威，因此不管怎么说，他是我父亲"。但真正的关系与此截然相反，这些小小的怪癖向我们保证，这个血肉之躯实为父性权威的化身，没有这些怪癖，就没有真正的移情，没有这些怪癖，"父亲"会是可怕的、纯粹的符号性功能，会以其幽灵般的隐匿（spectral invisibility）吞噬一切。

"何以会出现本属多余的禁令，何以禁止本不可能发生的事情？"对此问题，唯一合乎逻辑的答案是，为了无视这种固有的不可能性，也就是说，为了维系下列幻觉：如果不是有外部强加的禁令，完全的（"乱伦"）满足本来是可能的。父性形象的功能绝不是"阻止我们接近终极欲望客体的压抑性动能（repressive agency）"，相反，父性形象的功能是使我们摆脱令我们身心衰竭的欲望僵局，是"维持希望"……因此，"俄狄浦斯在线"的问题在于，它所丧失的恰恰是父性形象的这种"抚慰"（pacifying）功能，父性形象能使我们无视令我们身心衰竭的欲望僵局。这才有了下列两者的怪异混合：一者是"一切皆有可能"，因为根本不存在实证性的、发出禁令的人物；一者是无孔不入的挫折和僵局，它们构成了主体对赛博空间的体验的特征。

三

在临床上，可以轻而易举地把这三个版本归为三类：精神错乱、性变态和癔症。第一个版本声称，赛博空间导致了无所不在的精神错乱。根据第二个版本，赛博空间开辟了颇具解放性的视角（liberating perspective），使我们看到了业已全球化的形形色色的性变态。第三个版本宣称，赛博空间依然停留在谜一般的大他者（enigmatic Other）这一范围内，而这样的大他者使主体罹患癔症。那么，哪个版本是正确的？我们不禁要说，第四个版本，即类似于第二个版本的性变态。但这样说，有个前提条件：以更加严格的方式概括性变态。也就是说，对赛博空间的两个标准的回应均有缺陷：一个"太强"（认为赛博空间涉及与俄狄浦斯的决裂），一个"太弱"（认为赛伯空间是以他手段对俄狄浦斯的延续）。与这两个回应不同，性变态是这样的立场（力比多姿态）：它竭力提供某种"恰当措施，以控制力比多解体这一威胁"，以"稳定本不可能之物"。

不过，关键显然在于，要描绘性变态特定的中介性身份（intermediate status），因为它介乎精神错乱（psychosis）与神经症（neurosis）之间，介乎精神错乱者的排斥律令和神经症患者的融入律令之间。根据标准的看法，性变态脚本（perverse scenario）展示的是"否认阉割"（disavowal of castration）；可以把性变态视为对"死亡与性"（death and sexuality）这个母题的防御，视为对必死无疑（mortality）这一威胁的防御，以及对性差异的偶然强加性（contingent imposition of sexual difference）这一行为的防御。性变态展示出来的是这样的世界，在那里，和在卡通中一样，人类总能死里逃生；在那里，成年人的性行为被化约为儿童的嬉戏；在那里，人不必被迫死去，不必在两种性别中选择其一。如此说来，性变态者的世界是纯粹的符号性秩序世界，是天马行空、独来独往的能指游戏（signifier's game）的世界，人类的有限性这一实在界（the Real of human fini-tude）对它无能为力。

　　猛一看，似乎我们对赛博空间的体验完全适用于这一世界。赛博空间不也同样不受实在界之惰性的羁绊，只受制于自身设定的规则吗？不过，在拉康看来，这个对性变态的标准看法没有顾及律令与享受之间的独一无二的短路，而这一短路造就了性变态的深层结构所具有的特征：与神经症患者不同（神经症患者认可律令，以便偶尔通过违犯律令——如自慰或盗窃等——获得享受，并通过从大他者里抢回部分被偷窃的享受而获得满足），性变态者把消遣大他者（enjoying big Other）提升到了律令之动能（agency of Law）的高度。性变态者的目的是确立律令，而不是破坏律令：众所周知的男性受虐狂把他的性伴侣——女性施虐狂——提升到了律令制定者的高度，她的命令必须服从。性变态者完全承认律令的淫荡阴暗面，因为他从建立律令的规则这一姿态的淫荡性中获得了满足，即从"阉割"中获得满足。在"正常"情形下，符号性律令阻止接近（乱伦）客体，并因此创造了接近（乱伦）客体的欲望；在性变态中，正是客体本身（比如受虐过程中的女性施虐狂）创造了律令。受虐狂性变态（masochist perversion）这个理论概念在此触及了普通的受虐狂概念，即"喜欢被律令蹂躏"的受虐狂这一概念：受虐狂在禁止获得享受的律令之动能中，锁定享受的位置。性变态仪式（perverse ritual）因而展示了阉割的行为，原初丧失（primordial loss）的行为，而这种行为允许主体进入符号性秩序。

但进入符号性秩序，要借助于特定的扭曲：对于"正常"主体而言，律令充当了调控其欲望（获得欲望客体）的禁令之动能；与"正常"的主体不同，对于性变态者而言，欲望的客体就是律令本身——律令是他渴望的理想（Ideal），他想得到律令的完全认可，他想融入到其运作之中。这其中的反讽意味，我们不该错过：尽管性变态者这个典型的"越轨者"声称要违反一切"正常"、正派行为的规则，实际上却渴望律令对他的统治。[注10] 关于性变态者，更深入的看法是，因为在他看来，律令尚未完全建立起来（律令是他已经丧失的欲望客体），所以他用一套错综复杂的规章来补充这种匮乏（参见受虐狂仪式）。因此，至关重要之处在于，要牢记律令与规章（或"规则"）之间的对立：后者的存在证明了律令的缺席，或对律令的悬置。

那么，什么在性变态中危在旦夕？纽约有个名为"我们愿做奴隶"（Slave are us）的组织，它派出人员，心甘情愿地为他人免费清洗公寓，还渴望被女主人粗暴地对待。该组织通过广告招募清洁人员（广告的格言是"被奴役就是被奖励"）。他们中的多数人是收入丰厚的经理人、医生和律师。当有人问及他们这样做的动机时，他们声称，自己一直高高在上，主宰他人，现在对此感到厌倦。他们被人粗暴地呼来喝去，做这做那，却欣喜若狂，因为这对他们来说，是唯一接近存在（access to Being）的方式。而且，在此不可忽略的哲学要义是，作为拉近存在的唯一方式，受虐狂与现代的康德式主体性（modern Kantian subjectivity）的到来不谋而合，与主体被化约成自我相关的否定性这一空白点（empty point of self-relating negativity）不谋而合。在这一点上，对后笛卡尔哲学（post-Cartesian philosophy）做个简要总结还是颇有教益的：它为大他者场景（Other Scene）的遗迹所困扰，在大他者场景中，主体这个自由、活泼、自我设置的能动者（self-positing agent），被化约成了客体，忍受着不堪忍受的痛苦和羞辱，被剥夺了源于自由的尊严。

在《启蒙之辩证》结尾处一则题为"进步的代价"的札记中，阿多诺与霍克海默引用了19世纪法国生理学家皮埃尔·弗卢朗的论点——他反对用三氯甲烷进行医疗麻醉。弗卢朗声称，可以证明，麻醉剂只对我们的记忆神经网络有效。简言之，我们躺在手术台上，活生生地任人宰割，这时，我们真真切切地感到了剧烈的疼痛，但不久从麻醉中醒来后，我们并不记得这段经历。在阿多诺和霍克海默看来，这当然是基于压抑自然的理性之命运的完美隐喻：他的身体，即主体中的自然的一部分，真真切切地感到了这份疼痛；只是由于受到了抑制，主体没有记住这份疼痛而已。我们主宰着自然，自然因此报复我们。自然对我们的完美报复就表现于此：不知不觉地，我们成了自己最大的受害者，我们活生生地宰割自己。把这种报复解读为展示交互被动性的完美幻象场景，解读这样的为大他者场面——在那里，我们为积极干预世界付出了代价，不同样是可能的吗？施虐受虐狂自愿接受了这份苦难，把它视为获取存在的必由之径。①

我们的第二个例子是康德。康德的《实践理性批判》中有段文字，神秘地题为"试论人的认知机能对其实践天命的机智适应"②。康德在这段文字中回答了下列问题：如果我们获准进入本体领域（noumenal domain），进入了物自体，会发生什么事情？到那时：

> 不断地呈现在我们眼前的，不是斗争（斗争是道
> 德意向不得不与天然爱好展开的，而且几经失败之后，

---

① 这段文字曾经出现在本书第八章倒数第三段，只是与之相比，少了一句话："没有这个幻象性的支撑，没有这样的大他者场景——在那里，我们完全听从大他者的摆布，就没有积极的、自由的能动者。"

② "试论人的认知机能对其实践天命的机智适应"，英文为"Of the Wise Adaptation of Man's Cognitive Faculties to his Practical Vocation"，有中文版把它译为"人类认知能力与人类实践决定的明慧比配"。参见康德：《实践理性批判》，韩水法译，北京：商务印书馆1999年版，第159页。

心灵的道德力量或许会逐渐占据上风)，而是以其可怕的威严出现的上帝与永恒。……因此，服从法律的绝大多数行动会是出于恐惧做出的，少数行动会是出于希望做出的，没有一项行动会是出于义务做出的。行动的道德价值（在至高智慧的眼中，人乃至世界的价值只取决于行动的道德价值）根本就不会存在。只要人的天性依然像现在这样，人的行为就会变成纯粹的机械行为。在这里，和在木偶剧中一样，一切都是比比画画，人物形象没有任何生命可言。①[注11]

人如果直接洞悉了神圣的自在之存在（being-in-itself）的奇丑无比，就会变成无生命的木偶。难怪对人的这种看法在康德著作的注释者中引起了巨大的不安（对这种看法，他们通常要么放任自流，要么把它视为诡异的外物而不屑一顾）。康德在这里所说的，不亚于我们情不自禁地称为"康德式基本幻象"（Kantian fundamental fantasy）之物，即自由的交互被动性大他者场景（interpassive Other Scene of freedom），自发的自由能动者（spontaneous free agent）的交互被动性大他者场景，即这样的场景，在那里，自由的能动者变成了木偶，任由变态的上帝（perverse God）摆布。它提供给我们的教益当然是，没有这个幻象性的支撑（fantasmatic support），没有这个大他者场景（在那里自由的能

---

① 这里的译文与中文版略有差异，参见中文版：康德：《实践理性批判》，韩水法译，北京：商务印书馆1999年版，第160—161页。

动者任由大他者操纵），就没有自由的能动者。[注12]也就是说，只要康德式主体——自我相关的否定性这一空白点——还是拉康式的被"划上斜线"的能指主体（subject of the signifier）——在实证的存在秩序（positive order of Being）中缺乏支撑的存在之匮乏（*le manque à être*），那么幻象所展示的就会是主体的不可能的存在，因为主体进入了符号性秩序，主体的存在已经丧失。也难怪基本幻象是被动性的，是"受虐狂式的"，它把我化约成了对他人俯首帖耳的客体。仿佛只有体验到了极度的痛苦，主体才能确保自己能够接近存在：存在之痛苦（*la douleur d'exister*）意味着，只有我体验到了痛苦，我才"存在"。由于这个缘故，应该重新表述康德的禁令（康德禁止直接进入本体领域）：我们不应进入的，并非本体性实在界（noumenal Real），而是我们的基本幻象；一旦主体过于接近这个幻象之核（fantasmatic core），它就会丧失自身存在的一致性（consistency of its existence）。

有关主体的构成性的"去中心化"①，拉康有一个断言。这也是明确说明拉康这一断言的意义的方式之一。关键并不在于，我的主观体验受到了客观的无意识机制（objective unconscious mechanisms）的规制，就我的自我体验而言，客

---

① "构成性的'去中心化'"（constitutive 'decentrement'），包括两个层面的含义：（1）主体被从中心驱逐了，"去中心化"了；（2）正是因为如此，主体才构成了主体，即，主体才成为了主体。这里的主体当然是被划了斜线的主体。

观的无意识机制被"去中心化"了，因而是我无法控制的（每个唯物主义者都能主张这一点）；关键在于，存在着某种更加令人不安的东西。我甚至被剥夺了最隐秘的"主观"体验，看不到事物"在我眼中显现的样子"，失去了对基本幻象的体验（而正是这基本的幻象构成、确保了我的存在之核），因为我从来都没有有意识地体验过它，接纳过它。根据一种标准的看法，使主体成为主体的那个维度，正是现象性的（自我）体验的维度——只有当我能对自己说，"无论有什么不为人知的机制在支配着我的行为、感知和思想，谁也不能从我这里拿走我现在所看到和感受到的东西"，这时，我才是主体。比如说，我在热恋，一位生化学家走来告诉我，我全部的强烈情感都只是我体内生化过程的结果，这时，我会紧紧抓住表象，对他做出回应："你现在所说的一切可能都是对的，但你依然无法从我这里拿走我现在正在体验着的强烈情感。"

不过，拉康的看法是，精神分析学家是这样的人物，他恰恰能够从主体那里取走这些东西。也就是说是，他的终极目标是剥夺主体的基本幻象，而主体的基本幻象规制着他的（自我）体验世界。只有当主体无法接近他的现象性的（自我）体验（他的"基本幻象"）时，也就是说，只有当主体的现象性的（自我）体验（他的"基本幻象"）"一开始就受到压抑"时，弗洛伊德式的"无意识主体"才能出现。无法接近的，正是最激进层面上的无意识，而不是规制我的现象体验的客观机制。有一个老生常谈，据此老生常谈，只有当某个实存物（entity）展示出"内在生命"（inner life）的迹象时，也就是说，只有当某个实存物展示出无法化约成外部行为的幻象性的（自我）体验的迹象时，我们看到的才是主体。与这个老生常谈不同，我们应该说，使真正的人类主体性具备如此特征的，是两者间的分裂，即下列事实：最基本的幻象是主体无法接近的；正是这种无法接近性，使主体成了"空洞"的主体（$）。于是我们获得了这样的关系，它完全颠覆了标准的主体观（根据这种主体观，主体可以直接体验自己，体验自己的"内在状态"）。它是下列两者结成的"不可能"的关系：一者是空洞的非现象的主体（non-phenomenal subject），一者是主体依然无法接近的现象。这种关系，拉康用幻象公式 $\$◇a$ 来表示。

遗传学家预言，在大约 10 到 15 年的时间内，他们将能够识别和操纵每个人的精确基因组（接近 600 万个遗传标记，由全部通过遗传得来的"知识"构成）。到那时，每个人至少会潜在地获得自己"客观上是什么"的完整公式，以供自己随意支配。这种"实在界中的知识"（knowledge in the real）将如何影响主体性之身份（status）？也就是说，我将能够确认自己，把自己完全视为现实中的客体，这将如何影响主体性之身份？这是否将导致人类主体性的终结？拉康的回答是否定的：遗传学家依然无法把握的，不是我的现象性的自我体验（比如对爱情的体检就是如此，决定爱情体验的遗传机制和其他物质机制可以剥夺我的爱情体验），而是"客观上主观的"（objectively subjective）的基本幻象，即我的意识体验无法接近的幻象之核（fantasmatic core）。科学即使概括了遗传的公式，告诉了我，在客观上，我是什么，但它还是无法概括我的"客观上主观的"的幻象身份（fantasmatic identity），无法概括我的主体性（my subjectivity）的客体对应点（objectal counterpoint）。它既非主体性的（被体验的），亦非客观性的。

四

所有这一切都与赛博空间有关吗？经常听人说，赛博空间开辟了新天地，允许我们实现（外化、展示）我们隐秘的幻象。通过聚焦于基本幻象，当今的艺术实践确认了这些实践的艺术身份。这时的艺术处于人的本质已经科学客观化（scientific objectivization）的时代。这时，艺术指的是这样的空间，在那里，先验地躲避科学客体化把握的事物得以显现。而且，或许赛博空间借助于它的能力（能够外化我们的隐秘幻象，展示幻象的彻底非一致性），给艺术实践提供了独一无二的可能性，使之展示、"表演"（act out）支撑着我们的生存的幻象（fantasmatic support of our existence），甚至展示、"表演"从来都无法主体化的基本的"施虐受虐狂"幻象。于是我们被邀冒险，获取能够想象出来的最激进的体验：与我们的"本体自我"（noumenal Self）相遇，与大他者场景——大他者场景展示了主体的存在

(subject's Being)的封闭硬核——相遇。它绝没有使我们遭受这些幻象的奴役，并因此把我们变成非主体化的盲目的木偶（de-subjectivized blind puppets），而是使我们以游戏的方式待之，因而也与之保持了最小的距离，简言之，获得拉康所谓的"la traversée du fantasme"，即"经历幻象、穿越幻象"。

且让我们引证维特根斯坦《逻辑哲学论》（*Tractatus*）中最后那个最著名（或最臭名昭著）的命题，以之作结："对于不可言说的，必须保持沉默。"这个命题以最为简洁的方式重显了俄狄浦斯律令（oedipal Law）存在的悖论：它禁止某种本不可能之事（乱伦行为），还引发了希望，使人觉得，如果破除或征服了这道禁令，"不可能"的乱伦将成为可能。如果我们要真正进入"超俄狄浦斯"（beyond Oedipus）之域，就必须把维特根斯坦的命题改写为："对于不可言说的，必须将其写下。"① 当然，把艺术视为预卜"人类无法言说"之物的书写模式或书写实践，预卜被现存社会—符号禁令网络（existing socio-symbolic network of prohibitions）所"压抑"的乌托邦潜能的书写模式或书写实践，这样的传统由来已久。把文字当成传达爱情表白的工具来使用，这样的传统同样源远流长。爱情表白因为过于隐秘，过于难堪，无法以面对面的言语行为直接表白。不仅互联网被广泛用作给腼腆之人提供艳遇的空间，意味深长的是，

---

① 原文是：Wovon man nicht sprechen kann, darüber muss man schreiben.

有关爱迪生（电报机的发明者）的一则轶闻是，爱迪生本人也曾使用电报机向他的秘书示爱和求婚——他太害羞了，无法以口语直接表达。不过我们在此要说的，不是这样的标准机理（standard economy）：把赛伯空间当成一个场所，在那里，因为我们不能直接身临其境，也就是说，因为我们与它保持了距离，我们才觉得可以自由地外化、展示我们内心隐秘的幻象。我们心中所想的，是更为激进的层面，它涉及我们的基本幻象，即"不可言说之物"：主体从来都不能够接纳自己的基本幻象，无法以言语行为表演（performance of a speech-act）的方式在幻象中认出自己。或许赛博空间开辟了这样的领域，在那里，主体依然能够外化/展示自己的基本幻象，并因此与它保持最小的距离。

简言之，我们现在要说的是，在赛博空间中（或通过赛博空间），完成拉康所谓的本真行为（authentic act），是不可能的。本真行为之为本真为行，在于这样一个姿势（gesture）：它扰乱（"穿越"）主体的基本幻象。在拉康看来，一个姿势只有扰乱（搅乱）了主体一致性的这个最激进的层面（这个最激进的层面甚至比主体的初级符号认同更基本），才能算作行为。当然，这个命题的第一个负面结果是，我们应该拒绝那个庸常的想法：沉湎于赛博空间本身就不是一个行为（an act），因为我们居留于虚拟的拟像世界（virtual universe of simulacra），而没有真枪实弹地做什么"真事"。在拉康看来，幻象不只是与硬现实（hard reality）相反的想象之作（work of imagination），也就是说，幻象不只是我们心灵的产物，它妨碍我们对现实的直接认知，降低我们"按照事物本来的样子感知事物"的能力。说到现实与想象之间的基本对立，幻象不只处于想象的一边；相反，幻象是一小块想象（little piece of imagination），我们通过它接近现实。它是一个框架，确保我们接近现实，获得"现实感"。（一旦我们的基本幻象被打碎，我们就会体验到"现实的丧失"）。[注13]

　　因为这个缘故，"穿越幻象"绝对与驱散幻象这一清醒的行为无关（仿佛幻象妨碍了我们对事物的真实状态的清晰感知），绝对与下列反思性行为（reflective act）无关：与我们的想象保持关键性的距离，摆脱虚假的迷信，等等。悖论在于，一边是我们的想象，一边是"真实存在"之物，在把二者加以区分时，幻象便开始发挥干预作用（它成了支撑物）。"穿越幻象"则涉及我们对想象领域的过度认同：在想象中，通过想象，我们打破了幻象的限制，进入了骇人的、暴力性的前综合想象领域（domain of pre-synthetic imagination），在那里，残片（*disjecta membra*）四处漂浮，尚未通过同质化幻象框架（homogenizing fantasmatic frame）的干预而被统一和"被驯服"。或许这是赛博空间中的游戏能使我们力所能及的；如果我们一玩到底，酣畅淋漓，如果我们无拘无束，沉浸其中，如果我们在那里外化我们的想象，展示我们的想象的非一致性，那么，确保我们的（自我）体验具有一致性的幻象性框架，或许会土崩瓦解。

　　不过，这决不意味着，引导我们"穿越幻象"的，正是我们沉湎于赛博空间这一行为自动产生的结果。我们这里要做的，是完成一个黑格尔式的逆转，即把认识论的障碍（epistemological obstacle）转化为存有论的僵局（ontological deadlock）。关于赛博空间的力比多/符号性机体（libidinal/symbolic economy），我们已经列出四个版本。它们分别是：以精神错乱的方式悬置俄狄浦斯情结（psychotic suspension of the Oedipus complex）、以其他方式延续俄狄浦斯情结（continuation of the Oedipus complex by other means）、对律令的变态展示（perverse staging of the Law）、穿越幻象。或许有人会问，哪个版本才是对的？如果说这样的提问是错误的，是具有误导性的，情形会怎样？如果这四个版本是由赛博空间技术提供的四种可能性，以至于最终我们要做出选择，而且在做出选择时，我们要在政治—意识形态斗争中承担风险，情形又会怎样？赛博空间将如何影响我们，这并没有直接刻入赛伯空间的技术特性；相反，赛伯空间是以（权力与统治的）社会—符号关系网络为转移的，而这个网络总是已经多元地决定（overdetermine）了赛博空间影响我们的方式。

注释：

〔注1〕见罗伯特·普法勒尔（Robert Pfaller）在以"Die Dinge lachen an unserer Stelle"为题的研讨会上的发言，林茨（奥地利），1996年10月8—10日。欲了解对交互被动性所做的更加详细的说明，

见齐泽克，《幻象的瘟疫》（*The Plague of Fantasies*），第 3 章。

〔注 2〕Jacques Lacan, *The Ethics of Psychoanalysis* (London, Routledge, 1992), p. 252.

〔注 3〕该例证来自罗伯特·普法勒尔（Robert Pfaller）。

〔注 4〕另一个有趣的细节通常发生于下列时刻：玩具在午夜"醒来"，要求立即关注。孩子想使玩具得到正常的照料，但是因为太累了，无法起床照料它们，只好叫醒父母，让他们满足玩具提出的要求（喂食等）。这时我们面对的是双重委托结构：父母并不拿这游戏当回事，但不得不在午夜忙忙碌碌地喂那个纯粹虚拟的不存在的动物，而拿游戏真当回事的孩子，却在继续甜睡……也难怪有人已经为父母们设立了网站，告诉他们如何代孩子处理电子宠物事宜。

〔注 5〕当然已经有了丧葬网站，专门用于处理死去的电子宠物。

〔注 6〕See Jerry Aline Flieger, 'Oedipus On-Line?', *Pretexts* 1/6 (July 1997), pp. 81 – 94.

〔注 7〕提及拉康的发展，不是已经证实了这一点吗？首先，在早期的《家庭情结》（*Complexes familiaux*）（1938）中，拉康把俄狄浦斯历史化了（把它视为具体的家庭结构）；不过后来他详细阐述了符号性秩序具有的潜在的、正式的、禁令性结构（underlying formal prohibitional structure of the symbolic order），该结构可以出现在完全不同的历史形态之中。

〔注 8〕这个例子来自：Alain Abelhauser, Paris.

〔注 9〕以稍稍有些不同的方式说吧：在此至关重要的，是把匮乏/空白与符号性律令/禁令区分开来。前者指不可能性，它已经在内驱力的层面上运转；后者确立了欲望的辩证（dialectic of desire）。"俄狄浦斯情结"（强制实施符号性律令）最终是把内驱力转化成欲望的操作者。

〔注 10〕欲了解对这个结构所做的更加细密的阐述，见齐泽克，《幻象的瘟疫》，第 1 章。

〔注 11〕Immanuel Kant, *Critique of Practical Reason* (New York, Macmillan, 1956), pp. 152 – 3.

〔注 12〕黑格尔所做的，就是通过演示幻象的功能来"穿越"这一幻象。幻象的功能是填充前存有论的自由深渊（pre-ontological abyss of freedom），即重构一个实证场景，在那里，主体被置于实证本体秩序（positive noumenal order）之中。换言之，在黑格尔看来，康德的看法是无意义、不一致的，因为它悄悄地重新引入了在存有论上充分构成的神圣整体（ontologically fully constituted divine totality），即只被视为实体（Substance），而没有同时被视为主体（Subject）的世界。

〔注 13〕我们的意识形态体验如今是由一系列的对立组成的，这些对立标出了大型争端的地貌与术语：拟像与现实、全球化与保持特定身份、幻象与现实，等等。每个对立都是虚假的，模糊了真正的对立。例如，全球化与特定的种族、宗教等身份的复活是同一个过程的两面。颇具讽刺意味的是，实际上受到全球化威胁的，是与主体化共存的固有的普遍性之维。同理，归根结底，拟像与实在界是同时发生的。所以，最终被数字拟像及其他拟像一统天下所威胁的，并非"真正的现实"，而是属于主体性之场所（locus of subjectivity）的表象的维度。还是同理，我们可以说，幻象并没有模糊真正的现实，而是构成了真正的现实：真正的对立是幻象与想象的对立。这是就暴力性的前综合想象姿势（violent pre-synthetic gesture）这一激进意义上而言的。这一姿势打破了存在的存有论一致性（ontological consistency of Being），是主体的别名。

译者感言

一

大约在 22 年前，译者冒昧地致函齐泽克，请他编选一部最能体现其特色的理论著作，并免费授权在中国翻译出版。齐泽克慷慨允诺，同时寄来了他精心编选的文稿，还有"中文版前言"。文稿涂涂抹抹，皱皱巴巴，可见他做事一丝不苟，精益求精。那时译者与齐泽克素昧平生，而他当时在西方学界已经名震天下，却如此地有求必应，译者内心充满感激，至今难以忘怀。最初，该书以"实在界的鬼脸"（"Grimaces of the Real"）为题，与他其他著作的风格颇为一致，但因为有些"鬼里鬼气"，出版时更名为"实在界的面庞"。避免了"鬼里鬼气"，也多了些"一本正经"，丧失了既有的"神韵"，实在有些可惜。

本书最能体现齐泽克的鲜明特色。22 年后修订该书，依然时时为之震撼。可见译者 20 余年以来，并无些许长进，也说明齐泽克的思想是何等的深刻，见解是何等的独特。

<h1 style="text-align:center">二</h1>

20 多年来，我一直在想，齐泽克究竟是一个怎样的人？在西方思想史上如何将其定位？很多人认为，他是一个没有政治愿景的政治理论家，一个在英美世界大行其道的欧陆哲学家，一个只讲"辩证"不讲"唯物"的辩证唯物主义者，一个拒绝目的论的马克思主义者，一个疯狂赞美圣保罗的无神论者，一个面对灾难满怀希望的悲观主义者。

正如克里斯·弗莱明（Chris Fleming）所言，此外，齐泽克不仅是哲学家和理论家，他还是一种"现象"，一个"事件"。他以极快的速度著书立说，以他为题著书立说的人也越来越多。有"齐泽克网站"，有"齐泽克杂志"，有"齐泽克读本"，有"齐泽克词典"，有"齐泽克学术研讨会"，没准再过几天，会有"齐泽克俱乐部""齐泽克软饮料"等等。

他的研究领域包括以黑格尔为取向的拉康精神分析理论，以德国唯心主义为核心的欧陆哲学，以意识形态批判为核心的马克思主义。齐泽克对黑格尔所做的拉康式解读、对通俗文化的解析、对各类社会政治事件的解剖，以及他的政治理论、种族理论、性差异理论，无不证明他的思想极其深刻，他的见解极其独特。他视野极其宽阔，几乎无所不谈，无所不论，而且无论走到哪里，他都会引起"喧嚣与骚动"，都会引来掌声和笑声。他总是把哲学、政治、科学、宗教、色情故事、轶闻趣事、时事新闻、流行电影、通俗小说、古典歌剧、现代艺术、网络空间、种族歧视、性别差异等话题拉在一起，发前人所未发，见常人之所未见，如醍醐灌顶，令人茅塞顿开。

那他究竟有没有连贯一致的立场，特别是政治立场？当然有，一言以蔽之，反对资本主义，实现共产主义。他声称：

> 如今人人都在"反资本主义"……这时，"反资本主义"的能指已经丧失其颠覆性的冲击力。民主是当今全球资本主义世界的硬核，是它的主人能指。这使得"民主社会主义"这个流行用语疑点重重。当有人问我，我是否是民主社会主义者时，我的回答是："不！我是不民主的共产主义者！"

窃以为，要在这个背景上理解他的全部著作的主旨：他要对当代政治形势做出理论上的回应。他有强烈的现实关切，他的全部理论研究都是为之服务的，他所有的文本都是围绕着迫切的政治问题及其可能的解决方案进行的，里面充满了他的渴望和抱负。

黑格尔和拉康都是实现这个目标的工具，而非目的。虽然他的理论充满了非连贯性和非一致性，并因此为人诟病，但他的理论前提是连贯一致的：那就是拉康的精神分析理论和黑格尔的辩证法。当然，他对拉康的精神分析理论做了独特的解读，同时运用拉康的精神分析理论解读黑格尔的辩证理论。他的观点、见解、论题或许总在变化，但他对拉康和黑格尔的忠诚似乎从来没有变化。可以说，他是一个铁杆的拉康主义者和黑格尔主义者。但切勿忘记，相对他的终极目标而言，这都是手段、工具和过程而已。他从拉康那里概括了一套主体本体论（ontology of subject），或者说得更严格些，一套主体间性本体论（ontology of inter-subjectivity），他要以之为其政治理想服务。

但多数人对齐泽克的解读是"后现代主义""后结构主义"或"解构主义"的解读，声称他没有立场，他只是消解他人的立场。缺乏立场，或立场不坚定，正是齐泽克自1989 年出版《意识形态的崇高客体》以来一直极力反对的。他一直强调，拉康不是后结构主义者，因为他一起致力于启蒙运动所要达到的目标——敢于认知（sapere aude）。从这个意义上，齐泽克更非后结构主义者。他所做的最新颖和最激进的事情之一，就是公开承认，他有资格开启民智，使民众认识自己内心深处的"分裂"，认识整个社会中存在的"对抗"，而不是像天真的启蒙主义者那样，讲个"皇帝的新衣"之类的故事，告诉大家"不要自欺""成为自己"就万事大吉。

如此开启民智，谈何容易。齐泽克说，尽管他的著述充满了乐观的色彩，喜剧的氛围，但里面深深隐藏着难以治愈的精神创伤。原因是对现实失望。他在为《齐泽克读本》（*The Žižek Reader*）撰写的"引论"中说过，他很清楚，他的著述的主要吸引力来自轶事、示例和巧智（wit）的娱乐性嬉戏。但人们有所不知的是，在这些嬉戏的背后隐藏着"一种根本的冷漠，一种思想的机械部署，这种思想对所谓的人类病理完全漠不关心"。

话虽这么说，但实际上，他依然热力四射，激情似火，越战越勇，气势如虹。在最近短短几个月内（2023年8月—2024年1月），他竟然连续推出五部著作：《疯狂的世界》《自由：难以治愈的顽疾》《迟来的醒悟》《基督教无神论》和《ChatGPT与被压抑的无意识》。他不仅以极快的速度出版专著，还在各类期刊报纸上发表论文，为其他人的著作撰写"序言"或"引论"。还就各类社会政治事件发表意见，与人论战。这需要有多么充沛的精力，多么顽强的意志，多么执着的雄心才能做到？别忘了，再过几个月，他就整整75周岁了，还患有比较严重的糖尿病（及其他疾病）。

三

除了思想的深刻和见解的独特，他的语体风格和叙事特色更有超人之处，远非常人所能及。

在语体风格方面，他把黑格尔和拉康的思想内容和表述方式融合起来，自成一体，埃利兰·巴莱尔（Eliran Bar-El）

称之为"拉黑体"（Hegelacanese）。巴莱尔认为，这在《意识形态的崇高客体》的"引论"中表现得淋漓尽致，因为它展示了黑格尔与拉康（欧陆哲学与精神分析）在思想和语言上的交织。首先，它大量引用各类文本，包括经典性的文本，也包括前沿性的文本。其次，它既提出普遍的诉求，也提出特殊的诉求，既讲"大道理"，也说"小确幸"。第三，它把客观的论述与主观的感受相结合，使他的文本打上了独特的个性特征，而不只是千人一面、千篇一律、枯燥乏味甚至无聊至极的"伪客观腔调"。第四，它既有对客观事实的陈述，也有对"非客观事实"的虚构，并对各类"符号性虚构"大加赞美。

因为使用的是"拉黑体"，所以阅读他的著作的难度丝毫不亚于阅读拉康和黑格尔的著作。甚至有人说，齐泽克的著作有其"不可读性之内核"（kernel of unreadability），我们能够做的就是跟踪其"可能的轨迹"（possible trajectory）。表面看来，他会讲妙趣横生的笑话，他会举引人入胜的例子，而且妙语连珠，闻者捧腹，他的著作理应易于阅读才是。其实大谬不然。一涉及理论，"不可读性之内核"就会扑面而来。比如，他在谈及后现代主义与现代主义的关系时这样说：

在我们看来，这样的后现代主义程序似乎比寻常的现代主义程序更具颠覆性，因为现代主义程序通过不展示元质而保留了这样的可能性：在"不在场的上

帝"的视角下，把握核心性的空洞性。现代主义给我
们提供的教益是，即使缺乏元质，即使机器围绕着空
洞性运转，结构这个主体间机器也能正常运转；后现
代主义对现代主义的逆转则把元质展示为肉身化的、
物质化的空洞性。

倘若不熟悉现代主义和后现代主义的一般状况，不了
解弗洛伊德和拉康的精神分析理论和黑格尔的辩证法，以
及齐泽克对他们的独特解读，想读懂这段话，比登天都难。
单就弗洛伊德和拉康而言，两人的理论都叫精神分析理论，
却存在巨大的差异。

齐泽克的理论来源是拉康，是这无可置疑的。拉康主
张"重返弗洛伊德"，是要避开在弗洛伊德之后出现的各种
理论和学说，而不是把弗洛伊德奉为教主，以原教旨主义
的方式全盘接受弗洛伊德的理论。他从结构语言学的角度
解读弗洛伊德的主张。在拉康那里，弗洛伊德谈论的一切，
包括意识、潜意识中、无意识、本我、自我、超我、俄狄
浦斯情结、阉割等，只具有语言的功效，而无实际的生理
内容。俄狄浦斯情结不再是"弑父娶母"，相反，它只是告
诉我们，如何用语言取代母亲的身体，而用语言取代母亲
身体的方式则是接受主人能指（master signifier）。这个主人
能指就是阳具（即匮乏），它是释放语言的创造性的关键之
所在。同样，阉割也不再是孩子害怕丧失（或者对女孩来
说，已经丧失）生理阴茎的故事，而是指语言对言说主体

（speaking subject）的严重冲击力：不管一个人如何滔滔不绝，如何侃侃而谈，但总有一种意义的元素在逃避我们。它就是符号性的阳物或男根（symbolic phallus）。无意识也不再是一个深深埋在我们内心深处的、盛满了被压抑的内容的黑暗容器，相反，它有条不紊，是以语言结构起来的。虽然以语言结构起来的，但无意识的意义又隐身于字里行间，需要通过精神分析加以解码（decode）。

众所周知，弗洛伊德的人格结构理论包括三个层面：本我、自我和超我，拉康则提出了实在界（the real）、想象界（the imaginary）和符号界（the symbolic），与之遥相呼应。当我们进入文化的社会—符号世界（cultural sociosymbolic world）时，总有一个角度拒绝被娱乐，它是一种过度（excess），被体验为"错过的相遇"（missed encounte），这就是拉康所谓的实在界。实在界是可望而不可即的，它困扰着我们的精神生活。因此，实在界与创伤相对应。与实在界相遇，就是与这样一个时刻的相遇：时间的连贯性被打断，人的身份的符号性支撑被瓦解，主体丧失了"现实感"。拉康有时用德语中的"das Ding"（物）来指称实在界。这令人想到康德所谓的"本体"（noumenon）。在康德那里，本体是不能被感性直觉所识别的客体，我们只能通过它所产生的效果发现它的踪迹；在拉康那里，"实在界"是主体的内在惰性，它躲避符号化。两者之间的关系不言自明。

请注意，这里说的是"客体"，而不是"对象"，两者不可混为一谈。齐泽克在本书中说过："现实与实在界之间的拉康式差异，重复了下列两者之间的康德式差异：一者是可能的东西，它落进了可能经验的框架，我们可以把它想象为直观之对象；一者是尽管在逻辑上并非不可能，但实际上从来都不能成为经验客体的东西。"在康德那里，与前者（"对象"）对应的是"Gegenstand"，与后者（"客体"）对应的是"Objekt"。"Gegenstand"是针对主体和客体的关系而言的，属于认识论的范畴；"Objekt"是单就客体本身而言的，属于本体论之域。它独立于心灵活动的客体，具有不可知性，类似于"自在之物"。不幸的是，在德文中，客体（Objekt）和对象（Gegenstand）本来是两个词，但译成英文和法文，全都成了一个词（英文是 object，法文是 objet），中文也几乎一律译为"对象"，这不可避免地导致对拉康理论的简单化理解。

四

在叙述方面，齐泽克继承了经他重新阐释过的黑格尔辩证法，创造了巴莱尔所谓的"叠加定位"（superpositioning）策略。所谓"叠加定位"，一般译为叠加，最初来自量子物理学。在量子物理学中，叠加是量子系统在被测量之前同时处于多种状态的能力。但齐泽克的叠加并非简单的叠加，而是在叠加之后，创造第三种状态。这种"创造"的秘诀，埃里克·桑特纳（Eric Santner）曾经一语道破：

"他摆出的基本姿态之一是，先提出一个问题，或展示一个文本，之后做出早在你预料之中的解读，然后他会说，'我很想说，结论与此恰恰相反。'"具体来说，齐泽克发现，无论是在现实政治中，还是在精神世界里，总是存在着对抗。围绕着对抗，会形成不同的立场。叠加定位就是超越相互对立的立场，创造第三个立场。

电影《黑客帝国》中有一个著名的桥段，在那里，墨菲斯给主人公尼奥两个药丸：一个是蓝色的，代表着"从梦中醒来"；一个是红色的，代表着"跟我走，带你了解真相"。尼奥毫不犹豫地选择了红色药丸。齐泽克绝对不会如此天真幼稚。他在《变态者电影指南》中提出，他想要"第三种药丸"。这是他对自己的叠加定位策略的形象化描述。

这样的叠加策略表现在很多方面。他把理论与实践、知识与信仰、思维和行动、个人与社会、激进与保守、左翼与右翼，乃至真迹与赝品、哲学与反哲学、法国传统与德国传统、结构主义与解构主义、现代主义与后代主义、哈贝马斯与福柯、阿尔都塞与拉康，全都进行叠加定位，进而确立第三个立场。

齐泽克在纪录片《变态者意识形态指南》中说过："成为无神论者的唯一途径是信奉基督教。"意下之意，一种立场是信奉宗教，成为有神论者；一种立场是不信宗教，成为无神论者。他既不认同前者，也不认同后者。他要通过叠加定位创造第三种立场：成为信奉有神论的无神论者，因为只有这样的无神论者才是真正的无神论者。

再比如，在如何对待本国文化和外国文化的问题上，他的看法可谓独树一帜：既不应该尊重外国文化，也不应该尊重自己的文化。齐泽克认为，在这个问题上存在着四种不同的立场。第一种立场是比尔·盖茨的立场：尊重所有的文化，包括你自己的文化和他人的文化。第二种是右翼民族主义的立场：尊重你自己的文化，鄙视不如你的文化。第三种是"政治正确派"的立场：尊重他人的文化，鄙视你自己的文化，因为自己的文化是种族主义和殖民主义的文化。第四种立场就是萨玛·纳米（Sama Naami）的立场。在齐泽克看来，"我们不应该尊重外国文化，也不应该尊重我们自己的文化"，这么说意味着，"挖掘你自己文化中隐含的对抗，把它和其他文化的对抗联系起来，然后和下列人物一道，参与到一场共同的斗争中来：他们不仅与我们文化中的压迫和统治作斗争，而且与其他文化中的压迫和统治作斗争"。

因为不明白这个道理，总是有人怀疑，齐泽克根本没有立场。你说东，他说西，你打狗，他骂鸡。他时而左，时而右；时而激进，时而保守；时而正统，时而异端；时而赞美暴力，时而讴歌和平。即使他有立场，他的立场缺乏连贯性和一致性，似乎只有挑衅性。有人甚至断言，如此这般地闹来闹去，最后将和他的那部皇皇巨著《极度空无》（*Less than Nothing*）一样，落个"极度空无"的悲惨结局。其实并非如此。我们只是"雾里看花花非花，水中望月月非月"，不明所以而已。

我们由此也可以发现，齐泽克是一个勇敢的挑战者。尽管他在西方自由主义学界影响巨大，但他毅然"吃它们的饭，砸它们的锅"，挑战它们奉为圭臬的"后现代主义""后文化主义"或"政治正确的多元文化主义"（PC multiculturalism）原则。

五

齐泽克的著述是"拼贴"（bricolage）的完美例证。"拼贴"一词最早出自克洛德·列维-斯特劳斯的《野性的思维》（*La pensee sauvage*）。列维-斯特劳斯认为，修补匠和原始人解决问题的方法颇为类似：遇到新问题时，自己动手，运用现成的工具和材料来修修补补，而不会审视问题，提出新的范畴和命题，从根本上解决问题，因而他们的思维属于"野性的思维"。但在现代艺术界，先锋艺术家喜欢用各种"可用的东西"来建造或创造。在现代建筑领域，"拼贴"也是很多设计师追求的混杂效果。齐泽克也喜欢"拼贴"。他总是想到哪里，写到哪里。他总是"泛泛而谈，离题万里"。正在一本正经地阐释拉康或黑格尔的某个概念或命题，忽然就扯到了好莱坞的经典大片，或扯到某个轶闻趣事。但他总是能把他认为最有冲击力的所有东西串在一起，阐述他的拉康术语（实在界、小客体、驱力、本我机器、超我、想象界、符号界、符号秩序等）。他通常只有过程，没有结论，更不写"结语"。虽然在多家西方学术机构任职，但本质上，他是那里的"局外人"。他不是循规蹈矩的"老学究"，不是低声下气的"教师匠"，而是"野生"和"放养"的、狂放不羁的"思考者"。

比如，他在 2022 年出版的《剩余享受》中正襟危坐，对高雅的歌剧高谈阔论，忽然笔锋一转，开始引用《扎波罗热哥萨克给土耳其苏丹的回信》，令译者先是大惑不解，继而开怀大笑。

一边是如此的雅人深致、冰清玉洁，一边是如此的俗不可耐、不堪入目，却丝毫不予人以违和之感，不亦怪哉？

阅读齐泽克的著作，这是多么美妙的体验。今生遇见齐泽克，真是不虚此行。

季广茂

2024 年 1 月 10 日